21世纪全国高职高专物流管理系列实用规划教材

现代物流概论

主　编　钮立新
副主编　丛培栋　党康林

北京大学出版社
PEKING UNIVERSITY PRESS

内容简介

本书根据"双证融通"的理念，将学历教育与职业资格证书考试相结合，全面系统地介绍了现代物流领域各个方面的知识，内容包括现代物流概述，物流管理的现状以及发展趋势，运输作业，储存保管作业，包装、装卸搬运、流通加工作业，配送作业，采购供应作业，企业物流管理，生产物流管理，国际物流管理，物流信息管理，物流服务管理。本书内容丰富、体系完整、重点突出，实用性较强，能够满足学生考取双证书的需求，并为其进行后续物流专业知识的深入学习奠定基础。

本书可作为高职高专物流管理及相关专业的教材，也可作为助理物流师国家职业资格考试的培训教材以及物流行业从业人员的参考书籍。

图书在版编目(CIP)数据

现代物流概论/钮立新主编. —北京：北京大学出版社，2012.7
(21世纪全国高职高专物流管理系列实用规划教材)
ISBN 978-7-301-20922-6

Ⅰ.①现…　Ⅱ.①钮…　Ⅲ.①物流—高等职业教育—教材　Ⅳ.①F252

中国版本图书馆CIP数据核字（2012）第147776号

书　　名：现代物流概论
著作责任者：钮立新　主编
策 划 编 辑：赖　青　李　辉
责 任 编 辑：陈颖颖
标 准 书 号：ISBN 978-7-301-20922-6/F・3243
出　版　者：北京大学出版社
地　　址：北京市海淀区成府路205号　100871
网　　址：http://www.pup.cn　http://www.pup6.cn
电　　话：邮购部 62752015　发行部 62750672　编辑部 62750667　出版部 62754962
电 子 邮 箱：pup_6@163.com
印　刷　者：北京富生印刷厂
发　行　者：北京大学出版社
经　销　者：新华书店
787毫米×1092毫米　16开本　20.5印张　450千字
2012年7月第1版　2015年11月第2次印刷
定　　价：39.00元

未经许可，不得以任何方式复制或抄袭本书之部分或全部内容。

版权所有，侵权必究　**举报电话：010-62752024**

电子邮箱：fd@pup.pku.edu.cn

序　言

随着经济全球化和信息技术的迅速发展，企业生产、物资流通、商品交易、信息交换等的概念、方式和方法正在并将继续发生深刻的变革。与此相适应，作为企业降低生产成本、提高核心竞争能力、增加经济效益的“第三利润源”，被彼得·德鲁克描述为最后一块“经济的黑暗大陆”的现代物流业正在世界范围内广泛兴起。对于我国来说，20世纪90年代以来，国内贸易冲破了计划体制和地方性市场保护的羁绊，流通的广度、深度达到了前所未有的程度。同时，我国对外贸易始终保持着高速增长，货物进出口规模持续扩大。在这样的背景下，与国内流通和进出口贸易关联度极高的物流产业，一直处于迅速发展之中。

现代物流泛指原材料、产成品从起点至终点及相关信息有效流动的全过程。它将运输、仓储、装卸搬运、流通加工、采购供应、配送、信息等方面有机结合，形成完整的供应链，为用户提供多功能、一体化的综合性服务。现代物流作为推动经济发展的新的利润源和竞争资源，其所蕴含的巨大能量正在得到政府、企业和学术研究领域越来越多的重视。近几年的研究资料表明，物流业已经成为我国经济领域中发展最快、最活跃、最热门的一个行业，物流管理也成为当前理论研究和企业实践的热点。

高素质人才是现代物流发展的关键因素。但是，物流作为一项新兴的产业和一门新兴的学科，一方面由于物流活动具有多样性和复杂性，另一方面由于国内对物流人才的培养还不完善、不成熟，所以物流人才匮乏与物流业的蓬勃发展极不相称。人才的短缺严重制约了我国物流产业整体水平的提高，尤其是大量从业人员无论在理念、思维方面，还是在知识结构、创新能力方面，都与国际先进水平有很大的差距，这些都直接影响到我国物流业现代化的速度。另外，物流作为一项实践性很强的产业，需要许多具有应用性技术的专门人才，而高职院校恰是培养高等技术应用型人才的基地。高职院校的学生应该在掌握必要的基础理论和专门知识的基础上，重点掌握从事本专业领域实际工作所必需的基本知识和职业技能，因此，相应的教材也应该有自己的体系和特色。

该书在内容上兼顾理论性与实用性，注重规范化和通俗性的平衡，内容和结构比较适合学校教学的要求。而且，该书紧密结合当今物流领域的实践，从强化操作技能出发，较好地体现了行业当前最新的使用知识与操作技术。另外，该书内容丰富，涵盖了现代物流管理中方方面面的理论和实践问题，各章结尾的案例分析和练习与思考侧重训练运作管理方法与技巧，突出专题性，有利于培养学生分析问题和解决实际问题的能力，体现了高职教育的特点，不仅可以让学生全面掌握现代物流管理的理论与方法，而且对物流企业在职管理人员提高业务水平来说具有十分积极的作用。

当然，物流管理毕竟属于新的专业，诸多理论与实践问题还需要进一步研究，因而该书在结构和内容方面也许会存在某些不合理之处，欢迎相关专家、学者提出意见和建议，更希望编者继续努力，为推动我国物流学科建设、完善课程与教材体系添砖加瓦。

徐瑞华

2012年2月

前　言

20 世纪末，现代物流作为新兴的产业在世界范围内蓬勃兴起，美国、日本、欧盟等发达国家和地区开始了一场对各种物流功能要素进行整合的物流革命。首先是企业内部物流资源整合和一体化，形成了以企业为核心的物流系统，物流管理也随之成为企业一个独立的职能部门。随后，物流资源整合和一体化促使整个产业链条上的企业相互联系，分工协作，逐步形成了以供应链管理为核心的物流系统，在此基础上，出现了为企业和消费者提供专业化服务的第三方物流企业。现代物流以其加速周转、降低成本、提高质量的系统集成功能，逐步从各经济部门中分离出来，成为一个快速发展中的独立产业。

近年来，随着我国改革开放的进一步深化，经济实力明显增强，基础设施建设步伐加快，社会产品供应日益丰富，综合运输体系初步形成，大部分产品供求关系由卖方市场转向买方市场，整个生产流通和消费领域发生了深刻变革。国内市场上也开始出现了不同类型的物流服务企业，各种仓储运输公司纷纷冠以物流一词。但由于物流整合人才的缺乏，这些公司的业务性质往往没有多大的改变，所以发展我国物流产业的关键是尽快培养一批真正意义上的物流人才，特别是精通物流管理的人才。特别是我国加入 WTO 后，许多企业纷纷涉足物流业，企业对物流技术的需求，对物流人才特别是物流第一线的管理人才的需求越来越迫切，所以许多部门机构纷纷办起各种学习班，各高职院校也纷纷开设物流相关专业。

为适应我国现代物流业的发展，满足高职院校开展物流专业教育和物流职业技能人才培养的需要，特编写此书。本书系统地介绍了现代物流系统所涉及的相关理论、思想和方法体系，力求通俗易懂、深入浅出，既能激发学生的学习兴趣，又能方便教师的教学。本书参考了国内外的相关文献并结合我国物流业发展的状况，既涵盖了现代物流经典理论，又突出了现代物流的最新发展状况，兼顾理论性与实用性。本书每章之后配有练习与思考，以供学生检测学习成果，查缺补漏。

本书的编者都是工作在高职院校物流专业课程教学一线，具有丰富教学经验的教师，编写章节也是按各自教学专长安排。本书的编写人员及分工为：钮立新(第 1 章、第 3 章)、陆继(第 2 章、第 5 章)、丛培栋(第 4 章、第 6 章、第 9 章)、党康林(第 7 章)、陈玲玲(第 8 章、第 11 章)、杜林(第 10 章、第 12 章)。本书由丛培栋老师进行总纂。

本书的编写得到了南京铁道职业技术学院苏州校区各位领导和同事的大力支持，在此表示衷心的谢意！另外，本书在编写的过程中，参阅了国内外有关现代物流方面的论著，并引用了其中的有关概念和观点，在此对相关作者表示衷心的感谢！

由于编者水平有限，且物流是一个现代色彩较浓的学科，发展异常迅猛，其所涉及的知识和范围都较为广泛，书中不当之处在所难免，敬请广大读者批评指正。

编　者

2012 年 4 月

目　　录

上篇　基础知识

中篇　物流作业

上篇 基础知识

第1章 现代物流概述

学习目标

1. 掌握物流的概念。
2. 熟练掌握物流的八大功能。
3. 理解物流的作用和分类。
4. 了解物流系统。

案例引入

物流——现代企业发展的重要竞争力

物流起源于军事领域，《牛津辞典》对“物流”(logistics)的定义是“在战地管理军事物质的运输、供应和维护的科学”。在莫斯科和斯大林格勒的冰天雪地里，军事物流帮助俄国人先后击败了拿破仑和希特勒。“沙漠之狐”隆美尔同样败在物流上——在阿拉曼战役中，隆美尔的坦克军团因严重缺乏燃料，在面对蒙哥马利率领的盟军时毫无还手之力。

商业领域的激烈竞争常常被喻为“商战”，高效的物流支持是一个企业在商海搏击中成功的必要条件。如今的商业博弈已经不再是单个企业之间的事，而是供应链之间的竞争，即上下游企业链条之间的竞争。

在Nokia刚刚推出智能手机的时候，你知道它所面临的最大挑战是什么吗？答案是物流。Nokia需要把各个供应商提供的新式手机的所有部件整合组装后，再运送到市场和消费者手中。

随着经济全球化的不断深入，国际分工日益加强，中国已逐渐成为全球产业链的重要一环。产业链的激烈竞争对中国物流的速度、效率、成本和可靠度等提出了很高的要求。但中国物流水平与国际先进水平相比，仍存在较大差距。很多中国企业为低效的物流所累，高昂的物流成本，在很大程度上削弱了低廉劳动力带来的成本优势。

中国相对落后的物流服务水平，也成为跨国公司在华发展的重大障碍。以供应链技术为核心竞争力的沃尔玛在中国发展得并不快，很大程度就是受到国内低水平物流的制约。在中国经济高速发展，中国企业不断寻求做大做强的今天，构筑强有力的物流体系，应该成为国家和企业发展的重要战略。

(资料来源：http：//www.233.com/wuliu/anli/20100921/1034433.html，有改动)

思考：结合案例资料，分析发展物流可以带来哪些改变？

1.1 物流的基本概念

1.1.1 物流的产生

1. 物流的产生和发展

物流是随着商品交换的出现而产生，随着市场经济的完善而发展的。

在第二次世界大战期间，美军为了战争的目的，保障在遍及欧洲、美洲、大西洋的战场上进行军队人员调动以及军用物品装备的制造、运输、供应、战前配置与调运、战中补给与养护等军事后勤活动，采用了对军需物品的采购、运输、仓储、分发进行统筹安排、优化调度和全面管理，既使得后勤活动能够保障供给、满足战争需要，又使得费用省、时间短、成本低，对战争胜利发挥了显著的作用。总结经验，发现了物流的系统功能价值，形成了一些系统理论、方法和技术，并发展成为一门“后勤管理”学科。

第二次世界大战后，军事后勤管理的理论被引入经济部门，应用于流通领域和生产经营管理全过程中，所有与物品获取、运送、存储、分销有关的活动均取得了很好的效果，人们发现了物流的经济活动价值。1956 年，日本把 physical distribution 译为“物的流通”，1965 年又简化译为“物流”。在“物流”理论的指导下，物流技术成为关心的重点，加强道路、港口和公路等物流基础设施建设，实现运输手段的大型化、专用化和高速化，扩大物流中心、配送中心，以提高货物的处理能力以及商品的供应效率。这样，大大地降低了流通成本、扩大了市场、提高了服务水平，从中也发现了物流的利润价值和成本价值。

20 世纪 80 年代末，人们认识到物流不仅包括分销物流，而且还包括购进物流、生产物流、回收物流、废弃物物流等，应该是一个闭环的全过程。同时也发现了物流的环境价值。

随着一体化物流管理的发展，企业内部物料流动各环节之间的障碍逐渐消除，库存量普遍减少，使得企业整体物流成本降到最低。同时，从战略高度促成物流管理与企业的营销、生产等各部门的协调，提高客户服务水平，强化企业赢利能力，从而发现了物流对企业发展战略的价值。

20 世纪 90 年代，随着计算机技术、网络技术、现代通信技术和电子商务的推动，供应链理念使企业跳出自我的思维定式，使链上的上下游企业更紧密地合作，强化对市场变化的反应能力，以双赢、互利的合作精神，提高供应链的整体效益。从中人们发现了物流对发展国民经济、增强国家综合国力的影响越来越大。进入 21 世纪，现代物流正以前所未有的速度向前发展、寻求变革，发挥更强大的作用。古老物流方式到现代物流方式的演变如图 1.1 所示。

2. 我国物流的发展趋势

1976 年我国派代表团先后到日本和美国考察学习，从日本引进了“物流”的概念，但因体制改革、条块分割、部门分割等原因，长期停留在传统物流的运作模式上。20 世纪 90 年代后期，由于体制改革的深化、市场环境的重大变化、经济全球化及电子商务崛起等原因，出现了“物流热”。物流及物流管理的理念迅速普及，物流的基础设施建设投资加大、加快，先进的物流技术得到应用，一大批物流公司、配送中心像雨后春笋般出现。

现代物流的发展是伴随着社会经济的发展而进步的。进入 21 世纪后，我国现代物流发展出现六大趋势：物流系统化、物流信息化、物流社会化、物流现代化、三流一体化和物流绿色化。

图 1.1　古老物流方式到现代物流方式的演变

知识链接

发达国家现代物流发展的共同趋势

从美国、欧盟、日本的情况来看，现代物流发展的趋势具有物流技术高速发展、物流管理水平不断提高的特征。发展趋势表现为以下几方面。

1. 信息化

广泛采用无线互联网技术、卫星定位技术(GPS)、地理信息系统(GIS)和射频标示技术(RF)、条形码技术等。

2. 自动化

采用自动引导小车(AGV)技术、搬运机器人技术等。

3. 智能化

电子识别和电子跟踪技术，智能交通与运输系统(ITS)。

4. 集成化

集信息化、机械化、自动化和智能化于一体。

5. 共同配送

共同配送是经长期的发展和探索优化出的一种追求合理化配送的配送形式，也是美国、日本等一些发达国家采用较广泛、影响面较大的一种先进的物流方式，它对提高物流动作效率、降低物流成本具有重要意义。共同配送是物流配送发展的总体趋势。

1.1.2　“物”与“流”的初步认识

物流由“物”和“流”两个基本要素组成，这两个基本要素以其独立形态存在时，有其一般性的解释。

1. “物”的概念

物流中的“物”是指一切可以进行物理性位置移动的物质资料。这类物质资料可以是有形的，如钢材、水泥；也可以是无形的，如天然气、煤气等，它包含了固、液、气三种状态存在的全部可以进行物理性位移的物质资料。有许多对“物”的狭义理解，或者仅是上述“物”之中的一部分，或者与上述“物”互相包含，都不能对物流中的“物”做出正确的、全面的概括。此处需予以明确。

1）物资

在我国物资是专指生产资料，有时也泛指全部物质资料，较多指工业品生产资料。其与物流中的“物”区别在于：物资中包含相当一部分不能发生物理性位移的生产资料，这一部分不属于物流学研究的范畴，如建筑设施、土地等。

2）物料

物料是我国生产领域中的一个专门概念。生产企业习惯将最终产品之外的、在生产领域流转的一切材料(不论其来自生产资料还是生活资料)，如燃料，零部件，半成品，外协件以及生产过程中必然产生的边、角、余料，废料及各种废物统称为物料。物料具有可运动性，是物流学中“物”的一部分。

3）货物

货物是我国交通运输领域中的一个专门概念。交通运输领域将其经营的对象分为两大类，一类是人，一类是物。除人之外，“物”的这一类统称为货物。既然是交通运输的经营对象，货物必须具有可运动性，是物流学中“物”的一部分。

4）商品

商品和物流学的“物”的概念是互相包含的。商品中，一切可发生物理性位移的物质实体，都是物流研究的“物”。但有一部分商品则不属于此。因此，物流学的“物”有可能是商品，也有可能是非商品。商品实体仅是物流中“物”的一部分。

5）物品

物品是生产、办公、生活领域常用的一个概念，在生产领域中，一般指不参加生产过程，不进入产品实体，而仅在管理、行政、后勤、教育等领域使用的与生产相关的或有时完全无关的物质实体；在办公、生产领域则泛指与办公、生活消费有关的所有物件。在这些领域中，物流学中所指的“物”，就是通常所称的物品。

总之，物流中所称的“物”，是物质资料世界中同时具备物质实体特点和可以进行物理性位移的那一部分物质资料。

2. “流”的概念

1）流

物流学中的“流”，指的是物理性运动，即位移。

2）流通

物流的“流”，常被人误解为“流通”。“流”的要领和流通概念是既有联系又有区别的。

(1)“流”和“流通”的联系。流通过程中，物的物理性位移常伴随交换而发生，这种物的物理性位移是最终实现流通不可缺少的物的转移过程。物流中“流”的一个重点领域是流通领域，不少人甚至只研究流通领域，因而干脆将“流”与“流通”混淆起来。

(2)“流”和“流通”的区别，主要在两点：① 涵盖的领域不同。“流”不但涵盖流通领域，也涵盖生产、生活等领域，凡是有物发生物理性运动的领域，都是“流”的领域。流通中的“流”只是全部“流”的一个局部。②“流通”并不以其整体作为“流”的一部分，而是以其实物的物理性运动的局部构成“流”的一部分。流通领域中商业活动中的交易、谈判、契约、分配、结算等所谓“商流”活动，和贯穿全过程的信息流等都不能纳入到物理性运动之中。

3）流程

物流中的“流”也可以理解为生产的“流程”。生产领域中的物料是按工艺流程要求进行运动的，这个流程的水平高低、合理与否对生产的成本和效益以及生产规模影响颇大，因而生产领域“流”的问题是非常重要的。

1.1.3 物流的定义

《中华人民共和国国家标准物流术语(GB/T18354—2006)》(后文简称《物流术语》)对物流(Logistics)的定义是：物流是物品从供应地向接收地的实体流动过程。根据实际需要，将运输、储存、装卸、搬运、包装、流通加工、配送、信息处理等基本功能实现有机结合。

根据国家标准的物流定义，物流属于物品物质实体的流动。物流是物品从供应地向接收地的实体流动，这表明，物流是一种满足社会需求的活动，是一种经济活动。它同时也表明，不属于经济活动的物质实体流动，不属于物流范畴。物流包括空间和时间的位置移动以及形态性质的变动，因而，通过物流活动，可以创造物品的空间、时间和形态性质三个方面的效用，而这些是通过物流的运输、储存、装卸、搬运、包装、流通加工、配送、信息处理等基本功能实现的。

知识链接

早期物流的定义

1935年，美国销售协会对当时还称为实体配送(PD)的物流概念定义为：“实体配送是包含于销售之中的物资资料和服务于生产地点到消费地点流动过程中，伴随的种种经济活动。”这个概念是有关物流的最早定义，它将物流看成是销售过程中的一个环节，从属于销售，强调了与产品销售有关的输出物流，没有包括输入物流(物料供应)。

第二次世界大战之后，原本用在军事上的后勤管理(Logistics Management)被引入到工业部门和商业部门，人们称之为“工业后勤”和“商业后勤”。在该背景下，1974年，美国学者鲍沃索克斯在其所写的“Logistics management”一书中，将后勤管理定义为：“以卖主为起点，将原材料、零部件与制成品在各个企业间有策略地加以流转，最后达到用户，其间所需要的一切活动的管理过程。”它不仅包括单个企业的销售、采购、生产过程，还将整个处在产品流转链上的企业一并加以统筹分析。“后勤”一词也不仅仅是军事上的含义了，它已等同或接近于现代物流。

1. 对现代物流的理解

(1) 现代物流是一个整体的观念，是物品从供应地向接收地的实体流动过程中，物流的基本功能实现有机结合，形成完整的供应链，为用户提供多功能、一体化的综合性服务。

现代物流是物流的基本功能有机结合的整体，如图1.2所示。

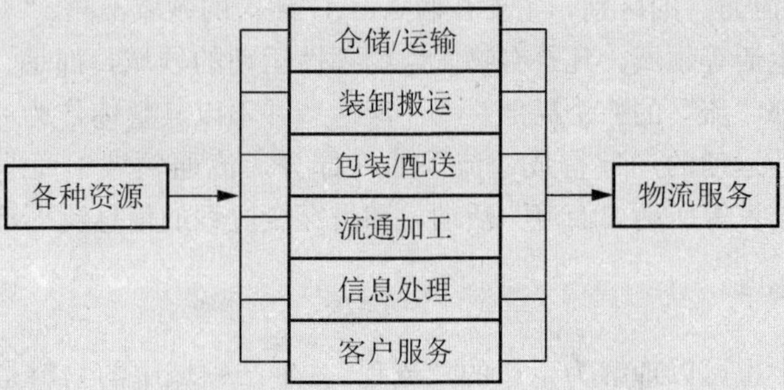

图 1.2 现代物流整体结构图

（2）现代物流与传统物流的对比见表 1-1。

表 1-1 现代物流与传统物流的对比

传统物流	现代物流
简单位移	增值服务
被动服务	主动服务
人工控制	信息管理
无统一标准	标准化服务
点到点或线到线	全球服务网络
单一环节的管理	整体系统优化

2. 商流与物流

1）商流与物流的内涵

（1）商流。商品所有权转移的交易活动称为商流，这种转移是按价值规律进行的。商流研究的内容具体包括市场需求预测、计划分配与供应、货源组织、订货、采购调拨、销售等。

（2）物流。物品从供应地向接收地的实体流动过程称为物流。这种转移可以解决空间位置和时间差异的矛盾。物流研究的内容具体包括运输、储存保管、装卸搬运、流通加工、配送、包装、物流信息等。

2）商流与物流的关系

商流与物流都是流通的组成部分，两者结合才能有效地实现商品由供应方向需求方的转移过程。物流是产生商流的物质基础，商流是物流的先导，两者关系密切、相辅相成。

在组织流通活动中，常有以下两种方式。

（1）商流与物流合一。即商品的交易过程和实物的运动过程路线完全一致。在现实经济生活中，进行商品交易的活动地点往往不是商品实物流通的最佳路线必经之处。如果完全一致往往会发生实物流路线的迂回、倒流、重复等不合理现象，造成资源和运力的浪费。

（2）商流与物流分离。在合理组织流通活动中，商流要经过一定的经营环节来进行业务活动；而物流则不受经营环节的限制，它可以根据商品的种类、数量、交货要求、运输条件等，使商品按时、保质地送到用户手中，以达到降低物流费用、提高经济效益的目的。因此，商流与物流分离的原则是提高经济效益的客观需要，也是企业现代化发展的需要。

特别提示

商流与物流分离的优点如下：

(1) 物流作业集中，便于机械化、自动化作业，大幅度提高作业效率，降低物流成本。

(2) 配送中心实行回路配送，提高运输设备利用率，降低运输费用，改善服务质量。

(3) 可以缓和市内交通拥挤的现象。

(4) 使各部门的职能单纯化，可以提高工作效率。

(3) 商流与物流一体化。商流与物流的分离也并非绝对的。在现代科学技术飞跃发展的今天，优势可以通过分工获得，也可以通过趋同获得。商流与物流在新的基础上的一体化问题越来越受人关注。事实上，配送已成为许多人公认的既是商流又是物流的概念。

1.2 物流的功能

根据我国国家标准对物流的定义，可知物流包括运输、储存、装卸搬运、包装、流通加工、配送、信息处理、客户服务等基本功能。其中，运输和储存是物流中的两项主要功能。下面就每一项物流功能进行简单说明。

1.2.1 运输

运输，指利用设备和工具将物品从一地点向另一地点运送的物流活动。其中包括集货、分配、搬运、中转、装入、卸下、分散等一系列操作。运输，主要包括供应及销售商品中所采用的车、船、飞机等方式的运输，也包括生产产品中的管道、传送带等方式的运输。运输和搬运的区别在于，运输是在较大范围的活动，搬运是在同一地点的活动。

运输功能在物流体系的所有动态功能中是核心功能，它所实现的是物质实体由供应地向需求地的流动。运输的主要业务包括集货、运输方式和运输工具的选择、路线和行程规划、车辆调度、商品组配、送达、分拣、拣选、配送方式等。

1.2.2 储存

储存是指保护、管理、储藏物品，是包含库存和储备在内的一种广泛的经济现象。

储存分为仓储管理与库存控制。仓储管理的主要业务包括收货、检验、分拣、保管、拣选、出货等，主要是对确定的库存进行动态和静态的储存管理。库存控制的主要业务包括对库存品种、数量、金额、地区、方式、时间等结构的控制，主要是进行库存决策，确定储存采用什么组合，有多少组合，什么时间组合，在哪里组合等。

储存功能在物流体系中是唯一的静态环节。在这里，物质实体在化解其供求之间的时间上的矛盾的同时，也创造了新的时间上的效益(如时间上的差值等)。因此，储存功能相对于整个物流体系而言，既有调节的作用，也有增值的作用。

1.2.3 装卸搬运

装卸，是指物品在指定的地点以人力或机械装入运输设备或卸下。搬运，是指在同一场所内对物品进行以水平移动为主的物流活动。两者全称为装卸搬运。

装卸搬运功能，一般出现在“动”与“静”或“动”与“动”相结合的部分，起着承上启下的作用。它包括对输送、保管、包装、流通加工等进行的衔接活动，以及在保管等活动中为进行检验、维护、保养所进行的装卸搬运活动。在整个物流活动中，装卸搬运活动是频繁发生的，因而是产品损坏的重要原因之一。

装卸搬运是物流系统的构成要素之一，虽然它不直接创造价值，但是，由于物流中心的出现，与保管功能相比，发货和配送功能更加受到重视，而发货和配送都少不了装卸搬运的作用，因而装卸搬运在物流系统中有日益成为主角之势。

装卸搬运的基本作业内容如图 1.3 所示。

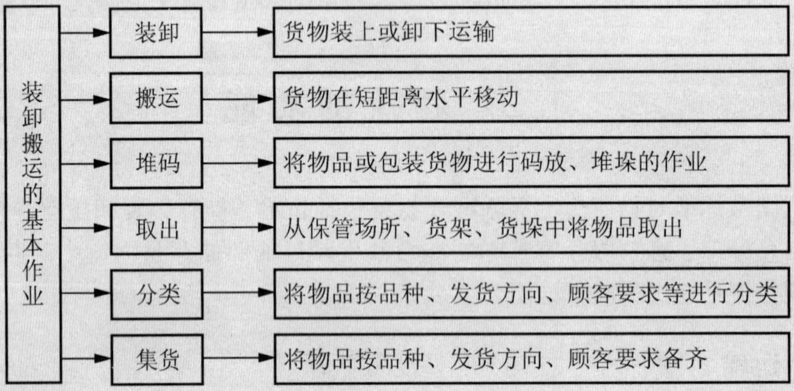

图 1.3 装卸搬运的基本作业

1.2.4 包装

包装是指为在流通过程中保护产品、方便储运、促进销售，按一定技术方法而采用容器、材料及辅助物等的总称，也指为了达到上述目的而采用容器、材料及辅助物的过程中施加一定技术方法等的操作活动。总之，包装是包装物及包装操作活动的总称。

货物包装上都印有相应包装标志，主要包括以下两类。

1. 传统识别标志(运输包装标志)

传统识别标志(运输包装标志)是为了便于运输、储存、装卸作业和使用，在产品外包装、容器上用醒目的文字、符号、阿拉伯数字和图形所做的特定记号和说明。常见的运输包装标志有以下几种。

1）识别标记

识别标记是在外包装件上的商品分类图示标志、其他标志和文字说明、排列格式的总称，又称为收发货标志。包括分类标志(俗称“唛头”)、供货号、货号、品名、规格、数量、重量(净重)、生产日期、生产工厂、体积、有效期限、收货单位和地点、发货单位、运输编号、件数等。其中，分类标志一定要有，其他各项合理选用。

2）储存图示标志

储存图示标志是为了在储运过程中，对于怕潮湿、怕震动、怕热、怕寒、怕撞击等有特殊要求的货物，用文字和图形所作的特殊标记。它提示在物流作业活动中应注意的事项，故又称为指示性标志。如“小心轻放”、“禁止手钩”、“向上”、“怕热”等，如图 1.4 所示。

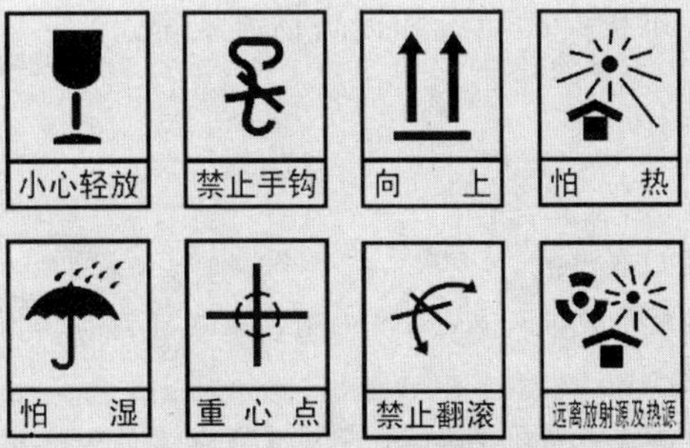

图 1.4　储存图示标志

3）危险货物标志

危险货物标志是对易燃、易爆、有毒、有害、腐蚀、放射性等危险物品，在外包装上用文字和图形所作的明显标记。它提示包装内物品的特殊性能、危险程度及在物流作业活动中应加强防护措施，以保证物品和人身的安全，故又称为危险品标志，如图 1.5 所示。

图 1.5　危险货物标志

2. 自动识别标志

自动识别与条码标志技术的运用，使识别速度提高了几十倍甚至上百倍，极大地提高了识别效率。条码的标准化使自动识别技术广泛地应用，这是因为条码具有相当大的数据存储量，是传统的图示标志无法比拟的；但条码缺乏直观性，只能与识别系统配套使用，人工无法识别。条形码和扫描设备如图 1.6 所示。

图 1.6　条形码和扫描设备

1.2.5 流通加工

流通加工是指物品在从生产地到使用地的过程中，根据需要进行包装、分割、计量、分拣、贴标志和标签、组装等简单作业的总称。实际上就是发生在流通领域的生产过程，其主要作用就是为了促进销售、维护产品质量和提高物流效率。

特别提示

流通加工与生产型加工的区别在于：

(1) 对象不同。流通加工的对象是进入流通过程的商品，具有商品属性；而生产型加工的对象是原材料、零配件、半成品。

(2) 加工程度不同。流通加工大多是简单加工，是对生产加工的一种辅助和补充；生产加工则是复杂加工、深加工、精加工。

(3) 目的不同。流通加工不是创造物品的价值和使用价值，而是在于完善其使用价值，并在物品不做大改变的情况下提高价值。

(4) 组织者不同。流通加工由流通企业完成，而生产加工由生产企业完成。

1.2.6 配送

配送是指在经济合理区域范围内，根据用户的要求，对物品进行拣选、加工、包装、分割、组配等作业，并按时送达指定地点的物流活动。

配送作为一种现代流通方式，已经集经营、服务、社会集中库存、分拣、装卸搬运于一身，因此，配送已不能简单地认为是一种短距离的运输功能，而是“配”与“送”的有机结合。从某种意义上说，现代配送实际上可以看作是整个物流体系的一个缩影，配送环节对整个物流体系在现代经济生活中所起的作用有着越来越重要的影响。由于配送一般都处在整个物流过程的终端，因此，配送功能完成的质量及其达到的服务水平，直观而具体地体现了物流体系对需求的满足程度。

1.2.7 物流信息处理

物流信息是反映物流各种活动内容的知识、资料、图像、数据和文件的总称，是现代物流区别于传统物流的关键所在。所谓自动化、计算机网络处理都是在这一领域内的应用，并对整个物流体系起着促进作用的信息处理活动。信息处理功能，一方面反映物流所涉及的各个领域或者过程的形态变化，反馈各种物流信息供物流过程决策者参考；另一方面，将决策者的决策信息，传送到各个物流环节和功能体系中。

现代物流通过信息功能实现了对供应商、批发商、零售商各类企业信息的连接，从而使现代物流形成供应链管理。物流信息可以使供应链上各个企业都提高效率，满足他们对控制计划生产、协调客户服务进行有效管理的要求。

1.2.8 客户服务

传统物流理论认为物流的功能主要是运输、装卸搬运、仓储保管、配送、流通加工、包装和物流信息功能，并未将客户服务作为单独的功能去分析。但是，当今世界随着市场经济的飞速发展，经济一体化趋势的日趋强化，消费由单一、大众化阶段进入了消费多样化和分散化阶段，即市场细分化阶段。在这种状况下，市场竞争较以往任何时期都要激烈，只有那些不断符合各种不同类型、不同层次的市场需求，并且迅速、有效地满足消费者欲望的竞争者才能获得生存和发展。而差别化经营战略是达到上述目的的有效措施，在物流业中体现差异化策略主要是在客户服务中，客户服务的最终目的就是要满足顾客的各种具体需求。

客户服务同时也往往是一种增值服务，在物流业中贯穿于整个物流活动的始终。物流活动的任何一个环节如果没有处理好客户服务活动，那么至少在该环节上就不能使顾客的期望得到充分满足。因此，为了能通过物流管理使企业获得更大效益，必须在整个物流活动中做好客户服务，基于此，我们将客户服务列为物流的基本功能之一。

小资料

物流客户服务的三要素

(1) 拥有客户所期望的产品(备货保证)。备货保证包含在库服务率。

(2) 符合客户所期望的质量(品质保证)。品质保证包含物理损伤、保管中坏损、运输中的坏损、错误输送、数量差错等。

(3) 在客户所期望的时间内送达产品(输送保证)。输送保证包含订货截止日期、送货日期、订货单位、订货频率及紧急出货。

1.3 物流的作用与分类

1.3.1 物流的作用

1. 物流的增值作用

物流过程实际上是一个增值的过程，在整个过程中通过物化劳动和活劳动的投入来增加产品的效用，具体表现为增加了产品的空间效用、时间效用、品种效用、批量效用、信息效用和风险效用等。

1）空间效用

空间效用表现为，通过商品流通过程中的劳动克服商品生产和消费在地理空间上的分离。不同的地区具有不同的生产优势和生产结构，而产品的消费却可能遍布在另外的地区甚至是全国、全世界。所以，正是商品流通所耗劳动创造的空间效用使人们可以享受瑞士生产的咖啡，购买法国的时装，使用美国 IBM 公司的电脑。

2）时间效用

时间效用表现为，通过商品流通过程中的劳动，克服商品生产和消费时间上的不一致。这种不一致的表现有多种情况，如农产品之类的商品只能间断性生产而必须连续消费；又如一些时令性或集中性消费商品，其生产却是长期连续的；更多的情况是，虽然生产和消费都是连续的，但是商品从生产到消费有一定的时间差，这种时间差表现为商品生产与消费的时间矛盾。商品流通过程如储存、保管等投入的劳动恰好可以解决这种矛盾，表现为商品时间效用的增加。

3）品种效用

品种效用表现为，通过商品流通过程中的劳动克服商品生产和消费品种方面的不一致。因为无论生产资料还是生活资料，消费者需要的是多种多样的商品，而专业化生产使某一生产厂家所提供的商品具有单一性，商品流通则可以集中多家生产商的产品提供给消费者，这方面的劳动投入表现为商品品种效用的增加。例如，越来越多的流通企业承担起生产厂家的“采购代理”任务。

4）批量效用

批量效用表现为，通过商品流通过程中的劳动克服生产和消费批量的不一致。社会化大生产的一种重要方式是生产的专业化和规模化，而很多时候消费的需求量都是很有限的。商品流通中所消耗劳动的一个重要用途就是将生产的大批量分割成小批量需求，在此表现为由整到散的分流过程，这方面的劳动投入都是为了解决生产与消费批量上的不一致，表现为批量效用。

5）信息效用

信息效用表现为，专业商品流通企业收集大量的信息，如买卖双方的信息、产品说明和使用情况、发展情况、用户的意见、供求信息、技术发展趋势等，并对这些信息进行过滤、筛选、整理、分析，总结规律，发现问题。同时也可指导自己的工作，并将这些信息传递给供求双方，以形成一种知识学习的效果。

6）风险效用

风险效用表现为商品流通过程中存在和隐藏着许多风险，如质量风险、信贷风险、政策风险、汇率风险、财务风险等。让商品流通双方谁来承担这些风险责任，可能都会是一种讨价还价的“扯皮”过程，会极大地加大交易费用，甚至阻碍商品流通的真正完成。由专业商品流通企业来承担这些风险，无疑会极大地提高供求双方的信心，加快流通和再生产的过程。

2. 物流在生产中的作用

任何生产企业产品的制造过程也就是加工过程，每经过一道工序，被加工对象物的形状、尺寸或性质将发生一次变化。加工设备或加工单元(如车间)的位置一般是固定的，为了保证加工活动的连续进行，被加工的物料必须依赖于运输车辆、起重机械、搬运机械或人力，才能运送到各个加工设备或加工单元(如车间)处，加工以后的半成品也必须用同样方式送到下一个加工点，物料在加工点之间的运动就是物流活动。

小资料

物流在生产企业运作中的作用

(1) 物流为生产的连续性提供了保障。企业生产过程中原材料的供应、半成品在加工点之间的流转、成品的运出，只有依赖物流活动才能不间断地进行，使生产得以继续。

(2) 生产企业可以向物流要效益来改善自身的发展条件。生产企业从社会得到补偿和利润是企业再生产和发展的必要条件。由于产品价格受到市场竞争机制的限制，从企业内部挖掘潜力降低成本是企业面临的最重要的课题之一。物流费用在生产成本中往往占有很大比重，而物流合理化对许多企业来说还是未曾开发的研究领域。因此，通过物流系统的改善，开发“第三利润源”能给企业带来巨大的经济效益。

(3) 物流状况对生产环境和生产秩序起着决定性的影响。在生产空间中，加工点位置固定，只要加工设备能正常运转，就不会对企业生产产生干扰。而物流在生产空间中始终是处于运动的状态，物流路线纵横交叉、上下升降，形成了遍布生产空间的立体动态网络。物流路线不合理、运行节奏不协调都会造成生产秩序的混乱。

1.3.2　物流的分类

1. 按照领域分类

1) 宏观物流

宏观物流是站在国民经济整体的角度来观察的物流活动，研究国民经济运行中的物流合理化问题。宏观物流管理的主体是政府，它的主要任务是制定产业政策和市场法规，负责物流基础设施建设，为物流事业的发展创造宏观环境，促进全社会物流活动的合理化和效率化等。

2) 微观物流

微观物流是伴随企业具体的生产、经营活动而展开的物流活动，研究企业在生产经营活动中物流合理化问题。

2. 按照作用分类

物流按照作用的分类如图 1.7 所示。

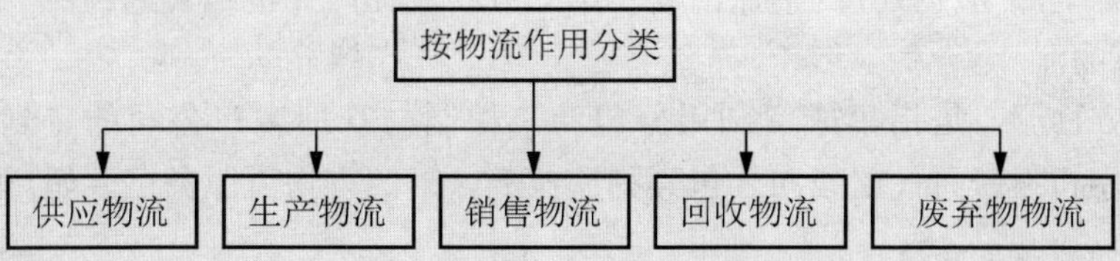

图 1.7　物流按照作用分类

知识链接

各种物流类型的作用

供应物流：对于工厂而言，是指生产活动所需要的原材料、备品备件等物资的采购、供应活动所产生的物流；对于流通领域而言，是指在交易活动中，从买方角度出发的交易行为中所发生的物流。企业的流动资金大部分是被采购的物资材料及半成品等所占用的，供应物流的严格管理及合理化对于企业的生产成本有重要影响。

生产物流：生产物流是制造企业所特有的，它和生产流程同步，如生产物流中断，生产过程也将随之停顿。生产物流合理化对工厂的生产秩序、生产成本有很大影响。生产物流均衡稳定，可以保证在制品的顺畅流转，缩短生产周期；在制品库存的压缩，设备负荷均衡化，也都和生产物流的管理和控制有关。

销售物流：通过销售物流，企业得以回收资金并进行再生产的活动。销售物流的成本在产品及商品的最终价格中占有一定的比例。因此，在市场经济中为了增强企业的竞争力，销售物流的合理化可以收到立竿见影的效果。

回收物流：回收还有利用价值的各种边角余料和废料是需要伴随物流活动的，回收物资品种繁多，流通渠道也不规则，且多有变化，因此，管理和控制的难度也大。

废弃物物流：生产和流通系统中所产生的无用的废弃物，如炼钢生产中的钢渣、工业废水以及其他一些无机垃圾等，如果不妥善处理，不但没有再利用价值，还会造成环境污染，就地堆放会占用生产用地以至妨碍生产。对这类物资的处理过程产生了废弃物物流。废弃物物流没有经济效益，但是具有不可忽视的社会效益。

3. 按照物流主体方的目的不同分类

按物流主体方的目的不同可将物流分为第一、第二、第三、第四、第五方物流。

1）第一方物流

第一方物流实际上就是供方物流，或者叫做销售物流，是由供应厂商到其各个用户的物流。第一方物流是生产企业或流通企业自己来进行物流的运作，不依靠社会化的物流服务。

第一方物流的效益源泉在于使得总物流费最省(包括运输费用、仓储费用、包装费用、信息费用等)，总物流费用越小，效益越高。

2）第二方物流

第二方物流实际上是需方物流，或者说是供应物流，是用户企业从供应商市场购进各种物资而形成的物流。

3）第三方物流

第三方物流是指由物流劳务的供方、需方之外的第三方去完成物流服务的物流运作方式，是指专业物流企业在整合了各种资源后，为客户提供包括设计规划、解决方案以及具体物流业务运作等全部物流服务的物流活动。第三方物流在国外也称契约物流。

4）第四方物流

所谓第四方物流，是指集成商利用分包商来控制与管理客户公司的点到点式供应链运作。随着制造商和零售商日益趋向外包其物流业务，第四方物流服务已开始广为流传。

案例链接

海丰的第四方物流“冲动”

在仓储和运输能力决定一切的今天，我国的物流企业还处在“储平丰欠、运通有无”的阶段，对于第四方物流(4PL)的探索也只是停留在理论水平上。难怪许多业内的人士会愤愤不平，大喊“4PL不过是玩概念”。

国内曾经有过“1+1<2”的说法，这是我国物流领域目前的真实写照。在某个行业或某几个企业来看，物流运作也许是高效率的，但将目光提升到整个社会，我们就会发现，原来物流企业各自为政，信息不能有效流通，重复建设现象严重。因此，我们目前需要的是将资源从社会全局的角度进行整合，将信息从供应链层次上进行共享。这也就是4PL所充当的角色。

2006年10月，海丰集团旗下的物流公司与新时代国际运输服务有限公司的合并计划正式开始。据悉，海丰集团将其原物流体系中新海丰物流有限公司以及一系列与第三方、第四方物流有关的优质资产与新时代国际运输服务有限公司合并成立海丰物流有限公司。“海丰物流”这一国内创新的供应链管理服务与综合物流企业随之诞生。

海丰物流毫不犹豫地将4PL作为自己的身份标志，业界均怀着极其“复杂”的心情，注视着海丰的一举一动，而接下来发生的一切，再一次让业界刮目相看。自2006年10月份进入合并程序，数月间其业务和利润增长迅速，比过去数月货运订单增长三倍以上。2007年空运货运量突破110 000吨，较2006年的60 000吨上升80%；同期，海运货量将由180 000个标准集装箱增至逾210 000箱。

这些看似不可能的业绩是如何取得的呢？早在2004年12月，海丰集团就进行了大规模的企业战略重组，当时，该公司被分为集运、物流、船东、散货、沿海内贸运输和航运配套服务六大业务体系，并开始向国际化、综合性物流公司迈进。2005年，海丰集团总裁杨绍鹏又不惜血本，毅然拿出了8 400万元进行他认为是"奢侈品"的IT系统建设。

正是这样的远见，让海丰将供应链的各个链条有效地连接起来，形成信息的平滑过渡和流程间的无缝连接，同时提供了基于互联网的查询、客户服务和电子商务平台，为采购商、生产商、运输公司、报关公司、仓储、陆运等相关的公司和客户提供统一的接入平台。

（资料来源：http：//www.233.com/wuliu/anli/index.html）

思考：根据案例资料，分析4PL的优势。

5）第五方物流

第五方物流目前主要是指提供物流人才培训服务。

1.4 物流系统

1.4.1 物流系统概述

1. 物流系统的概念

物流系统是由各相关要素有机结合并使物流功能合理化的统一体。具体是由运输、储存、包装、装卸、搬运、配送、流通加工、信息处理等基本功能要素所构成的各个基本环节组成的。物流系统整体优化的目的就是要使输入最少，即物流成本最低，消耗的资源最少，而作为输出的物流服务效果最佳。值得一提的是，单一的运输或单一的包装等不能称为物流，只有基本的功能要素组合在一起才能称之为物流和物流系统。

物流系统的总体框架，如图1.8所示。

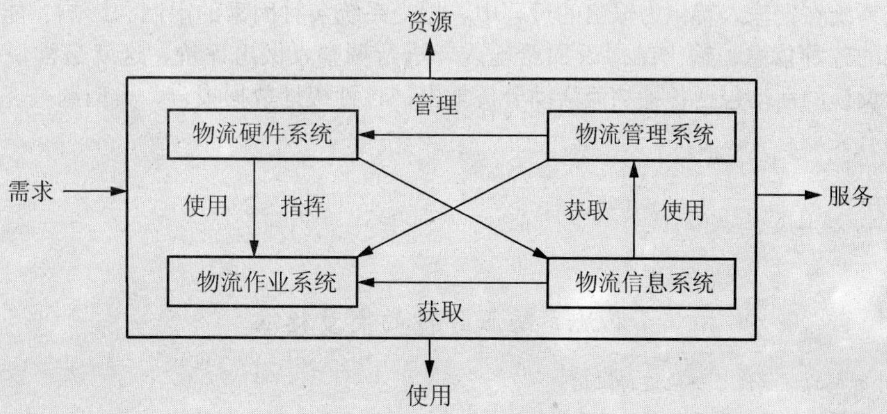

图1.8 物流系统的总体框架

2. 物流系统模式及其内涵

物流系统的输入、输出、处理(转化)、限制(制约)、反馈等功能，根据物流系统的性质不同其具体内容不同。一般物流系统模式如图1.9所示。

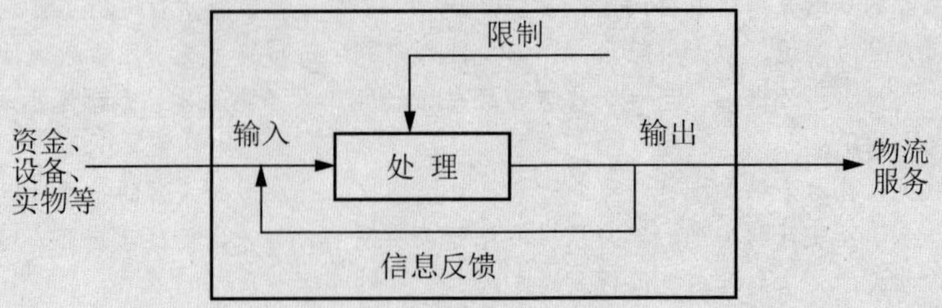

图 1.9　一般物流系统模式

1）输入

输入就是通过提供资源、能源、设备、劳动力等手段对某一系统发生作用，统称为外部环境对物流系统的输入，包括原材料、资金、信息、劳动力、能源等。

2）处理(转化)

处理是指物流本身的转化过程。从输入到输出之间所进行的生产、供应、服务等活动中的物流业务活动，称为物流系统的处理或转化。具体内容有设施和设备的建设、物流业务活动、信息处理及管理工作等。

3）输出

物流系统与其本身所具有的各种手段和功能，对环境的输入进行各种处理后所提供的物流服务，称为系统的输出。具体内容有以下几个方面：产品位置与场所的转移；各种劳务，如合同的履行及物流服务；能源与信息等。

4）限制(制约)

外部环境对物流系统施加一定的约束称之为外部环境对物流系统的限制和干扰。具体包括资源条件，能源限制，资金与生产能力的限制；价格影响，需求变化；仓库容量；装卸与运输的能力；政策的变化等。

5）反馈

物流系统在把输入转化为输出的过程中，把受系统各种因素的限制和影响、能够完成和不能完成的各种信息、输出结果返回给输入，进行调整，做出评价，这就是常说的信息反馈。信息反馈的活动包括各种物流活动分析报告、各种统计数据报告、典型调查、国内外市场信息与有关动态等。

特别提示

物流系统服务性的衡量标准

(1) 对用户的订货能很快地进行配送。

(2) 接受用户订货时商品的在库率高。

(3) 在运送中交通事故、货物损伤、丢失和发送错误少。

(4) 保管中变质、丢失、破损现象少。

(5) 具有能很好地实现运送、保管功能的包装。

(6) 装卸搬运功能满足运送和保管的要求。

(7) 能提供保障物流活动流畅进行的物流信息系统，能够及时反馈信息。

(8) 合理地流通加工，以保证生产费用与物流费用之和最少。

1.4.2　物流系统的基本功能与增值服务功能

1. 物流系统的基本功能

现代物流理论认为，物流的功能应该是一种满足需要的“需要满足功能”，促进销售、支援销售的“创造需要功能”和使需要和供给互相契合的“供需综合平衡功能”三者的统一。为了完成物流的“需要满足功能”、“创造需要功能”’和“供需综合平衡功能”，在现代物流过程中，就需通过运输、装卸搬运、仓储保管、配送、流通加工、包装、物流信息、客户服务八大物流系统的基本功能去实现。

2. 物流系统的增值服务功能

物流增值服务是在物流基本功能服务的基础上的延伸，其主要的内容有以下几点。

1）便利性服务

简化操作程序，简化交易手续，简化消费者付费环节等。

2）加速的信息传递服务与快速的物流服务

快速反应是物流增值服务的核心。它比一般的运输业或仓储业效率要高，更能吸引客户，使客户在享受服务中得到增值。

3）降低成本服务

物流，特别是完善的物流系统是第三利润源。其实质就是在为客户降低成本的同时，物流企业也在降低生产成本，实现企业与客户的双赢。

4）延伸服务

通过物流供应链以及完善的信息系统，其增值服务还可以对其上游和下游进行延伸。例如，提供上游企业在工商管理之外，而物流企业所能及的诸如加工、流通等服务；提供下游企业在原材料供给、配送、开发等方面的服务；还可以提供税收、报关、教育培训、物流方案设计等方面的服务。

1.4.3　物流系统的活动内容

根据美国学者对物流活动的定义和对于现代物流的理解，我们将物流系统活动内容进行概括，如图 1.10 所示。

知识链接

物流系统各项活动介绍

物料装卸搬运：在物流过程中，于保管和运输两端场所对物料进行的装车、卸车、移动、取货、分拣等作业活动。

工业包装：为保证物流过程中货物不发生损坏，便于运输和保管进行的包装活动，也称为运输包装和物流包装。

运输：运输是物流的主要功能，是实现物资的空间位移。合理安排运输，充分利用各种运输方式的优势，实现门到门的多式联运，对运输过程进行实时控制(CPS、货物跟踪系统、往返货物配载系统等)，开展集装运输等是现代物流在运输领域的重要特征。

仓库管理和保管：对仓库内的入出库、装卸等作业活动实施的管理活动，以及对库内物料进行妥善保管的相关作业活动。

流通加工：流通加工是在流通领域从事的简单生产活动，流通加工不改变商品的基本形态和功能，只是完善商品的使用功能，提高商品的附加价值。

配送：配送属于由末端物流节点向最终用户的货物运输活动，具有小批量、多品种的特点。

物流信息交换：物流信息在相关部门间的流动传递是提高物流作业效率，实现物流系统化的关键环节。

库存控制：在保障供应的前提下，使库存物品的数量最少所进行的有效管理的技术经济措施。库存控制是建立在对市场的科学预测基础之上的。库存控制是物流管理的核心。

订单处理：接受订货信息，按照订单组织进货。

物资采购：主要是指根据生产经营计划和库存状况，向供应商下订单补充库存。

客户服务管理：掌握客户的需求动态、客户的要求和企业营销战略，确定客户服务水准，及时提供物流服务。

需求预测：需求预测是对生产、装运、销售等方面有可能产生的流量的一种预示或估计。

工厂和仓库布局：根据物流合理化的要求，确定物流节点的数量和位置。工厂(包括商店等)和仓库(包括配送中心等)的位置及其数量直接关系到物流网络的基本格局，影响到物流的走向、物流的流量等。

退货处理：将不合格货物和多余货物退还给供货部门的活动。

售后服务：为已售出产品提供配件服务以及维修服务。

废弃物处理：物流过程中的废弃物的回收活动。

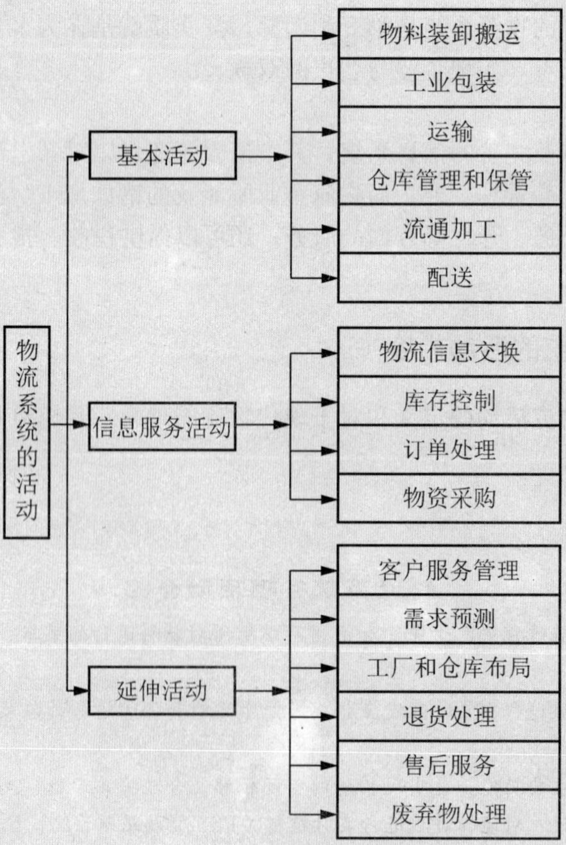

图 1.10 物流系统的活动内容

1.4.4　现代物流系统的基本要素

现代物流系统的基本要素包括一般要素、功能要素、支撑要素和物质基础要素。

1. 现代物流系统的一般要素

1）劳动者要素

劳动者要素是现代物流系统的核心要素、第一要素。提高劳动者的素质，是建立合理化的现代物流系统并使它有效运转的根本。

2）资金要素

交换是以货币为媒介的。实现交换的现代物流过程，实际也是资金运动过程。同时，物流服务本身也需要以货币为媒介，现代物流系统建设是资本投入的一大领域，离开资金这一要素，现代物流不可能实现。

3）物的要素

物的要素包括物流系统的劳动对象，即各种实物。缺少这些，现代物流系统便成了无本之木；现代物流的物的要素还包括劳动工具、劳动手段，如各种物流设施、工具、各种消耗材料(燃料、保护材料)等。

2. 现代物流系统的功能要素

现代物流系统的功能要素，指的是现代物流系统所具有的基本能力。这些基本能力有效地组合、联结在一起成为现代物流的总功能，便能合理、有效地实现物流系统的总目的，一般包括采购、运输、储存保管、包装、装卸搬运、流通加工、配送、物流信息等。

3. 现代物流系统的支撑要素

现代物流系统的建立需要有许多支撑手段，尤其是处于复杂的社会经济系统中，要确定现代物流系统的地位，要协调与其他系统的关系，这些要素必不可少，如图 1.11 所示。

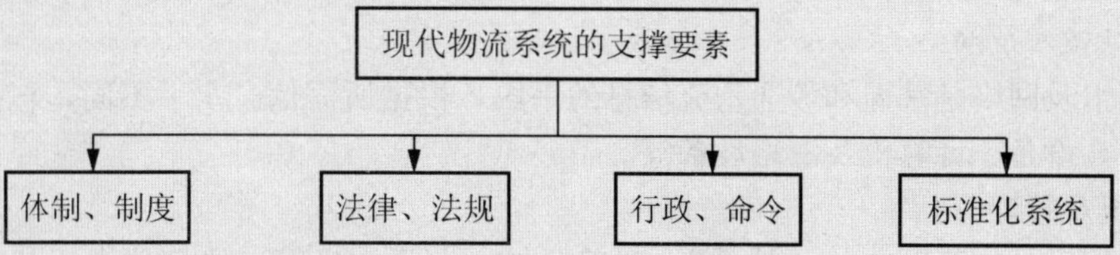

图 1.11　现代物流系统的支撑要素

1）体制、制度

物流系统的体制、制度决定物流系统的结构、组织、领导、管理方式，国家对其控制、指挥和管理是现代物流系统的重要保障。有了这个支撑条件，现代物流系统才能确立在国民经济中的地位。

2）法律、法规

现代物流系统的运行，都不可避免地涉及企业或人的权益问题，法律、法规一方面限制和规范物流系统的活动，使之与更大系统协调，一方面是给予保障。合同的执行、权益的划分、责任的确定都依靠法律、规章维系。

3）行政、命令

现代物流系统和一般系统不同之处在于，现代物流系统关系到国家军事、经济命脉。所以行政、命令等手段也常常是支持现代物流系统正常运转的重要支撑要素。

4）标准化系统

标准化系统是保证物流环节之间协调运行，保证现代物流系统与其他系统在技术上实现联结的重要支撑条件。

4. 现代物流系统的物质基础要素

现代物流系统的建立和运行，需要有大量技术装备手段，这些手段的有机联系对现代物流系统的运行有决定意义，对实现物流和某一方面的功能也是必不可少的，如图 1.12 所示。

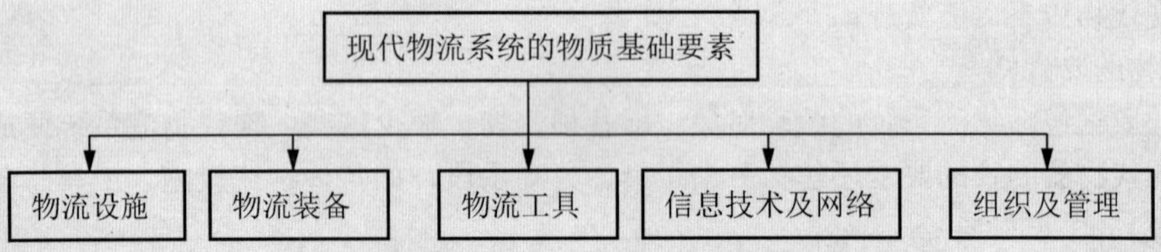

图 1.12　现代物流系统的物质基础要素

1）物流设施

物流设施是组织现代物流系统运行的基础物质条件，包括物流站、场，物流中心、仓库，物流线路，建筑物，公路，铁路，港口等。

2）物流装备

物流装备是保证现代物流系统开动的条件，包括仓库货架、进出库设备、加工设备、运输设备、装卸机械等。

3）物流工具

物流工具是现代物流系统运行的物质条件，包括包装工具、维护保养工具、办公设备等。

4）信息技术及网络

信息技术及网络是掌握和传递物流信息的手段，根据所需信息水平不同，包括通讯设备及线路、传真设备、计算机及网络设备等。

5）组织及管理

组织及管理是物流网络的“软件”，起着联结、调运、运筹、协调、指挥其他各要素以保障物流系统目的的实现的作用。

1.4.5　现代物流业的行业组成

1. 交通运输业

交通运输业是现代物流业的主体行业，主要包括以下几个方面。

1）铁路运输业

铁路运输业主要是货运部分，从事的有整车运输业务、集装箱运输业务、混载运输业务和行李托运业务。铁道运输的优势在于能承担低成本的中长距离大宗货运。

2）汽车货运业

分别有一般汽车货运和特殊汽车货运。后者指专运长、大、重或危险品、特殊物品的货运业。汽车运输的优势在于可以提供短距离、迅速、便利，即“门到门”的服务，相比其他运输方式，更能承担小批量、多频次的配送业务。因此，在发展物流业的形势下，汽车运输业也会面临强势的发展。

3）水路运输业

分别有远洋、沿海、内河三大类别的船舶运输。水路运输的优势在于运载量大、运价低，它与铁路运输业一起成为综合交通系统的主干运力。

4）航空运输业

航空运输的单位成本很高，主要适合救灾抢险用的紧急需要物资、贵重及高档货物、鲜活商品的运输。但其速度快，不受地形影响。

5）管道运输业

管道运输是利用管道输送气体、液体和粉状固体的一种运输方式。一次性投资大，但运行中安全性大、货损货差小、可连续运行。

2. 仓库业

通过提供仓库承担存储货物业务。现代物流业的存储环节还有更大的发展前景，除了保管货物，还可承接大量流通加工业务，如分割、分拣、组装、标签贴付、商品检验等，还为流通加工、配送中的配货、分拣、配装及发送提供了场所。另外，它和运输业还不同程度地承担了物流中分量很重的装卸业务。

3. 通运业

通运业起了很重要的沟通中介作用。如集装箱联运业、集装箱租赁经营业、托盘联营业、运输代办业、行李代办业等。

4. 配送业

配送业务指短距离、小批量的送货上门，这是物流活动中连接到消费者的不可忽视的环节，它还包括速递业。这在我国是一个新兴的将容纳大量劳动力的行业。

现代物流业在我国正步入快速发展的新时期，这既给经济效益带来新的增长，又带来新的挑战。物流时代这种发展态势会促使我国在经济、科技、文化等各个方面出现更大的进步。

重要词汇

物流　物流功能　物流系统

案例分析

小螺钉　大物流

在不起眼的螺钉行业，很难想象有年销20亿元的“巨人集团”，创造这一神话的是以蔡永龙为首的台湾

“蔡氏三兄弟”，三兄弟在螺钉产业打拼20年之后有了今天这片天地——浙江晋亿、台湾晋禾和马来西亚晋纬三个制造基地。经过三年时间的系统规划与建设，晋亿工厂各组织单元构成了一个完整的企业内部制造与仓储物流系统，整个工厂仿若一台巨型机器——每一个“部件”在人和信息指令的操纵下有机地运转着。

1. 物流规划从工厂选址开始

有资料表明，影响螺钉成本的四项主要因素分别是原材料、模具、运输和管理，而运输成本约占总成本的25%～30%，基于这一至关重要的原因，晋亿工厂的选址成为一项事关全局的战略。

晋亿最终选定嘉善显然有其道理，厂址位于沪杭铁路、302国道和大运河三线“交汇处”，有高速公路直通，离火车站不到5分钟车程，晋亿的原材料库与大运河河岸直接相通，并自建三座私人码头接驳货物，由于河运成本低，这条河已成为晋亿目前采购原材料的主要运输通路，有八成以上的原材料通过水路运抵工厂。

2. 建设自动化立体仓库

不同规格的螺钉一旦进入大规模生产，物流的流量与路径就相当复杂。首先，数以万计不同规格的半成品、成品以及大量的模具在动态与静态之间转换时，如何在仓库之间进行及时、准确地存取？在整个制造系统高速运行的状况下，仓管员无所适从：

——Φ16型螺栓存放在仓库的什么地方？

——怎么从堆积如山的成品仓库中找到Φ21型螺钉？

——如何知道仓库账物是否相符呢？

——如何完成生产车间与仓库之间的快速搬运呢？

根据晋亿的物流经验，解决这些难题的根本出路在于自动化立体仓库。

自动仓库采用电脑自动控制输送设备和高架吊车，使货物的搬运、存取完全自动化，自动仓库的分布与制造系统紧密结合在一起，实际上，晋亿的自动仓库与制造系统构成了一个一体化的物流体系，其中半成品与模具自动仓库是配合制造流程必不可少的一部分，而成品自动仓库成为实现企业内外产品转移的物流中心。

3. 信息管理系统

自动仓库技术解决了晋亿内部物流的一个核心环节问题，再反观其前端的制造物流过程，虽然从表面形式看，单一制程(工序)的自动化容易做到，但要使多个制程之间同步联动，同时需要结合订单及各种因素合理进行生产排程，因此，要实现一组非连续的制程群有机自动化——大规模协同制造也是一个相当复杂的问题。

晋亿MIS系统有效地解决了这一问题，并且使MIS与自动仓库系统整合为一套完整的信息管理系统。晋亿的信息管理系统包括业务、生产、技术、成本、采购、资材及制成品等9个相互关联的子系统，晋亿借此实现按订单生产、采购和交货。“现在完全不是靠‘造螺钉’赚钱的时代了，晋亿赚的是物流的钱。”晋亿董事长蔡永龙平缓的语气里流露出相当的自信。

根据蔡永龙正在实施的计划，晋亿的目标显然不止于制造业，更重要的是战略升级——运用其成熟的物流管理技术做中国第一家五金行业的专业第三方物流公司。作为“工业粮食”的螺钉市场是一个巨大的市场，晋亿的第三方物流市场前景可以期待。

（资料来源：华夏经纬网，有改动）

思考：

1. 晋亿实业有限公司运用了哪些先进的物流技术？

2. 工厂选址对物流运作有哪些影响？

3. 信息技术在物流管理中起着怎样的作用？

练习与思考

一、单选题

1. 在我国专指生产资料，有时也泛指全部物质资料的概念是(　　)。

A. 物料　　B. 货物　　C. 物资　　D. 物品

2. 物流系统将外部环境提供的输入内容进行处理转化后变成全系统的输出，该输出是(　　)。

A. 运输　　B. 保管　　C. 装卸搬运　　D. 物流服务

3. (　　)是物流活动的内容、形式、过程及发展变化的反映。

A. 商品交换　　B. 资金流动　　C. 信息交流　　D. 人际关系

4. 不属于物流增值作用的是(　　)。

A. 时间效用　　B. 品种效用　　C. 信息效用　　D. 质量效用

5. 以下不体现现代物流在企业生产中作用的是(　　)。

A. 保障作用　　B. 组织管理　　C. 第三利润源　　D. 获取竞争优势

二、多选题

1. 现代物流在国民经济中的作用有(　　)。

A. 促进产品质量提高　　B. 经济发展基础

C. 社会再生产保障　　D. 有效利用财力、物力

2. 物流系统的功能根据物流系统的性质的不同具体内容不同，其功能包括(　　)。

A. 输入　　B. 处理　　C. 输出　　D. 限制

3. 现代物流系统运作的目标包括(　　)。

A. 服务第一　　B. 快速及时　　C. 节省空间　　D. 规模适当

4. 物流系统增值服务的功能可分为(　　)。

A. 增加灵活性　　B. 增加便利性　　C. 加快反应速度

D. 降低物流成本　　E. 业务延伸

5. 物流系统要素按不同用途可归纳为(　　)。

A. 一般要素　　B. 功能要素　　C. 服务要素　　D. 支撑要素

三、思考题

1. 什么是物流?
2. 物流有哪些功能?
3. 如何对物流进行分类?
4. 什么是物流系统?

第2章 物流管理的现状以及发展趋势

学习目标

1. 理解物流管理的概念。
2. 了解物流管理目标、物流管理发展趋势。
3. 掌握物流管理的内容、物流管理特征，掌握物流管理原则。

案例引入

丹麦运输物流发展经验

丹麦是一个小国，但在国际物流产业中具有较强的竞争力，拥有如A.P.穆勒这样的大型跨国集团，其物流业发展的经验很值得我们学习和借鉴。

制定统一的发展战略是丹麦物流业发展的重要经验之一。在丹麦商业与工业部同麦工业界的一次对话中，丹麦运输工业以及运输服务的使用者们表达了在物流领域制定全国发展战略的强烈愿望。于是丹麦商业与工业部同运输部、环境与能源部顺应企业的需要共同制定统一的战略。

来自公共部门和私营部门的代表举行了关于工业所面临的挑战的研讨会，就六个方面的问题提出战略应对措施并成为政府与企业的共识。

1. 工业所面临的挑战

企业全球化给运输业提出了新挑战，物流变得越来越重要。面对全球性的竞争，运输业应该为整个制造业供应链提供增值服务；应与外国运输企业联合；应发展多式联运，包括卡车、铁路、飞机和船舶。

2. 公共法规

对运输产业的管理应在国际范畴进行。丹麦企业和政府应积极参与国际相关运输法规的制定。通过各国协调关税及认证来发展有利于环保的运输。

3. 知识掌握

为便于产业创新，应通过大学、技术研究部门和产业之间的紧密合作来加强对物流和运输的研究。政府机构可以对由研究部门与产业界共同进行的研究项目提供资助。

4. 资金渠道

中间融资、风险基金和丹麦工业发展基金均应向运输业倾斜。政府制定货物运输税收政策时要考虑企业的全球竞争力，另外还强调政府应降低公司税。

5. 政府与企业互动

发展基础设施，解决瓶颈问题，建立多式运输中心。提高海关效率，管理好保税仓库。政府与企业就运输中的环境问题加强对话。

6. 国际竞争条件

在国际上强调运输企业和运输工具同业之间的平等竞争。政府要在国际上积极反对贸易壁垒和国家补贴以改善丹麦企业的市场进入条件。为方便多式运输，运输部保证放开铁路货物运输，同时调查是否需要修订丹麦港口的一些法律，以适应新战略。

(资料来源：http：//www.233.com/wuliu/anli)

思考：结合案例资料及我国实际，分析如何促进物流产业的发展。

2.1 物流管理概述

2.1.1 物流管理的概念

物流管理是为了以最低的物流成本达到客户所满意的服务水平，对物流活动进行的计划、组织、协调与控制，即物流管理是对原材料、半成品和成品等物料在企业内外流动的全过程所进行的计划、组织实施、协调与控制等活动。

近几十年来，物流管理已从过去只注重分散的各个环节物流功能的研究，发展到越来越注重整个物流过程的整合。当前，国内外工商界和物流理论界强调对整个物流活动进行全面整合的思想更加流行。综合物流管理与综合供应链管理已成为现代物流管理的一个方向。

2.1.2 物流管理的内容

现代物流管理的目的是使总体效益最佳，它不仅涉及在系统中不断转移的物资实体，也涉及使物资实体发生运动(包括储存)的手段(如运输、储存、装卸、搬运、包装等)与所使用的资产、设施、设备的规划、设计、选择、使用，以及与此有关的经济、技术、劳务等方面的问题。现代物流管理的内容涉及面十分广泛，物流战略规划、物流成本控制、物流服务质量、库存控制、物流标准化及物流技术等均是现代物流的主要内容。

1. 物流战略规划

1) 物流战略的定义

物流战略是指为寻求物流的可持续发展，就物流发展目标以及实现目标的途径与手段而制定的长远性、全局性的规划和谋略。

物流战略并不是孤立存在于企业物流管理中，它是企业战略的一个有机组成部分。对于企业而言，要想取得物流管理业务的成功，首先要明确企业的物流战略。战略是站在目标和远景的高度来指导某项行动的。

首先决定企业的方向性，其次提出物流战略的选择项，然后再按物流系统和成本费用进行选择，这就是物流战略，如图 2.1 所示。

企业物流战略的制定作为企业总体战略的重要部分，要服从企业目标和一定的顾客服务水平，企业总体战略决定了其在市场上的竞争能力。有时，企业战略的制定是为了反击竞争对手的策略。此时，高效的物流系统往往是体现企业竞争力的重要因素。例如，海尔全球性的供应链物流战略保证了海尔“三位一体”的国际化战略。

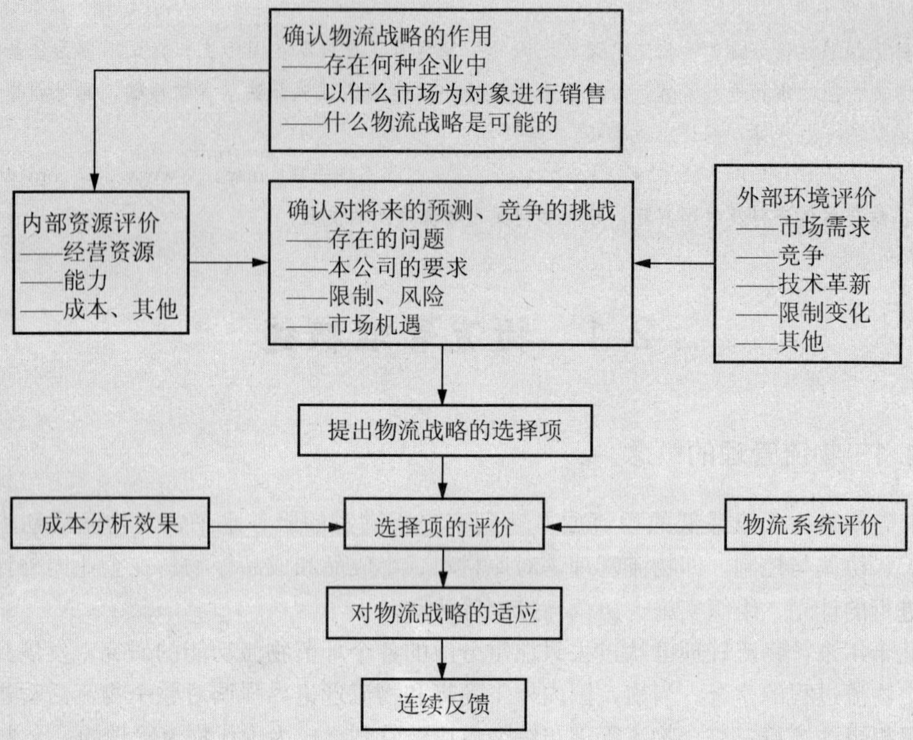

图 2.1　物流战略的地位

2）物流战略的类型

物流战略类型，见表 2－1。

表 2－1　物流战略类型

划分依据	物流战略类型
服务项目	准时货运集散战略、快速货运集散战略、整车货运集散战略、成组货运集散战略、国际货运集散战略
发展方向	物流服务导向战略、专业技术导向战略、规模经营导向战略、资源优化导向战略、实时响应导向战略、市场需求导向战略
战略行为	扩张型物流战略、稳定型物流战略、收缩型物流战略、关系型物流战略
战略重点	物流系统生存战略、经营战略、发展战略

3）物流企业的战略构成

一个物流企业的战略通常包括十个关键部分，分别被组织在四个重要层次上，构成物流战略金字塔，确立物流战略的框架，如图 2.2 所示。

2. 物流成本管理

物流成本是指物流活动中所消耗的物化劳动和活劳动的货币表现，即物品在实物运动过程中，如运输、储存、包装、装卸、流通加工等各个活动中所支出的人、财、物的总和。

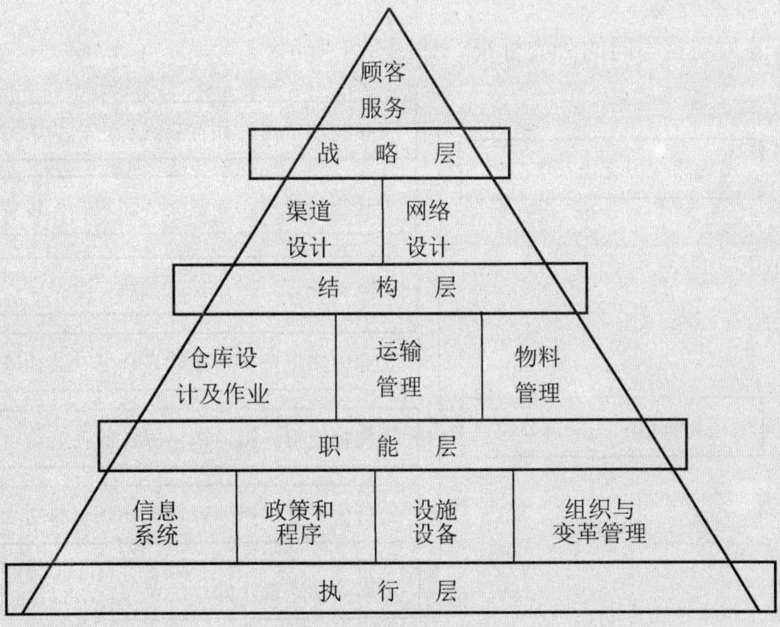

图 2.2　物流战略的重要部分

1）物流成本的特征

（1）物流成本具有隐含性，有“物流成本冰山理论说”。把全部物流成本比喻为大海中漂浮的冰山，露出海面的部分只是冰山一角，比喻为企业可直接计算掌握的部分物流费，而海面以下的大部分比喻为企业消费的物流费，难以明确掌握，如图 2.3 所示。

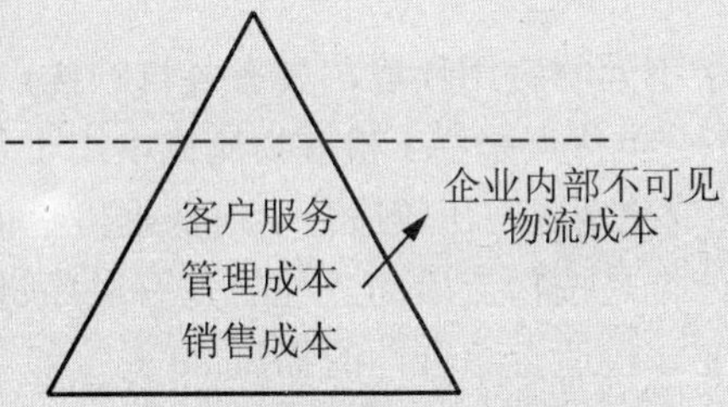

图 2.3　物流成本冰山理论说

“物流成本冰山理论说”的用意是将隐含物流费都显露出来，挖掘降低成本、开辟“第三利润源”的宝库。

（2）物流成本中有些是物流部门不能控制的，如过多生产或进货造成积压的库存费用等。

（3）物流成本削减的乘法效应。物流成本的削减，对企业利润的增加具有乘法效应。如销售额为 1 000 万元，物流成本为 100 万元，如果物流成本削减 10 万元，不仅直接产生 10 万元的收益，而且由于物流成本占销售额的 10%，所以间接增加了 100 万元的销售额，这就是物流成本削减的乘法效应。

（4）物流成本的效益背反。在物流功能之间，一种功能成本的削减可以引起其他功能成本的增加，由于各种物流成本的相互关联性，必须考虑整体的最佳成本。

2）物流成本的分类

物流成本的类别有不同的分类标准，如图 2.4 所示。

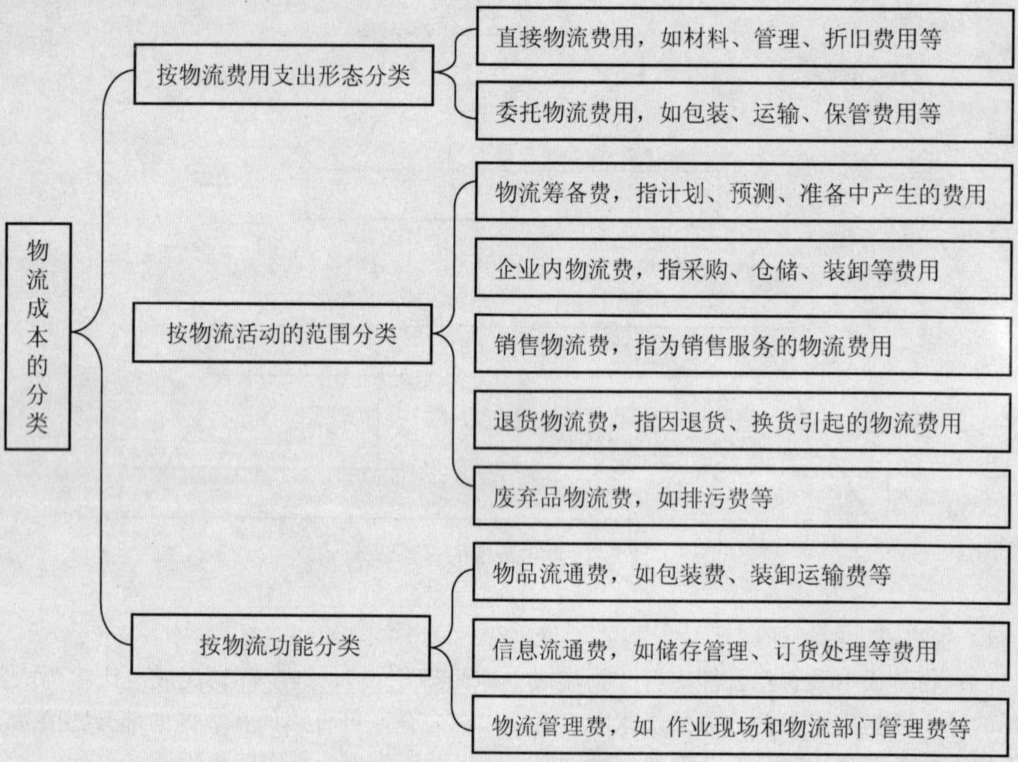

图 2.4　物流成本分类

各种分类方法分别适用于不同的应用环境，具有各自的优点。

(1) 按物流费用支出形态分类优点是便于检查物流成本用于各项日常支出的数额和所占份额，对比分析各项成本水平的变化情况，比较适合生产企业和专业物流部门的物流成本管理。

(2) 按物流活动的范围分类是按物流活动过程的先后次序进行分类的，便于分析各阶段物流活动的物流成本花费情况，较适合综合性的物流部门。

(3) 按物流功能分类用于分析不同功能的物流成本所占的比例，从而发现物流管理的问题所在。

3）物流成本合理化管理

物流成本合理化管理流程如图 2.5 所示。

知识链接

物流成本管理的基本策略

通过对物流的供应链全面管理来降低物流成本。提高物流效率应对从原材料供应到最终用户的整个供应链过程进行考虑，强调企业所有职能部门之间的协调，与上下游企业、顾客、运输业者之间的协调，实现准时化采购和零库存，提高服务水平，有效降低物流成本。

通过对退货的控制来削减成本。退货成本占物流成本相当大的比例，如销售额为 1 000 万元，退货比例为 3%，即有 30 万元的退货；因为物流费用和企业内部处理费占销售额的 10%左右，所以伴随着退货会产生 3 万元的物流费用。因此，削减退货成本十分重要。

通过第三方物流降低物流成本。企业利用第三方物流的人员和技术优势，将物流业务外包，可以减少空驶和租车等问题发生的额外费用。

借助现代信息系统降低物流成本。企业通过建立的信息系统，可以充分应对可能发生的各种需求，可调整经营计划，从整体上控制物流成本发生的可能性，提高物流管理的科学性，降低物流成本。

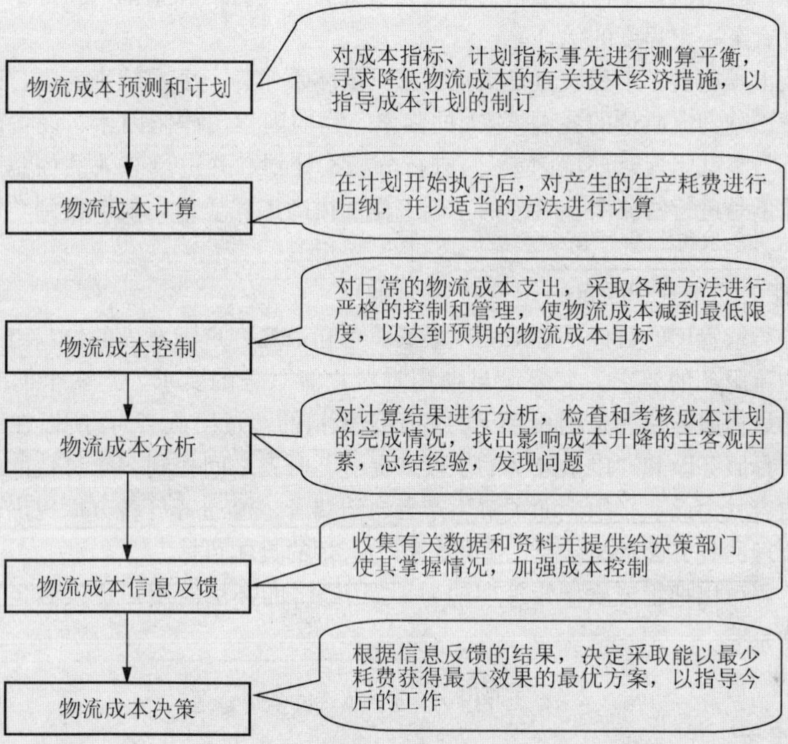

图 2.5 物流成本合理化管理流程图

3. 物流服务质量管理

物流服务质量，既包含物流对象质量，又包含物流手段、物流方法的质量，还包含工作质量，因而是一种全面的质量观。

物流服务质量管理具有管理的对象全面、管理的范围全面和需要全员参加管理的特点。物流服务质量管理必须强调“预防为主”，明确“事前管理”的重要性，即在上一道物流过程就要为下一道物流过程着想，估计下一道物流过程可能出现的问题，预先防止。

1）物流服务质量管理的内容

(1) 商品的质量保证及改善。商品在生产过程中形成了合乎要求的等级、尺寸、规格、性质和外观等质量指标，物流过程在于转移和保护这些质量，最后实现对用户的质量保证。因此，对用户的质量保证既依赖于生产又依赖于流通。现代物流过程不单是消极地保护和转移物流对象，还可以采用流通加工等手段改善和提高商品的质量。物流过程在一定意义上说也是商品质量的“形成过程”。

(2) 物流服务质量。服务质量是整个物流过程的质量目标，它是指物流企业为用户提供服务并使用户满意的程度。物流业具有极强的服务性质，服务质量因用户不同而要求各异。例如，要掌握和了解用户要求，商品狭义质量的保持程度，流通加工对商品质量的提高程度，批量及数量的满足程度，配送额度、间隔期及交货时间的保证程度，配送运输方式的满足程度，成本水平及物流费用的满足程度，相关服务(如信息提供、索赔及纠纷处理)的满足程度等。

(3) 物流工作质量。工作质量是指物流各个环节、各工种、各岗位的具体工作质量。工作质量和物流服务质量是两个不同的概念，但关联度相当大，物流服务质量水平取决于各个工作质量的总和。所以，工作质量是物流服务质量的某种保证和基础，抓好工作质量，物流服务质量也就有了一定程度的保证。

(4) 物流工程质量。工程质量是指把物流质量体系作为一个系统来考虑，用系统论的观点和方法，对影响物流质量的各因素(人的因素、物的因素、体制因素、设备因素、工艺方法因素、计量与测试因素、环境因素等)进行分析、计划，并进行有效的控制。很明显，提高物流工程质量是进行物流质量管理的基础工作，提高工程质量，就能做到“预防为主”的质量管理。

2) 物流服务质量管理的目标

物流服务质量管理的目标是必须实现最低成本和最高客户满意度的恰当组合，即既要满足生产者对物流服务的要求，又要满足使用者对物流服务的要求，这两个需求往往是矛盾的，生产者的最佳服务往往是消费者无力或不愿承担的“过度服务”，所以在“向用户提供满足要求的质量服务”和“以最经济的手段来提供”两者之间找到一个最佳的结合点是物流服务的重要内容。为此，必须全面了解生产者、消费者、流通者等各方面提出的要求，从中分析出真正合理的各方面都能接受的要求，作为管理的具体目标。

综上所述，可以把物流质量管理理解为：“用经济的办法向用户提供满足其要求的物流质量的手段体系”。

特别提示

物流服务与成本的关系包括四种类型。

(1) 在物流服务水平不变的前提下，降低物流成本。

(2) 要提高物流服务水平，不惜增加物流成本。

(3) 在物流成本一定的情况下，有效实现物流服务水平的提高。

(4) 在降低物流成本的前提下，实现较高的物流服务。

3) 物流服务管理的原则

物流服务管理原则的内容见表2-2。

表2-2 物流服务管理的原则

从产品导向型向市场导向型转变	产品导向型的物流服务是根据企业自身条件决定的，市场导向型的物流服务把顾客的需求放在第一位，通过对顾客的调查，寻求顾客的需求愿望，根据经营部门的信息和企业自身条件，决定相应的服务水平
制定多种物流服务组合	对经营规模小、属于综合性的顾客，将来进一步发展的机会较小，在服务上可采取被动型策略，即在顾客要求下才展开服务
	对经营规模小、属于专业性的顾客，由于存在一定的发展潜力，采用维持型策略，保持现有的交易关系
	对于企业贡献大、有直接利益关系的顾客，应采用支援型策略

续表

注重物流服务的发展性	在物流服务管理中，应注重研究新的发展方向与趋势，以适应社会经济发展的不断变化
根据市场环境变化，建立完善的物流服务管理体系	因为市场形势、竞争企业的状况、商品的季节性等变化直接影响物流服务水平，物流服务管理仅由物流部门单独承担，失败的几率较大。所以，建立完善的物流服务（含生产、销售、物流）的综合管理体制，以适应多变的市场环境是十分重要的
建立完善的信息系统	通过建立完善的信息系统，使物流功能有机结合，实现快速、准确，提高物流服务质量

4. 物流库存管理

物流库存管理是在满足顾客服务要求的前提下对企业的库存水平进行控制，力求尽可能降低库存水平，即库存应以保证商品流通和社会再生产的需要为限度。

组织物资储存对生产和流通领域都是非常重要的。库存量并不是越多越好，也不是越少越好。库存量多了会造成库存积压，占用生产资金、提高成本、减少盈利，不利于企业扩大规模与发展生产；库存量少了会造成原材料短缺影响生产和人民生活。因此，必须对库存进行控制，合理储存。

1）库存管理的任务

（1）有效地利用资金，节约库存费用。

（2）把握库存状况及适当的库存量，既防止出现缺货，又要以最小库存量促进销售。

（3）改善物料搬运活动，实现作业的安定化。

（4）缩短采购时间。

（5）有效使用工厂和仓库容积。

2）库存管理的目标

（1）库存成本最低。通过降低库存成本以降低生产总成本、增加赢利和竞争能力。

（2）库存保证程度最高。企业特别强调库存对经营、生产活动的保证程度，而不强调库存本身的效益。因此，企业通过增加生产以扩大经营时，往往选择这种控制目标。

（3）不允许缺货。企业由于技术、工艺条件决定不允许停产，或企业某些重大合同必须以供货为保证，否则会受到巨额赔偿的惩罚时，都应制定不允许缺货的控制目标。

（4）限定资金。企业必须在限定资金预算前提下实现供应，因此对库存应进行控制。

（5）快捷。库存控制不依本身经济性来确定目标，而是依大竞争环境系统要求确定目标，这就常常出现以最快速度实现进出货为目标来控制库存。

特别提示

库存管理是受许多环境条件制约的。库存管理系统内部也存在“交替损益”现象，这些制约因素可以影响控制水平乃至决定管理的成败。这些制约因素主要包括需求的不确定性、订货周期、节约运费、资金和管理水平的制约、价格和成本的制约等。

5. 物流标准化管理

物流标准化是指以物流系统为对象，围绕运输、包装、装卸、仓储及信息处理等物流活动制定、发布和实施有关技术方面和工作方面的标准，以系统为出发点，研究各领域中技术标准与工作标准的配合性，按配合性的要求统一整个物流系统标准的过程。

按照物流标准化的应用范围，物流标准分为技术标准、工作标准和作业标准三大类。

1）物流技术标准

技术标准是指对标准化领域中需要协调统一的技术所制定的标准。

案例链接

国际海事组织(IMO)决定提高新建客船和货船的海损保护标准。最新修订的国际海上人命安全公约(SOLAS)2009 规范要求，所有 2009 年 1 月 1 日以后建造的新船都将执行这一新技术设计规范，以确保更高水平的破舱稳性。

新规范明确规定，所有客船和货船必须具备与船体宽度相当的双层底。只有通过其他计算方法能证明船舶搁浅时的安全性达到类似水平，才允许采用无双层底船舶设计。同时，在主机下方的滑油循环舱与龙骨线之间的距离，必须确保在 500 毫米以上。

新规范实施日期以龙骨铺设日期为准，所有在 2009 年 1 月 1 日后铺设龙骨的船舶必须符合新规范要求。因此，对于目前正在设计中的客船和货船，有必要重新进行范围广泛的破舱稳性复核计算。此外，新规范还要求为船舶提供专用的破损控制信息，以图纸文件形式指导船员进行船舶破损控制。

（资料来源：中国船舶报）

2）物流工作标准

工作标准是对工作的方法、程序、质量所制定的标准，包括各岗位职责和权限、完成任务的程序、相关岗位的协调、信息传递的方式、职工的奖惩办法、异常情况的处理等。

3）物流作业标准

作业标准包括物流设备运行、作业流程等标准，是实现物流作业规范化、效率化的保证。

知识链接

国际通行的物流标准

ISO 对物流标准化的重要模数尺寸大体制定了初步方案，几个基础模数尺寸如下。

(1) 物流基础模数尺寸：600mm×400mm。

(2) 集装基础模数尺寸：1 200mm×1 000mm 为主，也允许 1 200mm×800mm 和 1 100mm×1 100mm。

(3) 物流基础模数尺寸与集装基础模数尺寸的配合关系如图 2.6 所示。

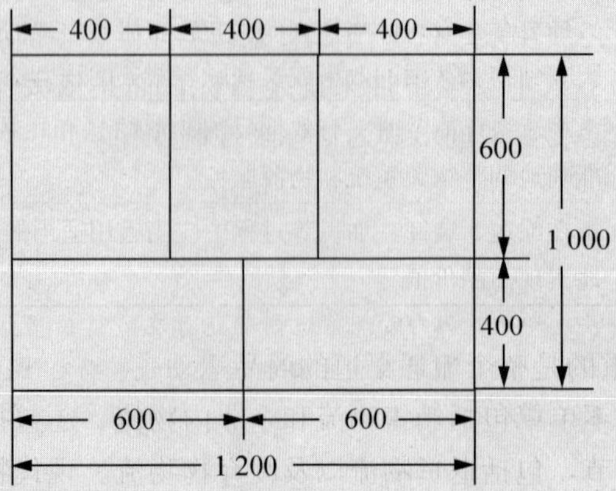

图 2.6 物流基础模数尺寸与集装基础模数尺寸的配合关系(单位:mm)

2.1.3 物流管理的目标及特征

1. 物流管理的目标

现代物流管理就是要通过物流系统和各子系统的有机联系和相互作用，来实现物流系统的有效运转，达到物流系统的目标，这就需要物流的系统化管理。

所谓物流的系统化管理，是指对物流活动进行的计划、组织协调与控制，以最低的物流成本达到用户所满意的服务水平，使物流系统整体达到最优的目标。整体优化的目的就是使输入最少，即物流成本、消耗的资源最少，而作为输出的物流服务效果最佳。这在原则上具体表现为“7R”，即适当的质量(right quality)、适当的数量(right quantity)、适当的时间(right time)、适当的地点(right place)、适当的产品(right product)、适当的条件(right condition)、适当的成本(right cost)。

物流系统管理的有效开展，能有力地促进物流活动的合理化，它所反映的现代物流正体现了物流系统管理的内涵和实质。而物流活动也已从被动、从属的职能活动上升到企业经营战略的一个重要组成部分，因而要求对物流活动作为一个系统整体加以管理和运行，也就是说，物流本身的概念已经从活动的概念和总结上升到管理学的层次。

2. 物流管理的特征

1）现代物流管理以实现顾客满意为第一目标

现代物流管理中顾客的服务优先于其他各项活动，并且为了使物流顾客服务能有效地开展，在物流体系的基本建设上，要求物流中心、信息系统、作业系统和组织构成等条件的具备与完善。具体而言，对物流系统的要求见表 2-3。

表 2-3 现代物流管理对物流系统的要求

物流中心网络的优化	要求工厂、仓库、商品集中配送和加工中心的建设(规模、地理位置等)既要符合分散化的原则，又要符合集约化的原则，从而使物流活动能有利于顾客服务的全面展开
物流主体的合理化	从生产阶段到消费阶段的物流活动主体，常常有单个主体和多个主体之分，另外也存在着自己承担物流和委托物流等形式的区分，物流主体的选择直接影响到物流活动的效果或实现顾客服务的程度
物流信息系统的高度化	指物流系统能及时、有效地反映物流信息和顾客对物流的期望，从而及时、准确地调整物流系统和物流服务
物流作业的效率化	指在配送、装卸、加工等过程中应当运用适当的方法、手段使企业能最有效地实现商品价值

2）现代物流管理看重的是整个流通渠道的商品运动

现代物流管理的范围不单单包括销售物流和企业内物流，还包括从原材料的供应到消费者(用户)的所有过程和环节，包括退货物流以及废弃物物流。现代物流管理着重的是整个流通渠道的商品运动。需要注意的是，现代物流管理中的销售物流概念也有新的延伸，即不仅是单一阶段的销售物流(如厂商到批发商、批发商到零售商、零售商到消费者的相对独立的物流活动)，而且是一种整体的销售物流活动，也就是将销售渠道的各个参与者(厂商、批发商、零售商和消费者)结合起来，以保证销售物流行为的合理化。

3）现代物流管理以企业的整体最优为目的

现代物流管理所追求的费用、效益，是针对调拨、生产、销售、物流等整体最优而言的。在企业组织中，以低价格购入为主的调拨理论，以生产增加、生产合理化为主的生产理论，以追求低成本为主的物流理论，以增加销售额和扩大市场份额为主的销售理论等理论之间仍然存在着分歧与差异，跨越这种分歧与差异，力图追求整体最优的正是现代物流理论。追求整体最优的同时也应关注物流的效率化，在强调整体最优的同时与现实相对应，彻底实现物流部门的效率化是当务之急。

4）现代物流管理重视效率，更重视效果

现代物流管理较传统管理有一定的优势。首先，在物流手段方面，原先比较关注物流的机械设备等硬件条件，而现在比较关注信息软件要素；其次，在物流活动领域方面，原先的重点在运输、储存等领域，现在则是物流部门的整体，实现了从原材料供应到消费者(用户)整个物流活动的扩展；再次，从管理层面来看，原来注重的是执行作业层面，现在转向了管理控制层面和经营决策层面。另外，在物流需求的对应方面，现代物流管理从原来强调运力的确保、降低成本等企业内需求的对应，转化到强调物流服务水准的提高等市场需求的对应，并进一步延伸到环境、公害、交通、能源等有关可持续发展的社会需求的对应。

综上所述，传统物流管理以单纯提高效率、降低成本为重点；而现代物流管理更强调整个流通过程的物流效果，要从整个企业战略的实现这一角度看待问题。有时局部物流活动的费用虽然会有所上升，但如使企业总体效益有所改善的话，则是可行的。

5）现代物流是以信息为中心

现代物流是包括供应商、批发商、零售商等关联企业在内的整个统一体(供应链)的共同活动。通过这种供应链，现代物流强化了企业间的关联度。

如果说传统物流的产、销、物结合追求的是企业内经营最优的话，那么供应链管理则是通过所有市场参与者的联盟追求流通生产全过程效率的提高，这种供应链管理带来的一个直接效应是产需的结合在时空上比以前任何时候都要紧密，并带来了企业经营方式的改变，即从原来的“投机型”经营(根据产品的市场预测来计划、安排生产经营行为)转向“实需型”经营(根据市场的实际需求生产)。这种“实需型”经营需要高度发达的信息网络和物流信息技术的支撑，并在其基础上实现经营方式的改变。信息成为现代物流管理的中心。

6）现代物流管理是对商品运动全过程的管理

现代物流管理把从供应商开始到最终顾客的整个流通阶段所发生的商品运动作为一个整体来看待，这对管理活动本身提出了相当高的要求。具体来讲，伴随着商品实体的运动，必然会出现“场所移动”和“时间推移”这两种物流现象。缩短物流时间不仅决定流通全过程的商品成本和顾客满意程度，同时通过有效的物流网络为生产的各个环节提供全面、准确的市场信息，只有这样才能创造出流通网络或供应链的价值，并保证商流能持续不断地进行，如图 2.7 所示。

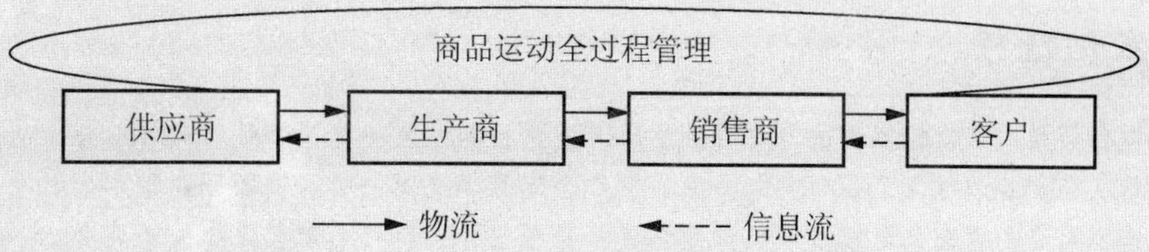

图 2.7　商品运动过程

2.1.4　物流管理的原则

1. 服务性原则

物流业属于服务业，必须以用户为中心。随着商品经济的纵深发展，用户对物流活动更重视高效率、低消耗的效果。所以，现代物流业的活动特点是在承担中长距离大量运输的同时，还要注意满足用户批量少、次数多、距离短、时间准的要求，甚至要为用户“量身定做”物流方案。如日本丰田公司有个先进的管理经验是“零库存”或者称“及时生产方式”(Just In Time，JIT)，就是原料配件运到正好上生产线，产品完工即运给下一道工序或用户，因此不需要库存，使储备资金占用达到最低。这种情况必须有一个精干的物流机构给予支持，这往往不是企业自备物流机构能做到的，在经济发达地区，一般都由专业物流企业承担。他们的服务与用户的需要配合得分毫不差，可以说是完美的服务。

2. 通用性原则

专业物流企业为用户提供个性化服务必然发生高昂的费用，但是如果能采用共同储运的组合方式，提高储运设备的利用率，就能把成本降下来。为了能够适宜于共同组合，对物流用品如集装箱、托盘等应着重它的可交换性、通用性。

在这个原则下提出了物流标准化的要求。例如，规定了物流设施与设备的尺寸基准，又称“物流模数”；规定了最小的集装单元尺寸是600mm×400mm，这是国际上基本认定的基础模数尺寸，其他规格的尺寸都与它成倍数关系。

现代物流业必然发展为全球性作业，那么上述通用性将向全球的通用性发展，而且不光是设施与设备的通用，更包括商务单证、手续规则的通用、相互认可等，这些都是现代物流业发展必须研究解决的问题。

3. 合理化原则

专业物流企业要降低物流成本，还要考虑按最优化模式设计其作业，实行合理的运输、储存、配送、流通加工等。追求最优模式还要注意解决“二律背反”的问题，即事物存在相互矛盾的两个方面，如果想要实现其中一方面的目的，就可能使另一方面受到损害。比如，减少库存可以降低储存成本，但要增加采购次数，使采购费用增加；又如，简化包装可以降低包装成本，但包装强度降低，破损率升高，使维修或赔偿费用增大，甚至损害声誉等。

解决这类问题的关键在于坚持合理化原则：首先，要周密地考察、衡量各方面的利害关系和影响程度；然后，可采用实验或者更精确的数理推算方法，确定矛盾双方各自应该具有的水平，得到较折中的处理方法，使综合效益得到最大。

案例链接

苏州机械公司是一家以机械制造为主的企业，该企业长期以来一直以满足顾客需求为宗旨。为了保证供货，该公司在全国各地建立了500多个仓库。但是仓库管理成本一直居高不下，每年大约有2 000万美元。后来，该公司委托调查公司做了一项细致调查，结果显示：以目前情况，如果减少202个仓库，则会使总仓库管理成本下降200万～300万美元，但是由于可能会造成供货中断，销售收入会下降18%。

思考：如果你是企业总裁，你是否会依据调查公司的结果减少仓库？为什么？

2.2 现代物流管理的现状和发展

2.2.1 我国现代物流管理的现状

中国的物流管理经过多年的发展取得了一定的成绩，但与世界发达国家相比，还有很大的差距，物流技术和物流管理方法都比较落后，主要表现在以下几个方面。

(1) 企业对物流重视不够。长期以来，我国许多厂商把经营重点都放在生产和销售环节上，对物流管理比较粗放。为了寻求更多的效益，目前很多商家都十分重视降低生产成本和销售成本，想方设法从这两个环节中寻求利润，却往往对物流中潜在的利润视而不见。除了大多数的国有大中型企业对物流的认识不够、重视不够，不少地区和主管部门也未能意识到物流管理对市场流通、经济繁荣所起的重要作用，导致我国物流管理明显滞后于销售管理，我国企业物流管理与国外相比差距较大，专业物流企业的服务能力不能适应市场经济发展的需要。随着国外跨国物流企业进入中国市场，其成熟的现代物流管理体系占有明显优势，我国国有大中型企业着手建立现代物流体系已十分紧迫。令人欣喜的是，目前，国内一些企业已充分认识到加强物流管理是提高企业效益的有效途径，开始建立现代物流管理体系，并已显现效益。

(2) 力量分散。许多企业很难在生产、采购、运输、仓储上同时达到规模经济，于是造成资源闲置。例如，仓库，一般按最大存储量设计，当没有达到最大存储量时，仓库有一部分闲置，企业经理又没有主动去市场上找客源，利用这部分仓库存储别人的货物，即使想过但很少付于行动。而且我国大多数物流企业规模小，提供的物流服务档次低、利润率低。

(3) 信息化和标准化不高。当今世界，企业的竞争是综合实力的竞争，物流职能是企业主要职能之一，因此被誉为“第三利润源”，也受到了越来越多企业的关注。物流过程实质上是“物流、资金流和信息流”的“三流一体化”过程，只有将三者有效地结合，才能真正达到降低流通成本、提高物流工作效率的目的。因此，信息化管理已成为现代企业的基本模式，企业的物流管理信息化已成为大势所趋。

(4) 人才方面。跨国物流公司在华业务的开展，对物流人才的争夺更趋激烈。跨国公司通过储备、垄断物流人才来为扩张在华市场做准备，显然已成为跨国物流巨头实现其“中国蓝图”的至关重要的一环。

(5) 物流管理体制方面。由于中国经济管理分工较细，各领域都分别设置若干个部门，自成体系，多头领导，对物流这个综合性很强的行业来说，其涉及的部门很多，也就形成了

“多元化”的管理体制。各物流企业或机构只服务于本部门或本地区，只对其上级管理机关负责，而它们之间的横向联系却很少。这种纵向集中、横向分散的物流体制，在计划经济体制时期，曾起到一定的积极作用。但在市场经济条件下，便显露出不适应性。物流体制的横向分散，既不利于国家对物流的统一规划，还造成物流基础设施和物流技术的落后以及物流专业人才的匮乏。而物流体制的纵向集中，造成对物流经营管理的轻视。

案例链接

三联物流管理的现状

三联家电总公司有10家直营店和80多家连锁店，以及200余家物流分销商。三联投入运行的ERP系统和B2C电子商务平台为物流的发展提供了可能。可以说，三联在一定程度上已经实现了上游供应商、三联家电总部、下游连锁店及分销商的全面对接，商流、信息流、资金流部分在网上完成。目前，三联正在完善物流管理系统。物流管理体系的完善和供应链的整合将使家电业实现“零环节物流”。

我们必须认识到物流不仅包括原材料、产成品等从生产者到消费者的实物流动过程，还包括伴随着这一过程的信息流动。应当说，现在三联物流活动仅处于刚刚起步的阶段。三联物流的主要活动还属于传统物流的阶段，尽管其网上商城的商品销售情况差强人意。三联电子商务物流部分还有待进一步的优化与整合，目前网上商城的销售还未形成规模，三联的商店分布主要集中在山东地区特别是济南、青岛两大城市，没有形成大规模的连锁店，因而商品的采购、配送以及售后服务等还没有得到有效的拓展。目前三联的主营产品主要是家用电器，这就决定了三联物流活动的范围的局限性。再者三联的资金也并非雄厚而且信息化程度也不高。

（资料来源：http：//www.examda.com/wuliu/fudao，有改动）

2.2.2 现代物流管理的发展过程及发展趋势

1. 现代物流管理的发展过程

根据美国物流管理协会的研究，物流管理的发展可以分为三个阶段，如图2.8所示。

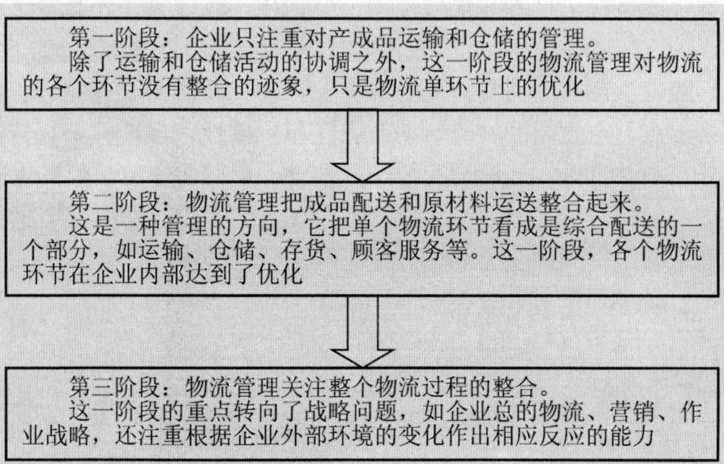

图2.8 物流管理的发展阶段

以上三个阶段中，第一阶段基本上只是创造降低单个节点中物流活动成本的机会，忽略了整个物流活动各个环节之间的联系。第二阶段把顾客服务和订单处理明确地整合起来，并能够方便地提供综合性服务，服务的改进最终能促使收入的增加。尽管到了第三阶段增加利润的余地扩大了，但是第三阶段主要是具有战略利益，因为它包括存货和资产的减少等，资产的生产率和利用率都提高了，因此，对投资的回报产生积极的影响。

2. 现代物流管理的发展趋势

物流管理的发展趋势是对物流管理未来发展的判断，掌握好这种趋势，对于把握物流管理发展的前沿、更好地应用物流管理是很有意义的。

(1) 系统化。树立系统化观念是搞好物流管理、开展现代物流活动的重要基础。必须从系统的角度出发，通过物流功能的最佳组合实现物流整体的最优化目标。

(2) 成本最小化。物流总成本最小是物流合理化的重要标志。现代物流建立在物流总成本意识的基础上，利用物流要素之间存在的二律背反(或效益背反)关系，通过物流各个功能活动的相互配合和总体协调来达到物流总成本最小化的目的。

(3) 信息化。信息在实现物流系统化、实现物流作业一体化方面发挥着重要作用。现代物流通过信息将各项物流功能活动有机结合在一起，通过对信息的实时把握，控制物流系统按照预定的目标运行，提高物流效率和物流服务的可靠性。

(4) 现代化。物流管理现代化为更好地开展现代物流提供了物质保证。例如，运输手段的大型化、高速化、专用化；装卸搬运机械的自动化；包装的单元化；仓库的立体化和自动化以及信息处理和传输的计算机化、电子化、网络化等。

(5) 服务社会化。在现代物流时代，企业物流需求通过社会化物流服务获得满足的比重在不断提高，第三方物流形态占据现代物流的主导地位。

(6) 专业化。在现代物流信息系统、作业系统和物流网络的支持下，物流适应需求的反应速度加快，物流前置时间缩短，企业物流应有专业部门独立负责才能适应。

(7) 标准化。物流管理标准化可以在物流各环节之间、企业之间的物流信息交换和处理中突破空间和时间的限制，保持实物流与信息流的高度统一和对信息的实时处理。

(8) 柔性化。柔性化是以顾客的物流需求为中心作出快速反应，及时调整物流作业、有效地控制物流成本，以适应消费者需求多样化、个性化，物流需求小批量、多品种、高频次的特点。

(9) 网络化。随着生产和流通空间范围的扩大，现代物流需要有完善、健全的物流网络体系才能保持网络上点与点之间的物流活动系统性和一致性，保证整个物流网络有最优的库存总水平及库存分布，并将干线运输与支线配送结合，形成快速灵活的供应通道。

(10) 全球化。经济全球化的趋势日益明显。与之相适应，物流管理也将从战略的角度考虑全球物流管理策略，以保证企业能更好地应对全球化的挑战。

重要词汇

物流管理　二律背反　物流战略规划　物流成本　物流服务质量　物流库存管理　物流标准化　模数尺寸

案例分析

不断创新的海尔物流管理

海尔集团的超常规发展，已在全国乃至全球产生巨大影响。业绩的取得，用张瑞敏总裁的话说，就是对市场链流程的再造与创新，而物流则是在企业流程再造过程中最关键的因素。这就说明海尔物流对海尔集团的高速发展功不可没。中国仓储协会秘书长沈绍基总结说，海尔物流是"中国物流管理觉醒第一人"。

1. 海尔物流的组织创新

(1) 三个转移。根据市场情况，海尔提出了三个战略转移：一是企业内部组织要适应外部组织变化，从原本直线职能式的管理转移到市场链的管理；二是从国内市场向国外市场转移；三是要有一套网上销售策略，实现制造业向服务业的转移。

(2) 四个部门。为了适应三个转移，海尔对企业内部组织结构进行了调整，成立了物流、商流、资金流和海外推进本部四个新部门。物流、商流、推进本部就是从原来十几个产品事业部的职能部门分离出来的，由集团统一运作管理。

(3) 第三方物流的提出。三个战略转移对海尔物流提出了更高的要求，海尔集团副总裁兼物流推进本部部长梁海山说，"市场链"要求物流推进本部成为集团的第三方，市场要求我们的服务对象从集团内向集团外转移，产业转移要求我们从企业物流向物流企业转移。这三个要求就是指海尔物流不能再仅仅是企业物流，而必须走向市场，发展成为第三方物流。

(4) 统一采购。明确目标之后，要做的就是对物流机构进行整合，对全集团现有物流资源进行合理配置和重组。海尔人经过广泛的调查论证后，结合海尔集团的实际情况，决定首先将过去分散在每个产品事业部的采购业务合并，实施统一采购，以达到在全集团最低总成本下提供JIT采购。

(5) 统一配送。采用统一配送，在企业内部库存实施JIT配送管理，主要是为企业内部各个产品事业部的生产线的零部件和离开生产线的成品进行保管和配送管理。配送管理突出两点：一是减少库存，二是保证24小时的快速反应，保证生产线正常运转。国外最先进水平的库存是零，而海尔目前的库存资金仍有7亿，挖潜的空间仍然很大。

(6) 仓储及运输。海尔物流推进本部储运部，负责整个集团的成品分拨物流，将所有成品从青岛分拨到全国各地的周转仓库再到客户。其主要职责是统一协调及控制运输业务，为零距离销售提供物流配送保障，实现成品的JIT配送。

2. 海尔物流的观念创新

(1) 市场链。市场链是什么？张瑞敏说，就是满足用户个性化的需求。随着电子商务的发展，个性化需求成为可能。对有形产品是这样，对物流服务也是这样。配送的JIT是电子商务时代最重要的物流要求，这不仅要求要有合理而健全的配送网络，而且必须安全可靠。

(2) 仓库是"河流"而不是"水库"。仓库以前被认为是仓储的职能，依靠仓库来保证生产，现在把物料的流速作为评价仓库职能的重要指标。从供应链管理的角度来看，只有每一个环节全部都流通起来，才能提高整个供应链的反应速度，达到零库存资金占用。

(3) 电子商务制胜的关键是速度。海尔认为，电子商务意味着海尔与用户之间是零距离，速度是海尔电子商务制胜的关键，电子商务要求海尔快速满足用户的个性化需求。

3. 海尔的第三方物流

(1) 市场定位。以大型生产企业、商业企业和电子商务公司为服务对象，以对包括原材料物流、生产物流、成品转移和销售物流在内的供应链过程提供物流支持为服务内容。

(2) 发展战略。整合企业内外物流资源，联合专业物流公司，进行物流结盟，走低成本、高扩张的规模发展道路。构建开放式的物流信息平台，完善物流功能，提供以市场营销为核心的全过程物流服务，走品牌化发展之路。

(3) 技术创新。物流容器的标准化、单元化；搬运的机械化和供应商供货的标准化；信息的实时化，采用条形码和无线传输；实施ERP，实现网络化；B to B、B to C业务流程设计及信息支持系统开发；建设现代化的全自动立体库；从货物发出到客户接收货反馈，全方位的信息跟踪监控。

(4) 市场创新。物流市场的创新突出一点，即支持JIT。由于全球化战略的实施，海尔生产尽量当地化，搭建全球范围内的本土化框架。

(资料来源：牛鱼龙．现代物流经典案例[M]．深圳：海天出版社，2003，有改动)

思考：

1. 什么叫物流管理？

2. 结合案例分析海尔物流成功的经验。

3. 海尔的成功对我们有什么启示？

练习与思考

一、单选题

1. 物流管理注重整个物流过程的整合，不属于整合主要内容的是(　　)。
   A. 物流战略规划　　B. 物流成本管理
   C. 物流服务质量管理　　D. 物流作业组织
2. 物流管理的原则不包括(　　)。
   A. 市场化原则　　B. 服务性原则
   C. 通用性原则　　D. 合理化原则
3. 现代物流管理发展的第三阶段是考虑整个物流过程的整合，它的具体重点转向(　　)。
   A. 运输管理　　B. 战略管理
   C. 仓储管理　　D. 配送管理
4. 现代物流管理以实现(　　)为第一目标。
   A. 顾客满意　　B. 企业利益最大化
   C. 提高物流效率　　D. 降低成本
5. “专业物流企业按最优化模式设计他的作业，实行合理的运输、配送等”，这句话涉及的是物流管理的(　　)。
   A. 合理化原则　　B. 通用性原则
   C. 服务性原则　　D. 低成本原则

二、多选题

1. 物流管理的特征包括(　　)。
   A. 以实现顾客满意为第一目标　　B. 是对商品运动全过程的管理
   C. 以信息共享为中心　　D. 以企业的整体最优为目的
2. 物流库存管理的目标包括(　　)。
   A. 降低库存成本　　B. 不允许缺货
   C. 限定资金　　D. 快捷

3. 物流质量的内容包括(　　)，还有物流服务质量。

A. 物流工作质量　　　　B. 物流工程质量

C. 商品的质量保证　　　　D. 物流信息质量

三、思考题

1. 什么叫物流管理？包括哪些内容？
2. 物流管理特征有哪些？
3. 物流基础模数尺寸及集装模数尺寸？
4. 什么叫二律背反？举例说明物流当中存在哪些“二律背反”现象？

中篇

物流作业

第3章 运输作业

学习目标

1. 掌握五种基本运输方式以及几种特殊的运输方式。
2. 了解运输中使用的各种运输工具。
3. 理解多式联运的概念。
4. 理解运输生产计划的内容以及车辆的调度。
5. 掌握实现运输合理化的主要途径。

案例引入

沃尔玛的运输优化

沃尔玛公司是世界上最大的商业零售企业，在物流运营过程中，尽可能地降低成本是其经营的哲学。

沃尔玛有时采用空运，有时采用船运，还有一些货物采用卡车公路运输。在中国，沃尔玛百分之百地采用公路运输，所以，如何降低卡车运输成本是沃尔玛物流管理面临的一个重要问题，为此他们主要采取了以下措施。

(1) 沃尔玛使用一种尽可能大的卡车，大约有16m加长的货柜，比集装箱运输卡车更长或更高。沃尔玛把卡车装得非常满，产品从车厢的底部一直装到最高，这样有助于节约成本。

(2) 沃尔玛的车辆都是自有的，司机也是他的员工。沃尔玛的车队大约有5 000名非司机员工，还有3 700多名司机，车队每周每一次运输可以达7 000～8 000km。

沃尔玛知道，卡车运输是比较危险的，有可能会出交通事故。因此，对于运输车队来说，保证安全是节约成本最重要的环节。沃尔玛的口号是“安全第一、礼貌第一”，而不是“速度第一”。沃尔玛认为，卡车不出事故，就是节省公司的费用。

(3) 沃尔玛采用全球定位系统对车辆进行定位，因此在任何时候，调度中心都可以知道这些车辆在什么地方，离商店有多远，还需要多长时间才能运到商店，这种估算可以精确到小时。

(4) 沃尔玛的连锁商场的物流部门24h工作，能及时为卡车卸货。另外，沃尔玛的运输车队利用夜间运输，从而做到了当日下午进行集货，夜间进行异地运输，翌日上午送货上门，在15～18h内完成运输过程，这是沃尔玛在速度上取得优势的重要措施。

(5) 沃尔玛的卡车把产品运到商场后，商场可以把它整个地卸下来，而不用对每个产品逐个检查，这样就可以节省很多时间和精力，从而降低了成本。这里有一个非常重要的先决条件，就是沃尔玛的物流系统能够确保商场所得到的产品与发货单完全一致。

(6) 沃尔玛的运输成本比供货厂商自己运输产品要低，所以厂商也使用沃尔玛的卡车来运输货物，从而做到了把产品从工厂直接运送到商场，大大节省了产品流通过程中的仓储成本和转运成本。

沃尔玛把上述措施有机地组合在一起，做出了最经济合理的安排，从而使沃尔玛的运输车队能以最低的成本高效率地运行。

（资料来源：http：//www. examda. com/wuliu/anli/，有改动）

思考：根据案例资料，分析沃尔玛是如何优化运输系统的。

3.1 运输概述

运输是人类社会的基本活动之一，是人类生活的重要组成部分，同时，也是现代社会经济活动不可缺少的重要内容。人类社会由散乱走向有序，由落后迈向文明，交通运输发挥了不可估量的重要作用。运输已经渗透到人类社会生活的各个方面，并且成为最受关注的社会经济活动。

3.1.1 运输的作用

1. 运输有利于开拓市场

在依靠人力和畜力进行运输的年代，市场范围的确定在很大程度上受人和货物可及性的影响。一般而言，交通相对便利、人和货物比较容易到达的地方会被视为较好的商品交换场所。因此，商品交易往往被选择在人口相对密集、交通比较便利的地方，久而久之就会变成一个相对固定的市场。当市场交换达到一定规模后，人们又会对相关的运输条件进行改进，运输费用将不断降低。运输费用的降低，市场的范围也将扩大，由此，运输系统的改善既扩大了市场区域范围，也增大了市场本身的交换规模，运输经济学称之为“空间效用”。

2. 运输有利于鼓励市场竞争并降低市场价格

运输费用是商品市场价格的重要组成部分，商品市场价格的高低在很大程度上取决于它所含运输费用的多少。运输系统的改革和运输效率的提高，有利于降低运输费用，从而降低商品价格。运输费用的降低可以使更多的产品生产者进入市场参与竞争，也可以使消费者得到竞争带来的好处。

3. 运输有利于劳动的地区分工

根据比较优势原则，运输能够促进生产劳动的地区分工。在劳动的地区分工出现后，市场专业化的趋势也会逐渐显露，这就使某一个地区的市场在产品的销售上会更加集中在某一类或某几类产品上。市场专业化将大大减少买卖双方在收集信息、管理等方面的成本支出，减少市场交易费用。

3.1.2 运输业的性质与特征

1. 运输业的性质

运输业既是从事旅客和货物运输的物质生产部门，同时它也是公共服务业，属于第三产业。上述每一种属性都是运输业性质的重要反映。

(1) 物质生产性。

运输生产活动是运输生产者使用劳动工具作用于劳动对象，改变劳动对象空间位置的过程，因此，实现劳动对象的空间位移成为运输的基本效用和功能，通过改变劳动对象的空间位置，使其价值和使用价值发生变化。

(2) 公共服务性。

运输业尤其是运输基础设施，必须以服务作为前提向全社会提供运输产品，必须公平地为社会所有成员服务，不能单纯或过分突出生产的最大盈利目标性。

(3) 强管制性。

公共安全性的特点导致政府对运输业的高度管制，包括运价、运输工具、运输范围等。世界各国大多如此，但要尽量避免其对运输均衡产生的干扰，影响市场机制的作用。

(4) 国际性与大系统性。

在经济、贸易、金融等全球化的今天，交通的全球化首当其冲，而且是一切全球化的载体或根据。大系统性不仅要求国内的运输网成为一个大系统，而且要求与国际运输网“接轨”统一运作，运输业具有“网络型产业”特征。

2. 运输业的特征

相对于其他行业和部门来说，运输业有其明显的特征。

(1) 运输业是一个不产生新实物形态产品的物质生产部门。

运输产品是运输对象的空间位移，用旅客人公里和货物吨公里计量。运输业劳动对象既可以是物，也可以是人，且劳动对象不必为运输业所有。运输业参与社会总产品的生产和国民收入的创造，但却不增加社会产品实物总量。

(2) 运输产品是劳动对象的位移。

运输业的劳动对象是旅客和货物，运输业不改变劳动对象的属性或形态，只改变它的空间位置。运输业提供的是一种运输服务，它对劳动对象只有生产权(运输权)，不具有所有权。

(3) 运输是社会生产过程在流通领域内的继续。

产品在完成了生产过程后，必然要从生产领域进入到消费领域，这就需要运输。运输与流通是紧密相连的，是社会生产过程在流通领域内的继续。

(4) 运输生产和运输消费是同一过程。

运输业的产品不能储存，不能调配，生产出来的产品如果不及时消费就会被浪费。生产过程开始；消费过程也就开始；生产过程结束，消费过程也就结束。

(5) 运输业具有“网络型产业”特征。

运输业的生产具有“网状”特征，它的场所遍及广阔空间。运输业的网络性生产特征决定了运输业内部各个环节以及各种运输方式相互间密切协调的重要性。

案例链接

高铁热牵动综合运输

2009 年 12 月 26 日，武广高铁正式运营，从广州到武汉，及沿线城市间的时空距离大大缩短。2011 年

6 月底，京沪高铁也正式运营。一般意义上的理解高铁大多为客运专线，并且运力很有限，但是，“高铁不运货”却是误解。铁路运输速度的提升和运力的增强，对公路运输和航空运输的挑战也不仅限于客运市场。

“2010 年 1 月 11 日凌晨 1 点，一辆运载 88 个标箱的货车将从温州货运西站出发，沿甬台温铁路驶向宁波北仑港。这趟设计时速为 120 公里的列车将是国内最快的货运班列。”温州客运西站对外发布的这一条消息，显露出高铁在货运方面的超强实力。

虽然温甬铁海集装箱班列这条“沿海快线”还未正式运行，但人们已经将它和传统的公路拖卡订舱进行了反复对比，结果要优于后者很多。此外，由于铁路运输采用的单程运输操作模式，在温州提空箱也在温州还重箱，降低了集装箱运输成本，运费相较公路拖卡便宜了 300 元以上。传统公路运输受到的冲击可想而知。

高速铁路时代的来临，有助于消除贸易瓶颈，让现有的铁路释放出空间。投资客运列车将允许旧铁路线用于货运，今后效率更高的货运列车网络将推动中国经济发展。

“中国应当建立综合运输体系，发展多式联运，以促进现代物流业的发展。”日前，国家交通运输部规划司副司长蔡玉贺表示。在我国现阶段的铁路建设中，也很注重发挥铁路的作用，发挥一体化多式联运效应。例如，即将开通的沿海快线——温甬铁海集装箱班列，就是上海铁路局等单位联合打造的全新铁海联运产品。

长期以来，由于我国铁路与航空、公路等分属不同的政府部门管理，部门之间的沟通不畅，致使有效的综合交通体系规划建设出现障碍。而从国外经验看，发展多式联运，构建综合运输体系是必然趋势。如何借助高速铁路运行、铁路建设加强的契机，加紧综合运输体系构建，各方仍需积极努力。

（资料来源：http：//www.chinawuliu.com.cn/cflp/newss/content/201001，有改动）

3.2 基本运输方式

不同运输方式适合于不同的运输情况，合理地选择运输方式不仅能提高运输效率，降低运输成本，而且还会对整个物流系统的合理化产生重要的影响。因此，了解各种运输方式及其特点，掌握运输方式选择的原则，对优化物流系统和合理组织物流活动是十分重要的。基本的运输方式主要有五种：铁路运输、公路运输、水路运输、航空运输以及管道运输。

3.2.1 铁路运输

铁路运输是使用铁路列车运送客货的一种运输方式，主要承担长距离、大数量的货运，在干线运输中起主力运输作用。

1. 铁路运输的特点

铁路运输的优点：很少受天气影响；安全；中长距离运费低廉；运输批量大；可以高速运输；节能。

铁路运输的不足之处：短距离货运运费昂贵；货车途中作业、货物滞留时间较长；运费没有伸缩性；不能实现“门到门”运输；车站固定，缺乏灵活性；不适宜紧急运输。

特别提示

铁路运输的特征有以下几点。

(1) 运行速度高。客车最高速度可达200km/h，货车可达100km/h。

(2) 运输能力大。一列火车可装2 000～3 500t货物，重载列车可装两万多吨货物。

(3) 运输经常性。由于铁路受自然条件影响很小，所以铁路的运输经常性在所有运输方式中最强，但由于受车站位置的限制，不能实现"门到门运输"，使铁路运输的灵活性小于公路运输。

(4) 货物送达速度。铁路的技术速度较高，但铁路在货物运送过程中，需要进行列车会让或越行及解编等技术作业，因而铁路运输的运送速度低于技术速度。

(5) 能源。铁路运输可以采用电力牵引，在节约能源方面占有优势。

(6) 运输成本。铁路的运输成本比较低，根据有关资料，铁路运输成本是汽车运输成本的1/17～1/10，是民航成本的1/267～1/97。

(7) 环境保护。铁路运输排放废气对环境的污染是汽车运输的1/30。

(8) 运距。铁路运输适于长途运输，运距比汽车运输高10倍左右，但低于水运和民航。

(9) 劳动生产率。除水路运输外，铁路运输的劳动生产率是最高的。

(10) 投资成本。铁路运输由于其技术设备(线路、机车车辆、车站等)需要投入大量人力、物力，因此投资额大，工期长。

上述这些特点使铁路运输在交通运输中占有重要地位，发挥着不可替代的作用。

2. 铁路货运业务

根据托运人托运货物的数量、体积、形状等条件，结合铁路的车辆和设备等情况，铁路货物运输的种类分为三种：整车运输、零担运输和集装箱运输。如图3.1至图3.3所示。其中还包括快运、整列行包快运，但目前开展的范围不大。

图3.1 煤炭的整车运输

图3.2 铁路集装箱

图 3.3　中铁快运专列

铁路货物运输的种类是根据托运人托运货物的数量、性质、状态等特点加以选择的。在签订货物运输合同时，托运人与承运人要按《铁路货物运输规程》的规定和所运货物的特点确定运输种类。

知识链接

整车、零担和集装箱的区别

在数量上，零担货物规定一批的重量和体积须不够一个 30 吨货车，一件货物的体积最小不得小于 0.02 立方米，每批不得超过 300 件；使用集装箱运输的货物重量，每箱不得超过集装箱最大载重量。铁路集装箱最大载重量为一吨箱 810 千克、五吨箱 4 200 千克。

在货物品类及其性质上，按零担或集装箱运输时有一定的限制，有八类货物不能按零担承运；有三类货物不能使用集装箱装运；而按整车运输时则没有这类限制。

在货物运送单位上，整车以每车为一批，或每车组为一批；而零担或集装箱运输的货物，则以每张运单为一批；使用集装箱运输货物，铁路按批办理，每批必须统一箱型，至少一箱，最多不得超过铁路货车一车所能装运的箱数。

在货物运费的核收上，整车货物与零担货物的运价号、运价率都不同。按集装箱运输时，一整车集装箱按货车标重及其适用的整车运价率计费；零担集装箱按货物重量(低于起码重量的按起码重量)及其适用的零担运价率计费。

3.2.2　公路运输

1. 公路运输的特点

改革开放以来，我国公路运输业快速发展，运量和周转量也有很大增长。

1）公路运输的优点

在综合运输体系中，公路运输最显著的优点是灵活性，主要表现在以下几个方面。

(1) 空间上的灵活性。可以实现“门到门运输”(指从发货人直接运达收货人)。

(2) 时间上的灵活性。公路货运通常可实现即时运输，即根据货运的需求随时启运。

(3) 批量上的灵活性。公路运输的批量最小。

(4) 运行条件的灵活性。公路运输的服务范围不仅包括等级公路，还可延伸到等级外的公路，甚至许多乡村便道的辐射范围；普通货物的装卸对场地、设备没有专门的要求；客运站点设置灵活，有的只设置一个停靠点即可。

(5) 服务上的灵活性。具体表现为能够根据货主或旅客的具体要求提供有针对性的服务，最大限度地满足不同性质的货物运送要求与不同层次旅客的需求。

公路运输方式的灵活性，决定了其运输生产点多、面广的特点。因此，公路运输在零担运输方面具有强大优势。零担运输，是指所运送的货物从承运至送达收货人手中整个过程需要经过分拣、拼装的环节才能完成的运输组织方式；而整车运输则不需要经过分拣拼装。

2) 公路运输的缺点

公路运输的缺点有四个：一是不适宜大批量运输，公路运输的经济半径一般在200公里以内(随着高速公路网的形成，公路运输经济半径大大延伸)；二是长距离运费相对昂贵；三是容易污染环境，发生事故；四是消耗能量多。

2. 公路运输工具

各种不同种类的汽车、挂车、列车及相应配套设备构成了公路运输的车辆系统，在公路运输系统中发挥着基础要素的作用。进行公路运输的汽车分为客运和货运两大类。下面介绍几种货运汽车。

1) 小型厢式载货汽车(图3.4)

小型厢式载货汽车一般用于运距较短、货物批量小、对运达时间要求较高的货物运输。封闭式的车厢可使货物免受风吹、日晒、雨淋，且小型厢式载货汽车一般兼有滑动式侧门和后开车门，货物装卸作业非常方便。由于其小巧灵便，无论大街小巷均可长驱直入，真正实现"门到门"运输。因此，这种载货汽车相当广泛地应用于商业和邮件运输等各种服务行业。

2) 平板式载货汽车(图3.5)

平板式载货汽车由小型/轻型送货车和大中型平板式货车组成。轻型送货车又称"皮卡"(PickUp的音译)，主要用于运送小批量的货物，被广泛应用于各种野外作业。

图3.4 小型厢式载货汽车

图3.5 平板式载货汽车

3) 箱式载货汽车

箱式载货汽车是国际货车市场的一支主力军，其特点是载货容积大，货厢密封性能好，尤其是近年来轻质合金及增强合成材料的使用，为减轻车厢重量、提高有效载重量创造了良好的条件。

4）拖挂车(图 3.6)

拖挂车实际上由拖车(又称“牵引车”)和挂车两部分组成，两者通过一个连接机构相连，拖挂运输是提高运输生产率的有效手段，拖挂车有全挂车和半挂车之分。

图 3.6　栏板半挂车

3.2.3　水路运输

1. 水路运输概述

水路运输既是一种古老的运输方式，又是一种现代化的运输方式，水路运输的独特地位几乎不可能被其他运输方式所取代。水路运输系统由船舶、港口、各种基础设施与服务机构等组成。

1）水路运输的形式

(1) 沿海运输。沿海运输是大陆附近沿海航道运送客货的一种方式，一般使用中、小型船舶。

(2) 近海运输。近海运输是使用船舶通过大陆临近国家海上航道运送客货的一种运输形式，视航程可使用中型或小型船舶。

(3) 远洋运输。远洋运输是使用船舶跨大洋的长途运输形式，主要依靠运量大的大型船舶。

(4) 内河运输。内河运输是在陆地内江河湖川等水道进行运输的一种方式，使用中、小型船舶。

2）水路运输的特点

(1) 运量大。水路运输的载运量都远大于飞机和火车。随着国际航运中船舶朝大型化发展，海洋运输中“万吨船”在当今已属最基本、最普通的载量。即使在内河运输中，只要航道条件允许，通常使用的驳船载量也要达到 1 000t 以上，而由它们组成的船队的运量都超过万吨。此外，水运可以运输超重超大型设备，这是铁路和公路所不能及的。

(2) 占地少。水路运输一般利用海洋和天然河流，不占用或很少占用耕地。而公路平均每公里要占地 20 000～27 000m^2。

(3) 基建投资少。水路运输基本建设投资少，用工省，见效快。

(4) 节省能源。据有关资料介绍，长江航运每千吨公里运输油耗为 2.81～4.28kg，而铁路运输为 5.61kg，内河大型顶推船队的单位能耗仅为铁路的 40％、公路的 12％。

(5) 运费低。在一定条件下，水路运输费用只相当于铁路运输的 20%～30%，公路运输的 7%～20%。

但是，水路运输也有速度慢、受自然条件(如气候、潮汐等)影响和限制等缺点。

3) 港口

港口是水路运输系统的重要环节。现代港口是具有仓储运输、商业贸易、工业生产和社会服务功能的现代化、综合性的工商业中心，是与海陆空联为一体的立体交通运输枢纽。港口作为国民经济发展的基础设施，具有规模大、投资大，为水上运输提供货流、客流中转流通的保障，以服务于国民经济和社会发展为宗旨的特点。图 3.7 为天津港俯瞰图。

图 3.7 天津港俯瞰图

2. 水路运输工具

船舶是水路运输系统的重要组成部分，是必要的运输工具。货运船舶简称货船，是运送货物船舶的统称，一般不载旅客，若搭载旅客应不超过 12 人，本书主要介绍海运船舶。

1) 杂货船

杂货船又分为普通型杂货船与多用途杂货船。杂货船运送的单件货物，最小的为几十千克，最大的可达几百吨，它的航线遍布内河和大海，到达的港口也大小不等。

2) 散货船

散货船是专门运输谷物、矿砂、煤炭及散装水泥等大宗散装货物的船舶。由于它具有运货量大、运价低等特点，目前在各类船舶的总吨位中占据第二位。

3) 集装箱船

集装箱船是载运规格统一的标准货箱货船，如图 3.8 所示。集装箱船具有装卸效率高、经济效益好等优点，因而得到迅速发展。集装箱运输的发展是交通运输现代化的重要标志之一。通常船上无装卸设备，由码头装卸以提高装卸效率。

4) 液货船

运送散装液体的船统称为液货船，如油船、液体化学品船和液化气船等。由于液体散发的理化性质差别很大，因此运送不同液货的船舶，其构造与特性均有很大差别。

5) 滚装船

滚装船类似于汽车与火车渡船，它将载货的车辆连货带车一起装船，到港后一起开出船外，如图 3.9 所示。这种船适用于装卸繁忙的短程航线，也有向远洋运输发展的趋势。

图 3.8　集装箱船

图 3.9　滚装船

6）冷藏船

冷藏船是运送冷冻货物的船，其吨位较小，航速较快，一般在 22km/h 以上。船上设舱，对制冷、隔热有特殊要求。

7）驳船

驳船常指靠拖船或推船带动且为单甲板的平底船。上层建筑简单，一般无装货设备。有的驳船自己有动力装置，称为自航驳船。驳船主要用于沿海、内河或港内驳运货物，往往用于转驳那些由于吃水等原因不便进港靠泊的大型货船的货物，或组成驳船队运输货物。

知识链接

船舶运输组织方式

1. 定期船运输组织

定期船运输又称班轮运输，是发货人参照船期表，向船务公司订舱。船舶在特定航线上和固定港口之间，按事先公布的船期表进行有规律的、反复的航行。班轮对所有托运人提供货运空间，不论船舶是否被装满都要按计划日期起航，保证班期是班轮运输组织的核心工作。班轮船期表是以表格的形式反映船舶在位置和时间上运行程序的文件，其主要内容包括船名，航次编号，始发港、中途港和终点港的港名，到达和始离各港的时间。班轮的发船间隔一般有规律性，以便于记忆。班轮主要承运杂货，并以成组化方式运输，其中以集装箱化最为突出。

2. 不定期船运输组织

不定期船运输也称租船运输，与班轮运输不同，它没有固定的航线、港口、船期和运价。不定期船运输是发货人根据需要，选择不同的租船方式，并和船东签订租船合同。根据双方协商的条件，船舶所有人

(船东)将船舶的全部或一部分出租给租船人使用，以完成特定的货物运输任务，租船人按约定的运价或租金支付运费的商业行为。

3. 载驳船运输组织

载驳船运输，即用缆绳将一艘或多艘驳船系在拖轮后面，由拖轮带着前进。这种运输方式装货量大，造价低廉，维护成本小，适用于货运量大、航道或港口水深较小、发货港或到货港分散在某一区域的运输航线。发货人应和船东签订运输协议，由相应的船务公司或船东负责货物运输，并进行货物在到达港的装卸工作，最后将货物交付收货人。随着进一步优化，载驳船运输产生了顶推运输方式，即推轮运行在驳船后面，这在沿海和江海直达运输中具有广泛应用。

总之，发货人选择水路作为货物的运输方式时，应先选择合适的船舶运输方式，再进行货物托运。

3.2.4 航空运输

1. 航空运输概述

航空运输是使用飞机或其他航空器进行运输的运输方式，如图 3.10 所示。航空运输的单位成本很高，因此，主要适合运载两大类货物：一大类是价值高、运费承担能力很强的货物，如贵重设备的零部件、高档产品等；另一大类是紧急需要的物资，如救灾抢险物资等。

图 3.10 航空运输

1) 航空运输的优点

(1) 速度快。这是航空运输的最大特点和优势。距离越长，航空运输所能节约的时间越多，速度快的特点也越显著。

(2) 机动性大。飞机在空中飞行，受航线条件限制的程度比汽车、火车、轮船小得多，它可以将地面上任何距离的两个地方连接起来，可以定期或不定期飞行。尤其在灾区的救援、供应，边远地区的急救等紧急任务方面，航空运输已成为必不可少的手段。

(3) 舒适、安全。主要体现在客运方面，喷气式客机的巡航高度一般在 10 000m 左右，飞行不受低空气流的影响，平稳舒适。

(4) 基本建设周期短、投资少。要发展航空运输，从设备条件上讲，只要添置飞机和修建机场。这与修建铁路和公路相比，建设周期短、占地少、投资省、收效快。据有关人员计算，在相距 1 000km 的两个城市间建立交通线且载客能力相同的情况下，修筑铁路的投资是开辟航线的 1.6 倍，铁路修筑周期为 5～7 年，而开辟航线只需两年。

2）航空运输的缺点

航空运输主要有如下缺点：飞机机舱容积和载重量都比较小，运载成本和运价比地面运输高；气象条件对飞行的限制影响了飞行的正常和准点性；航空运输速度快的优点在短途运输中难以充分发挥等。

2. 航空公司

航空公司以自身拥有的飞机从事航空运输活动。我国目前有中国航空运输集团公司（简称国航，代号 CA）、中国东方航空集团公司（简称东航，代号 MU）和中国南方航空集团公司（简称南航，代号 CZ）三大航空运输集团公司，如图 3.11 所示。三大航空运输集团公司下属分公司或股份公司，实施主副业剥离，进行主业一体化运作。

AIR CHINA

(a) 国航　　(b) 东航　　(c) 南航

图 3.11　三大航空公司标志

3.2.5　管道运输

1. 管道运输概述

管道运输是指货物在管道内借助高压气泵的压力往目的地输送货物的运输方式，如图 3.12 所示。管道运输的工具本身就是管道，是固定不动的，只是货物本身在管道内移动，它是运输通道和运输工具合而为一的一种专门运输方式。现代管道不仅可以输送原油、各种石油成品、化学品、天然气等液体和气体物品，还可以输送矿砂、煤浆等。

图 3.12　管道运输

2. 管道运输的优点和缺点

1）管道运输的优点

（1）不受地面气候影响并可连续作业。

（2）运输的货物不需包装，节省包装费用。

（3）货物在管道内移动，货损货差率低，以管道运输石油为例，石油在装卸车过程中，大量的油、气从槽车的装卸口挥发到大气中，损耗率一般为0.15%～0.5%，夏季挥发量更大，影响油品质量，污染环境。而管道运输石油，油品蒸发损耗小，能保证油品质量，同时又减少环境污染。

（4）费用省、成本低、运量大，据有关部门统计，一条直径为1 020mm的输油管道，年输油能力可达5 000万吨(运距为3 000km时)，相当于一条双轨铁路的运输量，而铁路还需配备1 400多台机车，5.5万辆油槽车。因此，管道运输不仅运量大，而且能节约大量机车和油槽车。

（5）单向运输方式，无回空运输问题，经营管理比较简单。

（6）建设速度快，以由大庆到秦皇岛的输油管道为例，全长近1 000km，由施工准备到投产只用了23个月，相当于当时同样铁路运输能力建设速度的三分之一。

2）管道运输的缺点

管道运输的缺点包括运输货物过于单一，仅限于液体和气体货物；永远是单向运输，机动灵活性小；一次性固定投资大。

3.2.6 运输方式的技术经济特性及选择运输方式适用的评价指标

1. 运输方式的技术经济特性

技术经济特性，可以用一定的技术经济指标来反映，如图3.13所示。

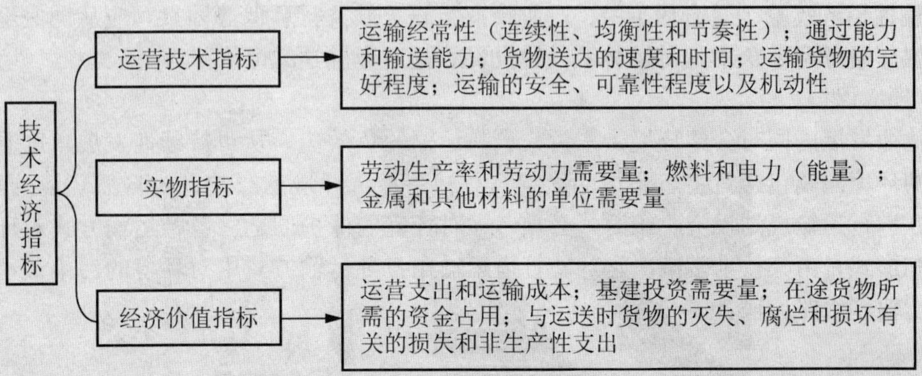

图3.13 运输方式技术经济指标体系

2. 选择运输方式适用的评价指标

1）运送速度

运送速度，可以表述为客货在运输过程中从运输行为开始，直至将货物交给收货人为止，货物平均每小时被运送的距离。

航空运输的运送速度在各种运输方式中是最高的，这主要是由于其技术速度远远高于其他运输方式的速度。公路运输的运送速度较水路运输高，这主要是由于公路运输的技术速度相对较高，途中作业时间和始发、终到作业时间短造成的。特别是在短途运输中，公路运输的运送速度明显高于铁路。

2）运输成本

在现代物流企业中，运输在其经营业务中占有主导地位，因此物流运输费用在整个物流业务中占有较大比例。一般综合分析计算，运输费用在社会物流费用中约占50%。运输成本的组成主要包括以下几个方面。

（1）人工费用，如工资、福利费、奖金、津贴和补贴等。

（2）营运费用，如营运车辆的燃料费、轮胎费、折旧费、维修费、租赁费、车辆牌照检查费、车辆清理费、养路费、过路费、保险费、公路运输管理费等。

（3）其他费用，如差旅费、事故损失、相关税金等。

综观运输方式的运输成本，在现有的分工基础上，单位运输成本由低向高排列的顺序是：远洋运输、管道运输、内河运输、铁路运输、公路运输、航空运输。但仅从短途运输来看，公路运输的成本是最低的。此外，公路运输在鲜货运输上运输成本也有优势。

3）运输能力

运输能力是指在单位时间内某一运输系统所能完成的最大换算周转量。运输能力的大小与运输线路的通过能力和运输工具的承载能力成正比。水路运输、管道运输、铁路运输都是运输能力很大的运输方式，在满足国民经济对运输的大量需求方面有明显优势，特别是大宗物资运输。与水路运输、管道运输、铁路运输相比较，公路运输和航空运输的能力要小得多。

4）基本建设投资

运输项目的基本建设投资是指运输设施、设备的初始建造价值，它包括运输线路、运输设施及运输附属设施和设备的全部投资。在评价运输项目投资时，除考虑投资额外，还要考虑运输项目经济效益、运输网布局、产业政策、波及效益、环保等因素。应从国民经济效益和企业内部财务两个角度，对运输项目的投资效益进行科学的评价。

5）环境保护

运输业发展的同时会给环境带来污染，是运输的负效应。从可持续性发展角度看，运输业带来的环境问题包括对生态环境的影响、对社会经济环境的影响、对自然环境的影响等。因此，在进行运输规划投资决策时，必须考虑对环境的保护问题。各种运输方式对环境污染的程度和形式是由其技术基础决定的。管道运输在各种运输方式中对环境的污染最小，其次是铁路运输和水路运输。

3.3 现代运输

3.3.1 零担货物运输

零担货物运输是指当一批货物的重量或容积不够装一车(不够整车运输条件)时，与其他几批甚至上百批货物共享一辆货车的运输方式，在公路运输中比较普遍。

1. 零担货物运输的特点及组织

1）零担货物运输的特点

零担货物运输是汽车货物运输中相对独立的一部分。相对于其他汽车运输，零担货物有其自身的特点：零担货物是指同一托运人一次托运货物重量不足 3t 货物；货源不确定；组织工作复杂；单位运输成本较高。

2）零担货物运输组织

(1) 零担货物资源组织。零担货源组织方法有以下几种：实行合同运输，这是公路运输部门行之有效的货源组织方式；设立零担货运代办站(点)；委托社会相关企业代理零担货运业务；聘请货运信息联络员，建立货源情报网络；设立电话受理业务；设立网上接单业务等。

(2) 零担货物运输车辆组织。常有固定式、非固定式零担车两种方式。

固定式零担班车，通常称为汽车零担货运班车，这种零担货运班车一般是以营业范围内零担货物流量、流向，以及货主的实际要求为基础组织运行。

非固定式零担车，是指按照货流的具体情况，临时组织而成的一种零担车，通常在新开辟零担货运线路或季节性零担货物线路上使用。

2. 零担货运业务流程

零担货运业务流程如图 3.14 所示。

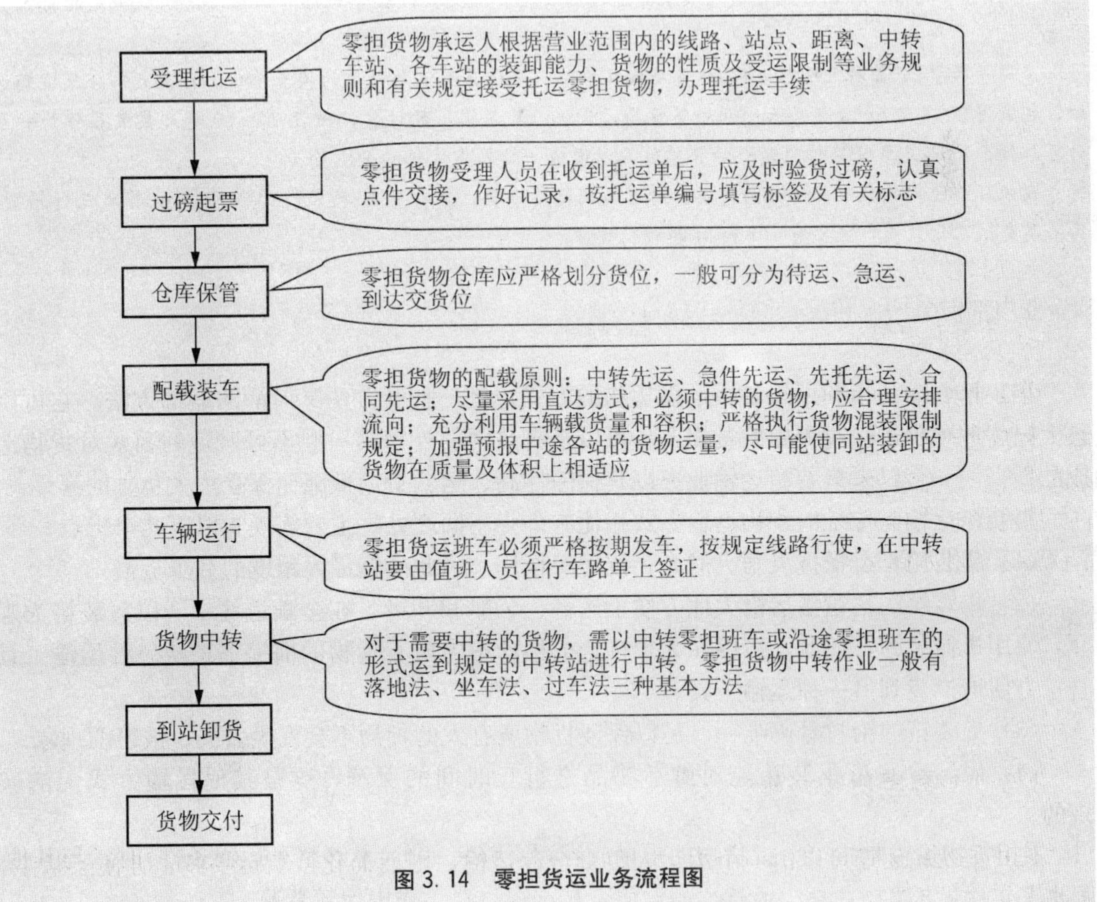

图 3.14 零担货运业务流程图

3.3.2 集装箱运输

1. 集装箱运输概述

集装箱又称“货箱”、“货柜”。集装箱必须具有一定强度，是专供周转使用并便于机械操作的大型货物容器。使用集装箱转运货物，可直接在发货人的仓库装货，运到收货人的仓库卸货，中途更换车、船时，无须将货物从箱内取出换装。凡具有下述五项条件的运输容器，都可以称为集装箱。

(1) 具有足够的强度，可长期反复使用。

(2) 适于一种或多种运输方式运送，途中转运时，箱内货物不需换装。

(3) 具有快速装卸和搬运的装置，特别便于从一种运输方式转移到另一种运输方式。

(4) 便于货物装满和卸空。

(5) 具有 $1m^3$ 及以上的容积。

知识链接

集装箱的规格标准

国际标准化组织根据国际集装箱的各种技术参数和规格，研究制订了通用集装箱从A型到C型3个系列共13种标准规格。各国在制定有关集装箱运输的安全、结关、检验等规格方面都以该组织规定的标准为参考。

装箱计算单位(简称TEU)又称20英尺换算单位，是计算集装箱箱数的换算单位。目前大部分集装箱运输，都采用20英尺和40英尺长的两种集装箱。为统一集装箱箱数计算，一般都把20英尺集装箱作为一个计算单位，40英尺集装箱作为两个计算单位，以便统一计算集装箱的营运量。

我国目前使用的集装箱可分为两类：一类是国际标准箱，主要有40英尺、20英尺和10英尺三种箱型；另一类是铁路集装箱，主要有10t和5t两种箱型。

2. 集装箱运输

集装箱运输是指利用集装箱运输货物的方式，是一种既方便又灵活的运输方法。它可以最大限度地减少运输过程中的货损，如可以抵御风雨、外力等一些不可避免的因素对货物造成的损害，一直以来集装箱运输业务以其保障性高、运输费用低廉而深受广大货主的喜爱。

集装箱运输与传统的货物运输方式相比有许多不同之处，主要表现为以下几个特点。

(1) 集装箱具有抵抗风雨、避光、抗震等作用，因此能够最大跟度的减少货损。

(2) 集装箱的整箱搬运极大地方便了运输、装船和卸港。在全程运输中，以集装箱为媒介，使用机械装卸、搬运，可以在无须接触或移动箱内所有货物的前提下，从一种运输工具直接方便地换装到另一种运输工具。

(3) 集装箱的铅封号码唯一，足以保证货物所有人的货物不会发生丢失、被窃的现象。

(4) 保温冷藏型集装箱能对鲜活物品进行长时间的保鲜，这是其他运输方式无法实现的。

(5) 集装箱运输可以由一个承运人负责全程运输，因而简化了货运手续，方便了货主，提高了工作效率。

（6）货物从内陆发货人的工厂或仓库装箱后，经由陆、海、空不同的运输方式及其业务流程可以一直运到内陆收货人的工厂或仓库，实现“门到门”运输。

3.3.3 散装运输

1. 散装运输的概念

散装运输是指产品不带包装的运输，即使用专用设备将产品直接由生产厂方送至用户使用的运输方式。目前采用散装运输的产品，液体类的有原油、汽油、煤油、柴油等油料，有液体化工品，有食用油等；固体类的有水泥、粉煤灰等粉料，有沥青、焦炭等块料，有化工产品中各种塑料切片、粒料、粉料等。散装运输是实现交通运输工业化的一项重要战略措施。粮食、化肥、水泥等粉粒状货物由包装运输改为散装运输，是流通领域的一次重大改革。

我国在 20 世纪 60 年代中期开始推广水泥散装运输。60 年代末期开始发展散粮装卸机械和基层散粮储库，初步形成了散运装备体系。1978 年又推行了油脂散装运输。

2. 散装运输的作用

散装运输在特定的场合具有无可比拟的优越性，在我国交通运输中的作用表现在以下几个方面。

（1）推行散装运输，可以节省包装材料和费用，减少货物在运输过程中的损失，提高运输质量，加速车船周转速度，提高运输效率。

据推算，水泥由纸包装改为散装后，每吨可节省包装费 8.3 元。油脂散装运输与桶装运输相比，每一亿斤油脂可节省油桶购置费 131 万元。

（2）实行散装运输，工作环节少，机械化、自动化程度高，装卸车(船)速度快。

案例链接

装一辆载重 65t 的火车，袋装水泥需要 8 个工人 40min 才能装完，而采用散装运输水泥，只需 1 个工人 8min 就可以装完。卸一辆载重 8t 的袋粮汽车，至少需半个小时，而卸 8t 的散粮汽车，只需要 6min。由此看出，散装运输在提高装卸效率、加速车船周转等方面，具有显著效益。

3.3.4 托盘化运输

1. 托盘化运输概述

托盘化运输是指货物按一定要求成组装在一个标准托盘上组合成为一个运输单位，使用铲车或托盘升降机进行装卸、搬运和堆放的一种运输方式。它是成组运输的一种最新形式。托盘是按一定规格制成的单层或双层平板载货工具，在平板上集装一定数量的单件货物，并按要求捆扎加固，组成一个运输单位，以便在运输过程中使用机械进行装卸、搬运和堆放。

2. 托盘化运输的特点

托盘化运输的优点和缺点见表 3－1。

表 3-1 托盘化运输的优缺点

优　　点	缺　　点
提高运输效率：以托盘为运输单位，搬运和出入库便于机械操作，缩短货运时间，降低运输成本，同时还可减少劳动强度	货物范围有限：最适合托盘运输的货物是箱装、硬纸盒装的物品。体积、重量大，形状不一的机械及散装、冷冻等货物很难采用
便于理货，减少货损货差：以托盘为运输单位，货物件数变小，体积、重量变大，而且每个托盘所装数量相等，既便于点数、理货交接，又可以减少货损货差事故	费用增加，载量减少：采用托盘运输要相应增加托盘费用。同时，由于增加了托盘重量和体积，相应地减少了运输工具的载重
投资较小，收效较快：与集装箱相比，托盘的投资相对较小，时间短，收效快。目前世界上有许多国家，特别是尚未具备条件开辟集装箱运输的国家都在大力推广托盘运输	不是最理想的运输方式：不能完全适应国际多式联运方式，不能像集装箱那样，可以密封地越过国境和快速转换各种运输方式

知识链接

托盘运输的注意事项

1. 并非所有货物都可采用托盘运输

散装、裸装、鲜活、超重超长或冷藏货物不适宜作为托盘货物运输；两种性能不同的危险品采用托盘运输时，绝对不能装载于同一托盘上。包装的杂货件货物则最适合托盘运输。

2. 必须符合托盘积载的规定

托盘积载规定主要有以下内容：同一批货物装载于每个托盘上的数量和重量必须相等；不同收货人的货物及不同类的货物不能装载于同一托盘上；托盘平面应全部装载货物，码齐放平，四边均需平行，四角成 90 度，顶部保持水平；除货物原包装上的唛头标志外，还须在托盘铲车叉臂脱落的两侧，加印托盘货物的毛重量、目的港、托盘件数和编号标志；每一托盘的载货重量不得超过规定的最大毛重量。

3. 必须捆扎牢固

每一托盘的货载，必须捆扎牢固，具有足够的强度和稳定性，既能承受一般海上风险，经受装卸操作的移动，又能承受一定的压力。

4. 托盘运输的运费

按国际航运习惯，对托盘本身免收运费。对托盘化货物运费按装货后的托盘毛重和体积减去托盘重量和托盘高度计收。

5. 托盘运输的标注

货物使用托盘运输时必须在所有运输单证上注明“托盘运输”字样。在提单上除列明一般必要项目外，还需列明托盘数量和托盘上装载货物的件数，同时应标明货物发生灭失或损坏时，赔偿费用的计算标准。

3.3.5 多式联运

随着国民经济和运输技术的发展，传统的海、陆、空等互不连贯的单一运输方式已不能适应形势发展的要求，于是多式联运应运而生。多式联运，是根据实际运输要求将不同的运输方式组合成综合性的一体化运输，通过一次托运、一次计费、一张单证、一次保险，由各运输区段的承运人共同完成货物的全程运输，即将全程运输作为一个完整的单一运输过程来安排。

1. 开展多式联运的基本条件

根据多式联运公约的规定和业务特点，开展多式联运应具备以下几个基本条件。

(1) 订立多式联运合同。货物在全程运输过程中，无论使用多少运输方式，作为负责全程运输的多式联运经营人必须与发货人订立多式联运合同。该合同明确规定多式联运经营人(承运人)与发货人(托运人)之间的权利、义务、责任、豁免的合同关系和多式联运的性质。多式联运经营人根据合同规定，负责完成或组织完成货物的全程运输并一次收取全程运费，因此，多式联运合同是确定多式联运性质及其区别于一般传统联运的依据。

(2) 多式联运经营人必须对全程运输负责。多式联运经营人不仅是订立多式联运合同的当事人，也是多式联运单证的签发人。在业务中，多式联运经营人作为总承运人对发货人负有履行合同的义务，并承担自接管货物起到交付货物止的全程运输责任，以及对货物在全程运输中因灭失、损坏或延迟交付所造成的损失负赔偿责任。一般情况下，多式联运经营人为了履行多式联运合同规定的运输责任，可以将部分或全部运输责任委托相关区段的承运人(分承运人)办理，原发货人与分承运人不发生任何关系，而分承运人与多式联运经营人之间是承托关系。

(3) 多式联运使用两种或两种以上不同运输方式，必须是不同运输方式下的连续运输。

(4) 多式联运的费率为全程单一运费费率。多式联运经营人在对发货人负责全程运输的基础上，制订货物从发运地至目的地的全程单一费率，并一次性向货主收取运费。这种全程单一费率通常包括运输成本(全程各段运费的总和)、经营管理费用(通讯、制单及劳务手续费等)以及合理利润。

(5) 签发一份全程多式联运单证。货物全程运输时，多式联运经营人应签发一份全程多式联运单证。全程多式联运单证是证明多式联运合同以及证明多式联运经营人已经接管货物并负责按照合同条款交付货物所签发的一种证据，它是一种物权证书和有价证券。

2. 多式联运业务的运行机制

多式联运的全过程就其工作性质的不同可分为实际运输和全程运输两部分。实际运输过程是由参加多式联运的各种运输方式的实际承运人完成的；全程运输组织业务过程是多式联运全程运输的组织者——多式联运企业或机构完成的，主要包括全程运输所涉及的所有商务性事务和衔接服务性工作的组织实施。

多式联运中，全程运输的组织体制可以分为以下两种。

1) 协作式多式联运的运输组织方法

协作式多式联运的组织者是在各级政府主管部门的协调下，由参加多式联运的各种方式的运输企业和中转港站共同组成的联运办公室(或其他名称)。货物全程运输计划由该机构制订，如图3.15所示。

2) 衔接式多式联运的运输组织方法

衔接式多式联运的全程运输组织业务是由多式联运经营人(或多式联运企业，Multimedia Transport Operator，MTO)完成的，这种联运组织下的货物运输过程如图3.16所示。

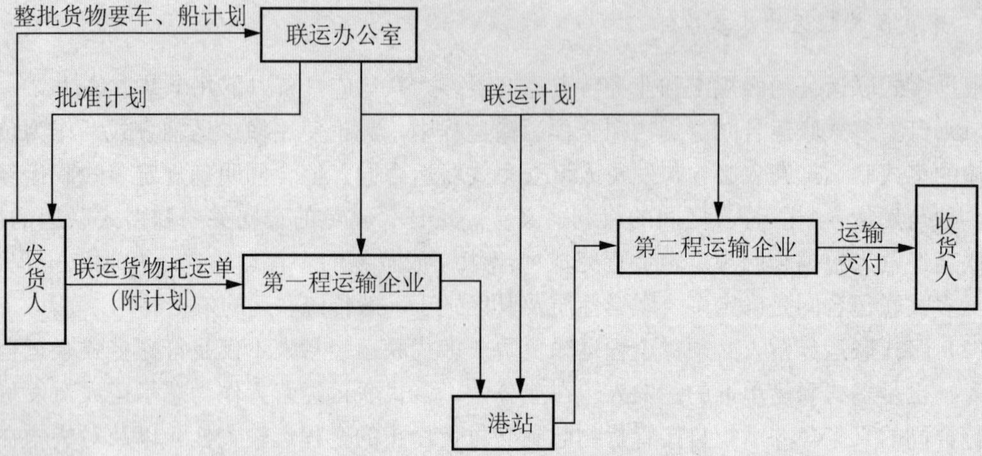

图 3.15 协作式多式联运的货物运输过程

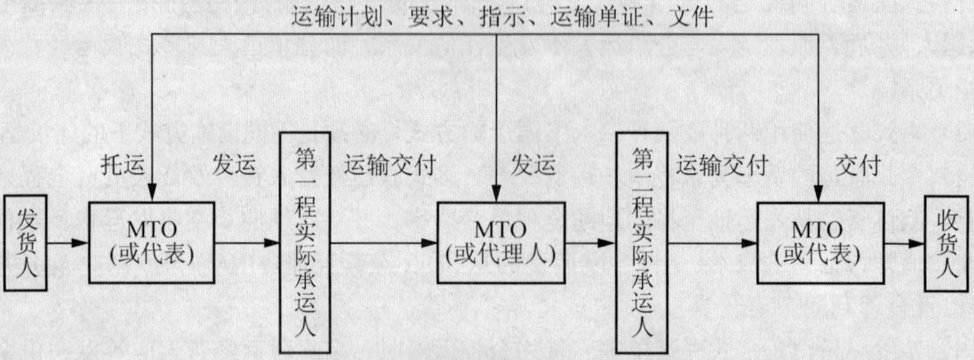

图 3.16 衔接式多式联运的货物运输过程

案例链接

多式联运为 FedEx 提升竞争力

总部位于美国田纳西州的 FedEx 是全球规模最大的快递公司之一，在全球 214 个国家和地区通过 366 座机场经营快运业务，它的物流网络覆盖了占全世界 GDP 90％的国家和地区。该公司拥有营运货机 600 多架，货车 4 万多辆，全球员工 1 万多人，为全球用户提供 24～48h 之内的门到门配送服务。FedEx 的全球投递地点 4 万多个，全球平均每天处理货件数量超过 310 万件，每天的运输量约 9 000 多吨，其中航空货运量每天约 260 吨。FedEx 十分注重对运输方式的选择，它专门有一套信息系统统一管理全球的运输网点，优化自己的运输系统，根据客户的需求采取不同运输方式组合成多式联运，从而最快地把货物送到客户手中，同时可以节约数亿美元的运输成本，大大提高了其市场竞争力。

3.3.6 公路快速货运

在我国，公路快速运输是随着高速公路建成投入使用后才逐步发展起来的，现已成为公路运输行业的发展热点，但有关公路运输的理论及实践，目前仍处于探索进程中。

1. 快速货运系统概述

1）快速货运系统的概念

公路快速货运系统是以高时效的货物为服务对象，以高等级公路为基础，依托多层次、网络化的货运站场体系集散货源，使用技术先进、结构合理的车辆载运货物，利用高效的通讯信息技术作为管理手段，通过科学有效的运输组织，实现货物安全、准确、快速流动的公路货运系统。

2）我国快速货运发展的基本情况

就公路快速货运系统而言，我国目前除邮政部门经办的快速邮件收发业务外，其他领域刚刚起步，如鲜活货物、急运货物实行快运。但不论从经营组织、管理规范，还是运输手段来看，也只是属于“专运”，而不属于快运系统。这种专运，从运送速度来看，远远快于一般货运，但仅属于速度提高的一般货运而已。

2. 快速货运系统的构成要素

快速货运系统涉及两个基本要素，即快运货物和道路及设施设备。

1）快运货物

快运货物是指系统的服务对象，主要为小批量、多品种、附加值高、高时效等时间价值高、对时间敏感的货物，如部分零担货物、时令商品、鲜活易腐品、高价值贵重物品以及用户要求快运的小件物品等。

2）道路及设施设备

构成公路快速货运系统的实体内容包括站场设施、货物装卸分拣设备及组织、运输装备、通讯信息和运输组织五个子系统。

（1）站场设施子系统。站场设施作为网络系统的节点，以货运枢纽站场为中心，结合不同层次的货运站场与货物集散地，构成多层次、网络化的站场结构系统。

（2）货物装卸分拣设备及组织子系统。快速货运通常要对不同流向、不同货种的货物进行分拣、中转、拼装，需要有专门的分拣及装卸设备和专门的作业及管理组织。

（3）运输装备子系统。运输装备为快速货物运输的载体，通过技术先进、结构合理的车辆，满足区域内取送货服务和区域间干线公路快速运输的要求。

（4）通讯信息子系统。通讯信息作为快运系统的神经中枢，以公用通讯网和专用通讯网为基础，以各类常规电信和 EDI 等专用数据交换为手段，以专业化的计算机应用系统为核心，形成高效、及时、准确的通讯信息网络，满足货物组织和管理的需要。

（5）运输组织子系统。运输组织子系统作为运输服务和运输生产的主体，主要以货运站场为依托，以现代化的通讯信息为手段，通过提供货物集散、中转和中介代理、运输组织、辅助服务等全方位的服务，高效、优质地实现公路快速运输的全过程。

3. 快速货运系统的基本运行模式

从系统的服务形式看，快速货运可以分为零担货物快速运输（以下简称零担快运）和整车货物快速运输（以下简称整车快运），由于零担快运与整车快运的货源组织与生产特点各不相同，系统运行模式也各有其特点。

1）零担快运

零担快运产生于两种情况：①被运送的货物批量太小，直达运输不经济；②由于道路通行条件(包括交通管制)等原因，为了达到快捷、经济运送的目的，而选用零担快运的组织方式。

2）整车快运

所谓整车快运，就是指从接货承运直到送达收货人整个运送过程，货物不需经过分拣拼装的运输组织方式。同零担快运系统的运行模式相比，整车快运系统在基本生产流程中简化了货运站场的装卸分拣作业过程，货物由发货人起运可以直接快运到收货人手中。

案例链接

加拿大的公路快运业

加拿大的公路运输领域，目前包括三类，即专业运输企业、小件快运公司和社会非专业运输企业。近年来，随着专业运输企业竞争的加剧，导致其在货运的及时或快运的物流服务方面进行不断改善。

1. 为客户服务

近年来，许多生产企业开展适时生产制，要求公路运输(或物流)企业及时供应其所需要的货物。为此，有的公路快运企业购进带卧铺的先进卡车，对于长距离的运输两个驾驶员可轮流开车。公路快运(物流)企业还拥有自己专门的营销队伍，专门负责联系工商企业，了解他们的所需，介绍本物流企业的服务项目。

2. 市场的选择

市场是无限的，不可能什么都想做。公路运输或物流企业必须根据企业的优势和特点来选择服务市场。例如，加拿大的BURHAM公司根据自己的特点，在第三方物流业务中以经营计算机办公设备、保健用品、生活基本用品、银行设备、通讯设备及医疗用品为主。

3. 人员的培训

加拿大的公路快运(物流)企业特别重视驾驶员的培训，认为他们既是生产者又是经营者，代表着企业的形象，企业的成功与否关键在于驾驶员。驾驶员上岗前进行为期7周的业务培训，这种培训包括经营理念、物流业务、驾驶技术、运输地理等，以达到快速、安全、降低客户的赔付、维护企业信誉的目的。

4. 高效低成本

运输市场除了物流服务质量的竞争外，还有成本和价格的竞争。加拿大的公路快运在这方面表现突出，如使用大吨位、柴油化、拖挂式的车辆；运输组织中运用卫星定位调度系统以充分提高车辆的实载率；仓库和车厢采用立体隔架结构以提高其利用率；运用机械化或自动装货堆垛降低物流各环节的成本。

5. 发展高新技术

加拿大的物流业也不是一开始技术水平就很高。以驾驶员监控系统为例，20世纪80年代初，有的公路运输企业通过“黑匣子”中的双面圆形卡片记录运行过程中的行驶速度、停歇、转速、油耗等情况。1998年以后，有的物流企业才开始使用卫星技术，并在车上安装小屏幕微机，使司机和控制中心在几秒钟内即可完成数据交换(EDI)。

3.4 运输生产计划及车辆调度

3.4.1 运输生产计划

运输生产计划是运输企业经营计划的重要组成部分。它是运输企业计划期内应完成运输工作量的计划，是对计划期内应完成的客货运输量、运输车辆构成和车辆利用程度等方面进行的必要部署和具体安排。运输生产计划主要包括以下几方面的内容。

1. 运输量计划

运输量计划是反映运输企业计划期内预计完成的客货运量及周转量，一般以市场需求作为编制运输量计划的依据，主要包括市场调查与预测资料、指令性计划任务、运输合同和企业的生产能力等几个方面。

2. 车辆计划

车辆计划是企业计划期内的运输能力计划，主要反映企业在计划期内的平均运力，营运车辆类型及车辆数量增减变化情况。它是衡量企业运输生产能力大小的重要标志。编制车辆计划的过程应确定车辆数量、确定车辆增减时间、结合车辆运用效率编制车辆计划。

3. 车辆运用计划

车辆运用计划是运输企业计划期内营运车辆运用效率指标达到的具体水平，是车辆计划中的营运车辆生产能力利用程度的反映。根据车辆运用效率各项指标计算出来的、在计划期间可能完成的运输工作量，应该与运输量计划相一致，因而它是平衡运输量计划与车辆计划的计划。

4. 车辆运行作业计划

车辆运行作业计划是运输生产计划的具体化。它是有计划地、均衡地组织企业日常运输生产活动，建立正常运输生产秩序的一种组织措施。车辆运行作业计划根据时间的长短分为长期运行作业计划、短期运行作业计划、日运行作业计划三种。

3.4.2 车辆运行调度

1. 货流

货物在运输线路上的有目的运动构成了货流。货流是物流中最主要的组成部分，但货流中止并不等于物流的中止，掌握货流及其分布与变化规律，是合理组织货物运输工作的基础，是组织与安排车流的依据。

国家间、区域间、城市间、城乡间的物资在空间上的移动，即为货物的运输联系。货流是一定时期、一定范围、一定种类和数量的货物，沿着一定方向、有目的的位移。货流是一个经济范畴的概念，本身包含着货物的类别、数量、方向、距离和时间五个方面的要素。

货流通常可借助货流量表示。某一线路上的任一段面上的货流量是指单位时间沿该线路某方向所运送货物的数量(吨/小时)。货流量大的方向一般称为货流顺向，反之称为货流逆向。为了清晰地反映出货物种类、数量、方向等因素构成的货流量和流向，可以运用货流图。

2. 运输调度的基本工作

车辆运行调度工作以车辆运行作业计划为依据，以计算机和现代通信设备为手段，以用户需求为导向，正确地处理生产中出现的各种矛盾，使各个生产环节和作业工序能协调有序地工作，保证车辆运行作业计划的完成。运输调度的基本工作内容包括以下几个方面。

1）货流是组织车流的基础

分析货流，了解货物的流量、流向、流时、运输距离、类别，这是科学调度、合理组织车流的基础工作，也是提高车辆运输效率的关键。

2）分析处理随机因素

在组织运输生产过程中，运输生产环节中经常会有变化，如何及时处理问题，也是调度工作的经常性内容。一般可能发生变化的随机因素包括货源、装卸、保修、驾驶员、调度工作、道路、气候等方面。

3）加强作业计划检查工作

提高调度工作的效率，正确处理生产中出现的各种矛盾，使各个生产环节和作业工序能协调有序地工作，保证车辆运行作业计划的完成，加强作业计划检查也是非常重要的一项工作。

3. 车辆运行调度

1）行驶路线

在一定货流条件下，货运车辆的行驶路线可分为三种类型。

（1）往复式行驶路线。往复式行驶路线是指车辆在两个作业点之间的线路上，作一次或多次重复运行的行驶线路。可分为单程有载往复式、回程部分有载往复式和双程有载往复式，如图3.17所示。

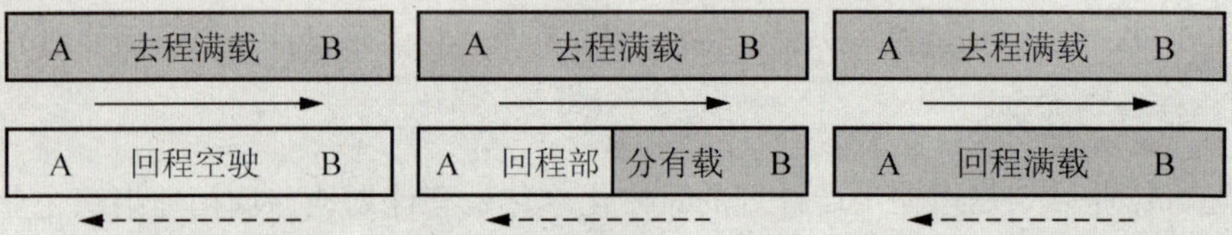

(a) 单程有载往复式　(b) 回程部分有载往复式　(c) 双程有载往复式

图3.17　往复式行驶路线

（2）环形式行驶路线。环形式行驶路线是指车辆在由若干个装卸作业点组成的封闭回路上，作连续单向运行的行驶路线。由于运输方向的相互位置不同，又可分为简单环形式、交叉或三角形式、复合环形式三种。

（3）汇集式行驶路线。汇集式行驶路线是指车辆沿分布于运行路线上各装卸作业点，依次完成相应的装卸作业，且每运次货物装(卸)量均小于该车额定装载量，直到整个车辆装满(或卸空)后返回出发点的行驶路线。可分为分送式、收集式和分送-收集式。

道路运输点多面广，路线成网，车辆调度工作十分复杂。如果借助于数学方法，会取得良好的效果。目前应用较为广泛的数学方法是图上作业法和表上作业法，一般用来解决物资调运和车辆调度问题。

2）发车和收车原则

在合理调度空车的同时，也要注意发车和收车的问题。在实际工作中，一般采用“就近派车，就近收车”的经验调度法。这在多数情况下是可行的，但有时也不一定是最优方案，为保证总空车行驶里程最小，收发车一般要遵循一些原则。

（1）“两点”循环路线的发车原则。两点货物量相等，就近发车；两点货物量不相等，向货物多的一点发车。

（2）“多点”循环的发车原则。一个循环线路图上，装货点与卸货点至少两个以上，则称之为“多点”循环路线。其发车原则是向“调车里程”最小的装货点发车。

调车里程的计算公式为

调车里程＝出场空驶里程＋回场空驶里程－第一个装点到最后一个卸点的距离

3.5 运输合理化

3.5.1 运输合理化概述

合理运输从整体上看，是指以最少的运力、最快的速度、最短的线路、最优的服务、最小的费用，满足国民经济对货物运输的需要。合理运输涉及货物分布、流量、流向、流时、流距以及信息畅通、运输组织等诸多因素的影响，一般起决定性作用的有五个方面，即运输距离、运输环节、运输工具、运输时间、运输费用，如图3.18所示。

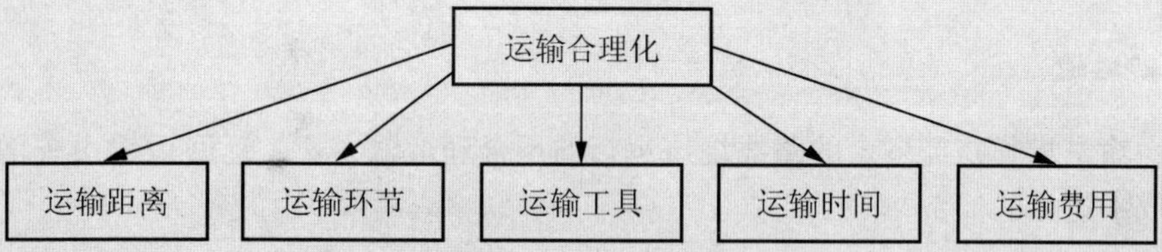

图3.18 运输合理化的五大因素

1. 运输距离

运输距离是决定运输合理与否的一个最基本的因素，企业应尽可能就近运输，避免舍近求远。

2. 运输环节

物流部门尽量减少装卸、搬运、转运等中间环节，尽可能组织直达、直拨运输，使货物不进入中转仓库，而由产地直达运销地或客户，减少运输环节。

3. 运输工具

要根据不同货物的特点，分别利用铁路、水运或汽车运输，选择最佳的运输路线，并积极改进车船的装载方法、提高技术装载量、使用最少的运力来运输更多的货物，提高运输生产效率。例如，美国有纵横交错的高速公路网，国内货物运输主要由集装箱卡车来完成。1 000公里以内4小时可以送达；内河(湖)水路主要承担大宗散装货物的运输任务；精密产品主要是空运；国际贸易中更多使用多式联运，其中主要是陆桥联运方式。这就是一个合理选择运输工具的典型运作方式。

4. 运输时间

尽量减少客户等待时间是物流工作及时满足客户需要、赢得客户满意的一个重要因素。所以物流经理要想方设法加快货物运输，尽量压缩待运期，使大批货物不要长期徘徊、停留在运输过程中。

5. 运输费用

运输费用占物流总费用的比重很大，是衡量运输经济效益的一项重要指标，也是组织合理运输的主要目的之一。运输费用的高低，不仅关系到物流部门的经济核算，而且也影响货物销售成本，为此应积极节约运输成本。

3.5.2 物流中运输不合理的表现及产生原因

物流中的运输不合理是指不注重经济效果，造成运力浪费、运费增加、货物流通速度降低、货物损耗增加的运输现象。物流运输不合理的表现主要有以下几种类型。

1. 对流运输

对流运输是指同一种货物或可以相互代用的货物在同一条运输路线或平行运输路线上作相对方向的不合理运输方式。它主要有以下两种形式。

(1) 明显的对流运输，即在同一运输路线上的对流。

(2) 隐含的对流运输，即违反近产近销原则，在平行路线上朝着相对方向的运输。

2. 迂回运输

迂回运输是指货物经多余的路线绕道运行的不合理运输方式。迂回运输由于增加了运输路线，造成了运力的浪费。

3. 倒流运输

倒流运输是指货物从销地向产地或其他地点向产地倒流的不合理运输方式。倒流运输会导致运力浪费、运费开支增加等。

4. 重复运输

重复运输是指一种货物本可直达目的地，但因物流仓库设置不当或计划不周使其在中途卸下，导致增加运输环节、浪费运输设备和装卸搬运能力、延长运输时间的不合理运输方式。

5. 过远运输

过远运输是指相同质量、价格的货物舍近求远的不合理运输方式，即销地应由距离较近的产地购进所需相同质量和价格的货物，但却超出货物合理辐射的范围，从远距离的地区运来，或产地不就近供应，却调到较远的消费地的运输现象。过远运输延长了货物运程和在途时间，导致运力的浪费和资金的积压，增加了运输费用。

分析造成物流工作中不合理运输的主要原因，首先是在主观上对合理运输的重视不够，不了解所需货物的货源分布，不研究各种运输工具和运输方式的特点及费用情况；其次是受自然条件和地理因素的影响；另外，还有我国目前交通运输条件的紧张所造成的制约因素。物流经理在实际工作中应尽量避免运输不合理，力争使其出现的概率降低到零。

3.5.3 实现运输合理化的主要途径

1. 分区产销平衡合理运输

分区产销平衡合理运输是指在物流活动中，对某种货物使其由一定的生产区固定于一定的消费区。在产销平衡的基础上，按照近产近销的原则，使货物走最少的里程，组织运输活动。

1）优点

加强了产、供、运、销的计划性，消除过远、迂回等不合理运输，降低了物流费用，节约运输成本及运输耗费。

2）适用范围

在实际工作中，分区产销平衡合理运输方式适用于品种单一，规格简单，生产集中、消费分散或生产分散、消费集中且调运量大的货物，如煤炭、钢材、水泥、粮食、矿建材料等。

2. 直达运输

直达运输是指越过商业物资仓库环节或铁路交通等中转环节，把货物从产地或起运地直接运到销地或客户，减少中间环节的一种运输方式。

1）优缺点

直达运输的优点是减少了中间环节，节省了运输时间与费用，灵活度较大。但相对而言对企业各部门分工协作程度的要求较高，企业内部计划、财会、业务、仓库等各个机构应加强联系，建立相应的联系制度来满足其需求。

2）适用范围

直达运输通常适用于某些体积大、笨重的生产资料的运输，如矿石等。对于出口货物也多采用直达运输方式。一些消费品可依货物规格等具体情况的不同，越过不同的中间环节到达批发商或零售商的手中。

3. “四就”直拨运输

“四就”直拨运输是指物流经理在组织货物调运的过程中，对当地生产或者外地到达的货物不运进批发站仓库，而采取直拨的办法，把货物直接分拨给基层批发、零售中间环节。这种方式可以减少一道中间环节，在时间与成本方面收到双重效益。在实际的物流工作中，物流经理可以根据不同的情况采取就厂直拨、就车站直拨、就仓库直拨、就车船过载等具体的运作方式，见表3-2。

表3-2 物流运输“四就”直拨的具体形成

“四就”直拨的主要形式	含 义	具体方式
就厂直拨	物流部门从工厂收购产品，在经厂验收后，不经过中间仓库和不必要的转运环节，直接调拨销售部门或直接送到车站、码头运往目的地的方式	厂际直拨 厂店直拨 厂批直拨 用工厂专用线、码头直接发运
就车站直拨	物流部门对外地到达车站的货物，在交通运输部门允许占用货位的时间内，经交接验收后，直接分拨或送给各销售部门	直接运往市内销售部门 直接运往外埠要货单位

续表

“四就”直拨的主要形式	含　义	具体方式
就仓库直拨	在货物发货时越过逐级的层层调拨，省略不必要的中间环节，直接从仓库拨给销售部门	对需要储存保管的货物就仓库直拨 对需要更新库存的货物就仓库直拨 对常年生产、季节销售货物就仓库直拨 对季节生产、常年销售货物就仓库直拨
就车船过载	对外地用车、船运入的货物，经交接验收后，不在车站或码头停放，不入库保管，随即通过其他运输工具换装直接运至销售部门	就火车直装汽车 就船直装火车或汽车 就大船过驳小船

4. 合整装车运输

合整装车运输是指在组织铁路货运当中，将同一发货人的不同品种发往同一到站、同一收货人的零担托运货物，由物流部门进行组配，放在一个车内，以整车运输的方式托运到目的地；或把同一方向、不同到站的零担货物，集中组配在一个车皮内，运到三个适当的车站再中转分运。采用合整装车运输的方法，可以减少一部分运输费用，节约劳动力。这种方式主要适用于商业、供销部门的杂货运输。根据不同的实际情况可采取以下四种做法。

（1）主要零担货物拼整车直达运输。

（2）零担货物拼整车接力直达或中转分运。

（3）整车分卸(二、三站分卸)。

（4）整装零担。

5. 提高技术装载量

充分利用车船载重吨位和装载容积，对不同的货物进行搭配运输或组装运输，使同一运输工具能装载尽可能多的货物。一方面最大限度地利用了车船的载重吨位，另一方面充分使用车船的装载容积，提高了运输工具的使用效率。这种方式的主要做法有以下三种。

（1）将重货物和轻货物组装在一起。

（2）对一些体大笨重、容易致损的货物解体运输，分别包装，使之易于装卸搬运和装载。

（3）根据不同货物的包装形状，采取各种有效的堆码方法。

重要词汇

运输方式　运输工具　多式联运　运输生产计划　运输合理化

案 例 分 析

鲁花集团何以没有一辆运输车

“生产60万吨花生油，需要从全国各地运进145万吨花生，变成花生油和花生粕后，又要再运到全国各地去销售。”尽管如此，鲁花集团自己没有一辆车，货物运输全由莱阳交通物流中心组织。

莱阳鲁花集团从2002年起，逐步卖掉了企业全部车辆，与莱阳交通物流中心结为紧密合作伙伴。

“过去我们自己送货，回来的时候往往空驶，现在让物流车辆来运输，运费至少节省了一半。”2009年，交通物流中心为鲁花集团发送货物30万吨，为企业节省物流费用1 100多万元。“不光是省运费的问题，企业也不用再为车辆加油、保险的事情操心了！”莱阳交通局工作人员说。

鲁花公司分厂建到哪里，莱阳交通物流中心的网络就延伸到哪里。鲁花在菏泽定陶、河南周口、湖北襄樊、内蒙巴彦淖尔等地建设了12个分厂，交通物流中心也都跟着在各地成立运输部门，根据需求制定个性化物流方案。现在，位于巴彦淖尔的生产分厂，年葵花油生产能力已经达到10万吨。

对莱阳交通物流中心来说，鲁花集团只是它的一个大客户。2009年，该中心发送货物80万吨，实现运输收入1.6亿元，为企业节省运费总额超过了5 000万元。除了大客户，这个中心还将全市几乎所有的配货企业、个体户，都聚拢在了统一的交易平台上，做到了“货源入网，车辆进场”。

除了运输服务，莱阳交通物流中心还有核实车辆信息等查询功能，更加规范了物流市场。前不久，4个黑龙江人开着一辆大货车承揽了一笔40万元货物的运输业务。但是，工作人员在数据库里一查该车信息，发现车辆手续是伪造的，遂即报案，成功防范了一起高价值的骗货案件。

（资料来源：http：//paper.dzwww.com/dzrb/data，有改动）

思考：

1. 鲁花集团在没有一辆运输车的情况下，是怎么完成运输的？

2. 案例中提到的这种方式有哪些优势？

练习与思考

一、单选题

1. 企业物流不合理运输中，(　　)是最突出的不合理运输。
   A. 重复运输　B. 过远运输　C. 迂回运输　D. 对流运输
2. 企业物流合理运输主要形式中，在产销平衡的基础上，按照近产近销的原则，组织运输活动的是(　　)。
   A. 提高技术转载量　B. “四就”直拨运输
   C. 合装整车运输　D. 分区产销平衡
3. 运输合理化的主要影响因素一般不包括(　　)。
   A. 运输货物　B. 运输距离　C. 运输时间　D. 运输费用
4. 将载货的车辆连货带车一起装载运输的船是(　　)。
   A. 杂货船　B. 散货船　C. 驳船　D. 滚装船
5. 企业物流合理运输主要形式中，直达运输的特点不包括(　　)。
   A. 企业各部门分工协作要求较低　B. 减少了中间环节
   C. 节省运输时间和费用　D. 灵活度较大
6. 发货人应该参照船期表，向船务公司定仓的船舶运输组织形式是(　　)。
   A. 定期船运输组织　B. 不定期船运输组织
   C. 载驳船运输组织　D. 以上三种都需要
7. 租船运输是(　　)。
   A. 固定的航线，固定的运价　B. 有固定的航线，没有固定的运价

C. 没有固定的航线，有固定的运价　　D. 没有固定的航线，没有固定的运价

8. (　　)是使用船舶通过大陆附近沿海航道运送客货的一种运输形式。

A. 沿海运输　　B. 近海运输　　C. 远洋运输　　D. 内海运输

9. 运量大是水路运输的一个显著特点，一般在内河运输中，只要航道条件允许，使用的驳船载量会在(　　)以上，而它们组成的船队的运量都超过(　　)。

A. 20t，200t　　B. 100t，1 000t

C. 500t，5 000t　　D. 1 000t，10 000t

10. 以下各项中(　　)不属于国际多式联运的特征。

A. 必须有一个多式联运合同　　B. 使用一份全程多式联运单据

C. 必须是国际间的货物运输　　D. 可以是一种运输方式的运输

二、多选题

1. 下列属于散装运输优点的有(　　)。

A. 可以节省包装材料费

B. 可以减少货物在运输过程中的损失

C. 可以加快车船周转速度，提高运输效率

D. 工作环节较多，机械程度高

E. 装卸船速度稍慢

2. 下列关于管道运输的表述，不正确的是(　　)。

A. 管道运输可以是双向的运输　　B. 管道运输适合运输气体和液体货物

C. 管道运输成本低，运量大　　D. 管道运输一次性投资小

E. 管道运输经营管理比较简单

3. 下列运输方式中属于租船运输方式的是(　　)。

A. 定程租船　　B. 定期租船　　C. 包运租船　　D. 航班租船

4. 航空公司制定的运输生产计划主要包括(　　)。

A. 运力计划　　B. 运输量计划　　C. 周转量计划　　D. 运输综合计划

5. 构成公路快速货运系统的内容包括(　　)。

A. 站场设施　　B. 货物装卸分拣设备及组织　　C. 运输装备

D. 通讯信息　　E. 运输组织

三、思考题

1. 简述各种基本运输方式的优缺点。

2. 简述集装箱运输的概念。

3. 简述运输生产计划的内容。

4. 简述运输合理化的途径。

第4章 储存保管作业

学习目标

1. 理解库存、储备、储存、保管的概念。
2. 了解仓储保管分类及仓库的分类。
3. 掌握仓储保管含义、仓库保管方式及作业规范、商品编码作用、常见货位编号方法、入库接收程序及常出现问题、出库作业要求及作业程序。
4. 了解盘点的定义、目的及种类方法，堆码概念及堆码技术，物品质量变化影响因素以及预防措施，物品保养技术及方法，仓库温湿度管理内容及方法，仓库安全工作内容。
5. 掌握货架的概念、托盘的种类、计量技术分类、仓库设施种类。
6. 了解现代仓储设施配置的原则及选用、ABC分类管理方法、储备定额的确定。

案例引入

富日物流的未来

富日物流拥有杭州市最大的城市快速消费品仓库。它在杭州市下沙路旁租用的300亩土地上建造了14万平方米的现代化常温月台库房，并在九堡镇建造规模更大的约40万平方米的物流园区。富日物流已是快速流通民用消费品的华东区总仓，其影响力和辐射半径在日益扩大中。

富日物流的主要客户包括大型家用电器厂商(科龙、小天鹅、伊莱克斯、上海夏普、LG、三洋等)、酒类生产企业(五粮液的若干子品牌、金六福等)、方便食品生产企业(如康师傅、统一等)和其他快速消费品厂商(金光纸业、维达纸业等)。

富日物流的商业模式就是提供仓储服务。制造商或大批发商通过干线运输等方式大批量地把货品存放在富日物流的仓库中，然后根据终端店面的销售需求进行送货。目前，富日物流公司为各客户单位每天储存的商品量达2.5亿元。最近，这家公司还扩大了6万平方米的仓储容量，使每天储存的商品量达10亿元左右。按每月流转3次计，这家公司的每月物流量达30亿元左右。

富日物流的仓库全都是平面仓。部分采用托盘和叉车进行库内搬运，少量采用手工搬运。月台设计很有特色，适合于大型货柜车、平板车、小型箱式配送车的快速装卸作业。

与业务发展蒸蒸日上不同的是，富日物流的信息化一直处于比较原始的阶段，只有简单单机订单管理系统，以手工处理单据为主。以富日物流目前的仓库发展趋势和管理能力，以及为客户提供更多的增值服务的要求，其物流信息化瓶颈严重制约了富日物流的业务发展。

富日物流在业务和客户源上已经形成了良性循环。迅速扩充仓储面积，提高配送订单的处理能力，进一步提高区域影响力已经成为富日物流公司决策层的考虑重点。

富日物流已经开始密切关注客户的需求，并为客户规划出多种增值服务，期盼从典型的仓储型配送中心开始向第三方物流企业发展。富日物流的管理层开始意识到仅仅依靠决策层的先进思路是完全不够的，此时导入全面质量管理的管理理念和实施 ISO9000 质量管理体系，保证所有层次的管理人员和基层人员能够严格遵守全面质量管理的要求是迫切的。

（资料来源：http：//www. examda. com/wuliu/anli/20080305/110115423. html，有改动）

思考：富日物流应怎样改善自身物流系统，满足进一步发展的需求？

4.1 储存保管概述

在物流过程中没有储存就不能解决生产集中性与消费分散性的矛盾，也不能解决生产季节性与消费常年性的矛盾。因此，储存在物流过程中占有重要地位。储存是以改变物的时间状态为目的的活动，从克服产需之间的时间差异获得更好的效用。有储存必然要对储存的物品进行保管，保管的场所往往是仓库，因此本章提到的储存主要是仓库储存，简称“仓储”。

4.1.1 储存保管的概念

人们经常涉及库存、储备及储存这几个概念，而且经常混淆。其实，这些个概念虽有共同之处，但仍有区别，认识这个区别有助于理解物流中“储存”的含义。

（1）库存。库存是指在仓库中处于储存状态的物品。广义的库存，还包括处于制造加工状态和运输状态的物品。

（2）储备。物资储备是一种有目的的储存物资的行动，也是这种有目的的行动和其对象总体的称谓。物资储备的目的是保证社会再生产连续不断地、有效地进行。

特别提示

库存和储备的本质区别：

（1）库存明确停滞的位置；而储备的位置可能在生产及流通中的任何节点上，可能是仓库中的储备，也可能是其他形式的储备，远比库存广泛得多。

（2）库存不一定是有目的的，有可能是盲目的；而储备是有目的的、能动的、主动的行动。

（3）储存。储存是指保护、管理、储藏物品，是包含库存和储备在内的一种广泛的经济现象。本书所讲的储存，是指物品在仓库中的储存，简称仓储。

（4）保管。仓储的物品保管就是研究物品性质以及物品在储存期间的质量变化规律，积极采取各种有效措施和科学的保管方法，创造适宜于物品储存的条件，维护物品在储存期间的安全，保护物品的质量和使用价值，最大限度地降低物品的损耗。

4.1.2 仓储的基本经济功能

1. 整合装运

整合装运使仓储获得经济利益，通过这种安排，整合仓库接收来自一系列制造工厂指定送往某一特定地的材料，然后按某一特定地整合成单一的一票装运。其好处是，有可能实现最低的运输费率，并减少在顾客的收货站台处发生拥塞。为了提供有效的整合装运，每一个制造工厂必须把仓库作为货运储备地点或用做产品分类和组装设施。

2. 分类和交叉站台

除了不对产品进行储存外，分类和交叉站台的仓库作业与整合仓库作业相类似。分类作业接收来自制造商的客户组合订货，并把它们装运到个别的客户处。分类仓库或分类站把组合订货分类或分割为个别的订货，并安排当地的运输部门负责递送。由于长距离运输转移的是大批量装运，所以运输成本相对比较低，进行跟踪也不太困难。

知识链接

零售连锁店广泛地采用交叉站台作业来补充快速转移的商店存货。在这种情况下，交叉站台先从多个制造商处运来整车的货物；收到产品后，如果有标签的，就按顾客进行分类，如果没有标签的，则按地点进行分配；然后，产品就像“交叉”一词的意思那样穿过“站台”装上指定去适当顾客处的拖车；一旦该拖车装满了来自多个制造商的组合产品后，就被放行运往零售店。于是，交叉站台的经济利益中包括，从制造商到仓库的拖车满载运输，以及从仓库到顾客的满载运输。由于产品不需要储存，降低了在交叉站台设施处的搬运成本。此外，由于所有的车辆都进行了充分装载，更有效地利用了站台设施，使站台装载利用率达到最大程度。

3. 加工／延期

仓库可以通过流通加工达到延期或延迟生产的目的。如有包装或加标签能力的仓库，可以把产品的最后一道生产工序一直推迟到知道该产品的需求时再进行。加工／延期提供了两个基本经济利益：第一，风险最小化，因为最后的包装要等到敲定具体的订购标签和收到包装材料时才完成；第二，通过对基本产品使用各种标签和包装配置，可以降低存货水平。于是，降低风险与降低存货水平相结合，往往能够降低物流系统的总成本。

4. 堆存

堆存的直接经济利益产生于生产与消费的时间差异。例如，季节性生产、全年消费或全年生产、季节性消费，都需要堆存来支持市场营销活动。堆存提供了存货缓冲，保障生产和经营活动在受到材料来源和顾客需求的限制条件下顺利进行。

4.1.3 仓储的分类

1. 按储备在社会再生产中的作用分类

1）生产储备

生产储备是工矿生产企业为了保持生产的正常进行而保有的物质准备，这种储备是在生产领域中，已脱离了流通领域但尚未投入生产过程。生产储备一般以库存的形式存在，占用生产企业的流动资金。这种储备可分为如下几种类型。

(1) 原材料、燃料及零部件储备。这些都是为保持生产过程正常进行的储备。

知识链接

原材料、燃料及零部件储备的分类

经常储备。经常储备是企业在前后两批原材料、燃料及零部件运达的间隔期间，为满足日常生产而建立的储备。这种储备是经常需要保有的，当一批订货到达时，储备的数量到了最高值；在间隔期中陆续消耗，储备陆续降低；至间隔期到达、下批订货到达前，储备降至最低。

保险储备。企业为了应付各种意外原因，如运输延误，在经常储备间隔期结束时仍未到货；或虽到货但品种、规格、质量不符合要求而不能投入使用；或由于生产加速造成消耗速度增加，在间隔期未结束时，经常储备便消耗尽；或紧急外援，用掉了一些经常储备等，而建立的储备称保险储备。保险储备在未动用时是一个恒定数量，其数量变化没有周期性。

季节储备。季节储备是企业为了克服某些原材料供应的季节影响而建立的储备。这种储备建立的原因，是由于生产、消耗或流通受到季节性影响而发生中断，为弥补这一中断期，以中断期为目标按消耗速率建立的储备。

（2）半成品储备。生产企业中，为使两道工序、两个车间或两个协作厂之间能有效协调，保证下道工序的正常稳定所形成的储备称为半成品储备。

（3）成品储备。成品储备是指生产工艺完成后，为等待检验、包装、配套工作或待装运所形成的储备。

生产企业中，原材料储备有较强的规律性，核定比较严格，是一种目的性、计划性较强的储备，半成品和成品储备往往不是目的性、计划性很强的储备行动，而只是一种储存。

2）消费储备

消费储备是为了保持消费者消费的需要而保有的物质准备，这种储备是在最终消费领域中，已脱离了流通领域但尚未进入消费过程。在强大的流通领域储备保证之下，消费者无需过多储备，因而很少专设仓库，往往采取暂存、暂放的储存形式。

3）流通储备

流通储备是社会再生产中为保证再生产的正常顺利进行而保持在流通领域中的“物”的暂时停滞。流通储存的“物”，已经完成了上一段生产过程，进入了流通领域但尚未进入再生产和消费领域。流通储备可能以库存形式存在，也可能以非库存形式不断处于市场、车站、码头或运输中，可能是以静止的形态处在流通领域的仓库中，也可能处在不停的运动中。

4）国家储备

国家储备是国家有关机构为全国性的特殊原因所建立的物质准备。

知识链接

国家储备的形式

（1）国家的当年准备。由国家控制一部分物资或计划指标以备当年使用的，称当年准备。例如，在国家计划年度中为了防止计划不周、计划的不准确或计划失误所出现的需求等。

（2）国家的战略储备。国家从长远发展考虑，或从国际形势考虑，对战略物资或本国资源匮乏物资所保有的准备。其主要对象是粮食、武器、有色及稀有金属、贵金属等。

（3）国家的防灾保险储备。国家为了应付可能发生的水灾、干旱、火灾、地震等自然灾害和其他意外事件所保有的物质准备。防灾保险储备的主要对象是粮食及各种抢险、救灾物资。

2. 按储存的集中程度分类

储存按集中程度可分为集中储存、分散储存和零库存，如图 4.1 所示。

1）集中储存

集中储存是指储存以一定的数量集中于一个场所之中，是一种大规模储存方式。集中储存可以利用“规模效益”，有利于储存时采用机械化、自动化设施，有利于先进科学技术的应用。集中储存有比较强的调节能力及对某一需求的更大的保证能力，同时，集中储存费用较低，经济效益较好。

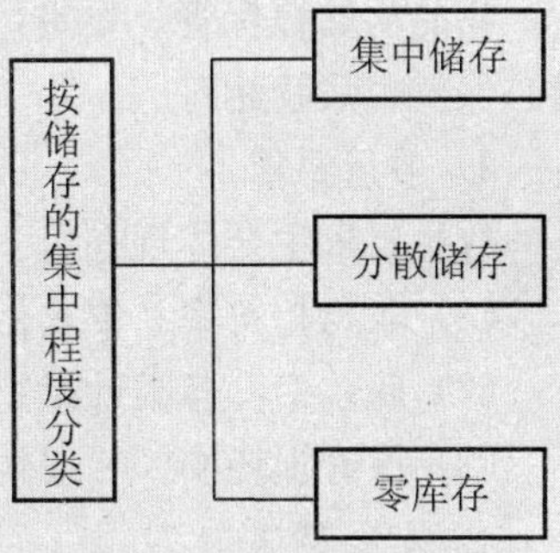

图 4.1 储存按集中程度分类

2）分散储存

分散储存是较小规模的储存方式，范围广、储存量小，往往和生产企业、消费者、流通企业相结合，是面向某一企业的储存。因此，储存量取决于企业的生产要求及经营规模。分散储存的主要特点是容易和需求直接密切结合，储存位置离需求较近；但是由于库存数量有限，保证供应的能力一般较小。

同样的供应保证能力，集中储存总量远低于分散储存总量之和，但是周转速度高于分散库存，且资金占用总量低于分散储存占用之和。

3）零库存

零库存是现代物流学中的重要概念，指某一领域、某一企业不再保有库存，以无库存(或很低库存)作为生产或供应保障的一种系统方式。

3. 按储存的位置分类

储存按位置可分为仓库储存和车间储存以及站、场、港储存，如图 4.2 所示。

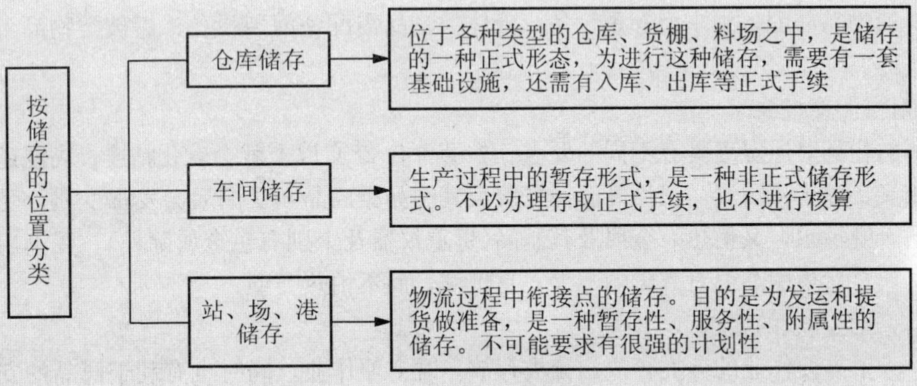

图 4.2 储存按位置分类

4.1.4 储存保管的要求及方式

储存保管作业是指对在库物品进行安排保管场所、堆码、苫、垫、维护保养检查、盘点等保管工作。为了减少出入库的时间、提高效率、方便拣选和搬运，必须重视保管。

1. 储存与保管的基本要求

1）质量要求

物品的储存保管，要贯彻“预防为主、防治结合”的方针，做到妥善保管、合理存放、精心保养、账物相符。

2）数量要求

数量要求主要体现在以下三个方面。

(1) 账物相符率。要求做到账、卡、物三相符。

(2) 磅差率。各类计量物品的磅差率都不得超过国家规定的正负磅差标准。

(3) 保管损耗率。一般情况，保管条件越差、保管时间越长，物品保管损耗率就越大。

3）安全要求

(1) 防火。仓库如果发生火灾会造成极大的损失，多数物品怕火，所以防火是仓库安全作业的重点。

(2) 防盗。物品被盗大致有外来人员偷盗、仓库内监守自盗、内外勾结偷盗三种情况。应加强教育，建立防盗安全设施，必要时，应加强对仓库的警卫和巡逻，密切与当地公安部门的联系。

(3) 防损坏、丢失、变质。应做到文明装卸，严格按保管要求存放、码垛、保养和检查，保证在库物品不损坏、不丢失、不变质。

4）对库房、场地及设备配备的要求

(1) 对库房、场地的要求。不同性质的物品对库房、场地有不同的要求。笨重的、集装箱存放的、可以码高的物品，要求库房或场地具有较大的承载能力；怕潮、怕晒的物品，要求在库房或货棚(料棚)内存放；怕冻的物品，必须存放在具有保温条件的库房内；怕热的物品，需存放在具有良好的通风条件的库房内等。

(2) 对设备配备的要求。对于一些机械设备或笨重物品的进出库，需要配备大型的起重设备；一般物品需配备中小型起重设备；液体类物品需配备灌装设备；爆破类物品不能使用金属工具等。

5）对温湿度的要求

不同的物品对温湿度具有不同的要求。如沥青在28℃以上就会软化粘连，高温还会引起自燃；煤炭、焦炭不怕湿，但怕高温；橡胶及其制品类商品，受潮后会发霉变质，受热后会老化变质，既怕水，又怕热；金属及其制品(贵重仪器及个别有色金属除外)，受潮后容易锈蚀变质，但自然界的高温对其影响不大，是怕潮，而不怕热类型。

6）对分类存放的要求

(1) 为了方便作业的分类存放。分类存放，既方便作业，同时也有利于商品的安全。笨重商品和小件商品应分开存放。笨重的、需要机械作业的商品，应存放在配有起重机械的高大库房或货场内；小件的，如有色金属、工具、仪表、量具、轴承、办公用品等存放在配有货架的库房内。

各类商品应分别存放。例如，金属材料一般不怕压，可以码高储存；大型的机电产品一般怕碰，不宜与其他商品混放；易碎商品既怕压，又怕碰，故不能堆高和混放；建筑材料具有耐压、怕碰的特点，可码高，但不宜混放等。

（2）为避免商品性能的相互影响或相互抵触的分类存放。许多商品的性能相互之间是有影响的，有的甚至是有抵触的。例如，酸、碱类商品混放会产生中和化学反应，而使酸、碱变质；毒品会影响和污染食品等。这些商品必须分别存放。

（3）为了商品及仓库安全的分类存放。有些商品存放在一起容易引起燃烧、爆炸等灾害事故，为了确保人身、商品、库房、设备的安全，必须分类存放，如氧化剂、有毒有害品、爆炸品、危险品、放射性物品等。

（4）灭火方法不同的商品必须分类存放。不同商品发生火灾时，必须采用不同的灭火方法，否则，有时会起反作用。例如，电石库、油库的火灾用水扑救，只能加大火势造成更大的灾情；有的灭火方法不对会使商品沾污报废。因此，不同灭火方法的商品必须分开存放。

7）对间隔、距离及时间的要求

（1）对间隔、距离的要求。商品储存保管时，为了保证商品及建筑物的安全，方便作业，保证库内畅通，便于检查和盘点，各种间隔和距离都有一定的标准和要求。

特别提示

间隔。库区的道路宽度必须留足3.5m以上，库内通道宽1.5～2.5m。同时，库内外的通道宽度应符合消防规定。

距离。仓库堆码时应保持“五距”，即柱距不小于0.3m，垛距一般为0.5m，内墙距不小于0.3m、外墙距不小于0.5m，顶距一般为0.5～0.6m，灯距为0.5～0.6m。

（2）对保管时间的要求。大多数商品的储存是有一定时间限制的。例如，水泥、硫酸、硝酸、苯酸等有效期为6个月，烧碱等为6～12个月；聚乙烯、油毡、聚丙烯等为一年；橡胶的有效期为两年；金属类商品及制品没明显的储存保管期限，而食品在夏天，有的储存保管期只有几天、甚至几小时。

2. 保管方式

保管方式的类别如图4.3所示。

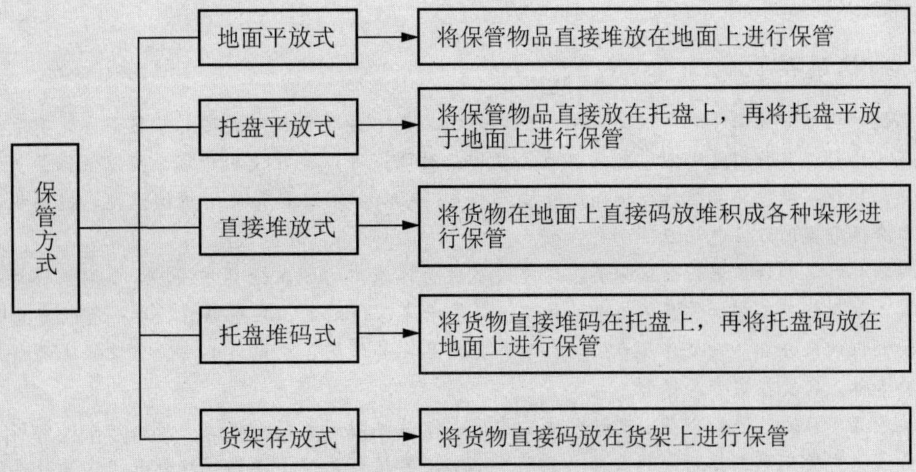

图4.3 保管方式的类别

4.1.5 储存规划

物品储存规划是根据仓库总平面布置和储存任务，具体确定各类商品的储存地点和储存方法，确定各种物品的仓容定额和整个仓库储存能力的计划。

1. 物品储存区域的划分及标识的确定

按照仓储作业的功能特点和 ISO 9000 国际质量体系认证的要求，储存区域可划分为待检区、待处理区、合格品储存区和不合格品隔离区等。为方便有关业务的处理和保证库内货物的安全，待检区、待处理区和不合格品隔离区应设置在仓库的入口处。各物品储存区域的具体功能见表 4-1。

表 4-1 各物品储存区域的功能

区域	功能
待检区	用于暂存处于检验过程中的物品，一般采用黄色的标志
待处理区	用于暂存不具备验收条件或质量暂时不能确认的物品，一般采用白色的标志
不合格品隔离区	用于暂存质量不合格的物品，一般采用红色的标志
合格品储存区	用于储存合格物品，一般采用绿色的标志

仓库内除设置上述基本区域外，还应根据仓储业务的需要设置卸货作业区、流通加工区和出库备货区等。

2. 分区分类保管规划

分区分类是对储存物品在“三一致”(物品性能一致、养护措施一致、消防方法一致)的前提下，把储存区划分为若干保管区域，又根据物品大类和性能等划分为若干类别，以便分类集中保管，如钢材区、建材区、化工区、设备区等。

分区分类保管规划就是根据库存物品的类别、性能和特点，结合仓库的建筑结构情况、容量、装卸设备等条件，确定各储存区域存放商品的种类、数量，然后分区分类编成目录并绘制平面图。

知识链接

把物品储存区划分为若干保管区域，同一种类的物品集中存放于相对固定的货区保管，有利于收发货与保管业务的进行。其作用是可以缩短物品收、发作业时间；可以合理使用仓容；可以使保管员掌握物品进、出库活动规律，熟悉物品性能，提高保管技术水平；可以合理配置和使用机械设施，提高机械化操作程度。具体分区分类的方法包括以下两种：

(1) 按物品种类和性质进行分区分类。这是大多数仓库采用的分区分类方法。分类同区储存是按经营品种来分类，把性能互不影响、互不抵触的物品，在同一库房内划定、集中储存。单一货物专仓专储是按照储存货物的性能来分类，一个库房专门储存某一类物品，如煤场、机电设备库、化工轻工原料库等；贵重物品既要专储，又要指定专人保管。

(2) 按物品发往地区进行分类。这种方法主要用于储存时间不长，而进出量较大的中转仓库或待运仓库。具体方法是先按交通工具划分为公路、铁路、水路，再按到达站、港的线路划分。这种分类方法对危险品、性能互相抵触以及运价不同的物品应分别存放。

3. 商品编码

为了保证仓储作业准确而迅速进行，必须对商品进行清楚有效的编码和对货位进行编号，这是极其重要的。货位编号好比商品存放的地址，商品编码好比姓名一样。有了地址和姓名，才能准确无误地进行投递。

商品编码是对商品按分类内容进行有序编排，并用简明文字、符号或数字来代替商品的"名称"、"类别"。当商品种类数目较大时，若不进行商品编号就容易出现管理混乱。商品编码的方法有：

（1）数字法。以阿拉伯数字为编号工具，按商品的特性、流水方式等进行编号的一种编码方法。例如，按数字顺序编号：1——毛巾、2——肥皂、3——洗涤剂、4——清洁剂……n——牙膏；再利用编号末尾数字，对同类商品进一步分类：1.1——白毛巾、1.2——蓝毛巾、1.3——花毛巾……也可将数字分段分组：1—10为毛巾、11—20为肥皂等。

（2）字母法。以英文字母为编码工具，按各种特性进行编码的方法，见表4-2。

表4-2 字母编码法

商品价格	商品种类	商品颜色
A. 高价材料 B. 中价材料 C. 低价材料	A. 五金 B. 交电 C. 化工 D. 塑料 E. 电子	A. 红色 B. 橙色 C. 黄色 D. 绿色 E. 青色 F. 蓝色 G. 紫色

（3）实际意义编码法。按照商品名称、重量、尺寸、分区、储位、保存期限等实际情况来编码。例如，FO4810A2—15：FO表示food食品类；4810表示包装尺寸4×8×10；A2表示A第二排货架；15表示有效期15天。

（4）暗示编码法。这是用数字和文字组合来编码，字母数字与商品能产生联想，看到编码就能联想到相应的商品以及商品内容，此法易记忆，见表4-3。

表4-3 暗示编码法

品　名	尺　寸	颜色与类型	供 应 商
BY	26	WM	10

注：BY表示自行车(bicycle)；26表示车轮半径为26cm；WM表示白色(white)、男式(men)；10表示供应商代号。

4. 货位编号

货位编号是对库房、货场、货棚、货架按地址、位置顺序统一编列号码，并做出明显标记。货位编号工作应该从仓储条件、商品类别和批量零整的情况出发，做好货位划线及编号秩序工作，以符合"标志明显易找，编排规律有序"的要求。

特别提示

货位编号应用的注意事项有如下几个方面：

（1）当物品入库后，应将物品所在货位的编号及时登记在账册上或输入电脑，货位输入的准确与否，直接决定了出口区货物的准确性，应认真仔细操作，避免差错。

(2) 当物品所在的货位发生变动时，该物品账册上的货位编号也应作相应的调整。

(3) 为提高货位利用率，一般在同一货位可以存放不同规格的物品，但必须配备明显的区别标志，以免造成差错。

5. 仓容定额

仓容是仓库容量的简称。它由仓库的面积与高度或载重量所构成。仓库在具体确定每一货区的商品储存量时，必须要有仓容定额作为计算依据。

仓容定额是指在一定条件下，单位面积允许合理存放物品的最高数量。所谓一定条件，是指仓储的经营条件(如仓储管理水平、生产组织状况等)、生产技术条件(如仓储作业的机械化程度、保管水平等)、自然条件、储存物品本身的性质特点等。单位面积一般以平方米计算，允许存放物品的最高数量，一般按“吨”计算。

知识链接

仓容定额的内容及提高的途径

仓容定额的内容主要包括：

(1) 仓库面积利用率定额。它是指仓库有效面积与使用面积的合理比率。也就是在仓库中规定有多大的面积用来储存商品的标准。它是反映货垛、货架科学摆放程度的指标。不同的仓库结构、储存方式和作业方式，存放不同的商品，其数值也不同，此值越大，存放商品的能力就越高。因此要通过合理布局、科学堆码等措施提高这一系数。

(2) 单位面积储存量定额。它是指在单位有效面积里储存商品的数量。

(3) 仓容。仓容是指仓库有效面积和单位面积储存量的乘积，也就是仓库的容量，或称该库房的储存能力。

仓容定额的制定往往是定额管理工作的开始，是在安全、方便、节约的前提下最大限度地发挥仓容的使用效能。提高仓容使用效能的主要途径有：

(1) 规划布局，扩大仓库有效面积。可通过改进货垛的垛形和排列方法，使货位布局紧凑，尽量扩大货垛的实际占用面积；尽量将非储存空间设置在角落，以免影响保管空间的整体性，增加储存商品的保管空间；减少通道面积相对增加保管面积，要在空间利用率与作业影响之间寻取平衡点，不要因为扩展保管空间而影响了整个作业的方便性。

(2) 向上发展。有效利用仓储空间，向上发展是更重要的。向上发展应结合物品的性能和包装，根据可供利用的库房高度和地坪载重量情况，做到重容结合。向上发展的方法多为利用货架，如驶出/驶入式货架高10米以上，窄道式货架高15米左右。

(3) 调整储存条件，提高仓库使用效能。按照物品分区管理、分类存放的原则，合理调整存放地点。该入库的物品移入库房，该露天存放的物品从库房搬迁出来，对保管条件要求较高的物品，应调整到较好的库房。

4.2 仓储作业管理

4.2.1 仓储作业的内容与流程

1. 仓储作业的内容

仓储作业内容可以分为物资流动过程和信息流通过程。

物资流动过程是从库外流向库内，并经过合理停留再流向库外的过程。就其作业内容和作业顺序看，主要包括接运、验收、入库、保管、保养、出库、发运(配送)等环节。

信息流通过程是指保管物资的信息流动，它是借助于一系列信息文件来实现的。这些文件包括各种物资单据、凭证、台账、报表、资料等，它们在仓库作业各阶段的传递过程中逐渐形成了信息流。信息流一方面伴随着物流而产生，另一方面它又保证和调节着物流的数量、方向、速度和目标，使之按一定的目标和规则运动。因此，仓库作业过程是以物流为主，物流与信息流并行的过程。

2. 仓储作业的流程

仓储的基本作业流程分为入库阶段、保管阶段和出库阶段，如图 4.4 所示。

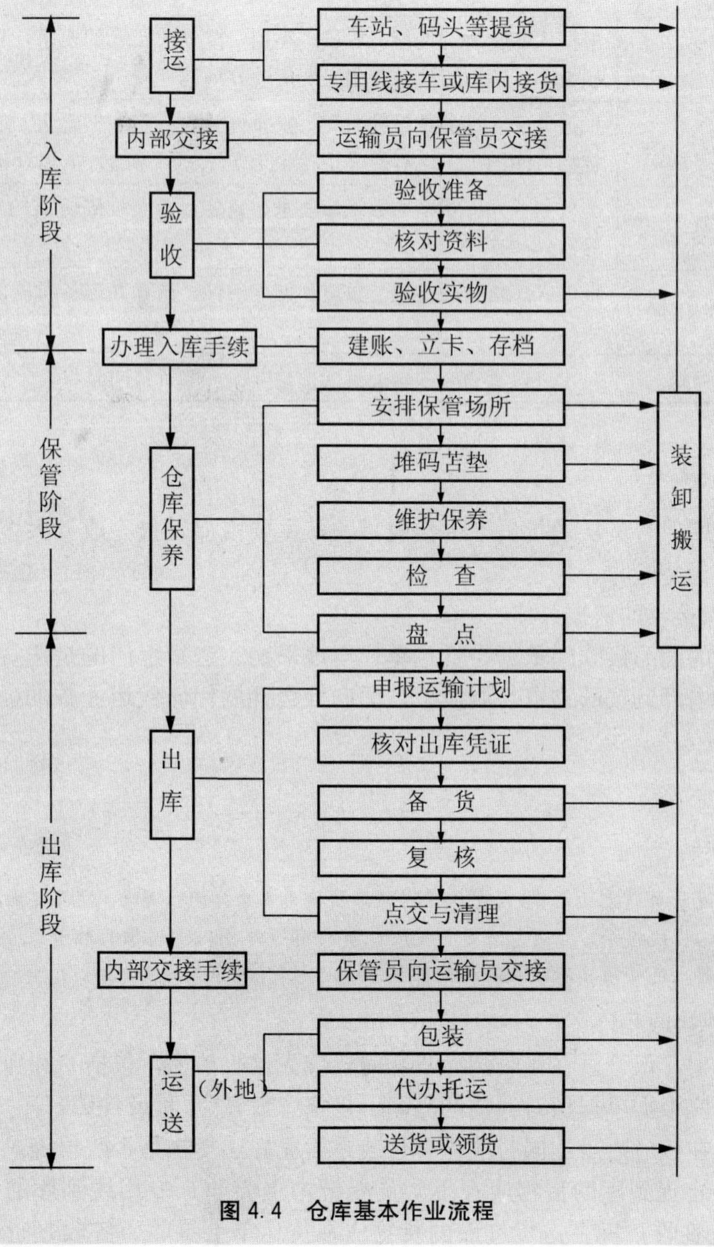

图 4.4　仓库基本作业流程

4.2.2 货物入库作业

1. 入库前的准备

入库前准备的操作步骤及内容见表4-4。

表4-4 入库前准备的操作步骤及内容

操作步骤	操作内容
加强日常业务联系	仓储经营者应按计划定期向货主、生产厂家以及运输部门进行联系，了解将要入库货物的品种、类别、数量和到库时间，以便提前做好入库前的准备工作
预留仓位	根据入库货物的性能、数量、类别，按分区保管的要求，核算所需的货位面积大小，预留货位并留出必要的验收场地
合理组织人力	根据货物入库的数量和时间，安排好验收人员、搬运人员、堆码人员，以及货物入库的工艺流程，确定各个工作环节所需的人员和设备
准备验收器具	准备点验入库货物的数量、质量、包装，以及堆码所需的点数、称重、测试等器具
准备苫垫及劳保用品	根据入库货物的性质、数量和储存条件，核算并准备所需的苫垫设备和劳保用品
进口货物联系商检	对于进口货物必须事前会同商检部门，准备共同验收

2. 接收(收货)

接收是指仓库保管员从送货员手中接收货物，主要由保管员完成。大多数情况下，接收只是点收，不能代替验收。

1) 商品到库接收的依据

外地经托运的商品接收的依据是货运单；本地采购、送货上门的是送货单，自己提货的是提货单；系统内部调拨的物资是调拨单；面向社会开展代储代运业务的，存货人提供入库通知单。

特别提示

保管员应根据送货员递交的运单(或仓库根据运单转换为本仓库的入库单)对照实物，核对货物的品种、数量(含重量和件数)、规格等，检查包装是否完好，货物有否残损，上述项目检查无误后签字接收。当接收与验收一并进行时，还必须具有验收的其他依据。

2) 货物到库接收程序

(1) 接收单据。保管员在接收到库货物时，应先接收单据，包括一并到达的其他单证。

(2) 核对。应根据单据核对实物的品名、规格、数量(重量或件数)等。

(3) 检查。在核对数量的同时应检查包装是否完好、货物是否残损等。

(4) 签收。自提到库的货物应在提货员登记本上签收；专用线到库的货物应在接运员的货运登记本上签收；货主送货进库的货物应在货运单上签收。签收是货物到库接收的关键程序，签收完毕，保管员和送货员(提货员)的交接手续就办清，责任也就移转给保管员。

(5) 暂存待验。已签收的货物应放在待验区，并做好车号、运单号等标志，以备待验。

3) 接收中发现问题的责任划分及处理

(1) 破损。破损有两种情况，一种是货物本身的破损影响其价值和使用价值，甚至导致货物报废；另一种是包装的破损影响货物的储存保管。

特别提示

造成破损的主要责任方有供货方、承运方、提运方。属于供货方(生产厂、发货单位)责任的，应向承运部门索取“普通记录”，作为向供货方交涉的旁证材料；属于承运方装卸不当造成的破损，应向承运方索取货运(商务)记录，作为赔偿的依据；如是提运方在接运过程中造成的破损，签收时应写明原因、数量等，报仓库主管处理，一般由责任方负责。

(2) 短少。短少也可按上述办法处理，如因接运中的装载不牢固而丢失货物，或无人押运而导致被窃等，在签收时应报告保卫部门追查处理。

(3) 变质。变质有三方面的原因：一是生产保管不善，存期过长等，如供方责任可退货、换货，但保管员应详细记录，说明数量和变质程度。二是在承运中因受污染、水渍等原因使货物变质，是承运方的责任。三是在提运中因货物混放、受雨淋等原因造成的变质，是提运方责任。

(4) 错到。错发、错装，应通知发运方处理；错卸、错装是提运、接运中的责任，应详细说明后报仓库负责追查处理；错运、错送，则是承运方的责任。

3. 验收实物

入库货物的验收包括数量验收和质量验收两部分。

1) 数量验收

数量验收应采用与供货单位一致的方法进行。对批量小、规格和包装不整齐，或生产条件差、梅雨季节入库物品需严格验收质量的，应采用全检，以全检的结果作为实收数。对于数量大、包装规格统一、固定包装的小件，按件标明重量或数量的货物，或验收时按照理论换算而规格整齐划一的货物，可采取抽检的方式。一般抽检比例为5%～15%。

2) 质量验收

对入库物品的质量验收主要是外观质量。通过眼、手、耳、鼻、舌等感觉器官或简单工具，检验物品是否变形、虫蛀、破裂、受潮、沾污、腐蚀、霉烂、缺件等。

3) 包装验收

入库物品包装的外观检查通常是在接货时，结合大数点收进行的，只查看有无水湿、油污、破损。对物品包装有具体要求的，还应按标准检查包装材料质量、包装工艺，甚至包装的干湿度等。

4) 商品条形码验收

在验收作业时还应该验收该商品的条形码与商品数据库内已登录的资料是否相符。

验收中常会出现单货不符、货物异状、包装不符合要求、证件不齐、质量说明书与到货技术标准不符、磅差、残损、潮污、短件、凭证到货物未到等问题，都应做好详细记录、待验，等问题原因查清后再处理。

4. 做好验收报告

在数量验收和质量验收过程中，应将验收的数量和质量情况，按物品的品名、规格、型号详细、真实地记录下来，经过汇总、对比后，做好验收报告。验收报告中应有结论，数量和质量情况应非常明确。如有问题，应提出处理意见。

5. 安排货位

安排货位是货物入库工作的第一步，即具体落实每批入库货物的储存位置，合理选择货位必须遵循安全、方便、节约的原则。

货位选择要做到“轻重搭配”、“整零结合”、“吞吐快慢搭配”和“操作难易结合”。这样，不仅能充分发挥仓库使用的效能，而且还能避免各个储存区域之间忙闲不均的现象。

6. 分类搬运

分类搬运是保管员把经验收合格的入库货物，按每批入库单开制的数量将同一的品种集中起来，分批送到预定的货位，要做到进一批清一批，严格防止品种互串和数量溢缺。

7. 办理入库手续

经过检验合格的货物，由仓库的业务管理人员填写入库通知单。完整的入库通知单必须具备四联：送货回单、储存凭证、仓储账页和货卡。同时附上检验记录单、磅码单、产品合格证、装箱单等有关资料凭证，一并向保管部门移交，以证实该批货物已验收合格可以正式入库保管。保管员根据入库通知单及时办理入库手续，包括建卡、登账等工作。

8. 凭证签发

凭证签发是入库作业的第四道程序。办妥收货业务的签证手续，对外可以分清送货单位同仓库的责任，对内可以分清收货员同保管员之间的责任。

签章交接，是以入库单有关各联的签章为凭。仓储部门在货物入库业务的各个操作环节上加快签单，促进单据流转。要求做到每批入库货物到齐后，一个工作日之内签发储存凭证。外埠到货或批量较大、包装破损严重的，可适当延长签单时间。

4.2.3 货物出库作业

货物出库是仓库根据业务部门或存货单位开的出库凭证(提货单、调拨单、出库通知单)，按其所列货物的编号、名称、规格、型号、数量等项目，组织货物出库的一系列工作。货物出库的方式常有用户自提、代办托运、送货上门、过户、转仓和取样等。

1. 货物出库的要求

1）货物出库的基本要求

(1)“三不”，即未接单据不翻账、未经审单不备货、未经复核不出库。

(2)“三核”，即在发货时要核实凭证、核对账卡、核对实物。

(3)“五检查”，即对单据和实物要进行品名、规格、包装、件数、重量五方面的检查。

2）提高用户满意度

（1）尽力满足用户对品种、规格的要求，应主动解决与用户要求不符的项目。

（2）为用户提供力所能及的各种方便，如为用户提供机械设备、简单加工、分类整理、加固包装与捆扎材料等。

（3）货物出库繁琐，易发生差错，发货时必须要认真细致，严把出库关，杜绝差错。

3）严格执行各项规章制度

（1）货物出库必须办理出库手续，严禁“打白条”。出库货物必须与出库凭证上所列的品名、规格、型号、数量、单价相符，不能混发、串发。

（2）尚未验收的或验收中发现有数量和质量问题、待处理的货物不得出库，严格禁止采取“以发代验”的办法发放出库。

（3）超过出库凭证上规定的有效期限而未办理换票手续的，仓库不得发货。

2. 货物出库作业的程序

货物出库作业流程如图 4.5 所示。

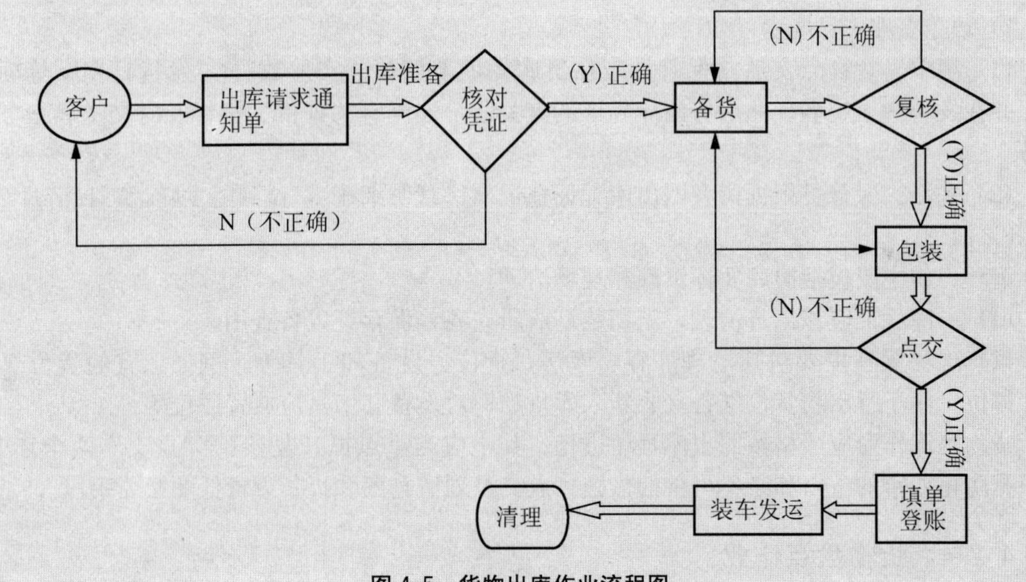

图 4.5　货物出库作业流程图

1）出库准备

为了能准确、及时、安全、节约地做好出库作业，提高工作效率，货物出库前应选择好发货垛位并拆除苫盖物，安排好理货待发场地，安排好所需人员、工具、机械和包装材料。

2）核对凭证

（1）核对出库凭证的合法性、真实性以及是否过期等。

（2）核对出库的货物品名、型号、规格、单价、数量等与库存货物有无差异、错误。

（3）对委托办理托运的货物要核对收货单位、到站、银行账号等是否齐全和准确；对自提的货物应检查有无财务部门收讫章。

以上核对如发现错误和疑问应拒绝发货，并及时与相关部门或货主取得联系。

3）备货

保管员对出库凭证核对无误后，即按出库凭证所列内容的要求进行备货，不得随意变更。备货时，提货人员不得进入库房。货物出库时应附有质量证明书复印件、磅码单、装箱单等，机电设备等产品的技术说明书和产品合格证也应随货同行。

4）复核

复核的形式有保管员自核或互核、专职人员复核等。复核的内容包括备货的品名、型号、规格、数量、单价等是否与出库凭证一致、配套是否齐全、技术证件是否齐备、外包装是否完好等。保管人员和复核员都应在出库凭证上签名，以示负责。

5）包装

办理托运的货物出库时需另加包装的，应进行重新包装或加固。

6）点交

出库货物经复核无误后要向提(送)货人或发运人员点交。到仓库提货的货物，应按出库凭证逐笔当面点交，货物交清后，提货人员应在出库凭证上签章。待发运的货物，保管员应向发运人员点交清楚，双方共同核对收货单位、到站、商品名称、件数(重量)是否准确，并办理交接手续，发运人员应在出库凭证上签名。

7）填单登账

(1) 填单。货物点交后，保管员应在出库凭证上填写“实发数”、“发货日期”等项内容，并在发料栏上签名。然后将出库凭证的有关联，连同有关证件、资料及时交送客户办理结算。

(2) 登账。保管员根据留存的出库凭证登记《保管明细账》，做到随发随记，日清月结。

8）清理

清理工作主要包括出库凭证清理和现场清理。

(1) 出库凭证应该当日清理，定期装订成册，妥善保存，以备查用。

(2) 现场清理主要包括清理库存、库房、货位、设备和工具等。例如，有的货位要并垛、挪位，便于腾出新货位准备接收新入库货物；对设备和工具应放置原位等。

货物出库作业应严格按照出库程序进行。其中应当重点抓“复核”、“点交”两个环节。复核是防止差错的重要和必不可少的措施，点交是划清仓库和提货方责任的必要手段。

4.2.4 货物盘点作业

1. 盘点的定义

商品盘点是指对在库储存的全部物品分别进行清点数量的业务活动。

2. 盘点的种类与方法

1）盘点的种类

盘点分为账面盘点及现货盘点。

(1) 账面盘点又称为永续盘点，就是把每天入库及出库物品的数量及单价，记录在计算机或账簿上，而后不断地累计加总，算出账面上的库存量及库存金额。

(2) 现货盘点也称为实地盘点，是去实地点数、调查仓库内商品的库存数，再依商品单价计算出库存金额的方法。

要确保盘点无误，最直接的方法就是确保账面盘点与现货盘点的结果完全一致。如产生账货不符的现象，就应分析寻找原因，弄清是账面盘点记错还是现货盘点点错，划清责任归属。

2）盘点的方法

(1) 动态盘点(又称永续盘点)。动态盘点是指对发生过收、发的商品，即时核对该批商品余额是否与账、卡相符的一种盘点方法。动态盘点有利于及时发现差错和及时处理。

(2) 重点盘点。重点盘点是指对进出库频率高的、或者易损耗的和昂贵商品的一种盘点方法。

(3) 全面盘点。全面盘点是指对在库商品进行全面数量清查的一种方法。通常用于清仓查库或年终盘点。其工作量大、检查内容多，是把数量盘点、质量检查和安全检查结合在一起进行的盘点。

(4) 循环盘点。循环盘点是将库存物品分成若干部分，按顺序一部分一部分地进行盘点。即按照商品入库的前后顺序，不论是否发生过进出业务，有计划地循环进行盘点的方法。

采用循环盘点时，日常业务照常进行，按照顺序每天盘点一部分，所需要的时间和人员都比较少，发现差错也可及时分析和修正。其优点是对盘点结果出现的差错，很容易及时查明原因，不用加班，可以节约经费。

(5) 定期盘点(又称期末盘点)。定期盘点是指计划期末清点所有商品数量的方法。

期末盘点必须关闭仓库做全面性商品的清点，因此对物品的核对十分方便和准确，可减少盘点中的错误，简化存货的日常核算工作。缺点是关闭仓库，业务停止会造成损失，并且动员大批员工从事盘点工作，加大了期末的工作量；不能随时反映存货收入、发出和结存的动态，不便于管理人员掌握情况；容易掩盖存货管理中存在的自然、人为的损失；不能随时结转成本。

4.2.5 货物堆码与苫、垫作业

1. 堆码作业

堆码也称码垛，就是将存放的商品整齐、规划地摆放成货垛的作业。堆码是根据商品的包装外形、重量、数量、性能和特点，结合地坪负荷、储存时间，将商品分别堆成各种垛形。

知识链接

堆码的技术和方法

(1) 货垛堆码法。适用于存放有外包装的商品，如箱、包、桶、袋等商品，或不需要包装的大宗商品，如钢材、箱包商品等。商品的性能不同，规格不同，包装各异，外形多样，因而货垛堆码形式较多。常用的货垛形式有重叠式、纵横交错式、仰伏相间式、鱼鳞式、压缝式、栽柱式、通风式、衬垫式、宝塔式等。有的垛形可以结合使用。有些垛形(如金属型材的仰伏相间式、盘条的鱼鳞式)将随着堆码作业机械化水平的提高而逐渐被淘汰。

(2) 架堆码法。用货架堆码商品，能够提高仓容利用率，便于对商品的维护保养，使库房内外整齐美观。在使用货架堆码时，要根据商品性能特点、设备条件，积极开展技术改造，努力设计和制作既经济方便又能充分利用仓容的各种货架。

(3) 散堆法。散堆法适用于露天存放的、不需要包装或没有包装的大宗商品，如煤炭、生铁等。运用散堆法应注意：堆码场地要夯实平整，道路畅通；堆码要整齐划一，做到分堆储存，按品种、规格成型，循环清抵，账物相符。

(4) 托盘化管理方法。托盘化是将散装或散件商品，用托盘、货箱或捆扎等方法，组合成若干个较大的集装单元。即将商品码放在托盘上、卡板上或托箱中，便于成盘、成板、成箱地叠放和运输。这样就可使原来不能用机械作业的商品采用机械作业，对加快堆垛、装卸、运输速度，提高仓容利用率等具有重要的意义。

(5) 五五化堆放法。以五为基本计量单位，根据商品的不同形状，码成各种总数为五的倍数的货垛。外形较大的可五五成方、较高的商品可五五成行、较小的商品可五五成包、带眼的商品可五五成串等。在确定各种五五化堆码时，同样必须符合上述堆码的基本要求。

五五堆码方法能把大小不一、形状各异、无规则的商品摆放成较有规则的各种定量包装和货垛，这样堆码能做到过目知数，美观整齐，清点方便，不易出差错，收发快，效率高，便于盘点和保管。

2. 苫、垫作业

苫、垫是对商品苫盖和垫垛的简称。“苫”是指在货垛上加上遮盖物，避免直接受到日晒和雨淋。“垫”是指在货垛底下加衬垫物，以防潮、防水浸，并保持通风。

1) 苫盖

货场存放的商品需苫盖，以防止商品直接受雨、雪、露、霜的侵蚀和日光的暴晒。

(1) 苫盖材料和要求。苫盖材料的选择应符合“防火、安全、经济、耐用”的要求。目前常用的苫盖材料有铁皮、芦席、竹席、油毡、塑料布、苫布、玻璃钢瓦等。

(2) 苫盖的方法。苫盖的方法一般有以下几种：

① 就垛苫盖法，如图 4.6 所示。将苫盖材料直接覆盖在货垛上的苫盖法。此方法操作简便。一般适用于屋脊形货垛或大件包装商品的苫盖。② 隔离苫盖法，如图 4.7 所示。此方法与就垛苫盖法的区别在于苫盖材料与货垛商品不直接接触，而是采用隔离物使苫盖材料与货垛间留有一定空隙。其优点是利于垛内通风散潮，又便于排水，防止雨水渗透。③ 活动棚架苫盖法，如图 4.8 所示。利用钢材或木材制成棚架，在棚架上面及四周铺围铁皮、玻璃钢瓦并在底部装上轮子，整个货棚可沿着固定轨道移动，其外形与固定棚架相似。其优点是可节约大量苫盖材料费用，加快商品的出入库速度；苫盖及时，通风透气，便于盘点与检查；同时还具有制作简便，适用性强和使用年限长等特点。

2) 垫垛(又称衬垫)

(1) 垫垛的材料。根据不同商品的保管要求，按垛形尺寸和负荷轻重，在垛底放上适当的衬垫物。货场和库房的衬垫材料也有所不同。货场一般多用水泥墩、石墩、石条、枕木等垫垛，而库房一般用垫板、枕木以及防潮纸等垫垛。垫垛有移动式和固定式两种。固定式的垛基，可以重复使用，节省劳动力，提高作业效率。

(2) 垫垛的高度。露天货场可保持在 40cm 上下；库房和货棚内要根据地坪和商品防潮要求而定，如水泥地面一般只需垫板、枕木或水泥条，高度达 20cm 以上即可；楼层干燥地面可以不垫，只铺一层防潮纸；对化工材料、动植物制品以及易受潮霉变的商品，应尽可能加高垫层，使垛底通风良好。

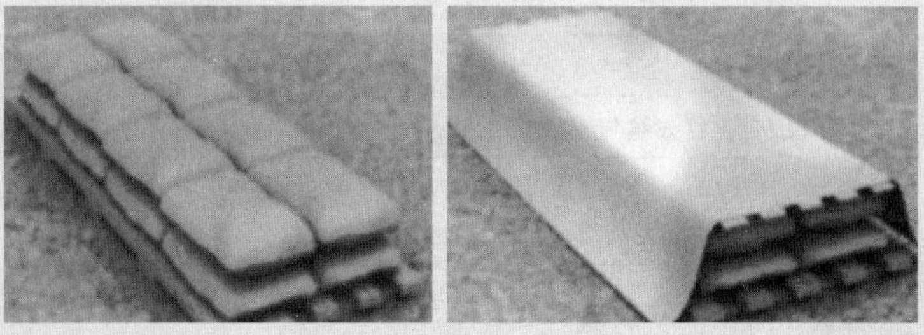

图 4.6　就垛苫盖法

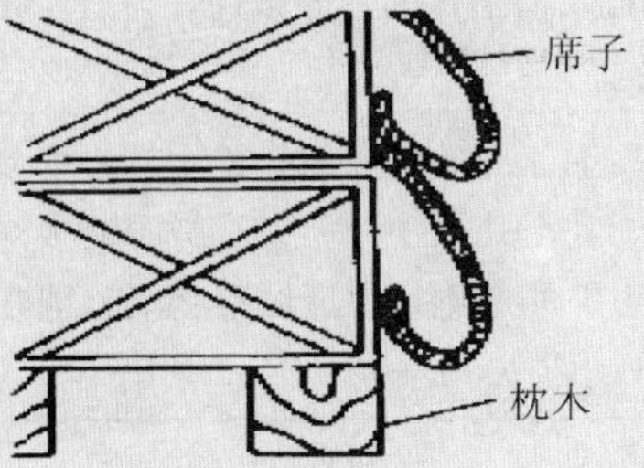

图 4.7　隔离苫盖法

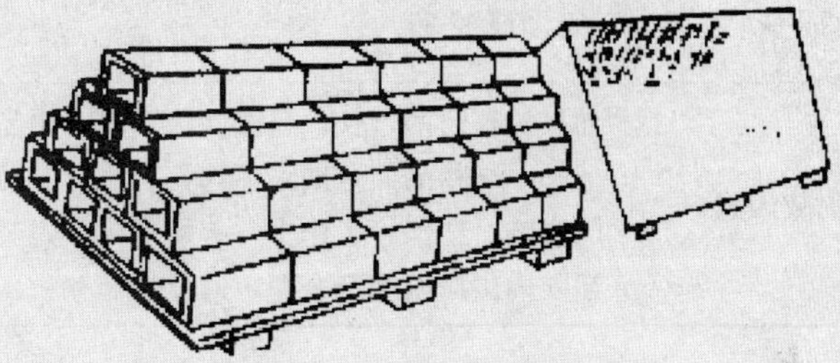

图 4.8　活动棚架苫盖法

4.3　物品保养及仓库质量管理

4.3.1　影响物品质量变化的因素

物品在储存过程中将受到很多因素的影响，使其质量发生变化。对于大量存在的影响质量的技术因素，就必须研究、分析商品本身特征受技术因素影响的原理和受影响程度，采取必要的技术措施予以防范。

影响物品质量变化的因素及其内容见表 4－5。

表 4－5　影响物品质量变化的因素

项　目	子项目	内　容
物品自身的物理、化学性质	物理性质	指构成物品本身的物质结构不变，仅在形体方面的机械变化的性质。在物品储存中物理性质的影响，主要表现形式是物品的形变、挥发、升华、污染等
	化学性质	指物品的化学物质在特定条件下发生质的变化，形成新的物质。在物品储存中化学性质的影响，主要表现形式有氧化、中和、置换、分解、电化学、生物化学等
影响物品质量变化的自然因素	温度	当环境温度超出物品特定的适应范围，过高或过低，都会使物品发生质量或数量的变化
	湿度	当环境中湿度过大，具有吸湿性的物品就要吸收空气中的水分而使含水量增大；即使不吸水的商品，也会在其表面吸附一定量的水分。其结果会造成物品变质、电气绝缘性能变劣及某些液体材料的浓度降低，严重影响质量

续表

项　目	子项目	内　容
影响物品质量变化的自然因素	空气成分	如氧气对物品的氧化作用将严重地影响其使用价值
	光照	强烈或长时间的日光照射，会给物品带来不良影响，如木材会发生严重的变形和干裂
	鼠、昆虫	昆虫对物品本身及其包装均有蛀蚀的破坏。尤其是分布区域极广的白蚁，对木材、建筑物的危害性是极大的
	霉菌腐蚀	以动植物为原料的制品存在着霉腐菌生存的营养条件，易发生霉变和腐蚀，从而影响物品质量
时效因素	如果储存时间过长，超过储存期限，物品将失去原有效能，部分或全部丧失使用价值。不同物品储存期限不同，有的只有几天，甚至几个小时。为了减少时效对物品的影响，在保管工作中，必须坚持“先进先出”的原则，保证储存物品都能在储存期限内供应给生产企业，避免超储和积压，减小损失和浪费	

4.3.2 物品养护的技术和方法

物品的保养，是指根据物品的性能和存储场所的具体保管条件，对物品采取有效的、科学的质量控制措施，以保持物品原有使用价值的一系列仓库作业技术活动。

防止物品质量发生变化，应抓好物品的维护保养工作，坚持“以防为主，以治为辅，防治结合”的方针，做好商品的霉变、腐烂、老化、虫蛀、锈蚀等的防治。

1. 物品的霉腐与防治

物品的霉腐指物品在储存期间，由于受到某些微生物的作用所引起的霉变、腐烂等质量变化的现象。在高温、高湿的环境中，大多数物品都有可能出现这种现象，如纺织品、食品、皮革、纸张、竹、木、塑料、橡胶等。

知识链接

微生物生存和繁殖的重要条件

水分是微生物生存和繁殖的重要条件之一。微生物的细胞中含有80%水分，否则它就不能吸收养料。多数微生物生存的最低相对湿度是80%～90%，达到95%时，微生物生长非常旺盛；低于75%时，多数物品不易被霉腐。

温度。多数微生物生存最适当的温度为25～30℃，在10℃以下便不易生长，40℃以上则停止活动，在80℃时便很快死亡，许多微生物在60℃时，10分钟就会死亡。

日光对多数霉腐微生物的影响很大，日光直射14小时，便会大部死亡。主要是紫外线强烈地破坏了菌类的细胞和酶，如果利用紫外线灯照射，35分钟便会杀死。

溶液浓度。多数微生物不能在浓度很高的溶液中生长。因为浓度很高的溶液能使菌细胞脱水，使其失去活动能力甚至残废。能引起食物中毒的霉腐微生物，一般在6%～9%的食盐溶液中也不能生存。

1）物品霉腐的防治方法

（1）常规法。按前面防止物品质量下降的措施所述，采取常用的方法，消除适于微生物生长发育的条件，达到防霉腐的目的。

（2）药物防霉腐。常用的防腐剂有五氯酚钠、水杨酰苯胺、多菌灵、多聚甲醛、环氧乙烷等。由于防霉药具有一定的选择性，因此，一种防霉药不可能对所有菌类都有效。

（3）气调储藏防霉腐(简称CA储藏)。这是一种调整环境气体成分的储藏方法，通常由减少环境中的氧气，增加二氧化碳含量及降低环境温度三方面综合而成。常用的气调储藏方法有真空充氮气调法和二氧化碳气调法。

2）霉腐物品的救治

救，是指翻垛、挑选，将霉腐物品与正常物品进行隔离，以免损失蔓延；治，就是将已霉腐的物品根据其霉腐程度、物品的性质、设备条件因地制宜地采取适当方法进行处理。仓储物品一经发现霉腐，就应立即采取有效措施，防止其继续发展，造成更大的损失。防霉方法主要有熏蒸、晾晒、烘烤、加热消毒和紫外线灭菌。

2. 物品的老化与防治

老化是指塑料、橡胶、化学纤维、涂料、油漆等人工合成的高分子物品，在加工、储存和使用过程中，由于受种种因素的影响，性能降低，质量变化，以致使用价值丧失的现象。天然高分子化合物，老化速度缓慢，一般不会造成损失，如棉、麻、丝、皮革、天然橡胶等。物品老化的防护方法有：

（1）包装应完整，使物品在储运过程中保持整洁、完整，减少外界因素对物品的影响。

（2）库房应清洁、干燥、凉爽，避免阳光直射，同一库房不能同时存放油类、潮解性、腐蚀性及含水量大的易燃物品。

（3）物品堆码要符合隔潮、安全、方便、多储的原则。

（4）控制库房温湿度。避免库房温度过高和相对湿度太高，及时采取通风、吸潮、密封等措施，将库房温湿度调节到适宜物品储存的温湿度。

（5）及时检查。发现物品有潮、热、霉、虫以及变形发硬、龟裂等老化现象，要及时采取措施进行处理。

（6）贯彻先进先出、易坏先出、推陈储新的原则。

3. 物品的虫蛀与防治

1）容易虫蛀的常见物品

容易虫蛀的物品，主要是一些由营养成分含量较高的动植物加工制成的物品。如毛线织品与毛皮制品、藤制品、纸张及纸制品、烟叶和卷烟、干果等。

2）仓库害虫的防治

仓库害虫的防治应贯彻“预防为主，防治结合”的原则，做到物品进库无虫、仓内无虫。物品中发生害虫如不及时采取措施进行杀灭，常会造成严重损失。具体的防治方法有以下几种。

（1）清洁卫生防治法。杜绝仓库害虫的来源和传播途径，对物品原材料进行杀虫、防虫处理和入库物品的虫害检查。做好仓库的环境卫生及各种用具的卫生、消毒。要求库内经常保持清洁。库外要做到不留垃圾、杂草和污水，杜绝害虫的滋生条件。

（2）物理机械防治法。采用高温杀虫法、低温杀虫法、机械捕鼠等防治害虫。

（3）药物防治法。使用各种化学杀虫剂，通过喂毒、触杀或熏蒸等作用杀灭害虫，这是当前防治仓库害虫的主要措施。常用的防虫、杀虫剂，包括驱避剂、杀虫剂和熏蒸剂等。

案例链接

二氧化碳防治烟仓虫的方法

二氧化碳防治烟叶和卷烟仓虫，其特征是在仓库中采用分垛密封杀虫法，将装有烟叶或卷烟的透气箱、袋分垛置于不透气的密封罩内，并预埋二氧化碳测试仪探头在密封罩内，将密封罩卷上用夹子封堆后，在罩子上部任一位置开一小孔，使其刚好能插入抽风机导管，通过导管抽吸罩内空气，形成负压，同时验证罩子是否漏气，在罩子下部任一位置开有一小孔，插入金属导管并密封该孔，通过该金属导管通入二氧化碳气体，用二氧化碳测试仪测试密封罩内的二氧化碳浓度，使其在65%～92%，保持浓度时间5～7天。

对烟仓中烟叶只有某几堆或某几垛被虫害的，采用部分密封杀虫的方法；对烟仓中整仓都被虫害的，则利用整仓封杀灭虫的方法。整仓封杀法，用于专门的房间或仓库内，还适于陆海运集装箱内灭杀害虫。封杀条件是在密闭条件下保留二氧化碳浓度65%以上，封杀时间6天以上，可以百分之百杀死烟仓虫的成虫、幼虫、蛹及卵。

4. 金属制品的锈蚀与防治

锈蚀是指金属制品表面在环境介质作用下，发生化学与电化学反应而遭受破坏的现象。金属制品的防锈方法主要有：

(1) 控制和改善储存条件。保管金属制品应选择适宜的场所，保持库房相对湿度小于70%，干燥、通风、清洁，并且妥善存放堆垛和苫盖，保持材料防护层或包装的完整等。

(2) 涂油防锈。在金属制品的表面涂(或浸、或喷)油脂薄膜。

防锈油可分为软膜防锈油和硬膜防锈油两种：软膜防锈油的防锈能力稍差，容易用有机溶剂清除；硬膜防锈油防锈能力强，但油膜不易清除，多用于露天存放的钢材。防锈油都具有易燃成分和一定的毒性。

(3) 气相防锈。气相防锈是利用一些具有挥发性的化学药品，在常温下迅速挥发，并使空间饱和，它挥发出来的气体物质吸附或沉积到金属制品的表面，并防止金属的腐蚀。

(4) 涂漆。在金属材料表面均匀地涂上一层漆，是应用极为广泛的一种防锈方法。其优点是施工简单，适用面广。缺点是漆膜容易开裂、脱落，而且可从漆层空隙间透过湿气，在漆层底下发生金属锈蚀。

(5) 防锈水防锈。因防锈期限短，防锈水多见于工序间防锈。如果库存周期很短，也可采用。

4.3.3 仓库温湿度管理

绝大多数物品在储存保管中都要求有适宜的温度和湿度，控制好储存环境的温湿度，物品就能安全储存。

知识链接

与温湿度有关的基本概念

(1) 温度。空气的温度表示空气的冷热程度，在气象学上称为气温，即大气的温度。

(2) 绝对湿度。单位体积空气中所含水蒸气的重量称为绝对湿度，以符号“E”表示。

(3) 饱和湿度。在一定气压、气温条件下，单位体积空气中所能含有的最大水蒸气重量，称为饱和湿度。

(4) 相对湿度。相对湿度是表示空气潮湿程度的，是空气中的绝对湿度和同温度时饱和湿度的百分比，称作相对湿度，以符号“r”表示。

(5) 临界湿度。临界湿度是指引起金属锈蚀或材料霉变的相对湿度范围。例如，生铁的临界湿度为65%～70%；钢的临界湿度为75%～80%；木材、棉布、纸张的临界湿度为70%～75%。因此，无论采用何种防潮措施，都应使仓库内的相对湿度降低到临界湿度以下。

(6) 露点温度。在绝对湿度不变的情况下，若空气温度降低，使空气中的水蒸气达到饱和状态，并开始冷凝出水珠，这时具有的温度为露点温度，简称露点。

4.3.4 仓储安全管理

仓储安全，就是要保证人和物(包括劳动资料和劳动对象)在生产中的安全，这是仓库生产必须遵循的基本原则。没有人和物的安全，生产就不能顺利进行。安全与生产是完整的、不可分割的两个方面，其基本含义是生产必须安全，安全为了生产。

1. 仓储安全工作的主要内容

安全工作贯穿于物资储存保管作业的各个环节。从物资验收、堆码、保管、保养、运输、装卸到物资的出库，都离不开安全工作。归纳起来，安全工作可分下列几个方面：

(1) 保卫、警卫工作，是指物资储运的治安、警卫方面的工作，如防盗、防破坏等工作。

(2) 消防工作，是指物资储存中的防火、灭火等工作。

(3) 安全操作技术，是指在物资装卸、搬运、堆码、存储等方面作业时的安全技术问题。

(4) 安全运输，指车辆安全运行及燃料油的安全储存。

(5) 有毒有害和危险品的安全技术，是指对有毒有害及危险品的安全保管、保养、装卸、搬运中的安全操作技术等。

2. 物流仓库的消防工作

认真贯彻执行“以防为主，以消为辅，消防结合”的方针，采取积极有效的措施，加强防范，消除火灾隐患，杜绝火灾的发生，保证储存物资的安全。

1) 防火措施

防火的基本原则是提高警惕，防止破坏，严格遵守各项安全操作规程和安全保卫制度，消除火灾隐患。具体措施如下：

(1) 加强对全体职工的安全防火教育。

(2) 在规定禁止明火的工地和库区内，严禁明火和吸烟。库区要有“禁止吸烟”的明显标志，严禁携带火种进入库内。

(3) 若要在库内或库外进行明火作业，必须经保卫部门批准并保证在安全条件下作业。作业完毕，应彻底消灭明火残迹，防止死灰复燃。

(4) 做好库内电线、电气设备的维修、检查，防止短路或超负荷运转。

(5) 仓库应安装避雷器装置，库内必须有防火通道。

(6) 库房周围不准堆放柴草及易燃、易爆物品。仓库应定期检查，并铲除库房四周杂草。

（7）对物资一定要根据性质不同分开存放，并要按灭火方法不同分开存放。对危险品仓库还要注意库房的通风，保持设备容器的完整性、可靠性、密封性，防止渗漏，及时消除遗留在地面的危险品。

（8）每个职工都应熟记火警电话，以便发生火情时及时通知消防部门。

2）灭火方法

各种灭火方法必须根据当时火灾现场的环境和需要，适当地运用。

（1）隔离法。将燃烧物与其周围的可燃物隔离或把周围的可燃物移开，把火控制在一定范围内，从而使其熄灭。

（2）窒息法。阻止空气流入燃烧区域，使周围空气中的氧气浓度低于维持物质燃烧的浓度，从而燃烧物得不到足够的氧气而终止燃烧。如用不燃烧的沙子、石棉布、浸透水的毛毯等覆盖在燃烧物上。

（3）冷却法。冷却燃烧区的温度，使温度下降到可燃物质的燃点以下而使火熄灭。如用水冷却火源。

（4）拆除法(破坏法)。用人力拆除部分建筑进行灭火。当火场毗连的一小部分建筑物不能用水灭火时，可以用挠钩、斧、铲等拆除建筑物的构架，并用拆除的泥土、瓦、石等压盖火势，也能使火熄灭。

（5）分散法。将燃烧区和火场附近尚未燃烧的可燃物质搬走，用分散可燃物质的方法，破坏燃烧条件而使火熄灭。

（6）化学中断法。用化学物品使可燃气体转化的方法来阻止火焰燃烧、连锁反应的进行，从而使火熄灭。例如，使用“1211”、干粉等灭火。

知识链接

几种常用的灭火器

（1）泡沫灭火器。它是通过筒内酸性溶液与碱性溶液混合后发生化学反应，喷射出泡沫，覆盖在燃烧物表面上，隔绝空气起到灭火效果的工具。泡沫灭火器适用于扑救油脂类、石油产品及一般固体物质的初始火灾。

（2）酸碱灭火器。酸碱灭火器利用浓硫酸和碳酸氢钠两种药液混合后喷射出来的液体扑灭火焰。适用于扑救竹、木、棉、毛、草、纸等一般可燃物质的初起火灾，但不宜用于油类、忌水、忌酸物质及电气设备的火灾。

（3）干粉灭火器。干粉灭火器是以高压二氧化碳作为动力，喷射干粉灭火剂的灭火工具。适用于扑救石油及其产品、可燃气体和电器设备的初起火灾。

（4）二氧化碳灭火器。它主要适用于扑救贵重设备、档案资料、仪器仪表、600V 以下的电器及油脂的火灾。二氧化碳灭火，不导电、不损害物质、不留污迹，但在室外效果欠佳。

（5）“1211”灭火器。“1211”灭火器是一种轻便、高效的灭火器材，适用于扑救油类、精密机械设备、仪表、电子仪器、文物、图书、档案等贵重物品的初起火灾。

3）不能用水扑救的火灾

水是常用的灭火物质，但有一定的使用范围，下列火灾不能用水扑救。

（1）易燃液体和油类物质。如汽油、苯、煤油等易燃液体的比重一般都比水小，又不溶于水，若用水去扑救往往使这类液体浮到水面上继续燃烧，不能起到灭火作用。

（2）忌水物质。如电石、生石灰、金属钾、钠等着火。这些物质能与水发生强烈化学反应，产生大量的热，或产生能自燃的气体，使火势更烈，甚至产生爆炸。

(3) 电气设备或带电系统着火。如未切断电源，用水施救会造成触电或爆炸事故。

(4) 火势大、水量不足的情况下。少量的水遇热后会急剧地变成水蒸气，通过灼热的焦炭，使水蒸气还原生成一氧化碳和氢的混合物，即水煤气，它是可燃气体，会使火势更大。

(5) 精密仪器不能用水扑救。高温的仪器被水急骤冷却后会产生变形，影响仪器的精密度和灵敏度。

4.3.5 仓库质量管理

1. 仓库质量管理概述

仓库质量管理就是“全面质量管理”的理论和方法在仓库技术、经济、作业活动中的具体运用。全面质量管理(Total Quality Management，TQM)是质量管理发展的新阶段，是基于组织全员参与的一种质量管理形式，与传统质量管理相比，具有如下特点：

(1) 从过去只依靠少数专职检验人员，转变为以质量为中心，围绕质量开展全员的工作，整个单位有一个从上到下的质量保证体系和质量管理网。

(2) 从过去的事后把关转变为以预防为主、防检结合，即从管结果转变为管因素。

(3) 从过去的就事论事、分散管理转变为以系统的观点为指导把质量管理贯穿于全过程。

(4) 从过去的凭经验转变为用数据说话，数理统计方法成为全面质量管理的主要手段。

(5) 由单纯的符合标准转变为满足顾客需要这个全面质量管理的基本出发点。

(6) 强调不断改进过程质量，从而不断改进产品质量。

全面质量管理是全面的管理，即内容是全面的，管理是全员的、是全过程的，方法是多种的，此即所谓全面质量管理的“三全一多”特点。

知识链接

全面质量管理的意义

全面质量管理作为一种质量控制的手段与方法，为我们从整体上认识、把握和提高仓库管理水平提供了新的视野和途径。

(1) 全面质量管理是全方位的管理，是提高仓库管理水平的有效工具。全面质量管理打破了“质量”仅指产品质量的传统定义，提出了“质量”除产品质量以外，还包括成本质量、服务质量等的广义“质量”概念。这就表明，在仓库各项作业活动与各环节中，不仅要高度重视各作业环节的组织与技术，还要考虑质量因素对质量的影响，不断提高工作质量。

(2) 全面质量是全员性的管理，是提高仓库管理水平的有力保证。全面质量管理以强化质量意识为出发点和基础，以提高每一个部门、每一个人员的工作质量为目标。若仓库所有部门、所有人员的工作质量都得到提高，仓库管理水平也就自然提高了。仓库所有部门、所有人员，都直接或间接同仓库质量发生关系，以某几个部门或一部分人的努力来提高仓库质量，是不能成功的。

(3) 全面质量管理是全过程的管理，是提高效益的必要途径。全面质量管理倡导将管理的触角深入到各个作业环节，并不厚此薄彼；并能通过其所提供的方法，发现影响仓库质量的薄弱环节，以便采取改进措施，这对降低供应成本，提高效益具有重要意义。

2. 仓库质量管理的基本方法——PDCA 循环法

质量保证体系运转的基本方法是“计划—实施—检查—处理”四个环节的不断循环，简称 PDCA 循环法，也称为戴明循环法。PDCA 循环法的四个阶段包括：

第一阶段，计划阶段(P)，就是通过对仓库质量问题现状的了解和掌握，制定经济技术指标和质量管理目标，以及达到这些目标的具体措施和方法。

第二阶段，实施阶段(D)，就是将制定的计划和措施，具体组织实施。

第三阶段，检查阶段(C)，就是检查计划的执行情况，发现问题。

第四阶段，处理阶段(A)，就是对检查得到的计划执行结果及问题进行处理、总结。

PDCA 的循环实施过程如图 4.9 所示。

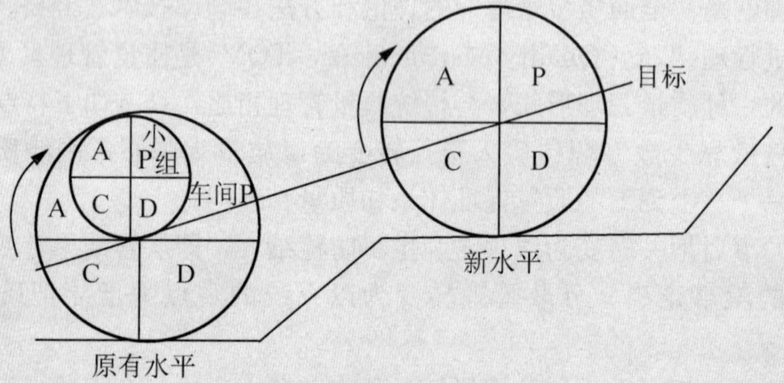

图 4.9 PDCA 循环实施图

3. 仓库质量管理的数理统计方法

全面质量管理要用“数据”说话，即所谓的定量分析。数理统计方法正是这种定量分析的工具。现根据仓库实际，择两种方法简要介绍。

1）排列图法

排列图法又称巴雷特图法，是在影响仓库质量的因素中找出主要因素的一种有效方法。

(1) 排列图的组成。排列图是由两个纵坐标和一个横坐标组成，如图 4.10 所示。

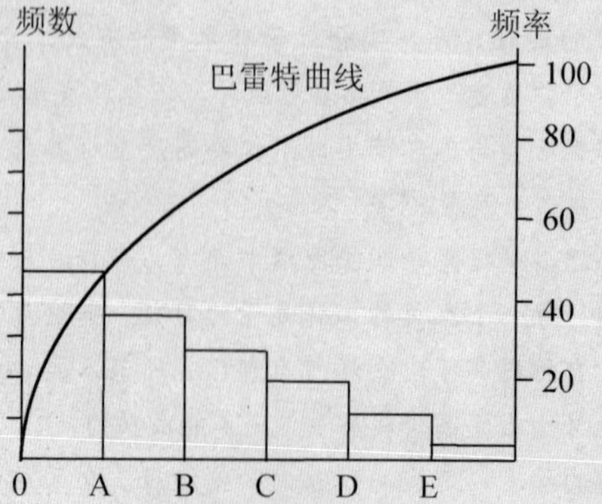

图 4.10 排列图

① 左边的纵坐标表示频数，一般用绝对值表示，如金额、件数、笔数等；右边的纵坐标表示频率，以百分率表示。

② 横坐标表示影响质量的各个因素，按影响程度的大小，从左向右排列。

坐标中用直方形的高度表示该因素对质量影响的大小，将各影响因素大小的累计百分率联结成曲线，该曲线称为巴雷特曲线。

(2) 排列图的应用。某仓库储存物资由于丢失、损坏等质量事故而发生赔偿费用，利用排列图分析该库储存物资质量的主要影响因素步骤如下：

① 列表。按赔偿费用从大到小依此排列，见表4-6。表中所列项目为作图准备。

表4-6 某库储存物资质量事故情况统计表

赔偿费类别	代 号	频数/千元	比率	频率(累计)
金属锈蚀降价	A	9.5	38%	38%
装卸、损坏	B	6.5	26%	64%
差错事故	C	4	16%	80%
丢失	D	3	12%	92%
其他	E	2	8%	100%
合计		25	100%	

② 做排列图，如图4.11所示。

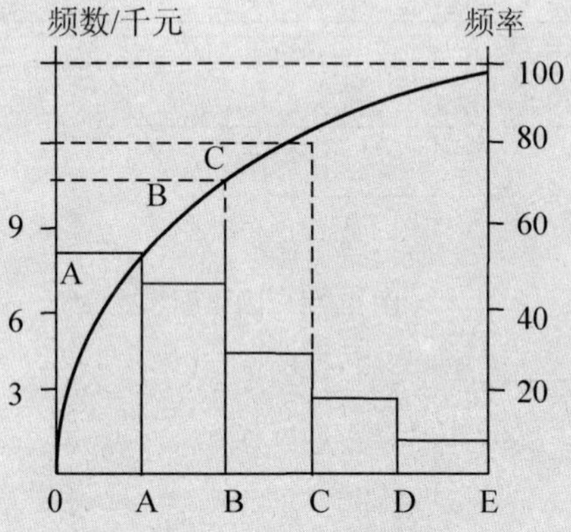

图4.11 排列图的应用

③ 分析。通常把累计百分数分为三类。其中累计百分数0～80%的因素为A类，即累计百分数在0～80%内的横坐标因素是主要影响因素；累计百分数在80%～90%的为B类，对应横坐标的影响因素为次要因素；累计百分数在90%～100%的为C类，属一般因素。

特别提示

绘制和使用排列应注意的问题：

(1) 主要因素不宜太多，可找出一两个，最多不超过三个。因素太多就失去了抓主要矛盾、解决关键问题的意义。如果主要原因太多，应重新进行因素分类。

(2) 排列图左侧的纵坐标可以选用不同的标志表示，如事故笔数、时间等。选择原则是能更准确地抓主要矛盾。

(3) 不太重要的项目如果很多，可以适当并入“其他”项，以免横坐标过长。

(4) 在解决排列图所找出的质量因素、提高质量的实践中，还要定期、分阶段地绘制排列图，因为原有矛盾解决了，新的影响因素又会出现，而且可能主次因素发生转变。

2) 因果分析法

因果分析法又称特性要因图、鱼刺图、树枝图、石川图等。某个质量问题的产生，常常是多种复杂因素综合作用的结果。要从这些错综复杂的因素中理出头绪，找出其中真正起作用的关键因素并非易事。因果分析法提供了一个简便有效的方法。它从质量问题这个结果出发，在分析其原因时，顺藤摸瓜，步步深入，将原因与结果、原因与原因之间的关系用一个个箭头清晰地表示出来，使管理人员能准确地抓住质量问题的症结，对症下药。

案例链接

某仓库金属锈蚀严重，经调查分析，提出如图 4.12 所示的因果图。

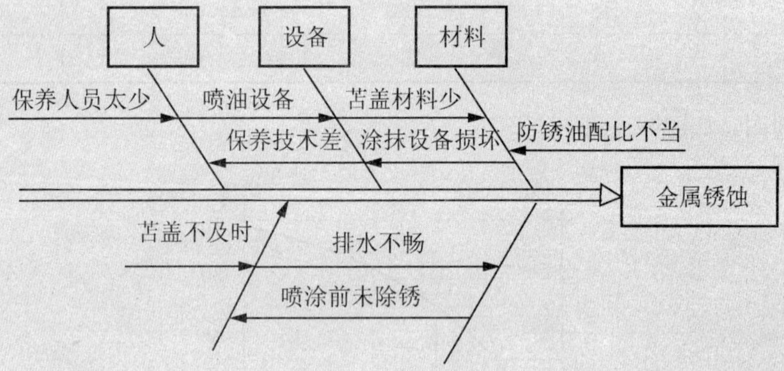

图 4.12　因果图

特别提示

使用因果分析法要注意以下几个环节：

(1) 对影响质量的大原因，通常可从人、设备、材料、方法、环境五个方面，即所谓“质量因素”进行分析。

(2) 质量问题要提得具体，一个问题作一个图，笼统、含混的问题是不便于分析要因的。

(3) 探讨某个问题产生的原因，要从大到小，从粗到细，寻根究底，直至能采取具体措施。另外，所谓原因大小是按层次划分的，大原因不等于主要原因，所以因果图分析法应与排列图法配合使用。

(4) 绘制因果图应采取召开“诸葛亮会”的方式，群策群力，集思广益，在充分讨论的基础上确定影响质量的原因。

因果图的优点是条理化、系统化，简单明了，有利于对问题的深入分析。

上述基本方法是质量管理的一种手段，要想解决和提高仓储质量还需结合仓储专业知识。

4.4 仓储设施及设备管理

4.4.1 仓储设施

1. 仓库

仓库是指用于保管、储存物品的建筑物和场所的总称。仓库的分类是多方面的，具体有下面几种分类。

1）按仓库的主要职能和任务分类

(1) 批发仓库。批发仓库的主要职能是大批量地采购某种或某类商品，再小批量地批发给零售商店。

(2) 零售仓库。零售仓库是为零售企业短期储货，以供门市销售。因为零售企业自批发部门进货后，不可能把所有商品直接在门市陈列出售。

(3) 储存仓库。这类仓库是以储存、保管为主要功能，商品的储存期较长，应加强商品的检查和保养。例如，储存国家应急需要的某些主要储备物资、援外物资以及进出口待分拨、待运的商品等，如图 4.13 所示。

(4) 中转仓库(又称转运仓库)。这类仓库是短暂储存中转、分运和转换运输工具的待运商品的仓库，一般设在车站、码头附近。快递中心中转仓库内的情况如图 4.14 所示。

图 4.13 储存仓库

图 4.14 快递中心中转仓库

(5) 加工仓库。加工仓库是储存商品和兼营某些商品的挑选、整理、分级、分装等简单加工的仓库。

(6) 流通仓库。流通仓库是同时具备储存、保管、配送、流通加工等功能的仓库，如第三方物流企业中的物流中心。

2）按照管理体制分类

(1) 自有仓库。自有仓库是各企业自有的附属仓库，主要从事内部物流业务，一般不进行独立核算。

(2) 公用仓库。公用仓库是面向社会，对一般企业提供仓储保管服务、单独核算的专业化的仓库，如储运公司仓库。

(3) 国有仓库。国有仓库是指国家或地方政府所有的仓库，如粮食仓库等。

3) 按仓库建筑结构和保管条件不同分类

(1) 库房。凡有顶盖和围墙，门窗严密，并有通风孔道，用以储存物资的房屋，均称库房，如图 4.15 所示。主要有一般库房、恒温库房、危险品库房、储罐等。适合存放怕低温、怕雨雪的物品。

(2) 货棚(或料棚)。货棚是一种半封闭式的建筑物或装置，如图 4.16 所示。由于其造价低、建造方便、速度快，又适于某些对环境条件要求不高的货物的存放，或适于一些货物的临时存放，所以有一定使用量。货棚按其结构特点和工作方式，主要有固定式货棚和活动式货棚两类。

图 4.15　库房

图 4.16　货棚

(3) 货场。地面经过平整、夯实处理，上面没有任何建筑的存货场地，称为货场，如图 4.17 所示。适合存放大型圆钢、铸铁等不受气候、环境影响的物品。

图 4.17　货场

4) 按库内的形态分类

(1) 地面型仓库。地面型仓库一般指仅为平地面的仓库，如图 4.18 所示，多使用非货架型的保管设备。

(2) 货架型仓库。货架型仓库是指采用多层货架保管的仓库，如图 4.19 所示。在货架上放置货物或托盘，货物或托盘可在货架上滑动。

图 4.18 地面型仓库

图 4.19 货架型仓库

(3) 自动化立体仓库。自动化立体仓库是指利用计算机中央控制系统，出入库用机器自动存放、取出，用移动吊车等设备进行机械化、自动化作业的高层货架仓库，如图 4.20 所示。

(4) 斜坡道型仓库。斜坡道型仓库是指在多层仓库的层与层之间设置升降坡道的仓库，如图 4.21 所示。

图 4.20 自动化立体仓库

图 4.21 斜坡道型仓库

另外，按建筑物形态分类有平房仓库、多层仓库和地下仓库等；按所在位置分类有港口仓库、车站仓库、机场仓库、市区仓库和郊区仓库等。

2. 线路和站台

外界与仓库相连的线路或进入到仓库内部的线路，以及线路与仓库的连接点——站台，是仓库进、发货的必经之路。这些设施是仓库高效运行、工作的基本条件。

1) 线路

与仓库相接的线路要求是能满足进出货运量，不造成拥挤阻塞。线路形式有铁道专用线和汽车线两种，如图 4.22 所示。

图 4.22 铁道专用线、汽车线、站台

(1) 铁道专用线，简称专用线。铁道专用线是与铁路网相接的专供仓库使用的铁路线路。大量进出货的集散型仓库，一般依靠专用线将仓库与外界沟通。

(2) 汽车线。汽车线是和公路干线相接的汽车线路，可以伸入到仓库内部甚至库房中。一般进出库量不大的仓库使用汽车线与外界相连。

在生产企业的大型成品库中，是依靠铁路专用线及汽车线向外运出货。一般流通仓库，铁路专用线与进货区相连，汽车线与出货区相连。现代仓库，在汽车大型化的前提下，很多不设铁路专用线，尤其在大城市内的仓库，主要依靠公路线与外界相接。

2) 站台

站台的基本作用是车辆停靠、装卸货物、暂存。利用站台就能方便地将货物装进车辆中或从车辆中取出，实现物流网络中线与节点的衔接转换。站台主要有高站台和低站台两种形式。现代仓库中，分货设备的分支机构出口端部往往和站台合而为一，汽车停靠在端部，分货机分选的货物可直接装入车中，减少了一道装卸工序。

3. 储存容器

1) 料仓

料仓又称储仓，如图 4.23(a)所示，是专门用于存放粉状、颗粒状、块状等散状非包装物品的刚性容器。料仓是一种密存型储存设施，全部仓容都可用于储存物资。料仓有许多种类型，按仓体横断面形状，有圆形、方形、矩形结构等。圆形的最为常见。粮食、水泥、化肥等常采用这种储存设备。

2) 储罐

储罐是专门用于存放液体、气体物品的刚性容器，如图 4.23(b)所示，也是一种密存型储存设施，全封闭结构，隔绝效果及防护、保护效果都很好。储罐种类有立式、卧式储罐。截面为圆形或椭圆形，主要用钢板焊接而成。立式储罐一般是大型储罐，储量大。卧式储罐一般较小，所以可制成固定式，也可制成活动式作为临时储罐应用。储罐用于储存油料、液体化工材料、煤气等。

3) 料盘、周转箱等储存载体

有些仓库储存单元货物，需要借助于其他容器，即将散杂货物装入后形成单元货载。常使用的载体有料盘(从承载几十千克到上千千克)、料斗、料箱、周转箱，如图 4.23(c)所示。这些载体的共同特点是自重轻，空载体可以密堆存放，有一定强度及保护性。

(a) 料仓　　(b) 储罐　　(c) 周转箱

图 4.23　料仓、储罐、周转箱

4.4.2　仓储设备

仓储设备主要指仓库机械设备，是仓库进行各项仓储作业所需的机械设备、器具等，它不包括建筑物、装卸站台等仓库基础设施。仓储机械设备门类多、品种复杂、型号规格多、功能各异。特别是机械装置、电子设备及软件有机结合而组成的仓储机械系统，实现了仓储作业过程的机械化、自动化、柔性化、智能化，促进物流向高速度、高效率、高质量方向发展。

1. 货架

货架，指用支架、隔板或托架组成的立体储存货物的设施。在仓库设备中，货架是专门用于存放成件物品的保管设备。货架的种类可分为：

(1) 按货架的封闭程度分类，有敞开式货架、半封闭式货架和封闭式货架等。

(2) 按货架高度分类，有低层货架(高度 5m 以下)、中层货架(高度在 5～15m)、高层货架(高度在 15m 以上)。

(3) 按货架重量分类，有重型货架，每层货架载重量在 500kg 以上；中型货架，每层货架(或搁板)载重量 150～500kg；轻型货架，每层货架载重量在 150kg 以下。

另外还有很多种货架类型，如图 4.24 至图 4.30 所示。

图 4.24　悬臂架

(a) 水平旋转式货架　　(b) 垂直旋转式货架

图 4.25　旋转式货架

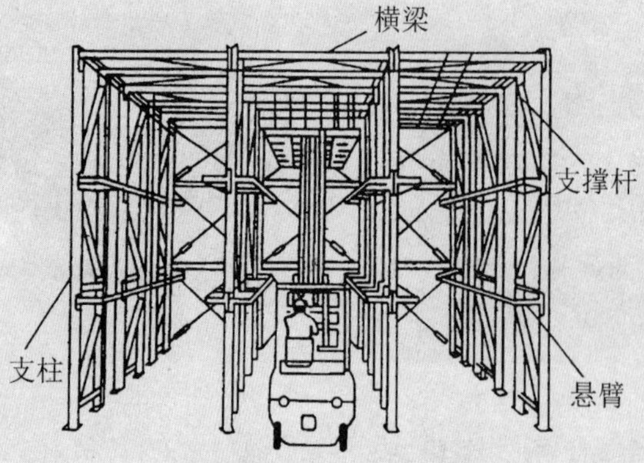

图 4.26　驶入式货架

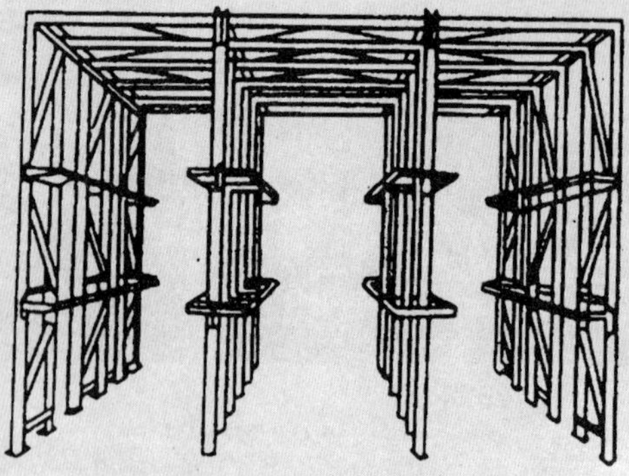

图 4.27　驶出式货架

图 4.28　阁楼式货架

图 4.29　重力式货架

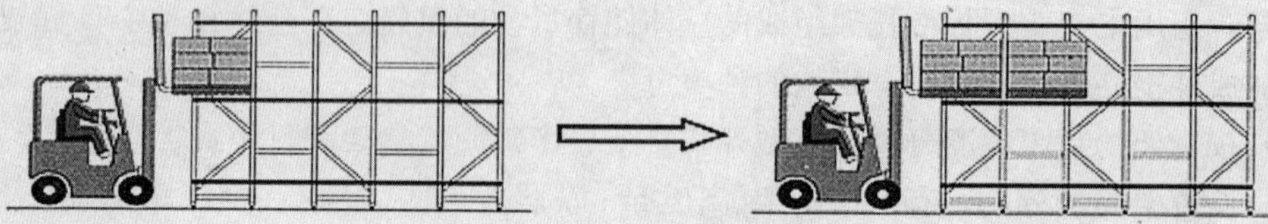

图 4.30　后推式货架

2. 托盘

托盘是用于集装、堆放、搬运和运输的放置作为单元负荷的货物和制品的水平平台装置。即在钢制(或木制、塑料制)的平台上，集装一定数量的单件货物，并按要求捆扎、加固组合成一个储存或运输单元，便于在仓储作业中使用机械设备进行装卸、搬运、堆存和收发。托盘与叉车共同使用形成有效的装卸搬运系统，解决和改善了仓储作业中长期存在的装卸搬运瓶颈，提高了装卸搬运的机械化作业水平。

托盘的种类很多，一般有平板、箱式、罐式、筒式和立体式。

(1) 通用平板托盘，如图 4.31 所示。按材料分有木制、钢制、塑料和纸制平板托盘。

(2) 立柱式托盘，如图 4.32 所示。

(3) 箱式托盘，如图 4.33 所示。箱式托盘是立柱式托盘的延伸，由金属网组成，尺寸与托盘一致。主要用于储存没有包装的产品，可直接堆放在地上，多层堆叠。适用于少品种、大批量的散装货物储存。

（4）笼车，又称轮式托盘，如图 4.34 所示。笼车存取货物方便、移动灵活，还可以直接作为商品的陈列货架使用。

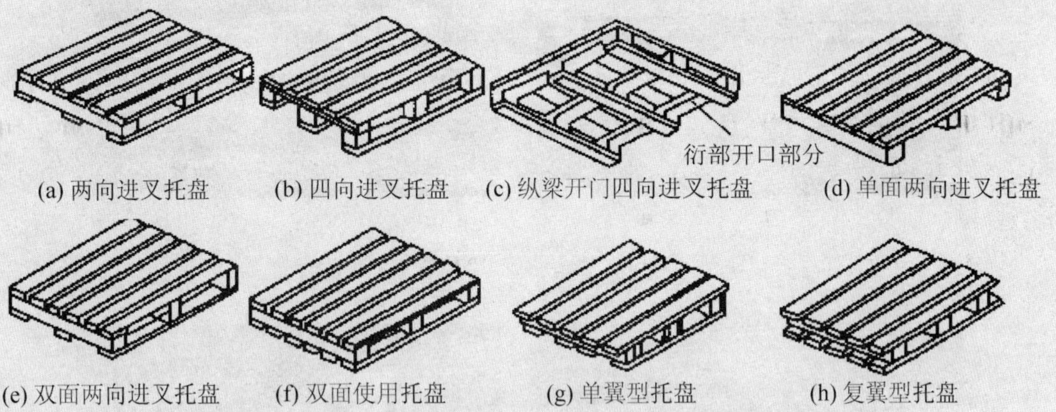

图 4.31 通用平板托盘

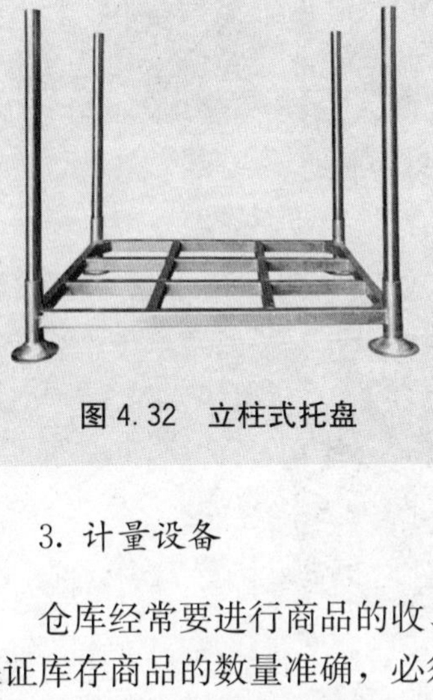

图 4.32 立柱式托盘

图 4.33 箱式托盘

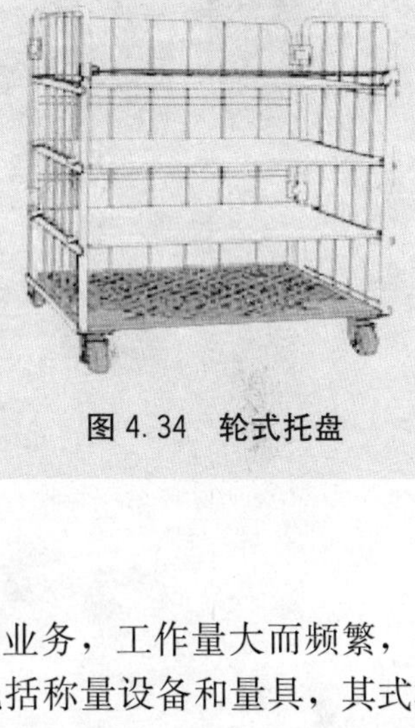

图 4.34 轮式托盘

3. 计量设备

仓库经常要进行商品的收、发、库内商品周转及盘点等各项业务，工作量大而频繁，为保证库存商品的数量准确，必须采用各种计量设备。计量设备包括称量设备和量具，其式样和称量能力应根据计量商品而定。仓库中使用的计量装置种类很多，从计量方法角度可以分为以下几种：

（1）重量计量设备。重量计量设备包括各种磅秤、地下及轨道衡器、电子秤等。仓库中一般最常用的计量装置以重量计量装置为多。

（2）流体容积计量设备。流体容积计量设备包括流量计、液面液位计。流体容积计量装置用在特殊专用场合，属于专用计量装置。

（3）长度计量设备。长度计量设备包括检尺器、自动长度计量仪等。长度计量装置用于钢材、木材等尺寸检量，然后进一步换算为重量或容积。

（4）个数计量装置。如自动计数器及自动计数显示装置等。计数装置随包装的成件杂货物流量的增大，使用也越来越多，是提高拣货效率的重要装置。

4. 其他设备

仓储作业中使用的其他设备如图 4.35 至图 4.37 所示。

(a) 桥式吊车

(b) 龙门吊

图 4.35　常见起重机

(a) 皮带式

(b) 辊筒式

图 4.36　常见输送机

图 4.37　手动搬运车、人工推移堆垛机

重要词汇

库存　储备　储存　保管　零库存　堆码　仓容定额　临界湿度　隔离法　分散法

案 例 分 析

数字仓储　统一标准

在中烟电子商务公司领导下，北京中烟信息技术有限公司(简称中烟信息公司)完成了数字仓储系统的设计、开发工作。

数字仓储系统是依据《卷烟物流配送中心作业规范》设计开发的，建设目标很明确。首先，要建设一套适应全行业商业企业的、规范的数字化仓储系统，满足商业企业物流管理的要求，实现较全面的卷烟仓储管理功能，以此来提高各地市分公司的仓储管理水平、仓储管理效率，达到提高物流配送中心管理水平的目的。其次，要满足国家局、省公司的物流仓储管理要求，保证仓储数据信息能及时传送到国家局、省公司，为国家局和省公司的物流仓储管理工作提供信息服务和宏观决策支持，并与决策管理系统、营销管理系统、分拣系统等系统进行数据交互，实现标准的卷烟仓储流程管理。最后，数字仓储系统提供商业企业的物流仓储信息，为实现“三流贯通、四流汇通”在物流信息方面打下一个良好的基础。

已开发完成的数字仓储系统是以储位管理为核心、以卷烟仓储作业流程管理为基础，涵盖卷烟入库、在库、出库等作业，并且与相关系统实现数据集成的、完整的仓储管理信息系统。

该系统由入库管理、在库管理、出库管理、退货管理、调度管理、罚没烟管理、残次烟管理、预出库管理、综合分析、基础信息管理十个基本功能模块构成，它实现了四大主要功能：数字仓储管理、数据集成、数据采集以及相关编码标准制定。

首先，数字仓储系统是一个以数字仓储为核心的、完整的仓储管理系统。企业可以直接使用数字仓储系统进行仓储管理，也可以使用数字仓储系统与现有系统进行集成。

第二，数字仓储系统将行业商业企业已有的、不同水平的相关系统数据集成到数字仓储管理系统中。数字仓储系统将决策管理系统、专卖准运证系统、营销系统、分拣系统、储位显示系统等系统进行集成，形成以数字仓储系统为核心、与相关系统集成的集成体系。

第三，数字仓储系统通过决策管理系统的数据传输通道采集各地市公司的仓储信息，上传至国家局、省公司，满足国家局、省公司的物流仓储管理要求，为其物流管理工作提供信息服务和宏观决策的数据支持。

最后，通过建设数字仓储系统，整个烟草行业将制定出一系列的业务流程、货位编码、仓库编码、分拣线编码等行业统一的标准。

据了解，数字仓储管理系统可为工商共享平台提供商业企业的进销存信息、业态信息和市场信息，实现系统自动上报，使工商共享平台展现商业企业库存、销售数据信息的时效由原来的滞后两天提高到滞后一天，有效解决了工商共享平台数据不全面、信息不及时等问题。

（资料来源：http：//www.htsc.com.cn/htnews/news.jsp? docId=4844670，有改动）

思考：

1. 结合案例资料，分析数字仓储系统为卷烟行业的物流做出的贡献。

2. 试画出数字仓储系统的结构框架。

练习与思考

一、单选题

1. (　　)强调的是一种有目的的储存物资的行动。
   A. 储备　　B. 储存　　C. 保管　　D. 库存
2. 在仓库中处理暂时停滞状态的物资存量，准确的定义称为(　　)。
   A. 储备　　B. 库存　　C. 储存　　D. 保管
3. 盘点分为(　　)和现货盘点。
   A. 库存盘点　　B. 实物盘点　　C. 账面盘点　　D. 以上都不是

4. 使用排列图法中巴雷特曲线分析时，属于A类的主要因素的累计百分数应是(　　)。

A. 0～80%　　B. 0～60%　　C. 80～90%　　D. 90%以上

5. 货物出库的“五检查”不包括(　　)。

A. 品名　　B. 包装　　C. 件数　　D. 质量

二、多选题

1. 车站、码头、机场的储存是在物流过程中衔接点的储存，它具有(　　)。

A. 服务性　　B. 稳定性　　C. 附属性　　D. 暂存性

2. 分区分类是对储存商品在(　　)前提下进行的。

A. 商品性能一致　　B. 养护措施一致

C. 产品包装一致　　D. 消防方法一致

3. 商品接收中常会发生(　　)问题。

A. 破损　　B. 短少　　C. 错到　　D. 变质

4. 货物出库作业程序中，应该重点抓(　　)环节

A. 备货　　B. 复核　　C. 点交　　D. 核对出库凭证

5. 仓库设施主要包括(　　)

A. 料棚　　B. 线路和站台　　C. 计量设备　　D. 库房

三、思考题

1. 简述库存、储备、储存、保管的概念。
2. 按照管理体制条件来分类，仓库可以分为哪几种？
3. 简述仓库保管方式及各方式的含义。
4. 商品编码的作用有哪些？
5. 入库接收常出现的问题有哪些？
6. 盘点的种类和方法有哪些？
7. 简述几种常用灭火器的用途。
8. 仓库质量管理的内容有哪些？

第5章 包装、装卸搬运、流通加工作业

学习目标

1. 了解包装的意义、包装材料及包装机械的应用。
2. 掌握一些先进的包装技术以及实现包装合理化的途径。
3. 了解装卸搬运的作用、分类以及相关的装卸搬运机械。
4. 了解流通加工的类型和方式。
5. 掌握流通加工的合理化。
6. 理解流通加工的流程及管理。

案例引入

日本包装减量化

日前，上海市包装技术协会接待了日本包装技术协会“包装与环保”代表团，中日包装专家就包装、包装废弃物、环境等问题开展了交流。会上，日本专家向上海同行介绍了他们在产品包装减量化方面的先进经验，有不少案例值得我们借鉴和学习。

1. 索尼公司电子产品的新包装

索尼公司制定四原则来推进该公司的产品包装。他们不但遵循“减量化、再使用、再循环”循环经济的“3R”原则，而且还在替代使用(replace)上想办法，对产品包装进行改进。我们来看几个实例。1998年该公司对大型号的电视机的泡沫塑料材料(EPS)缓冲包装材料进行改进，采用八块小的EPS材料分割式包装来缓冲防震，减少了40%EPS的使用；有的产品前面使用EPS材料，后面使用瓦楞纸板材料，并在外包装采用特殊形状的瓦楞纸板箱，以节约资源；另外，对小型号的电视机采用纸浆模塑材料替代原来的EPS材料。

2. 大日本印刷株式会社的新型包装

该企业产品包装贯彻环境意识的四原则，即包装材料减量化、使用后包装体积减少、再循环使用、减轻环境污染的原则。

(1) 包装材料减量化原则：减少容器厚度、薄膜化、削减层数、变更包装材料等方法。

(2) 使用后包装体积减少原则：箱体凹槽、纸板箱表面压痕、变更包装材料等方法，有些饮料瓶使用完毕后，体积变得很小，方便回收。

(3) 再循环使用原则：采用易分离的纸容器，纸盒里面放塑料薄膜，使用完毕后，纸、塑分离，减少废弃物，方便处理；还有一种可分离的热塑成型的容器。

(4) 减轻环境污染原则：该企业在包装产品的材料、工艺等方面进行改进，减少生产过程中二氧化碳的排放量，保护环境。

(资料来源：http：//www.examda.com/wuliu/anli/20080403/100555209.html)

思考：结合案例材料，思考身边有哪些包装可以通过什么方法进行改进。

5.1 包装作业

5.1.1 包装的地位与分类

在社会再生产过程中，包装处于生产过程的末尾和物流过程的开头，既是生产的终点，又是物流的始点。

在现代物流观念形成以前，包装被天经地义地看为生产的终点，因而一直是生产领域的活动，包装的设计往往主要从生产终结的要求出发，因而常常不能满足流通的要求。现代物流的研究认为，包装与物流的关系，比之与生产的关系要密切得多，其作为物流始点的意义比作为生产终点的意义要大得多，因此，包装应进入物流系统之中。

包装一般可分为以下几种类型。

1. 商业包装

商业包装是以促进销售为主要目的的包装，这种包装的特点是外形美观，有必要的装潢，包装单位适于顾客的购买量以及商店陈设的要求。在流动过程中，商品越接近顾客，越要求包装有促进销售的效果，如图 5.1 所示。

2. 运输包装

运输包装是指以强化输送、保护产品为目的的包装，如图 5.2 所示。运输包装的重要特点，是在满足物流要求的基础上使包装费用越低越好。为此，必须在包装费用和物流时的损失两者之间寻找最优的效果。

图 5.1 茶叶包装

图 5.2 运输包装

此外，按包装的保护技术可分为防潮包装、防锈包装、防虫包装、防腐包装、防震包装、危险品包装等。

5.1.2 包装材料与包装机械装备

1. 包装材料

(1) 纸及纸制品：牛皮纸、玻璃纸、植物羊皮纸、沥青纸、板纸、瓦楞纸板。

(2) 塑料及塑料制品：聚乙烯、聚丙烯、聚苯乙烯、聚氯乙烯、钙塑材料。

(3) 木材及木制品。

(4) 金属：镀锡薄板、涂料铁、铝合金。

(5) 玻璃、陶瓷。

(6) 复合材料。

2. 包装机械装备

包装机械是指能完成全部或部分产品和商品包装过程的机械。

包装机械的种类繁多，分类方法很多。从不同的观点出发可有多种分类方法，按产品状态分，有液体、块状、散粒体包装机；按包装作用分，有内包装、外包装包装机；按包装行业分，有食品、日用化工、纺织品等包装机；按包装工位分，有单工位、多工位包装机；按自动化程度分，有半自动、全自动包装机等。从国际包装机械总的情况看，比较科学的分类方法是按其主要功能进行分类，这种方法能抓住事物的本质，基本分类如下。

1) 充填机

充填机是将精确数量的包装品装入到各种容器内的包装机，其主要种类有如下几种。

(1) 容积式充填机。包括量杯式、插管式、柱塞式、料位式、螺杆式、定时式充填机。图 5.3 所示为螺杆式充填机。

(2) 称重式充填机，如图 5.4 所示。包括间歇称重式、连续称重式、称重—离心等分式等充填机。

图 5.3 螺杆式充填机

图 5.4 称重式充填机

(3) 计数式充填机。包括单件计数式、多件计数式充填机。

2) 封口机

封口机是将充填有包装物的容器进行封口的机械，其主要种类有以下几种。

(1) 无封口材料封口机。包括热压式、冷压式、熔焊式、插合式、折叠式等封口机。

(2) 有封口材料封口机。包括旋合式、滚纹式、卷边式、压合式等封口机。图 5.5 为压合式封口机。

(3) 有辅助封口材料封口机。包括胶带式、粘结式、钉合式、结扎式、缝合式等封口机。图 5.6 为胶带式封口机。

图 5.5　压合式封口机

图 5.6　胶带式封口机

3) 裹包机

裹包机是用柔性的包装材料，全部或部分地将包装物裹包起来的包装机。其主要种类有以下几种。

(1) 全裹式裹包机。包括扭结式、覆盖式、贴体式、接缝式等裹包机。

(2) 半裹式裹包机。包括折叠式、收缩式、拉伸式、缠绕式等裹包机。图 5.7 为缠绕式裹包机。

4) 多功能包装机

多功能包装机具有两种或两种以上的功能，如图 5.8 所示。多功能包装机主要有以下几种类型。

图 5.7　缠绕式裹包机

图 5.8　多功能包装机

(1) 充填封口机。它具有充填、封口两种功能。

(2) 成型充填封口机。它具有成型、充填、封口三种功能。成型的种类有袋成型、瓶成型、箱盒成型、泡罩成型、熔融成型等。

(3) 定型充填封口机。它具有定型、充填、封口功能。

(4) 双面封箱机。它能同时封上盖和下底两个面。封箱时，箱子可侧放或立放。

案例链接

包装机械的发展史

包装机械是随着新包装材料的出现和包装技术的不断革新而发展起来的。中国造纸技术的发明，为纸包装的产生提供了条件。1850 年世界纸价大跌，纸包装开始用于食品。1852 年美国的沃利发明出制纸袋机，从而出现纸制品机械。1861 年德国建立了世界上第一个包装机械厂，并于 1911 年生产了全自动成形充填封口机。1890 年美国开始生产液体灌装机，1902 年又生产了重力式灌装机。20 世纪初，英国的杜兰德采用金属容器保存食物，从而出现各种罐头包装食品。

20 世纪 60 年代以来，新材料逐渐代替传统的包装材料，特别是采用塑料包装材料后，包装机械发生重大变革。超级市场的兴起，对商品的包装提出了更新的要求。为保证商品输送快捷安全，集装箱应运而生，集装箱体尺寸也逐渐实现了标准化和系列化，从而促使包装机械进一步完善和发展。

5.1.3　包装技术与包装合理化

1. 包装容器技术

1）包装袋

包装袋是柔性包装中的重要技术，包装袋材料是挠性材料，有较高的韧性、抗拉强度和耐磨性。一般包装袋结构是筒管状结构，一端预先封死，在包装结束后再封装另一端，包装操作一般采用充填操作。包装袋广泛适用于运输包装、商业包装、内装、外装，因而使用较为广泛，如图 5.9 所示。

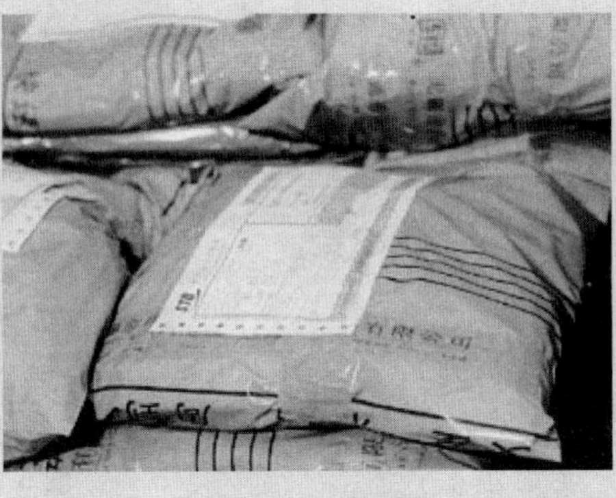

图 5.9　包装袋

包装袋一般分为下述三种类型：

(1) 集装袋。这是一种大容积的运输包装袋，盛装重量在 1 吨以上。集装袋的顶部一般装有金属吊架或吊环等，便于铲车或起重机的吊装、搬运。卸货时可打开袋底的卸货孔，即行卸货，非常方便。适于装运颗粒状、粉状的货物。

(2) 一般运输包装袋。这类包装袋的盛装重量是 50～100kg，大部分是由植物纤维或合成树脂纤维纺织而成的织物袋，或者由几层挠性材料构成的多层材料包装袋，如麻袋、草袋、水泥袋等，主要包装粉状、粒状和个体小的货物。

(3) 小型包装袋(或称普通包装袋)。这类包装袋盛装重量较少，通常用单层材料或双层材料制成。对某些具有特殊要求的包装袋也有用多层不同材料复合而成。该包装适用范围较广，液状、粉状、块状和异型物等可采用这种包装。

上述几种包装袋中，集装袋适于运输包装，一般运输包装袋适于外包装及运输包装，小型包装袋适于内装、个装及商业包装。

2）包装盒

包装盒是介于刚性和柔性包装两者之间的包装技术。包装材料有一定挠性，不易变形，有较高的抗压强度，刚性高于袋装材料，如图 5.10 所示。

包装盒的包装结构是规则几何形状的立方体，也可裁制成其他形状，如圆盒状、尖角状，一般容量较小，有开闭装置。包装操作一般采用码入或装填，然后将开闭装置闭合。包装盒整体强度不大，包装量也不大，不适合做运输包装，适合做商业包装、内包装，适合包装块状及各种异形物品。

3）包装箱

包装箱是刚性包装技术中的重要一类。包装材料为刚性或半刚性材料，有较高强度且不易变形。包装结构和包装盒相同，只是容积、外形都大于包装盒，两者通常以 10 升为分界。包装操作主要为码放，然后将开闭装置闭合或将一端固定封死。包装箱整体强度较高，抗变形能力强，包装量也较大，适合做运输包装、外包装，包装范围较广，主要用于固体杂货包装。主要包装箱有以下几种。

（1）瓦楞纸箱。瓦楞纸箱是用瓦楞纸板制成的箱形容器。瓦楞纸箱按照外形结构分类有折叠式瓦楞纸箱、固定式瓦楞纸箱和异形瓦楞纸箱三种。按构成瓦楞纸箱体的材料来分类，有瓦楞纸箱和钙塑瓦楞箱。瓦楞纸箱如图 5.11 所示。

图 5.10　包装盒

图 5.11　瓦楞纸箱

（2）木箱。木箱是流通领域中常用的一种包装容器，其用量仅次于瓦楞箱。木箱主要有木板箱、框板箱、框架箱三种。

① 木板箱。木板箱一般用做小型运输包装容器，能装载多种性质不同的物品。木板箱作为运输包装容器具有很多优点，如有抗拒碰裂、溃散、戳穿的性能，有较大的耐压强度，能承受较大负荷，制作方便等。但木板箱的箱体较重，体积也较大，其本身没有防水性。

② 框板箱。框板箱是先由条木与人造板材制成箱的框板，再经钉合装配而成，如图 5.12 所示。

③ 框架箱。框架箱是由一定截面的条木构成箱体的骨架，根据需要也可在骨架外面加木板覆盖。这类框架箱有两种形式，无木板覆盖的称为敞开式框架箱，有木板覆盖的称为覆盖式框架箱。框架箱有坚固的骨架结构，因此具有较好的抗震和抗扭力，有较大的耐压能力，而且其装载量大。

图 5.12　框板箱

(3) 塑料箱。一般用做小型运输包装容器，其优点是自重轻、耐蚀性好、可装载多种商品，整体性强，强度和耐用性能满足反复使用的要求，可制成多种色彩以对装载物进行分类，手握搬运方便，没有木刺，不易伤手。

(4) 集装箱。集装箱是由钢材或铝材制成的大容积物流装运设备。从包装角度看，它也属一种大型包装箱，可归属于运输包装的类别，也是大型反复使用的周转型包装。

4) 包装瓶

包装瓶是瓶颈尺寸有较大差别的小型容器，是刚性包装中的一种，包装材料有较高的抗变形能力，刚性、韧性要求一般也较高，个别包装瓶介于刚性与柔性材料之间，瓶的形状在受外力时虽可发生一定程度变形，但外力一旦撤除，仍可恢复原形，如图 5.13 所示。包装瓶结构是瓶颈口径远小于瓶身，且在瓶颈顶部开口；包装操作是填灌操作，然后将瓶口用瓶盖封闭。包装瓶的包装量一般不大，适合美化装潢，主要做商业包装、内包装使用，主要包装液体、粉状货。包装瓶按外形可分为圆瓶、方瓶、高瓶、矮瓶、异形瓶等若干种。瓶口与瓶盖的封盖方式有螺纹式、凸耳式、齿冠式、包封式等。

5) 包装罐(筒)

包装罐是罐身各处横截面形状大致相同，罐颈短，罐颈内径比罐身内颈稍小或无罐颈的一种包装容器，是刚性包装的一种。包装材料强度较高，罐体抗变形能力强。包装操作是装填操作，然后将罐口封闭，可用做运输包装、外包装，也可用做商业包装、内包装。包装罐(筒)主要有如下三种形式。

(1) 小型包装罐。这是典型的罐体，可用金属材料或非金属材料制造，容量不大，一般是做销售包装、内包装，罐体可采用各种方式装潢美化。

(2) 中型包装罐。其外形也是典型罐体，容量较大，一般用做化工原材料、土特产的外包装，起运输包装作用。

(3) 集装罐。这是一种大型罐体，有圆柱形、圆球形、椭球形、卧式、立式等。集装罐往往是罐体大而罐颈小，采取灌填式作业，灌填作业和排出作业往往不在同一罐口进行，另设卸货出口。集装罐是典型的运输包装，适合包装液状、粉状及颗粒状货物，如图 5.14 所示。

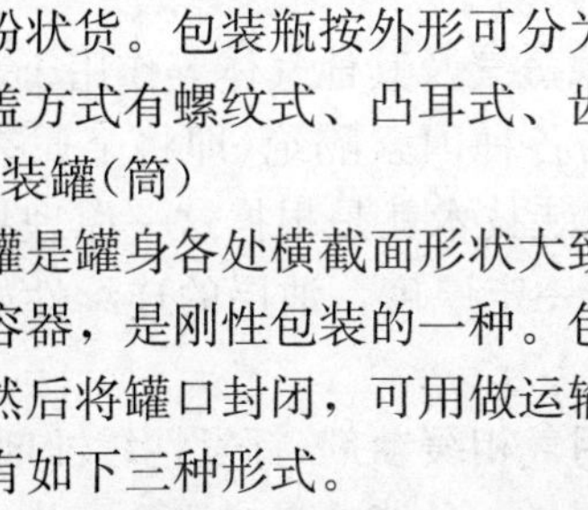

图 5.13　包装瓶

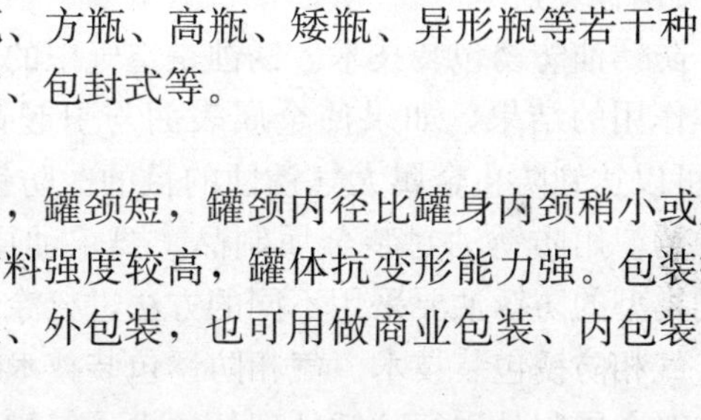

图 5.14　集装罐

2. 包装的保护技术

1）防震包装技术

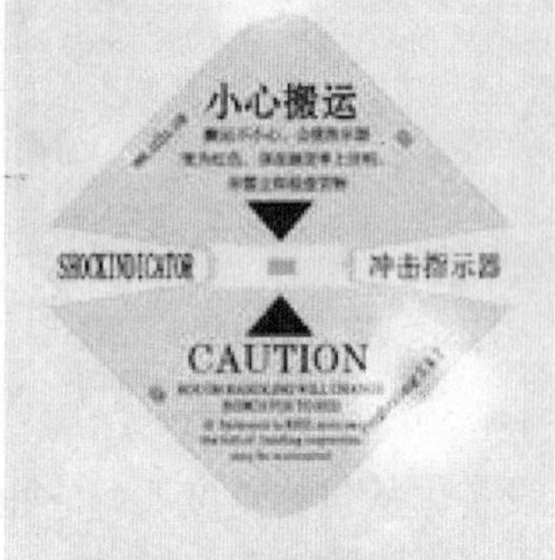

图5.15 防震指示标志

防震包装又称缓冲包装，在各种包装方法中占有重要的地位。产品从生产到开始使用要经过一系列的运输、保管、堆码和装卸过程，置于一定的环境之中。在任何环境中都会有力作用于产品，并使产品发生机械性损坏。为了防止产品遭受损坏，就要设法减小外力的影响。所谓防震包装就是指为减缓内装物受到冲击和振动，保护其免受损坏所采取的一定防护措施的包装。防震指示标志如图5.15所示。

2）防破损包装技术

缓冲包装有较强的防破损能力，因而是防破损包装技术中有效的一类。此外还可以采取以下几种防破损保护技术。

（1）捆扎及裹紧技术。捆扎及裹紧技术的作用，使杂货、散货形成一个牢固整体，以增加整体性，便于处理及防止散堆来减少破损。

（2）集装技术。利用集装，可以减少包装材料与货体的接触，从而防止破损。

（3）选择高强度保护材料。通过外包装材料的高强度来防止内装物受外力作用而破损。

3）防锈包装技术

（1）防锈油防锈包装技术。锈蚀是空气中的氧、水蒸气及其他气体等作用于金属表面引起电化学作用的结果。如果使金属表面与引起锈蚀的各种因素隔绝(即将金属表面保护起来)，就可以达到防止金属大气锈蚀的目的。防锈油包装技术就是根据这一原理将金属油封防止锈蚀的。用防锈油封装金属制品，要求油层要有一定厚度，油层的连续性好，涂层完整。不同类型的防锈油要采用不同的方法进行涂封。

（2）气相防锈包装技术。气相防锈包装技术就是用气相缓蚀剂(挥发性缓蚀剂)在密封包装容器中对金属制品进行防锈处理的技术。气相缓蚀剂是一种能减慢或完全停止金属在侵蚀性介质中的破坏过程的物质，它在常温下即具有挥发性，在密封包装容器中也能于很短的时间内挥发或升华，使缓蚀气体充满整个包装容器，同时吸附在金属制品的表面上，从而起到抑制大气对金属锈蚀的作用。

4）防霉腐包装技术

在运输包装内装运食品和其他有机碳水化合物货物时，货物表面可能生长霉菌，在流通过程中如遇潮湿，霉菌就会生长繁殖，甚至伸延至货物内部，使其腐烂、发霉、变质，因此要采取特别防护措施。

包装防霉烂变质的措施，通常是采用冷冻包装、真空包装或高温灭菌方法。

5）防虫包装技术

防虫包装技术，常用的是驱虫剂，即在包装中放入有一定毒性和嗅味的药物，利用药物在包装中挥发气体杀灭和驱除各种害虫。常用驱虫剂有茶、对位二氯化苯、樟脑精等。也可采用真空包装、充气包装、脱氧包装等技术，使害虫无生存环境，从而防止虫害。

6）危险品包装技术

危险品有上千种，按其危险性质，交通运输及公安消防部门规定分为十大类，即爆炸性物品、氧化剂、压缩气体和液化气体、自燃物品、遇水燃烧物品、易燃液体、易燃固体、毒害品、腐蚀性物品、放射性物品，有些物品同时具有两种以上危险性能。

对有毒商品的包装要明显地标明有毒的标志，如图 5.16 所示。防毒的主要措施是包装严密不漏、不透气。例如，重铬酸钾(红矾钾)和重铬酸钠(红矾钠)为红色带透明结晶，有毒，应用坚固附桶包装，桶口要严密不漏，制桶的铁板厚度不能小于 1.2mm。

对有腐蚀性的商品，要注意防止商品和包装容器的材质发生化学变化，其标志如图 5.17 所示。金属类的包装容器，要在容器壁涂上涂料，防止腐蚀性商品对容器的腐蚀。例如，包装合成脂肪酸的铁桶内壁要涂耐酸保护层，防止铁桶被商品腐蚀，从而商品也随之变质。

图 5.16　有毒品标志

图 5.17　腐蚀品标志

对黄磷等易自燃商品的包装，宜将其装入壁厚不少于 1mm 的铁桶中，桶内壁须涂耐酸保护层，桶内盛水，并使水面浸没商品，桶口严密封闭，每桶净重不超过 50kg。

对于易燃、易爆商品，因其有强烈氧化性，遇有微量不纯物或受热即急剧分解引起爆炸。所以，防爆炸包装的有效方法是采用塑料桶包装，然后将塑料桶装入铁桶或木箱中，每件净重不超过 50kg，并应有自动放气的安全阀，当桶内达到一定气体压力时，能自动放气，其包装标志如图 5.18 所示。

图 5.18　易爆品标志

7）特种包装技术

(1) 充气包装。充气包装是采用二氧化碳或氮气等不活泼气体置换包装容器中空气的一种包装技术方法，因此，也称为气体置换包装。这种包装方法是根据好氧性微生物需氧代谢的特性，在密封的包装容器中改变气体的组成成分，降低氧气的浓度，抑制微生物的生理活动、酶的活性和鲜活商品的呼吸强度，达到防霉、防腐和保鲜的目的。

(2) 真空包装。真空包装是将物品装入气密性容器后，在容器封口之前抽真空，使密封后的容器内基本没有空气的一种包装方法。一般的肉类商品、谷物加工商品以及某些容易氧化变质的商品都可以采用真空包装，真空包装不但可以避免或减少脂肪氧化，而且抑制了某些霉菌和细菌的生长。

(3) 收缩包装。收缩包装就是用收缩薄膜裹包物品(或内包装件)，然后对薄膜进行适当加热处理，使薄膜收缩而紧贴于物品的包装技术方法。

收缩薄膜是一种经过特殊拉伸和冷却处理的聚乙烯薄膜，由于薄膜在定向拉伸时产生残余收缩应力，这种应力受到一定热量后便会消除，从而使其横向和纵向均发生急剧收缩，同时使薄膜的厚度增加。

（4）拉伸包装。拉伸包装是20世纪70年代开始采用的一种新包装技术，它是由收缩包装发展而来的。拉伸包装是依靠机械装置在常温下将弹性薄膜围绕被包装件拉伸、紧裹，并在其末端进行封合的一种包装方法。由于拉伸包装不需进行加热，所以消耗的能源只有收缩包装的1/20。拉伸包装可以捆包单件物品，也可用于托盘包装之类的集合包装。

（5）脱氧包装。脱氧包装是继真空包装和充气包装之后出现的一种新型除氧包装方法。脱氧包装是在密封的包装容器中，使用能与氧气起化学作用的脱氧剂与之反应，从而除去包装容器中的氧气，达到保护内装物的目的。脱氧包装方法适用于对氧气特别敏感的物品，尤其是即使有微量氧气也会促使品质变坏的食品包装。

3. 包装合理化

包装与物流各环节都有密切的联系，因此，包装必须合理化。关于包装的合理化，国内外开展了广泛的研究，例如，美国学者提出了“包装5步研制方法”：①确定环境；②确定产品的易损性；③选用适当的缓冲垫；④设计及创造原型包装；⑤试验原型包装。一般情况下，包装合理化的要点主要包括以下几个方面。

（1）从物流总体角度出发，用科学方法确定最优包装。

产品从出厂到最终销售目的地所经过的流通环境条件，如装卸条件、运输条件、储存条件、气候条件、机械条件、化学和生物条件等都对包装提出了要求。从现代物流观点看，包装合理化不单是包装本身合理与否的问题，而是整个物流合理化前提下的包装合理化。

对包装产生影响的第一因素是装卸，不同装卸方法对包装的要求也不同。目前我国铁路运输，特别是汽车运输，还大多采用手工装卸，因此，包装的外形和尺寸就要适于人工操作。另外，装卸人员素质低、作业不规范也会直接引发商品损失。

对包装有影响的第二个因素是保管。在确定包装时，应根据不同的保管条件和方式而采用与之相适应的包装强度。

对包装有影响的第三个因素是运输。运送工具的类型、输送距离的长短、道路情况等对包装都有影响。我国现阶段，存在很多种不同类型的运输方式，如航空的直航与中转，铁路快运集装箱，包裹快件，行包专列，汽车的篷布车、密封厢车等，以上不同的运送方式对包装都有着不同的要求和影响。

（2）防止包装不足和包装过剩。

由于包装强度、包装材料不足等因素所造成的物资在流通过程中发生的损耗不可低估。包装不足主要体现为以下几方面：①包装强度不足，从而使包装防护性不足，造成包装物的损失；②包装材料水平不足，包装材料不能很好地承担运输防护及促进销售的作用；③包装容器的层次及容积不足，不能完全装下被包装的物资而造成损失；④包装成本过低，不能保证有效的包装。

在现今，包装不足已经不是主要存在的问题，主要的问题是包装过剩，由于包装物强度设计过高、包装材料选择不当而造成包装过剩。包装过剩增加了物流的成本，主要表现为以下几个方面：①包装物强度设计过高，如包装材料截面过大、包装方式大大超过强度要求等，从而使包装防护性过高；②包装材料选择不当，选择过高，如可以用纸板却采用镀锌、镀锡材料等；③包装技术过高；④包装层次多，包装体积大。

（3）防止包装成本过高。

包装成本高一方面指包装成本的支出大大超过了减少损失可能获得的效益，另一方面指包装成本在物资成本中所占的比例过大，损害了客户的利益。

小思考

（1）为了节省成本，某物流公司使用纸袋包装针式打印机和电视机，这样可以吗？为什么？

（2）某物流公司在邮寄未装裱的油画、水粉画一类的书画作品时为了对其做较好的保护，采用木板条装订的箱子来包装，这样做有必要吗？该怎样做？

（4）不断改进包装。

改进包装应注意以下几个问题。

① 采用单元货载尺寸和运输包装系列尺寸。物流系统高效率化的关键在于使单元货载系统化。所谓单元货载系统是把货物归整为一定数量的单件进行运输。其核心是自始至终采用托盘运输，即从发货至到货后的装卸，全部使用托盘运输方式。为此，在物流过程中所有的设施、装置、机具均应引进物流标准概念。

物流标准是指为实现标准化，提高物流效率，将物流系统各要素的基准尺寸体系化。其基础就是单元货载尺寸。

单元货载尺寸是运输车辆、仓库、集装箱等能够有效利用的尺寸。单件货载尺寸按日本JIS20603的规定，托盘以1 100mm×1 100mm和1 000mm×1 200mm为标准。将这一标准数值进行整数分割或组合而成的69种数值的正方形尺寸和40种数值的长方形尺寸作为运输包装系列尺寸的规格值。采用这种运输包装系列尺寸，可以使货物恰好不多不少地码放在托盘上，既不致溢出，也不留有空隙。卡车的车厢规格，也最好按单元货载尺寸的要求制造，使装载货物时既不致超出也不致余空。

物流托盘标准化的思想就是把运输包装系列尺寸、单件货载尺寸、车厢尺寸和一系列的规格尺寸作为一个整体联系起来。

② 包装大型化。随着交易单位的大型化和物流过程中搬运的机械化，单个包装亦趋大型化。例如，作为工业原料的粉粒状货物，就使用以吨为单位的柔性容器进行包装。

大批量出售日用杂货或食品的商店因为销售量大，只要不是人力搬运，也无需采用20kg的小单位包装。包装单位大型化可以节省劳力，降低包装成本。

③ 包装机械化。包装过去主要是依靠人力作业，进入大量生产、大量消费时代以后，包装的机械化也就应运而生。包装机械化从逐个包装机械化开始，直到装箱、封口、捆扎等外包装作业完成。此外，还有使用托盘堆码机进行的自动单元化包装，以及使用塑料薄膜加固托盘的包装等。在超级市场，预先包装(原包装)业已普及，从保证卫生出发，食品包装机械化也是非常必要的。

包装机械化对于节省劳力，货物单元化，提高销售效率，以及采取无人售货方式等均是有必要的。

④ 节省资源的包装与拆装后的废弃物处理必须和社会系统相适应。包装的寿命很短，多数到达目的地后便废弃了，但随着物流量的增大，垃圾公害问题也提上议事日程。随着对“资源有限”认识的加深，包装材料的回收利用和再生利用受到了重视。今后应尽可能地积极推行包装容器的循环使用，并尽可能地回收废弃的包装容器予以再生利用。

5.2 装卸搬运作业

5.2.1 装卸搬运的地位

装卸搬运活动的基本动作包括装车(船)、卸车(船)、堆垛、入库、出库以及联结上述各项动作的短程输送，是随运输和保管等活动而产生的必要活动。

在物流过程中，装卸搬运活动是不断出现和反复进行的，它出现的频率高于其他各项物流活动，每次装卸活动都要花费很长时间，所以它往往成为决定物流速度的关键。装卸搬运活动所消耗的人力也很多，所以装卸费用在物流成本中所占的比重也较高。以我国为例，铁路运输的始发和到达的装卸作业费用大致占运费的20%左右，船运占40%左右。因此，降低物流费用，装卸搬运是个重要环节。

此外，进行装卸搬运操作时往往需要接触货物，因此，这是在物流过程中造成货物破损、散失、损耗、混合等损失的主要环节。例如，袋装水泥纸袋破损和水泥散失主要发生在装卸过程中，玻璃、机械、器皿、煤炭等产品在装卸时最容易造成损失。

由此可见，装卸搬运活动是影响物流效率、决定物流技术经济效果的重要环节。

知识链接

(1) 据统计，火车货运以500km为分歧点，运距超过500km，运输在途时间多于起止的装卸时间；运距低于500km，装卸时间则超过实际运输时间。

(2) 美国与日本之间的远洋船运，往返一次需25天，其中运输时间13天，装卸时间12天。

(3) 我国对生产物流的统计，机械工厂每生产1吨成品，需进行252吨次的装卸搬运，其成本为加工成本的15.5%。

5.2.2 装卸搬运的方法和分类

1. 装卸搬运的方法

1) 单件装卸

单件装卸是指非集装按件计的货物逐个进行装卸操作的作业方法。单件作业对机械、装备、装卸条件要求不高，因而机动性较强，可在很广泛的地域内进行而不受固定设施、设备的地域局限。

单件作业可采取人力装卸、半机械化装卸及机械装卸。由于逐件处理装卸速度慢，且装卸要逐件接触货体，因而容易出现货损，反复作业次数较多，也容易出现货差。单件作业的装卸对象主要是包装杂货，多种类、少批量货物以及单件大型、笨重货物。

2) 集装作业

集装作业是对集装货载进行装卸搬运的作业方法。每装卸一次是一个经组合之后的集货货载，在装卸时对集装体逐个进行装卸操作，和单件装卸的主要异同在于，都是按件处理，但集装作业“件”的单位大大高于单件作业每件的大小。

集装作业的对象范围较广，一般除特大、重、长的货物和粉、粒、液、气状货物外，都可进行集装。粉、粒、液、气状货物经一定包装后，也可集合成大的集装货载；特大、重、长的货物，经适当分解处置后，也可采用集装方式进行装卸。集装作业有以下几种方法。

(1) 托盘装卸。托盘装卸利用叉车对托盘货载进行装卸，属于“叉上叉下”方式。由于叉车本身有行走机构，所以，在装卸同时可以完成小搬运，而勿需落地过渡，因而有水平装卸的特点。托盘装卸常需叉车与其他设备、工具相配合，以有效完成全部装卸过程。例如，叉上之后，由于叉的前伸距离有限，有时需要利用托盘搬运车或托盘移动器来解决托盘水平短距离移动。由于叉的升高有限，有的叉需与升降机、电梯、巷道起重机等设备配套，以解决托盘垂直位移的问题。图 5.19 所示为液压搬运叉车。

(2) 集装箱装卸。集装箱装卸主要用于港口吊车、龙门吊车等各种垂直起吊设备进行“吊上吊下”式的装卸，同时，各种吊车还都可以做短距离水平运动，因此可以同时完成小范围的搬运。如需有一定距离的搬运，则还需与搬运车相配合。小型集装箱也可以和托盘一样采用叉车进行装卸。图 5.20 所示为龙门吊车。

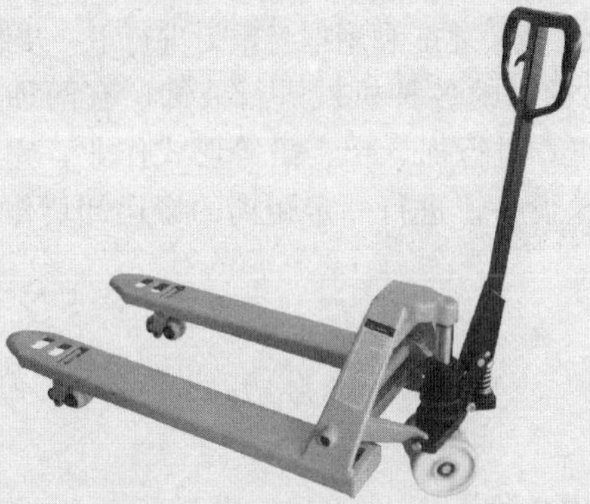

图 5.19 液压搬运叉车

图 5.20 龙门吊车

(3) 货捆装卸。货捆装卸主要采用各种类型起重机进行装卸，货捆的捆具可与吊具、索具有效配套进行“吊上吊下”式装卸。图 5.21 所示为车载起重机。短尺寸货捆还可采用一般叉车装卸，长尺寸货捆还可采用侧式叉车进行装卸。货捆装卸适用于长尺寸货物、块条状货物、强度较高无需保护的货物。

图 5.21 车载起重机

(4) 集装网袋装卸。集装网袋装卸主要采用各种类型吊车进行“吊上吊下”作业，也可与各种搬运车配合进行吊车所不能及的搬运。货捆装卸与集装网袋装卸有一个共同的突出优点，即货捆的捆具及集装袋、集装网本身重量轻，又可折叠，因而无效装卸少，装卸作业效率高。而且相对货物而言，捆具与集装袋、网成本较低，装卸后又易返运，因而装卸上有优势。

(5) 挂车装卸。挂车装卸是指利用挂车的可行走特征，连同车上组合成的货物一起拖运到火车车皮上或船上的装卸方式，属水平装卸，是所谓“滚上滚下”的装卸方式。

其他集装装卸方式还有滑板装卸、无托盘集装装卸、集装罐装卸等。

3) 散装作业

散装作业指对大批量粉状、粒状货物进行无包装散装、散卸的装卸方法。装卸可连续进行，也可采取间断的装卸方式，但是都需采用机械化设施、设备。在特定情况下，且批量不大时，也可采用人力装卸。散装作业方法主要有以下几种。

(1) 气力输送装卸。气力输送装卸的主要设备是管道及气力输送设备，以气力运动裹挟粉状、粒状货物沿管道运动而达到装、搬、卸之目的，也可采用负压抽取方法，使散货沿管道运动。管道装卸密封性好，装卸能力高，容易实现机械化、自动化。

(2) 重力装卸。重力装卸是利用散货本身重量进行装卸的方法，这种方法必须与其他方法配合，首先将散货提升到一定高度，具有一定势能之后，才能利用本身重力进行下一步装卸。

(3) 机械装卸。机械装卸是利用能承载粉粒货物的各种机械进行装卸，有两种主要方式：①用吊车、叉车改换不同机具或用专用装载机，进行抓、铲、舀等形式作业，完成装卸及一定的搬运作业。②用传送带、滑板等各种输送设备，进行一定距离的搬运卸货作业，并与其他设备配合实现装货。

2. 装卸搬运的分类

装卸搬运有很多种分类方法，见表5-1。

表5-1 装卸搬运的分类

按施行的物流设施、设备对象分类	按机械及机械作业方式分类	按被装物的主要运动形式分类	按装卸搬运对象分类	按作业特点分类
仓库装卸	吊上吊下方式	垂直装卸	散装货物装卸	连续装卸
铁路装卸	叉上叉下方式	水平装卸	单件货物装卸	间歇装卸
港口装卸	滚上滚下方式	—	集装货物装卸	—
汽车装卸	移上移下方式	—	—	—
飞机装卸	散装散卸方式	—	—	—

5.2.3 装卸搬运的合理化

1. 防止无效装卸

无效装卸是指消耗于有用货物必要装卸劳动之外的多余劳动。一般装卸操作中，无效装卸具体反映在以下几方面。

1）过多的装卸次数

物流过程中，货损主要发生在装卸环节。而在整个物流过程中，装卸作业又是反复进行的。从发生的频数来讲，装卸作业超过任何其他活动，所以过多的装卸次数必然导致损失的增加。从发生的费用来看，一次装卸的费用相当于几十千米的运输费用，因此，每增加一次装卸，费用就会有较大比例的增加。此外，装卸会大大阻缓整个物流的速度，又是降低物流速度的重要因素。

2）过大的包装装卸

包装过大、过重，在装卸时实际上反复在包装上消耗较大的劳动，这一消耗不是必需的，因而形成无效劳动。

3）无效物质的装卸

进入物流过程的货物，有时混杂着没有使用价值或对用户来讲使用价值不符的各种掺杂物，如煤炭中的矸石、矿石中的表面水分、石灰中的未烧熟石灰及过烧石灰等。在反复装卸时，对这些无效物质反复消耗劳动，因而形成无效装卸。

由此可见，装卸搬运如能防止上述无效装卸，则可大大节约装卸劳动，使装卸合理化。

案例链接

某药业公司的装卸搬运

装卸搬运活动是衔接物流各环节活动正常进行的关键，它渗透到物流活动的各个领域，其控制点在于管理好储存物品、减少装卸搬运过程中商品的损耗率、缩短装卸时间等。而某药业公司恰好忽视了这一点，由于搬运设备的现代化程度较低，只有几个小型货架和手推车，大多数作业仍处于人工作业为主的原始状态，工作效率低，且易损坏物品。另外，仓库设计的不合理，造成长距离的搬运。并且库内作业流程混乱，形成重复搬运，大约有70%的搬运属于无效搬运，这种过多的搬运次数，损坏了商品，也浪费了时间。

2. 充分利用重力和消除重力影响，进行少消耗的装卸

在装卸时考虑重力因素，可以利用货物本身的重量，进行有一定落差的装卸，以减少或根本不消耗装卸的动力，这是合理化装卸的重要方式。例如，从卡车、铁路货车卸物时，利用卡车与地面或小搬运车之间的高度差，使用溜槽、溜板之类的简单工具，可以依靠货物本身的重量，使货物从高处自动滑到低处，这就勿需消耗动力。如果采用吊车、叉车将货物从高处卸到低处其动力消耗虽比从低处装到高处小，但是仍需消耗动力。两者比较，利用重力进行无动力消耗的装卸显然是合理的。

在使用人力装卸时，一装一卸是爆发力，而搬运一段距离，是负重行走，要持续抵抗重力的影响，同时还要行进，因而体力消耗很大，是容易出现疲劳的环节。所以，人力装卸时如果能配合简单机具，做到“持物不步行”，则可以大大减轻劳动量，做到合理化。

3. 充分利用机械，实现规模装卸

规模效益早已是大家所接受的，在装卸时也存在规模效益问题。装卸时的规模效益主要表现为一次装卸量或连续装卸量要达到充分发挥机械最优效率的水准。为了更多地降低单位装卸工作量的成本，对装卸机械来讲，也有规模问题，装卸机械的能力达到一定规模，才会

有最优效果。追求规模效益的方法，主要是通过各种集装实现间断装卸时一次操作的最合理装卸量，从而使单位装卸成本降低，也通过散装实现连续装卸的规模效益。

4. 提高物的装卸搬运活性

装卸搬运活性是指从物的静止状态转变为装卸搬运运动状态的难易程度。如果很容易转变为下一步的装卸搬运而不需过多做装卸搬运前的准备工作，则活性就高；如果难以转变为下一步的装卸搬运，则活性低。为了对活性有所区别，并能有计划地提出活性要求，使每一步装卸搬运都能按一定活性要求进行操作，对于不同放置状态的货物做了不同的活性规定，就是“活性指数”，分为0～4共5个等级。

知识链接

装卸搬运活性指数

散乱堆放在地面上的货物，进行下一步装卸时必须要进行包装或打捆，或者只能一件件操作处置，因而不能立即实现装卸或装卸速度很慢，这种全无预先处置的散堆状态，定为“0”级活性；将货物包装好或捆扎好，然后放置于地面，在下一步装卸时可直接对整体货载进行操作，因而活性有所提高，但操作时需支起、穿绳、挂索，或支垫入叉，因而装卸搬运前预操作要占用时间，不能取得很快的装卸搬运速度，活性仍然不高，定为“1”级活性；将货物形成集装箱或托盘的集装状态，或对已组合成捆、堆或捆扎好的货物，进行预垫或预挂，装卸机具能立刻起吊或入叉，活性有所提高，定为“2”级活性；将货物预置在搬运车、台车或其他可移动挂车上，动力车辆能随时将车、货拖走，这种活性更高，定为“3”级活性；如果货物就预置在动力车辆或传送带上，即刻就可进入运动状态，而不需做任何预先准备，活性最高，定为“4”级活性。

5. 选择最好搬运方式或节省体力消耗

在物流领域，即使现代化水平已经很高，也仍然避免不了要有人力搬运的配合，因此，人力搬运合理化问题也很重要。

根据科学研究的结论，采用不同搬运方式和不同移动方式，其合理使用体力的效果不同。科学地选择搬运重量和科学地确定包装重量也可促进人力装卸的合理化。

5.2.4 装卸搬运设施设备配置

装卸搬运活动的种类很多，在不同领域为配合不同活动所进行的装卸搬运工作，机器的选用有较大区别，分述如下。

1. 物流设施内的装卸搬运设施

在物流设施内的装卸搬运活动是很频繁的，一般而言，物流设施都有特定的用途，如火车站、机场、港口、转运站、配送中心等，这些具有特定用途的物流设施都是根据处理货物的种类、方式，根据物流设施与物流线路的衔接运输方式设计和建造的专用物流设施，如立体或平面仓库、高站台、低站台、铁道专用线及站台、汽车站台等。同时，在特定的物流设施中，往往配置最理想的专用物流机器。这样一来，在这一特定物流设施中，便可以进行专业化的装卸搬运，形成一个完善的装卸搬运工艺，使这种特定物流设施有很高的工作效率和很完善的机械配置。

物流设施中的装卸设施和机具的特点是有按设计建成的专用性强的设施和专用装卸搬运设备。如果这种设施移做他用，则因设施设备不配套而有较大困难。下面介绍两种常见的装卸设施。

1）卡车站台

在物流设施内，不同领域所选用的卡车站台也不同。处理多品种、少批量、多次数的货物(如配送中心)一般采用高站台的设计，即站台高度与汽车货台高度相同，站台平面与配送处理场连成一体，配送处理的货物可以方便地水平装入车内；处理少品种、大批量的货物，一般采用低站台，即站台面和地平面等高。

2）火车站台

一般散杂货及包装货装卸，采用高站台，站台与车厢底板同高，各种作业车辆、小型叉车及人力可方便地从站台进出车厢从事装卸作业；集装箱、托盘等大型货体，采用吊车或大型叉车作业，一般采用和地面平的低站台。

2. 物流设施外的装卸搬运活动及机器

一般而言，物流设施外的装卸是成本较高、装卸水平较低的，在物流过程中是制约物流总水平提高的领域。例如，许多用户没有专门物流设施，如家庭、商店、一般工厂等，因此，不可能有专门的设施和专用装卸机具，在这种情况下装卸方式有以下三种。

(1) 人力装卸。

(2) 人力配合移动机具搬运。除去全部利用人力外，还可采用手动叉车、移动式输送机升降台车和手推车等机具配合。

(3) 随车的装卸工具装卸。主要有两种装置：一种是车载小型卡车吊，可有效完成设施外装卸；另一种是车尾部升降板。

3. 租用装卸机械装卸

装卸机械装卸是指利用自动翻卸、自动收集垃圾、自动吸排污物、带辊道输送带等专用车辆，到目的地后可完成一部分装卸搬运的操作。租用装卸机械是常用的办法，尤其是不经常发生的重型货物装卸，需要租用专用吊车。

5.3　流通加工作业

5.3.1　流通加工的地位

1. 流通加工有效地完善了流通

流通加工在实现时间、场所两个重要效用方面，确实不能与运输和储存相比，因而，不能认为流通加工是物流的主要功能要素。流通加工的普遍性也不能与运输、储存相比，流通加工不是所有物流中必然出现的。但这绝不是说流通加工并不重要，实际上它也是不可轻视的，是起着补充、完善、提高、增强作用的功能要素，它能起到运输、储存等其他功能要素无法起到的作用。所以，流通加工的地位可以描述为是提高物流水平、促进流通向现代化发展的不可少的形态，如图5.22所示。

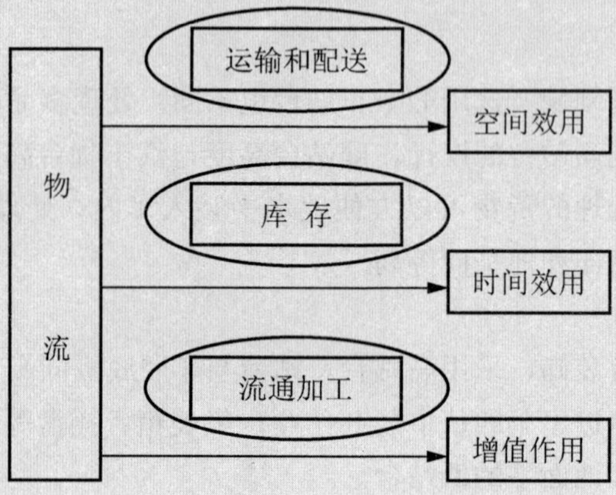

图5.22 流通加工在物流中的作用

2. 流通加工是物流中的重要利润源

流通加工是一种低投入、高产出的加工方式，往往以简单加工解决大问题。实践证明，有的流通加工通过改变装潢使商品档次跃升而充分实现其价值，有的流通加工将产品利用率一下子提高20%～50%，这是采取一般方法提高生产率所难以达到的。根据我国近些年的实践，流通加工单仅就向流通企业提供利润一点，其成效并不亚于运输和储存，是物流的重要利润源。

3. 流通加工在国民经济中也是重要的加工形式

在整个国民经济的组织和运行方面，流通加工是其中一种重要的加工形态，对推动国民经济的发展和完善国民经济的产业结构及生产分工有一定的意义。

5.3.2 流通加工的类型

根据不同的目的，流通加工具有不同的类型。

1. 为适应多样化需要的流通加工

生产部门为了实现高效率、大批量的生产，其产品往往不能完全满足用户的要求。这样，为了满足用户对产品多样化的需要，同时又要保证高效率的大生产，可将生产出来的单一化、标准化的产品进行多样化的改制加工。例如，对钢材卷板的舒展、剪切加工，平板玻璃按需要规格的开片加工，木材改制成枕木、板材、方材等加工。

2. 为方便消费、省力的流通加工

根据下游生产的需要将商品加工成生产直接可用的状态。例如，根据需要将钢材定尺、定型，按要求下料；将木材制成可直接投入使用的各种型材；将水泥制成混凝土拌合料，使用时只需稍加搅拌即可使用等。

3. 为保护产品所进行的流通加工

在物流过程中，为了保护商品的使用价值，延长商品在生产和使用期间的寿命，防止商品在运输、储存、装卸搬运、包装等过程中遭受损失，可以采取稳固、改装、保鲜、冷冻、涂油等方式。例如，水产品、肉类、蛋类的保鲜、保质的冷冻加工、防腐加工等；丝、麻、棉织品的防虫、防霉加工等；为防止金属材料的锈蚀而进行的喷漆、涂防锈油等措施，运用手工、机械或化学方法除锈；木材的防腐朽、防干裂加工；煤炭的防高温自燃加工；水泥的防潮、防湿加工等。

4. 为弥补生产领域加工不足的流通加工

由于受到各种因素的限制，许多产品在生产领域的加工只能到一定程度，而不能完全实现终极的加工。例如，木材如果在产地完成成材加工或制成木制品的话，就会给运输带来极大的困难，所以，在生产领域只能加工到圆木、板、方材这个程度，进一步的下料、切裁、处理等加工则由流通加工完成；钢铁厂大规模的生产只能按规格生产，以使产品有较强的通用性，从而使生产能有较高的效率，取得较好的效益。

5. 为促进销售的流通加工

流通加工也可以起到促进销售的作用。例如，将过大包装或散装物分装成适合依次销售的小包装的分装加工；将以保护商品为主的运输包装改换成以促进销售为主的销售包装，以起到吸引消费者、促进销售的作用；将蔬菜、肉类洗净切块以满足消费者要求等。

6. 为提高加工效率的流通加工

许多生产企业的初级加工由于数量有限，加工效率不高。而流通加工以集中加工的形式，解决了单个企业加工效率不高的弊病。它以一家流通加工企业的集中加工代替了若干家生产企业的初级加工，促使生产水平有一定的提高。

7. 为提高物流效率、降低物流损失的流通加工

有些商品本身的形态使之难以进行物流操作，而且商品在运输、装卸搬运过程中极易受损，因此需要进行适当的流通加工加以弥补，从而使物流各环节易于操作，提高物流效率，降低物流损失。例如，造纸用的木材磨成木屑的流通加工，可以极大地提高运输工具的装载效率；自行车在消费地区的装配加工可以提高运输效率，降低损失；石油气的液化加工，使很难输送的气态物转变为容易输送的液态物，也可以提高物流效率。

8. 为衔接不同运输方式、使物流更加合理的流通加工

在干线运输和支线运输的结点设置流通加工环节，可以有效解决大批量、低成本、长距离的干线运输与多品种、少批量、多批次的末端运输和集货运输之间的衔接问题。在流通加工点与大生产企业间形成大批量、定点运输的渠道，以流通加工中心为核心，组织对多个用户的配送，也可以在流通加工点将运输包装转换为销售包装，从而有效衔接不同目的的运输方式。例如，散装水泥中转仓库把散装水泥装袋，将大规模散装水泥转化为小规模散装水泥的流通加工，就衔接了水泥厂大批量运输和工地小批量装运的需要。

9. 为实施配送进行的流通加工

为实施配送进行的流通加工是配送中心为了实现配送活动，满足客户的需要而对物资进行的加工。例如，混凝土搅拌车可以根据客户的要求，把沙子、水泥、石子、水等各种不同材料按比例要求装入可旋转的罐中。在配送路途中，汽车边行驶边搅拌，到达施工现场后，混凝土已经搅拌好，可以直接投入使用。

案例链接

联华生鲜食品加工配送中心

联华生鲜食品加工配送中心是我国国内目前设备最先进、规模最大的生鲜食品加工配送中心，总投资6 000万元，建筑面积35 000m^2，年生产能力20 000t，其中肉制品15 000t，生鲜蔬菜、调料半成品3 000t，西式熟食制品2 000t，产品结构分为15大类约1 200种；在生产加工的同时，配送中心还从事水果、冷冻品以及南北货的配送任务。

5.3.3 流通加工的合理化

1. 不合理流通加工若干形式

流通加工是在流通领域中对生产的辅助性加工，从某种意义讲，它不仅是生产过程的延续，还是生产本身或生产工艺在流通领域的延续。这个延续可能有正、反两方面的作用，即一方面可能有效地起到补充完善的作用，但是，也必须估计到另一种作用，即对整个过程的负效应。各种不合理的流通加工都会产生抵消效益的负效应。

几种不合理流通加工形式如下。

1）流通加工地点设置的不合理

流通加工地点设置及布局状况是使整个流通加工是否能有效的重要因素。一般而言，为衔接单品种、大批量生产与多样化需求的流通加工，加工地设置在需求地区，才能实现大批量的干线运输与多品种末端配送的物流优势。

如果将流通加工地设置在生产地区，其不合理之处在于：①多样化需求要求的产品多品种、小批量由产地向需求地的长距离运输会出现不合理；②在生产地增加了一个加工环节，同时增加了近距离运输、装卸、储存等一系列物流活动。

另外，为方便物流的流通加工环节应设在产出地，设置在进入社会物流之前。如果将其设置在物流之后，即设置在消费地，则不但不能解决物流问题，还会流通中增加一个中转环节，因而也是不合理的。

即使产地或需求地设置流通加工的选择是正确的，还有流通加工在小地域范围的正确选址问题，如果处理不善，仍然会出现不合理。这种不合理主要表现在交通不便，流通加工与生产企业或用户之间距离较远，流通加工点的投资过高(如受选址的地价影响)，加工点周围社会、环境条件不良等。

2）流通加工方式选择不当

流通加工方式包括流通加工对象、流通加工工艺、流通加工技术、流通加工程度等。流通加工方式的确定实际上是与生产加工的合理分工。分工不合理，本来应由生产加工完成的，却错误地由流通加工完成；本来应由流通加工完成的，却错误地由生产过程完成，都会造成不合理性。

3）流通加工作用不大，形成多余环节

有的流通加工过于简单，对生产及消费者作用都不大；或者由于流通加工的盲目性，同样未能解决品种、规格、质量、包装等问题，相反却实际增加了环节，这也是流通加工不合理的重要形式。

4）流通加工成本过高，效益不好

流通加工之所以能够有生命力，重要优势之一是有较大的产出投入比，因而有效起着补充完善的作用。如果流通加工成本过高，则不能实现以较低投入实现更高价值的目的。除了一些必需的、服从政策要求即使亏损也应进行的加工外，都应看成是不合理的加工。

2. 流通加工合理化

流通加工合理化的含义是实现流通加工的最优配置，不仅做到避免各种不合理，使流通加工有存在的价值，而且做到最优的选择。

为避免各种不合理现象，对是否设置流通加工环节，在什么地点设置，选择什么类型的加工，采用什么样的技术装备等，需要做出正确抉择。目前，国内在进行这方面合理化的考虑中已积累了一些经验，取得了一定成果。实现流通加工合理化主要考虑以下几方面。

1）加工和配送结合

加工和配送结合是将流通加工设置在配送点，一方面按配送的需要进行加工，另一方面加工又是配送业务流程中分货、拣货、配货中一个环节，加工后的产品直接投入配货作业。这就无须单独设置一个加工的中间环节，使流通加工有别于独立的生产，从而使流通加工与中转流通巧妙结合在一起。同时，由于配送之前有加工，可使配送服务水平大大提高。这是当前对流通加工做合理选择的重要形式，在煤炭、水泥等产品的流通中已表现出较大的优势，如图 5.23 所示为水泥搅拌车，在配送水泥的同时完成水泥搅拌的流通加工操作。

图 5.23 水泥搅拌车

2）加工和配套结合

在对配套要求较高的流通中，配套的主体来自各个生产单位，但是，完全配套有时无法全部依靠现有的生产单位，进行适当流通加工，可以有效促成配套，大大提高流通的桥梁与纽带的功能。

3）加工和合理运输结合

前文已提到过流通加工能有效衔接干线运输与支线运输，促进两种运输形式的合理化。利用流通加工，在支线运输转干线运输或干线运输转支线运输的环节，不进行一般的支转干或干转支，而是按干线或支线运输合理的要求进行适当加工，从而大大提高运输及运输转载水平。

4）加工和合理商流结合

通过加工有效促进销售，使商流合理化，也是流通加工合理化的考虑方向之一。加工和配送的结合，通过加工，提高了配送水平，强化了销售，是加工与合理商流相结合的一个成功的例证。此外，通过简单地改变包装加工，形成方便的购买；通过组装加工，解除用户使用前进行组装、调试的难处，都是有效促进商流的例子。

5）加工和节约结合

节约能源、节约设备、节约人力、节约耗费是流通加工合理化重要的考虑因素，也是目前我国设置流通加工、考虑其合理化的较普遍形式。

对于流通加工合理化的最终判断，是看其是否能实现社会和企业本身的两个效益，而且是否取得了最优效益。对流通加工企业而言，与一般生产企业的重要不同之处，是流通加工企业更应树立社会效益为第一观念，只有在以补充完善为己任的前提下才有生存的价值。如果只是追求企业的微观效益，不适当地进行加工，甚至与生产企业争利，都有违于流通加工的初衷，或者其本身已不属于流通加工范畴了。

5.3.4 流通加工的管理

在流通加工过程中，要注意抓好以下几项工作。

1. 流通加工的可行性研究

流通加工是生产加工的一种补充形式，是否有必要进行这种补充加工需要认真的可行性研究：①研究是否可以延续生产过程或改造生产方式，使之充分与需求衔接。只有当生产过程确实不能满足用户需要或经济效益不好的前提下，才可考虑设置流通加工环节。②研究是否可以在使用单位进行加工。只有在使用单位因技术或管理无法做到的情况下才可考虑设置流通加工环节。③充分考虑技术进步因素，研究是否可以通过集装、专门装运等方式，减少为实现运输的加工。

2. 流通加工的生产管理体制

流通加工生产管理的内容及项目很多，如对劳动力、设备、动力、物资等方面的管理。对于套裁型流通加工，其最具特殊性的生产管理是出材率的管理。为了提高出材率，应该加强消耗定额的制定和管理，采取科学方法进行套裁的规划和计算。

3. 流通加工的质量管理

流通加工的质量管理的重点在于对加工产品的质量控制。由于流通加工产品一般是国家质量标准没有规定的品种规格，因此，对这种产品进行质量控制的依据，主要是用户的要求；各用户对加工产品的要求不尽相同，对质量的程度要求也不一样，流通加工点必须能够进行灵活的柔性生产，才能满足不同用户的质量要求。

4. 流通加工的技术经济指标

衡量流通加工的可行性，对流通加工环节进行有效的管理，可以采用两类指标。

1）流通加工建设项目可行性指标

流通加工的投资特点是投资额较低，投资时间短，投资回收快，投资收益大。因而，投资可行性研究可用投资时间、投资回收期等指标进行分析。

2）流通加工环节日常管理指标

流通加工环节日常管理较为重要的指标有劳动生产率、成本和利润等。

重要词汇

包装　包装技术　包装合理化　装卸搬运　装卸搬运合理化　流通加工合理化

案例分析

食品的流通加工

食品流通加工的类型很多。只要我们留意超市里的货柜就可以看出，那里摆放的各类洗净的蔬菜、水果、肉末、鸡翅、香肠、咸菜等都是流通加工的结果。这些商品的分类、清洗、贴商标和条形码、包装、装袋等是在摆进货柜之前就已进行了的，这些流通加工都不是在产地进行的，已经脱离了生产领域，进入了流通领域。食品流通加工的具体项目主要有如下几种。

1. 冷冻加工

为了保鲜而进行的流通加工，为了解决鲜肉、鲜鱼在流通中保鲜及装卸搬运的问题，采取低温冻结方式的加工。这种方式也用于某些液体商品、药品等。

2. 分选加工

为了提高物流效率而进行的对蔬菜和水果的加工，如去除多余的根叶等。农副产品规格、质量离散情况较大，为获得一定规格的产品，采取人工或机械分选的方式进行的加工称为分选加工。

3. 精制加工

农、牧、副、渔等产品的精制加工是在产地或销售地设置加工点，去除无用部分，甚至可以进行切分、洗净、分装等加工，可以分类销售。这种加工不但大大方便了购买者，而且还可以对加工过程中的淘汰物进行综合利用。比如，鱼类的精制加工所剔除的内脏可以制成某些药物或用做饲料，鱼鳞可以制成高级黏合剂，头尾可以制成鱼粉等；蔬菜的加工剩余物可以制成饲料、肥料等。

4. 分装加工

许多生鲜食品零售起点较小，而为了保证高效输送出厂，包装一般比较大，也有一些是采用集装运输方式运达销售地区。为了便于销售，在销售地区按所要求的零售起点进行新的包装，即大包装改小包装，散装改小包装，运输包装改销售包装，从而达到促进销售的目的。

此外，半成品加工、快餐食品加工也成为流通加工的组成部分。例如，葡萄酒是液体，从产地批量地将原液运至消费地配制、装瓶、贴商标，包装后出售，既可以节约运费，又安全保险，可以较低的成本，卖出较高的价格，附加值大幅度增加。

思考：

1. 对食品进行流通加工，其作用体现在哪些方面？

2. 与生产加工相比，流通加工有何特点？

练习与思考

一、单选题

1. 包装可视为(　　)的终点。
   A. 生产物流　B. 销售物流　C. 供应物流　D. 以上都不是
2. 危险品在装卸搬运操作过程中允许(　　)。
   A. 饮食，吸烟　B. 溜放　C. 倒置　D. 轻拿，轻放
3. 为加速出入库而采用的托盘堆叠储存，一般用(　　)存取。
   A. 人工　B. 叉车　C. 吊车　D. 堆垛机
4. 包装技术的选择应遵循科学、经济、牢固、美观、(　　)的原则。
   A. 高技术　B. 适用　C. 标准化　D. 一次性
5. 下列选项中不属于装卸搬运合理化原则的是(　　)。
   A. 消除无效搬运　B. 提高搬运活性
   C. 尽量采用人工作业　D. 采用集装单元化作业

二、判断题

1. 销售物流合理组织各环节作业，其顺序应该是销售、储存、包装、运送。(　　)
2. 运输货物的包装，应该力求外形美观，质地坚固。(　　)
3. 单一的运输或单一的包装不能成为物流。(　　)
4. 装卸搬运是一种伴生性的物流活动，它本身不具有明确的价值。(　　)
5. 流通加工是物流中增加附加价值的活动，是一项具有广泛发展前景的工作。(　　)

三、思考题

1. 简述包装在物流中的地位。
2. 举例说明身边不合理的包装现象。
3. 简述装卸搬运合理化的措施。
4. 简述流通加工合理化的措施。

第6章 配送作业

学习目标

1. 掌握配送的功能和作用。
2. 掌握配送作业流程。
3. 理解配送中心及配送网络。
4. 了解配送服务及策略。

案例引入

批发商投资小型零售商加盟配送

批发商投资小型零售商加盟组建的配送中心是指批发市场与零售企业联盟合作，共进双赢。这种以批发商为龙头，由零售商加盟的配送中心，实际是商品的社会化配送。这种配送形式，既解决了小型零售商因规模小、资金少而难以实现低成本经营的问题，也提高了批发商自身的市场占有率，同时还实现了物流设施充分利用的社会效益。

据介绍，在日本全国有300多家小公司，3 000多个门店，这些小公司为了能与大型连锁超市公司竞争，就自愿组合起来，由一家配送中心集中进货和配送，这样，就能和大公司一样集中进货和配送，一方面便于工厂送货，工厂愿意让利给集配中心；另一方面小公司不必自己再设物流配送设备。比如，枥木县有一家配送中心负责配送周围30km以内的7个株式会社的37家店铺，其中每天供配的有5个株式会社的19家店铺，这些店铺25%的商品由该中心配送。

（资料来源：http：//news. sohu. com/20050719/n226363906. shtml）

思考：结合案例分析这种配送方式的优势。

6.1 配送概述

6.1.1 配送的概念

配送是指在经济合理区域范围内，根据用户的要求，对物品进行拣选、加工、包装、分割、组配等作业，并按时送达指定地点的物流活动。“配”包括货物的分拣和配货，“送”则包括各种送货方式和送货行为。因此，配送与一般送货是有区别的。配送是整个物流过程的一部分，包括运输、送达、验货等以送货上门为目的的商业活动，它是商流与物流紧密结合的一种综合的、特殊的环节。

知识链接

配送的基本特征

(1) 配送的概念描述了接近用户资源配置的全过程。配送一头连接着物流系统的业务环节，另一头连接着消费者，直接面对客户的各种服务要求。因此，配送不仅应在恰当的时间，通过恰当的方式、恰当的费用将物品最终传递给用户，还应将最优质的服务传递给用户。配送功能完成的质量及其达到的服务水准，最直接而又具体地反映了物流系统对需求的满足程度。

(2) 配送不仅仅是送货，它是配货、分货、送货等活动的有机结合体。配送是以分拣和配货为主要手段，以送货和抵达为目的的一种特殊的综合物流活动。其特殊性表现在，它既包括装卸、搬运、包装、运输、流通加工、保管等活动，但又不是这些活动的全部或全过程。它是“配”和“送”有机结合的一种方式。

(3) 配送是一种专业化的分工方式，是大生产、专业化分工在流通领域的体现。准确而又稳定的配送活动可以在保证供给的同时，最大限度地降低生产企业的库存量，实行低库存甚至零库存，降低生产成本。生产企业可以将有限的人、财、物等资源集中到企业核心竞争力上，而非核心的环节外包给专业化的第三方物流企业。因此，如果说一般的送货是一种服务方式的话，配送则可以说是一种体制形式。

6.1.2 配送的作用

1. 通过专业化降低成本、提高效率

专业化是高效率、低成本的基础。通过专业化的配送，企业能更好地承担实体分配功能，增强自身的核心能力，进一步增强企业的竞争力。

2. 完善了运输系统及整个物流系统

现代大载重量的运输工具可以提高效率、降低运输成本，但只适于干线运输。干线运输通过长距离、大批量、高效率的运输实现了低成本。支线运输一般是小批量运输，频次高、服务性强，要求比干线运输具有更高的灵活性和适应性。这种支线运输和小搬运因运力利用不合理、成本过高而成为物流过程的一个薄弱环节。

配送通过与其他物流环节的配合可实现定制化服务，能满足这种要求。因此，只有配送与运输的密切结合，使干线运输与支线运输有机统一起来，才能实现运输系统的合理化。

3. 消除交叉输送

在没有配送中心的情况下，由生产企业直接运送货物到客户，即使采取直接配送方式，交叉运输也是普遍存在的，如图 6.1 所示。由于交叉运输的存在，使输送路线长，规模效益差，运输成本高。如果在生产企业与客户之间设置配送中心，采取配送方式，如图 6.2 所示，则可消除交叉运输。因为设置配送中心后，将原来直接由各生产企业送至各客户的零散货物通过配送中心进行整合再实施配送，缓解了交叉输送，输送距离缩短，成本降低。

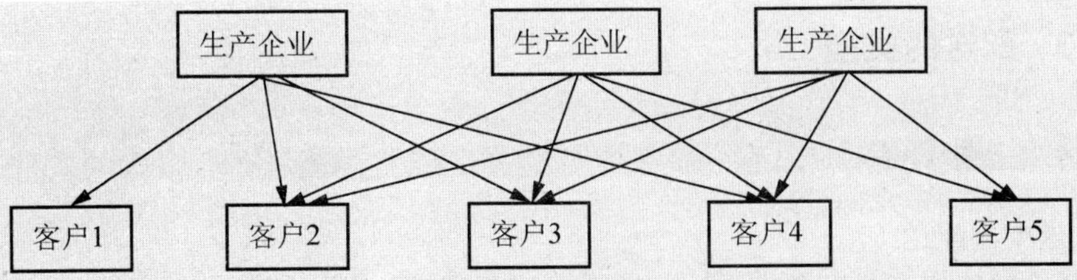

图 6.1 交叉运输

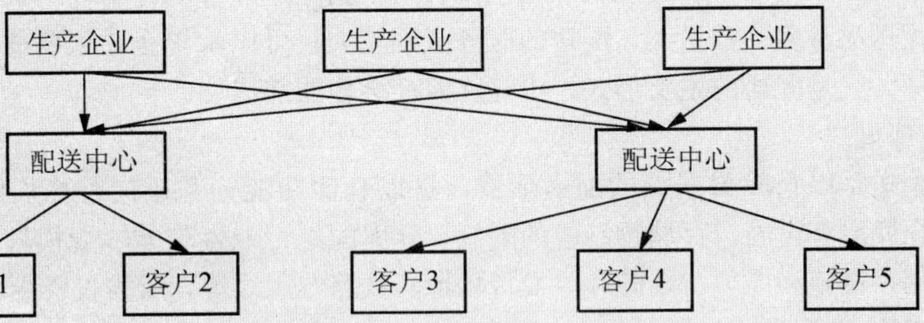

图 6.2 配送方式

4. 提高末端物流的经济效益

采取配送方式，通过增大经济批量订货、集中储存，又通过配货和配装、集中送货，或者与其他企业协商实施共同配送等措施，可以提高物流系统末端的经济效益。

5. 实现低库存或零库存

配送通过集中库存，在同样的满足水平上可使系统总库存水平降低，既降低了存储成本，也节约了运力和其他物流费用。尤其是采用准时制配送后，生产企业可以依靠配送中心准时送货而无须保持自己的库存，或者只需保持少量的保险储备。这就可以实现生产企业的低库存或零库存，减少资金占用、减少仓储设施和管理的投入，改善企业的财务状况。

6. 简化手续，方便用户

配送可提供全方位的物流服务。采用配送后，客户只需向配送供应商办理一次手续，就可以得到全过程、多功能的物流服务，从而简化了手续，方便了用户，也节省了开支。

7. 提高供应保证程度

采用配送方式后，因配送中心的物品品种多、存储量大，所以比任何单独供货企业有更强的供应保障能力，可使用户减少缺货风险。例如，巴塞罗那大众物流中心承担着为大众、奥迪、斯柯达、斯亚特——大众系统四个品牌的汽车零部件的配送任务。四个品牌的汽车在整车下线前两个星期，有关这些车辆的 88 000 种零配件在巴塞罗那大众物流中心可以全部采购得到。假如用户新买的车坏了，只要在欧洲范围内，24h 内就会由专门的配送公司把所需要的零部件送到用户手中。

6.1.3 配送的类型

1. 按配送主体划分

1）配送中心配送

配送活动的组织者是配送中心。配送中心配送专业性强，与客户有固定的配送关系，一般实行计划配送。配送中心的设施和工艺流程是根据配送作业的需要专门设计的，所以配送能力强，配送品种多、数量大，配送的服务范围较大，可以承担企业主要物资的配送及实行补充配送等。它是配送的主要形式，也是物流社会化的前提。

2）仓库配送

仓库配送是以仓库为据点的配送形式，是以仓储功能为基础向外拓展配送业务而形成的。因受仓库原有设施、存储物品等的限制，仓库配送专业性较差、规模较小。但可利用仓库原有的储存设施和能力、装卸和收发货场地、铁路专用线等，所需投资少、改造期短。

3）生产企业配送

生产企业对本企业的产品实行配送，避免了一次物流中转而具有一定的优势。但是，因为品种较为单一，不能满足消费者多样化的需求，所以生产企业配送不是配送的主体。

4）商店配送

商店配送的组织者是商业或物资供销的门市网点，一般规模、配送范围不大，但经营品种比较齐全，机动灵活。可以承担生产企业辅助用品和消费者个人的配送。商店配送有兼营和专营两种主要形式，它是配送的辅助和补充形式。

2. 按配送服务方式划分

按配送服务方式划分配送的类型见表6-1。

表6-1　配送按配送服务方式分类

类　型	内　容
定时配送	按规定的时间间隔进行配送。每次配送的品种和数量可以按计划执行，也可以在配送前以电话、计算机终端输入等方式通知
定量配送	按规定的批量，在一个指定的时间范围内进行配送
定时定量配送	按规定的时间和规定的品种、数量进行配送。因其配送的计划性强、准确性高，对配送企业的服务要求比较严格、作业和管理难度较大
定时定路线配送（班车式配送）	在规定的运行路线上，按定制的运行时刻表进行配送，客户可按运行时刻表到指定的位置接货
即时配送	根据客户临时提出的品种、数量、时间、地点要求进行的随要随送式的配送。可以满足客户临时性的急需，是一种灵活性很高的应急方式

知识链接

配送的其他分类方法

除上述分类方法外，配送还可以按配送企业专业化程度划分为综合配送和专业配送，按加工程度不同划分为加工配送和集中配送，具体内容如下。

(1) 综合配送是指配送物品种类较多，在一个配送网点中，组织不同专业领域的产品向用户配送。这是一种服务性较强、能解决用户多种需求的配送形式。

(2) 专业配送是按照产品的性状不同，适当划分专业领域的配送方式。实际上在同一性状而类别不同的产品方面也有一定的综合性。其优势在于可以根据专业的共同要求来优化配送设施，优选配送设备，制定适应性很强的工艺流程等，大大提高配送各环节的工作效率。

(3) 加工配送是指在配送据点中设置流通加工环节，按用户的需要进行有针对性的加工后，再进行分拣、配货，再送货到户。流通加工与配送的结合，减少了加工的盲目性，配送企业又可以通过加工增值取得收益。同时，提高了客户满意程度，树立了配送企业的良好形象。

(4) 集中配送只改变产品数量组成形态而不改变产品本身的物理、化学形态，是与干线运输相配合的一种配送形式。例如，大批量进货后小批量、多批次发货，或零星集货后以一定批量送货等。

6.2 配送作业流程

配送作业是按照用户的要求，将货物分拣出来，按时按量发送到指定地点的过程。配送作业是配送中心运作的核心内容，因而配送作业流程的合理性，以及配送作业的效率都会直接影响整个物流系统的正常运行。

具体来说，配送作业一般包括以下几项作业：①进货；②搬运装卸；③储存；④订单处理；⑤拣货；⑥补货；⑦配货；⑧送货。其流程如图 6.3 所示。

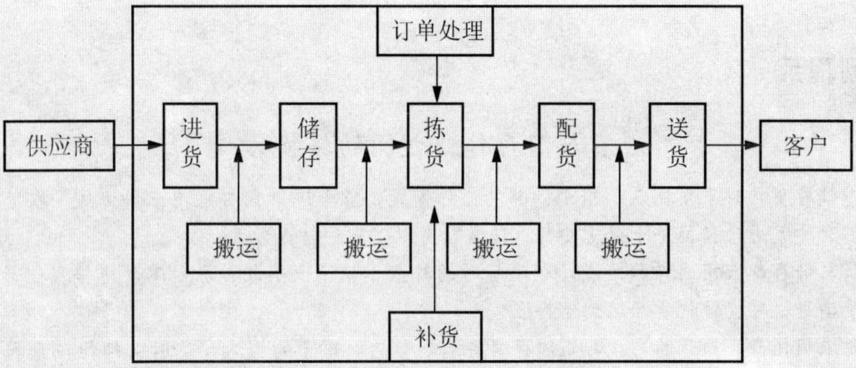

图 6.3 配送中心的基本作业流程

6.2.1 进货作业

1. 进货作业组织

1) 进货作业基本流程

在配送的基本作业流程中，进货作业包含把货品等物质做实体上的领取，从货车上将货物卸下，开箱，检查其数量、质量，然后将有关信息作书面表述等一系列工作。进货作业的基本流程如图 6.4 所示。

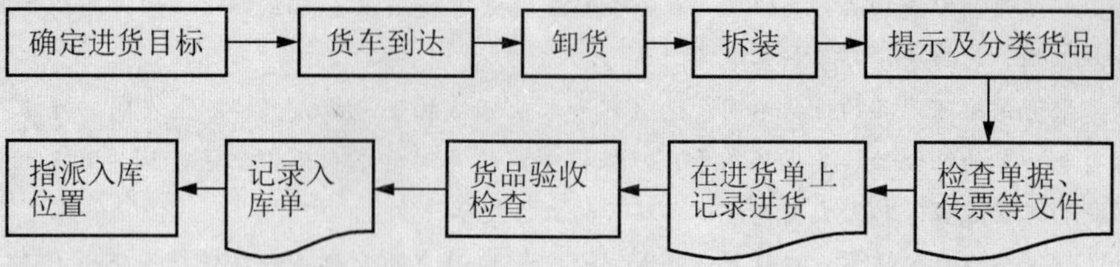

图 6.4 进货作业基本流程

在进货作业流程中，确定进货目标的内容一般包括以下五个方面。

(1) 掌握货物的到达日期、品种、数量。

(2) 尽可能准确地预测送货车的到达日程。

(3) 配合停泊信息，协调进出货车的交通问题。

(4) 为了方便卸货及搬运，计划好货车的停车位置。

(5) 预先计划临时存放位置。

2) 进货流程安排

在安排进货流程以前，需要考虑所有相关的影响因素，以便于统筹规划。

(1) 进货对象及供应厂商的总数、地理分布、交通运输情况。

(2) 商品种类与数量、形状、特性(包括散货、单元的尺寸及重量、包装形态、有无危险性、托盘堆放的可能性、人工搬运或机械搬运、产品的保存期等)。

(3) 进货车种与车辆台数，每一车的卸(进)货时间，以及在进货时间内流经的车辆数调查。

(4) 进货所需的工作人员数量及配合储存作业的处理方式。

特别提示

进货与储存作业之间的转换方式

配送中心储存货物时采用托盘、箱子、小包三种方式，货车进货同样也有三种方式。在进货与储存作业之间对这三种方式进行转换是十分重要的。通常，有以下三种转换方式。

(1) 进货与储存都采用同样的方式，即进货时的托盘、箱子、小包都原封不动地转入储存区。在这种方式下，进货输送机可直接把货品运到储存区。

(2) 进货采用托盘、箱子的形式，而储存则要求是小包或箱子的形式，这时必须把托盘和箱子在进货点拆装之后，以小包的形式放在输送机上，再送至储存区。

(3) 进货采用小包或箱子的形式，而储存要求用托盘形式，这就必须先将小包或箱子堆放在托盘上，或把小包放入箱子后再储存。

2. 货物验收检查

货物验收是对产品的质量和数量进行检查的工作。

3. 货物入库信息登记

到达配送中心的商品，经验收确认后，必须填写“验收单”，见表 6－2，并将有关入库信息及时、准确地录入库存商品信息管理系统，以便及时更新库存商品的有关数据。入库货物信息通常需要录入表 6－2 中所示的内容。

表 6-2　商品验收单

验收单								
供货商：				采购订单号：				验收员：
运单号：								验收日期：
运货日期：				到货日期：				复核员(日期)
序号	储位号码	商品名称	商品规格型号	商品编码	包装单位	应收数量	实收数量	备　注

6.2.2　订单处理

从接到客户订单开始到着手准备拣货之间的作业阶段，称为订单处理。通常包括订单资料确认、存货查询、单据处理等内容。订单处理分为人工处理和计算机处理两种形式。人工处理具有较大弹性，但只适合少量的订单处理，一旦订单数量较多，处理将变得缓慢且容易出错。计算机处理速度快、效率高、成本低，适合大量的订单处理，是主要采取的形式。订单处理的基本内容及步骤如图 6.5 所示。

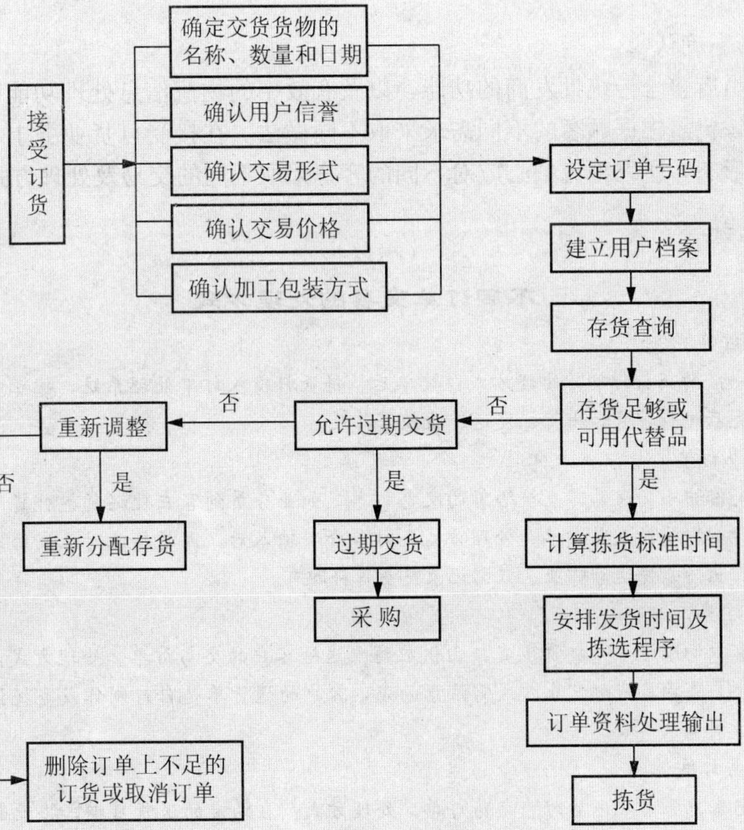

图 6.5　订单处理的基本内容及步骤

1. 接受订货

接受订单作业为订单处理的第一步。随着流通环境的变化和现代科技的发展，接受客户订货的方式也由传统的人工下单、接单，演变为电子订货方式。

电子订货将订货资料由书面资料转为电子资料，通过通讯网络进行传送。此系统即称为电子订货系统(Electronic Order System，EOS)。电子订货方式是一种传送速度快、可靠性及正确性高的订单处理方式，它不仅可大幅度提高客户服务水平，也能有效地缩减存货及相关成本费用。但其运作费用较为昂贵，因此在选择订货方式时应视具体情况而定。

2. 订单的确认

1）货物数量及日期的确认

货物数量及日期的确认是对订货资料项目的基本检查，即检查品名、数量、送货日期等是有遗漏、笔误或不符合公司要求的情形。尤其当送货时间有问题或出货时间已延迟时，更需要与客户再次确认订单内容或更正运送时间。同样，若采用电子订货方式接单，也要对已接受的订货资料加以检验确认。

2）客户信用的确认

不论订单是由何种方式传至公司，配送系统的第一步都要查核客户的财务状况，以确定其是否有能力支付该订单的账款。通常的做法是检查客户的应收账款是否已超过其信用额度。

3）订单形态确认

配送中心虽有整合传统批发商的功能，以及有效率的物流信息处理功能，但在面对较多的交易对象时，仍需根据顾客的不同需求采取不同做法。在接受订货业务上，表现为具有多种订单的交易形态，所以物流中心应对不同的客户采取不同的交易及处理方式。

知识链接

不同订单交易的处理方式

1. 一般交易订单

交易形态是一般的交易订单。处理方式：接单后，将资料输入订单处理系统，按正常的订单处理程序处理，资料处理完后进行拣货、出货、发送、收款等作业。

2. 现销式交易订单

交易形态是与客户当场交易、直接给货的交易订单，如业务员到客户处巡货、补货所得的交易订单或客户直接到配送中心取货的交易订单。处理方式：订单资料输入后，因货物此时已交给客户，故订单资料不需要进行拣货、出货、发送等作业，只需记录交易资料即可。

3. 间接交易订单

交易形态是客户向配送中心订货，直接由供应商配送给客户的交易订单。处理方式：接单后，将客户的出货资料传给供应商由其代配。此方式需注意的是，客户的送货单是自行制作或委托供应商制作的，应对出货资料加以核对确认。

4. 合约式交易订单

交易形态是与客户签订配送契约的交易订单。处理方式：在约定的送货日期，将配送资料输入系统进行处理，以便出货配送；或一开始便输入合约内容的订货资料并设定各批次送货的时间，以便在约定日期由系统自动产生所需的订单资料。

5. 寄库式交易订单

交易形态是客户因促销、降价等市场因素先行订购一定数量的商品，然后视需要再要求出货的交易。处理方式：当客户要求配送寄库商品时，系统应检核客户是否确实有此项寄库商品。若有，则出此项商品，否则，应拒绝。需注意，这种方式的交易价格是依据客户当初订货时的单价计算，而不是依现价计算。

4）订单价格确认

不同的客户(批发商、零售商)，不同的订购批量，可能对应不同的售价，因而输入价格时系统应加以检核。若输入的价格不符(输入错误或业务员降价接受订单等)，系统应加以锁定，以便主管审核。

5）加工包装确认

客户订购的商品是否有特殊的包装、分装或贴标签等要求，或是有关赠品的包装等资料系统都需要加以专门的确认记录。

6）设定订单号码

每一份订单都要有单独的订单号码，此号码一般是由控制单位或成本单位指定，它除了便于计算成本外，还有利于制造、配送等一切相关的工作。所有工作的说明单及进度报告都应附有此号码。

7）建立客户档案

详细记录客户状况，不但有利于此次交易的顺利进行，还有利于增加合作机会。客户档案的内容一般包括客户姓名、代号、等级形态，客户信用度、销售付款及折扣率的条件，开发或负责此客户的业务员，客户配送区域、收账地址及配送路径顺序，客户点适合的车辆形态、卸货特性，客户配送要求及过期订单处理指示等。

3. 存货查询和存货分配

1）存货查询

存货查询的目的在于确认库存是否能满足客户需求。存货资料一般包括商品名称、号码、产品描述、库存量、已分配存货、有效存货及期望进货时间。

在输入客户订货商品的名称、代号时，系统应查核存货的相关资料，确认是否缺货，若缺货则应提供商品资料，或此商品的已采购未入库信息，以便接单人员与客户协调，从而提高接单率及接单处理效率。

2）存货分配

订单资料输入系统确认无误后，最主要的处理业务是将大量的订货资料进行有效地分类、调拨，以便后续物流作业的顺利进行。存货分配模式可分为单一订单分配及批次分配两种。

(1) 单一订单分配。这种情况多为线上即时分配，即在输入订单资料时就将存货分配给订单。

(2) 批次分配。配送中心因订单数量多，客户类型等级多，因此采取输入所有的订单资料后，一次分配库存的批次分配模式。批次分配是确保配送中心库存能力的最佳分配方式。

特别提示

根据作业的不同，各配送中心的订单分批原则可能不同，常有以下几种划分方法。

(1) 按接单时序。这种方法将整个接单时段划分为几个合理区段。若一天有多个配送批次，可配合配送批次将订单按接单先后顺序分为几个批次来处理。

(2) 按配送区域/路径。将同一配送区域/路径的订单汇总后一起处理。

(3) 按流通加工需求。将需加工处理或需相同流通加工处理的订单一起处理。

(4) 按车辆需求。若配送商品需特殊的配送车辆(如低温车、冷冻车、冷藏车)或由于客户所在地、卸货特性等需要特殊形态车辆时，可汇总合并一起处理。

4. 订单处理

1) 计算拣取的标准时间

对于每一份订单或每批订单可能花费的拣取时间需要事先安排，即要计算订单拣取的标准时间，有计划地安排出货时间。

2) 按订单排定出货顺序

前面已由存货状况进行了有关存货的分配，但对于这些已分配存货的订单，应如何安排其出货时间及拣货先后顺序，通常应按客户需求和标准拣货时间等具体情况而定。

3) 订单资料处理输出

订单资料经上述处理后，即可开始印制出货单据，展开后续的物流作业。

(1) 拣货单，见表6-3。拣货单据的产生是提供商品出库的指示资料，作为拣货的依据。拣货资料的形式需根据配送中心的拣货策略及拣货作业方式来设计，以提供详细而有效率的拣货信息，便于拣货作业的进行。

表6-3 拣货单

客户名称： 拣货日期： 年 月 日

序 号	储位号	品 名	规格/型号	单 位	应拣数量	实拣数量	备 注

拣货员： 复核员：

(2) 送货单。货物交货配送时，通常需附上送货单据交由客户清点、签收。因为送货单是客户签收和确认出货资料的凭证，故其正确性十分重要。

特别提示

送货单中应特别注意的内容

(1) 单据打印时间。最能保证送货单资料与实际出货资料一致的方法是在出车前完成一切清点工作，将不相符的资料在计算机上修改完毕，再打印出货单。但这种方法常因单据数量多而耗费较长的时间影响出货时间。

(2) 送货单资料。送货单据上的资料除基本出货资料外，还应附上一些订单的异常情形，如缺货项目或缺货数量等。

(3) 缺货资料。库存分配后对于缺货商品或缺货的订单资料，系统应提供查询或报表打印功能。应提供按商品或供应商的名称代号查询的缺货商品资料，以提醒采购人员及时采购。还应提供按客户或业务员的名称代号查询的缺货订单资料。

6.2.3 拣货作业

1. 拣货作业流程

拣货作业是配送作业的中心环节。所谓拣货，是依据顾客的订货要求或配送中心的作业计划，尽可能迅速、准确地将商品从其储位或其他区域拣取出来的作业过程。

拣货作业流程，如图 6.6 所示。

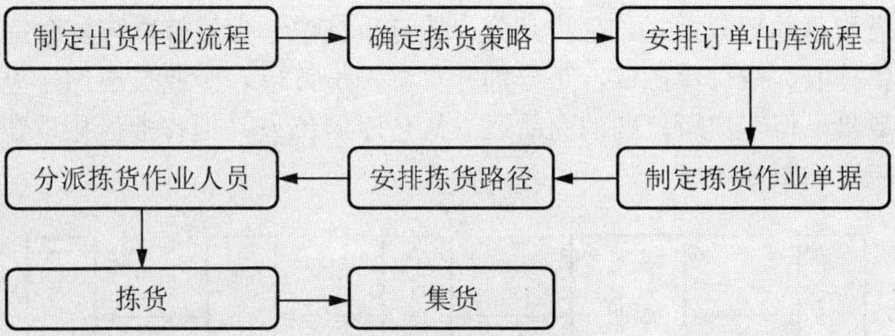

图 6.6 拣货作业流程

按实际作业程序大致分为以下四个部分。

（1）拣货资料的形成。拣货作业开始前，指示拣货作业的单据或信息必须先行处理完成。大多数拣货方式需将原始传票转换为拣货单或电子信号，使拣货员或自动拣取设备进行更有效的拣货作业。

（2）行走或搬运。拣货时，拣货作业人员或机器必须直接接触并拿取货物，因此形成拣货过程中的行走与货物的搬运。

（3）拣货。当货品出现在拣取者面前时，一般采取的两个动作为拣取与确认。拣取是抓取物品的动作，通常对小体积、小批量、搬运重量在人力范围内，且出货频率不是特别高的货品，采取手工方式拣取；对体积大、重量沉的货物，利用升降叉车等搬运机械辅助作业；对于出货频率很高的货品则采用自动分拣系统进行拣货。确认则是确定所拣取的物品、数量是否与指示拣货的信息相同。

（4）分类与集中。配送中心收到多个客户的订单后，可以批量拣取。拣取完毕后再根据不同的客户或送货路线分类集中，其过程示意图如图 6.7 所示。

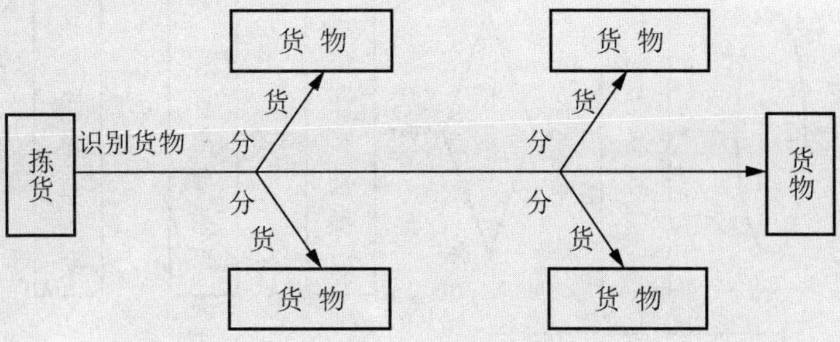

图 6.7 分货过程示意图

2. 拣货作业系统

拣货作业系统的重要组成元素包括拣货单位、拣货方式、拣货策略、拣货信息、拣货设备等，下面将对这些元素分别进行说明。

1）拣货单位

拣货单位可分成托盘、箱和单件三种。一般而言，托盘是体积、重量最大的拣货单位，其次为箱，最小者为单件。

2）拣货方式

拣货作业最简单的划分方式，是将其分为按订单拣取、批量拣取与复合拣取三种方式。

（1）按订单拣取。按订单拣取，是分别针对每一份订单，作业员巡回于仓库内，按订单所列的商品及数量，将客户所订购的商品逐一从仓库储位或其他作业区中取出，然后集中的拣货方式。其流程如图 6.8 所示。

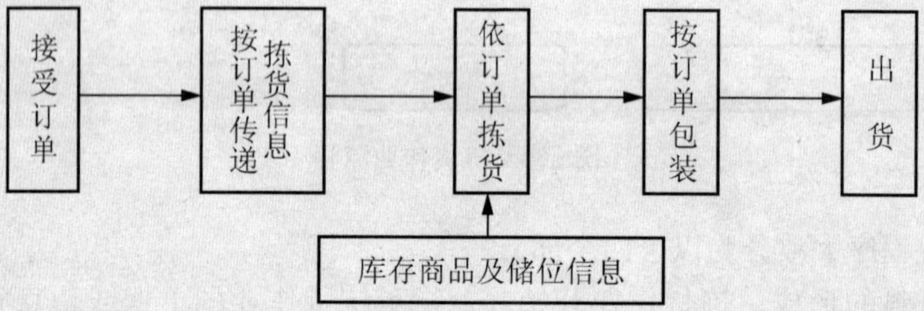

图 6.8　按订单拣取作业流程

按订单拣取的优点：作业前置时间短，作业方法单纯，接到订单后可立即拣货、送货；作业人员责任明确，易于安排人力；拣货后不用进行分类作业，适用于配送批量大的订单处理；导入容易且弹性大。

按订单拣取的缺点：商品种类多时，拣货行走路径加长，拣货效率降低；拣货区域大时，搬运系统设计困难；少量多次拣取时，造成拣货路径重复，效率降低。

（2）批量拣取。批量拣取即把多张订单集合成一批次，按商品品种汇总后再进行拣取，然后按客户或不同订单作分类处理。其流程如图 6.9 所示。

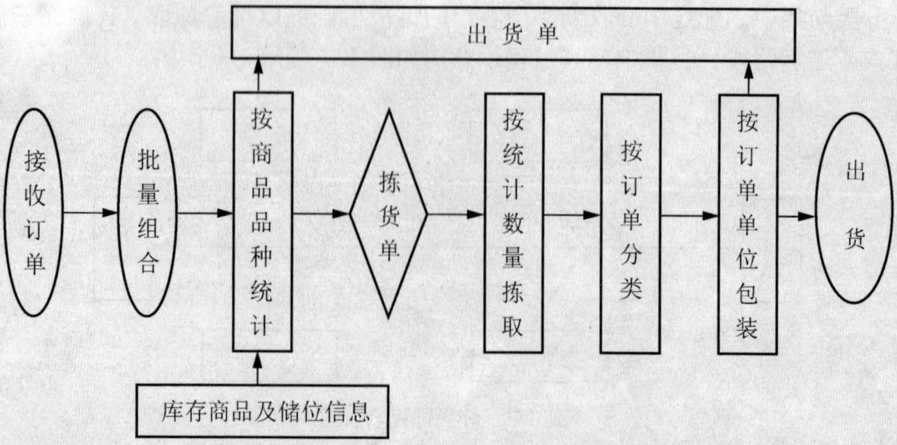

图 6.9　批量拣取作业流程

批量拣取的优点：适合配送批量大的订单作业；可以缩短拣取货物的行走时间、增加单位时间的拣货量；对量少、次数多的配送，批量拣取更有效。

批量拣取的缺点：对紧急订单无法做及时处理，必须等订单积累到一定数量时，才能做一次性的处理，从而会延长停滞时间。

（3）复合拣取。复合拣取是将以上两种方式的优点综合运用于拣货作业中，是将按订单拣取和批量拣取组合起来的拣货方式。即根据订单的品种、数量及出库频率，确定哪些订单适应于按订单拣取，哪些适应于批量拣取，然后分别采取不同的拣货方式。

3）拣货策略

拣货策略是影响拣货作业效率的关键，它主要包括分区、订单分割、订单分批、分类四个因素，这四个因素相互作用可产生多种拣货策略。

（1）分区。分区就是对拣货作业场地划分区域。按分区原则不同包括以下几种：

① 按拣货单位分区。将拣货作业按拣货单位划分，可分为箱装拣货区、单件拣货区、具有特性的冷冻品拣货区等，基本上这一分区与储存单位分区是相对应的。其目的在于将储存与拣货单位分类统一，以便拣取与搬运单元化和拣取作业单纯化。

② 按拣货方式分区。不同的拣货单位分区中，以拣货方法及设备的不同，又可划分若干的分区。

③ 工作分区。在相同的拣货方式下，将拣货作业场地细分成不同的分区，由一个或一组固定的拣货人员负责拣取区域内的货物。这一策略的优点在于能减少拣货人员所需记忆的存货位置及移动距离，缩短拣货时间。同时也可配合订单分割策略，运用多组拣货人员在短时间内共同完成订单的拣取。

特别提示

接力式拣货就是工作分区下的产物，只是其订单不做分割或不分割至各工作分区，接力人员以接力的方式来完成所有的拣货作业。

（2）订单分割。当订单所订购的商品种类较多，或设计一个要求及时快速处理的拣货系统时，为了使其能在短时间内完成拣货处理，利用订单分割策略将订单分成若干个子订单，交由不同的拣货人员同时进行拣货作业，以加速拣货的完成。

订单分割策略必须与分区策略配合运用，才能有效地发挥其优势。

（3）订单分批。订单分批是为了提高拣货作业效率而把多张订单集合为一批，进行批次拣取的作业。若再将每批次订单中的同一商品种类汇总拣取，然后把货品分类至每一顾客订单，则形成批量拣取，这样不仅缩短了拣取时平均行走搬运的距离，也减少了重复寻找储位的时间，进而提高了拣货效率。

知识链接

订单分批方式

（1）总合计量分批。合计拣货作业前所有累积的订单中每一商品项目的总量，再按这一总量进行拣取。这样便可将拣取路径减至最短，同时储存区域也较单纯化，但需要功能强大的分类系统来支持。此种方式适合于周期性配送，如可将所有的订单在中午前完成搜集，在下午作合计处理，隔日一早再进行拣取、分类工作。

(2) 时窗分批。当订单要求紧急发货时，可利用此策略，开启短暂而固定的时窗5或10分钟，再将这一时窗中所有的订单做成一批，进行批量拣取。这一方式常与分区及订单分割联合运用，特别适合于到达间隔时间短而平均的订单形态，同时订购量及种类不宜太多。分区时窗分批拣取所开时窗长度为一个小时。各拣货分区利用时窗分批同步作业时，会因分区工作量不平衡和时窗分批拣货量的不平衡产生作业的等待问题。因此如果能将作业等待的时间缩短，将大幅度提高拣货的产出效率。这种分批方式较适合密集频繁的订单，且能应付紧急插单的需求。

(3) 固定订单量分批。订单分批按先到先处理的基本原则，当订单累积达到设定的数量时，开始进行拣货作业。这种方式偏重于维持较稳定的作业效率，但在处理速度上慢于时窗分批方式。如固定订单量为4，当订单进入系统的累积数达到4时集合成一批进行分区批量拣货作业。

(4) 智慧型分批。采用这种分批方式的配送中心通常将前一天的订单汇总后输入计算机，经处理后，将拣取路径相近的订单分成一批在当日产生拣货单据，速度较快。

(4) 分类。若采用分批拣货策略，随后必须有相配合的分类策略，通常把分类方式大致分成两种：

① 拣货时分类。在拣取的同时将货物分类到各订单中，这种分类方式常与固定量分批或智慧型分批方式配合，因此要使用计算机辅助台车作为拣货设备，以加快拣货速度。采用这种方式时，每批次的客户订单量不宜过大。

② 拣取后集中分类。即分批按合计总量拣取后，再进行集中分类。实际的做法一般有两种：一种以人工作业为主，将货物搬运到空地上进行分类，但每批次订单量及货物数量不宜过大，不得超过人员负荷；另一种方式是利用分类输送系统进行集中分类。

以上四大类拣货策略因素可单独或联合运用，也可不采用任何策略，直接按订单拣取。

4) 拣货信息

拣货信息的来源方式包括传票、拣货单、计算机条形码等，具体方式如下。

(1) 传票。直接利用订单或公司的交货单作为拣货的指示根据。订单见表6-4。

表6-4 订单

编号：

品　名	规格/型号	单　位	数　量	备　注
康师傅方便面	85g	箱	2	
光明牛奶	50mL	箱	1	
雕牌洗衣粉	450g	箱	2	
联想电脑	LXDN120	台	1	
海尔手机	HESJ118	箱	1	

(2) 拣货单。先把原始的用户订单输入计算机进行拣货信息处理后，再打印出拣货单，拣货人员按拣货单进行拣货。优点是产品储位编号可显示在拣货单上，同时避免传票在拣货过程中受污损。

(3) 贴标签。用印有物品名称、位置、数量和价格的标签取代拣货单，因货物和标签同步前进，可利用扫描器读取货品的条形码，不仅方便且错误率极小。

(4) 显示方式。最初是在货架上安装信号灯来显示拣货位置，之后发展到在货架上安装液晶屏，显示应拣取的货物数量，准确率很高，如图 6.10 所示。

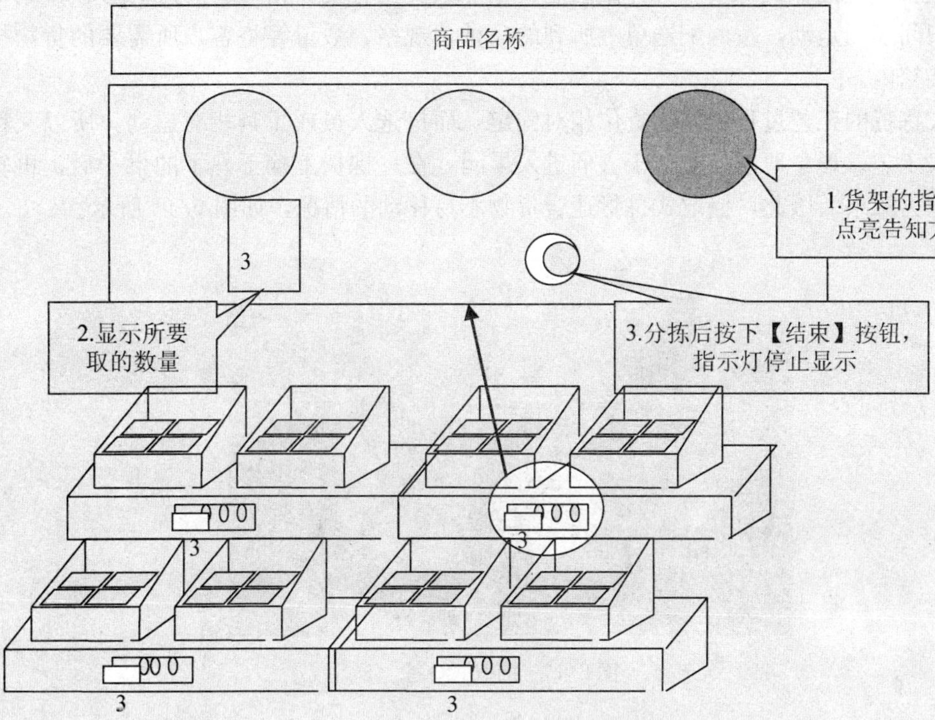

图 6.10 拣货信息显示方式

(5) 条形码。条形码是商品从制造、批发到销售过程中实施自动化管理的符号。通过条形码阅读器自动读取的方式，不但能准确快速掌握商品信息，还能提高库存管理精度，是一种实现商品管理现代化的有效方法。例如，通过条形码扫描器读取表示货架位置号码的条形码后，可以立即得到货物保管位置的信息。

(6) 无线电识别器。把无线电识别器安装在移动设备上，同时把接收和发射电波的 ID 卡或标签等的信息反映器安装在货品或储位上。当无线电识别器接近货品时，立即读取货品或储位上的反应器，并通过识别电路传给计算机。例如，ID 卡安装在托盘上，无线电识别器安装在堆垛机上，当堆垛机接近托盘时，托盘上的信息立即被无线电识别器读取并传递给计算机。

(7) 无线通讯。通过安装在堆垛机上的无线电通讯设备，把拣货信息传递给拣货人员。

(8) 计算机随行指示。在堆垛机或台车上安装辅助拣货的计算机终端，在拣货之前把拣货信息输入计算机，拣货人员根据计算机的显示引导进行拣货。

(9) 自动拣货系统。当电子信息输入自动拣货系统后，系统自动完成拣货工作。这是世界上最先进的拣货系统，是拣货设备未来的发展方向。

5) 拣货设备

在拣货过程中使用的设备很多，如储存设备、搬运设备、分类设备、信息设备等，大致可分为以下三大类。

（1）人—物的拣货设备。人—物的拣货设备是指物品固定，拣货人员利用拣货设备到物品位置处把物品拣选出来。

此种设备对应摘取式拣货。具体做法是：作业人员拉着集货箱(或称分拣箱)在排列整齐的仓库货架间巡回走动，按照配送单上所列的品种、规格、数量等将客户所需要的货物拣出及装入集装箱内。

摘取式拣货的工艺过程：储物货位相对固定，而拣选人员或工具相对运动，所以又称做人到货前式工艺。形象地说，类似于人们进入果园，在一棵树上摘下熟了的果子后，再转到另一棵树前去摘果。因此，摘取式拣货适合货物不易移动的情况，如图 6.11 所示。

图 6.11　摘取式分拣

（2）物—人的拣货设备。这与人—物的拣送方法相反，其拣货人员固定位置，等待设备把货品运到拣货者面前时进行拣货。这种拣货设备的自动化水平较高，常包括如下储存设备和搬运设备：

① 储存设备。如单元负载自动仓库、轻负载自动仓库、水平旋转自动仓库、垂直旋转自动仓库、梭车式自动仓库等。

② 搬运设备。如堆垛机、动力输送带、无动力搬运车等。

此类设备对应播种式拣货。具体做法是：将数量较多的同种货物集中运到发货场，然后，根据每个货位货物的发送量分别取出货物，并分别投放到每个代表用户的货位上，直到配货完毕。

播种式拣货的工艺过程：用户的分货位固定，而分货人员或工具携货物相对运动，所以又称作货到人前式工艺。形象地说，类似于一个播种者，一次取出几亩地所需要的种子，在地中边巡回边播种，所以又称为播种方式。因此，播种式拣货适合货物容易移动的情况。

（3）自动拣货设备。自动拣货设备，其拣取的动作完全由自动的机械设备替代人工操作。现在被广泛使用的自动拣货设备有箱装自动拣货设备、单件自动拣货设备等。

① 箱装自动拣货设备。它的方法是从托盘上把拣选出来的箱子通过输送机输送出来，然后再装后发货。例如，机器人托盘装载机也是自动拣货机的一种。

② 单件自动拣货设备。它是以单品(单件)保管和出库的，物品的形状较固定，并且品种多、数量少。这类拣货设备种类很多，如机器人拣货，S 型、A 型拣货机等。但是，目前单件自动拣货设备的拣货速度还不能完全满足配送中心的要求。

6.2.4 补货作业

补货作业是将货物从仓库保管区域搬运到拣货区的工作。下面将对补货流程、补货时机及补货的进行分别进行介绍。

1. 补货流程

以托盘补货为例说明补货作业的流程，如图6.12所示。

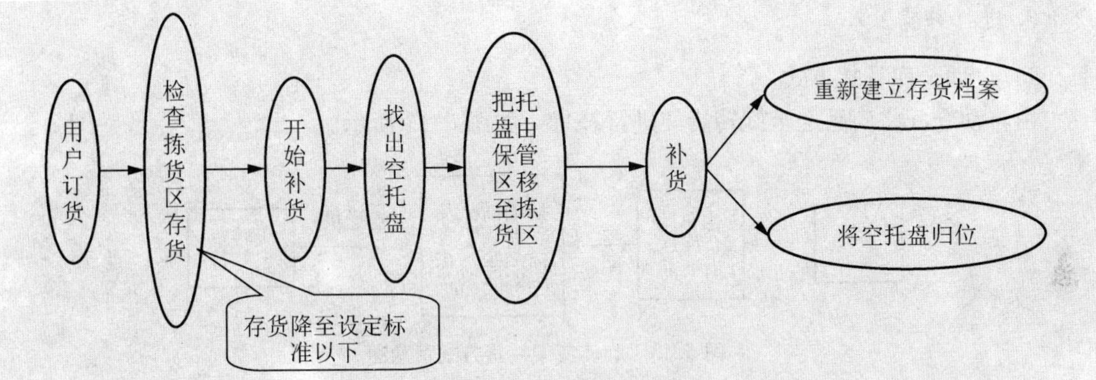

图6.12 补货作业流程图

2. 补货时机

1）批组补货

每天由计算机计算出所需货物的总拣取量和查询动管区存货量后得出补货数量，从而在拣货之前一次性补足，以满足全天拣货量。这种一次补足的补货原则，较适合一日内作业量变化不大，紧急插单不多，或是每批次拣取量大的情况。

2）定时补货

定时补货是指把每天划分为几个时点，补货人员在时段内检查动管拣货区货架上的货品存量，若货品存量不足则及时补货。这种方式适合分批拣货、时间固定且紧急处理较多的配送中心。

3）随机补货

随机补货是指定专门的补货人员，随时巡视动管拣货区的货品存量，发现不足则随时补货。这种方式比较适合每批次拣取量不大，紧急插单多以至于一日内的作业量不易事先掌握的情况。

知识链接

补货方式

补货作业的目的是确保商品能保质保量按时送到指定的拣货区。补货有如下几种方式。

(1) 整箱补货。这种补货方式以箱为单位进行补货，由货架保管区补货到流动货架的拣货区。这种补货方式的保管区为料架储放区，动管拣货区为两面开放式的流动棚拣货区。拣货员拣货之后把货物放入输送机并运到发货区，当动管区的存货低于设定标准时则进行补货作业。由作业员到货架保管区取货箱，用手推车载箱至拣货区。较适合于体积小且少量多样出货的货品。

(2) 托盘补货。这种补货方式是以托盘为单位进行补货。托盘由地板堆放保管区运到地板堆放动管区，拣货时把托盘上的货箱置于中央输送机送到发货区。当存货量低于设定标准时，立即补货，使用堆垛机把托盘由保管区运到拣货动管区，也可把托盘运到货架动管区进行补货。这种补货方式适合于体积大或出货量多的货品。

(3) 货架上层—货架下层的补货方式。此种补货方式的保管区与动管区属于同一货架，也就是将同一货架上的中下层作为动管区，上层作为保管区，进货时将动管区放不下的多余货箱放到上层保管区。当动管区的存货低于设定标准时，利用堆垛机将上层保管区的货物搬至下层动管区。这种补货方式适合于体积不大、存货量不高，且多为中、小量出货的货物。

3. 进行补货

1) 自动仓库补货方式

由自动仓库将商品送至旋转货架进行补货，如图 6.13 所示。

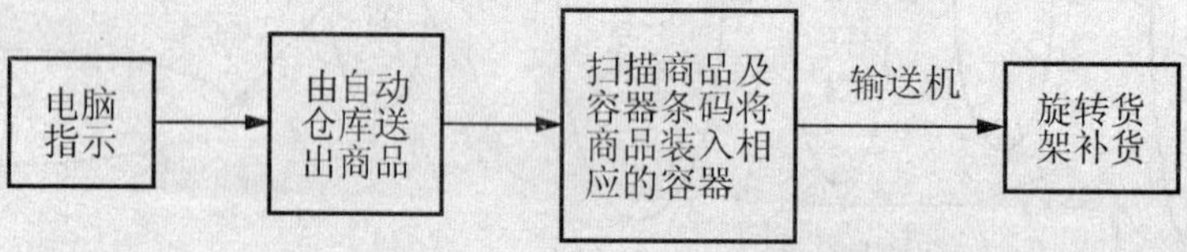

图 6.13　旋转货架补货方式示意图

2) 直接补货方式

将需要补货的商品不经保管区转送，直接送入动管拣货区的补货方式，如图 6.14 所示。

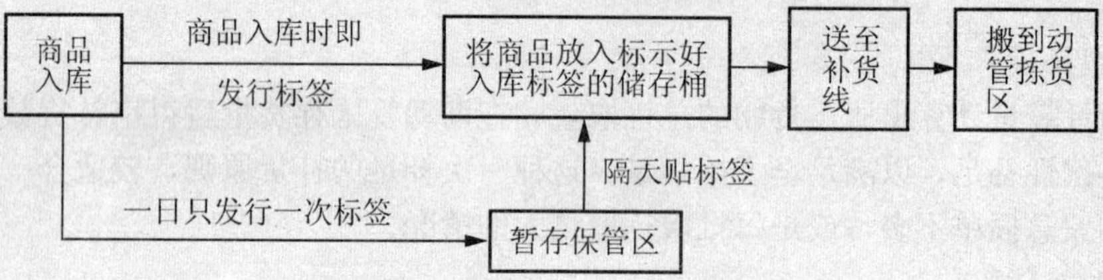

图 6.14　直接补货方式示意图

3) 拣货区采取复合制的补货方式

在复合制的补货方式中，动管拣货区的货物采取相同种类相邻放置方式，而保管区采取两处两阶段的补货方式。第一保管区为高层货架仓库，第二保管区为动管区旁的临时保管处。进行第一阶段补货时，先由第一保管区的高层货架将货物运至第二保管区，将空托盘移出，后面托盘依序往前推出，第二保管区再将补货托盘移进动管拣货区，如图 6.15 所示。

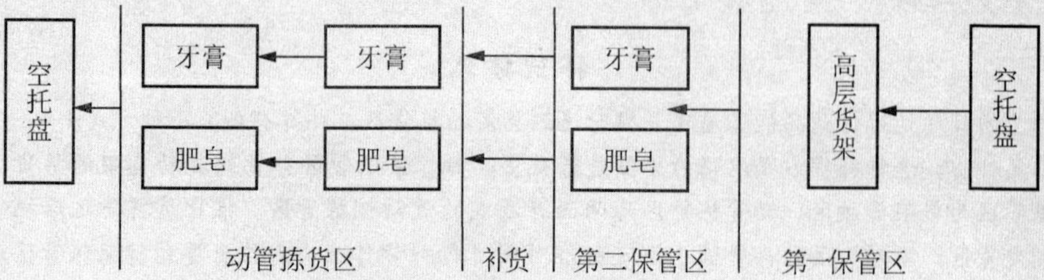

图 6.15　复合制的补货方式示意图

6.2.5 配货作业

配货作业是指把拣取分类完成的货品，经过配货检查过程后，装入容器并做好标示，再运到配货准备区，待装车后发送。其作业流程如图 6.16 所示。

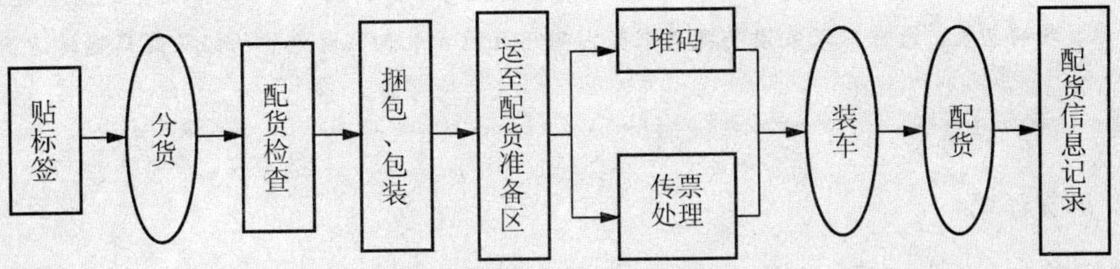

图 6.16 配货作业流程图

1. 分货

分货就是把拣货完毕的货品，按用户或配送路线进行分类的工作。

2. 配货检查

配货检查作业是指根据用户信息和车次，对拣送物品进行商品号码和数量的核实，以及对产品状态、品质的检查，如图 6.17 所示。

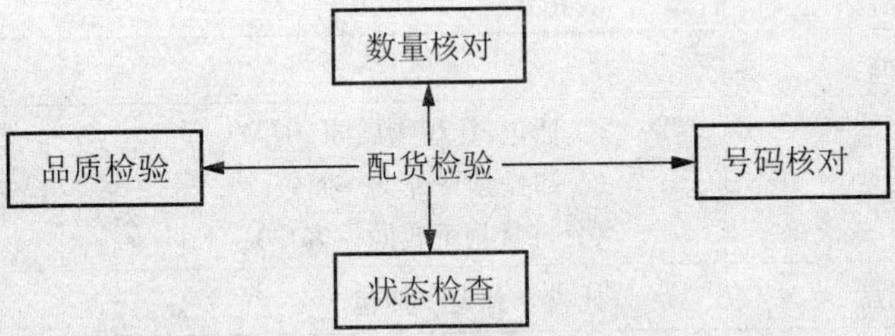

图 6.17 配货检查作业内容

3. 包装、捆包

包装应注意的问题包括以下几个方面：

(1) 包装的适当化，即避免包装过大及包装过剩问题。

(2) 包装的可靠性，即包装容器的可靠性。

(3) 环保问题，即包装废弃物的处理问题。

(4) 包装资源问题，即包装回收的再利用问题。

(5) 包装的安全性问题，即应提升为顾客服务的品质。

知识链接

包装的种类

(1) 个装。个装又称商业包装，指货品的个别包装，是商品整体的组成部分。它有利于提高商品的价值、美观度，同时还可保护商品及促进商品销售。

（2）内装。内装又称中包装，是为了防止外界环境等因素对个装商品的影响而进行的包装，是货物外装内的内层包装。

（3）外装。外装是指货物包装的外层，即把内装(或个装)后的货物装入箱、袋、木桶、金属桶等容器中。在没有容器的条件下，应对货物进行捆绑和做标记等。外装容器的规格是影响物流效率的重要因素，它要求尺寸与托盘、搬运设备相适应，同时要求具有承重、耐冲击和抗压等能力。外装统称为运输包装，对于运输货物的包装，通常不求装潢美观只求坚固耐用且便于装卸，以免货物经长距离辗转运输而遭受损失。

4. 配货形式

从配送中心的内容看，在拣货时一般以托盘、箱、单件为单位进行拣取。同样，配货的形式也多以这三个单位来进行运作。因此，针对不同的拣货及发货形式，应采取不同的作业方式，见表6－5，主要以订单拣取及批量拣取两种方式进行说明。

表6－5 不同拣货及发货方式对应的作业内容

	拣货单位	作　业	配货单位
订单拣取	托盘	捆包(上包装膜或绳索固定)	托盘
	托盘	卸箱→捆包	单件
	单件	捆包	单件
	箱	装箱	单件
	箱		箱
批量拣取	托盘	① 捆包(托盘物属同一客户) ② 卸托盘→分类→捆包 (分拣货物不属同一客户)	托盘
	托盘	托盘→分类→捆包	单件
	托盘	托盘→拆箱→分类←捆包	箱
	单件	① 分类→捆包(整箱属于同一客户) ② 拆箱→分类→装箱(不属同一客户)	单件
	单件	拆箱→分类	箱
	箱	分类→装箱	单件
	箱	分类	箱

6.2.6 送货作业

送货作业是利用配送车辆把用户订购的物品从制造厂、生产基地、批发商、经销商或配送中心，送到用户手中的过程。送货通常是一种短距离、小批量、高频率的运输形式。它以服务为目标，以尽可能满足客户需求为宗旨。从日本配送运输的实践来看，配送的有效距离最好在50km半径以内，国内配送中心、物流中心，其配送经济里程在30km以内。

送货的基本作业流程如图6.18所示。

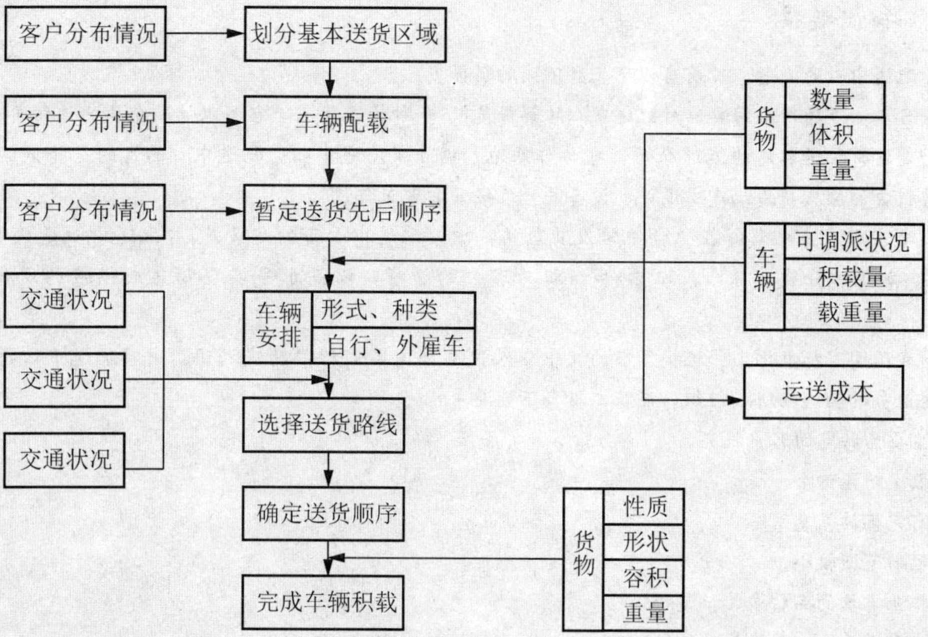

图 6.18 送货基本作业流程

特别提示

送货作业中需注意的问题：

(1) 明确订单内容。

(2) 了解货物的性质。

(3) 明确具体送货地点。

(4) 适当选择配送车辆。

(5) 选择最优的配送线路。

(6) 充分考虑各作业点的装卸货时间。

6.3 配送中心及配送网络

6.3.1 配送中心概述

1. 配送中心的概念

配送中心是以组织配送性销售或供应，执行以实物配送为主要职能的流通性节点。在配送中心，为了能做好送货的编组准备，需要采取零星集货、批量进货等多种资源搜集方法，并进行对货物的分整、组配等工作，因此，配送中心具有集货和分货的功能。为了更有效、更高水平地配送，配送中心往往还有比较强的流通加工能力，必须将配好的货物送达客户手中。由此可见，配送中心实际上是集集货、分货、加工及送货于一体的综合性的物流据点。功能完善的配送中心作为物流据点的一种形式，有时便和物流中心等同了。

知识链接

关于配送中心的概念，目前有以下几种不同的解释。

(1) 日本《市场用语词典》对配送中心的解释是："一种物流节点，它不以储藏仓库的这种单一的形式出现，而是发挥配送职能的流通仓库，也称作基地、据点或流通中心。配送中心的目的是降低运输成本、减少销售机会的损失，为此建立设施、设备并开展经营管理工作。"

(2) 李京文、王之泰等在《物流学及其应用》中给配送中心下的定义是："配送中心是从事货物配备(集货、加工、分货、拣选、配货)和组织对客户的送货，以高水平实现销售或供应的现代化流通设施。"

(3) 我国国家标准化主管机构发布的《中华人民共和国国家标准物流术语》中对配送中心的定义是：从事配送业务的物流场所或组织。应基本符合下列要求：

① 主要为特定的客户服务。

② 配送功能健全。

③ 有完善的信息网络。

④ 辐射范围较小。

⑤ 作业货物的品种多、批量小。

⑥ 以配送为主，储存为辅。

2. 配送中心的定位

无论是从现代物流学科建设方面还是从经济发展的要求方面来讲，都需要对配送中心这种经济形态做一个明确的界定。在战略上，必须明确配送中心的发展定位，从而做出整体的规划；在策略上，依据配送中心的资源状况、规模经济水平、技术条件、管理水平、商圈规模与范围、功能及服务网络等方面的不同优势，进行客观科学的业态定位，从而寻找比较优势，确定本身市场目标。从定位的角度出发，突出每一配送中心的经营特色，以达到市场占有的最大化，可根据自身的物流服务对象、服务功能、配送产品类别、物流职能及配送能力等的特点进行定位。

下面通过图 6.19 详细讲解配送中心不同角度的定位。

3. 配送中心的类型

1）城市配送中心

城市配送中心是以城市范围为配送范围的配送中心。城市配送中心往往与零售经营相结合，采用汽车运送的方式，直接配送到最终用户。由于运距短、反应能力强，故从事多品种、少批量、多用户的配送较有优势。

2）区域配送中心

区域配送中心是以较强的辐射能力和库存准备向省(州)际、全国乃至国际范围的用户配送的配送中心。区域配送中心往往是配送给下一级城市配送中心、营业所、商店、批发商和企业用户，因此，用户较大，配送批量也较大。虽然也从事零星的配送，但不是主体形式。

3）专业配送中心

专业配送中心有两种含义，见表 6-6。

表 6-6 专业配送中心的不同含义

不同含义	内 容
配送对象专一化	配送对象、配送技术属于某一专业范畴，综合这一专业的多种物资进行配送，制造业的销售配送中心大多采用这种形式
配送服务专业化	以配送为专业化职能，基本上不从事经营的服务型配送中心，如《国外物资管理》杂志中介绍的“蒙克斯帕配送中心”

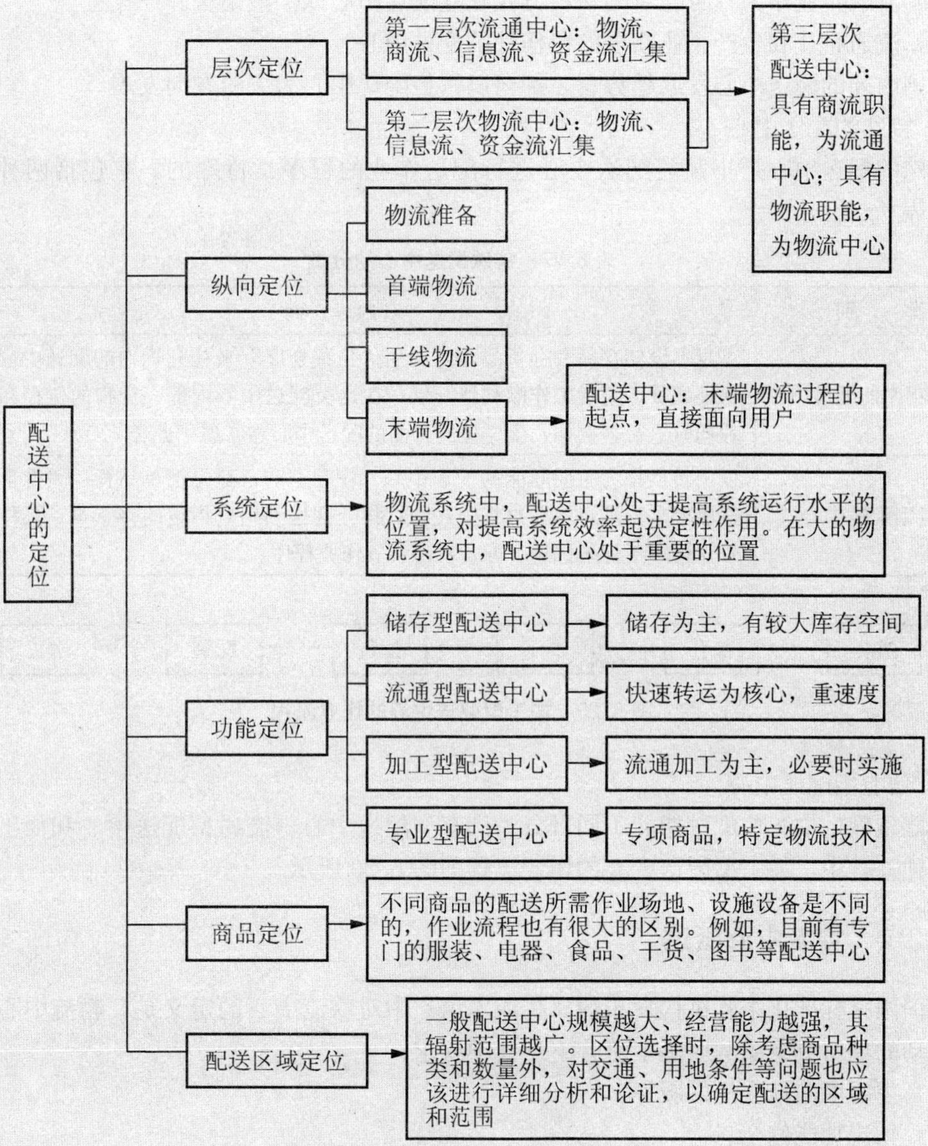

图 6.19 配送中心定位分析

4）柔性配送中心

柔性配送中心不向固定化、专业化方向发展，而是向能随时变化、对用户要求有很强的适应性、不固定供需关系、不断发展配送用户、改变配送用户的方向发展。

5）供应配送中心

供应配送中心是专门为某个或某些用户（如联营商店、联合公司）组织供应的配送中心。例如，为大型连锁超市组织供应的配送中心、上海地区 6 家造船厂的钢板配送中心等。

6）销售配送中心

销售配送中心是以销售经营为目的，以配送为手段的配送中心。销售配送中心有如下三种类型。

（1）生产企业将本身产品直接销售给消费者的配送中心。

（2）流通企业作为本身经营的一种方式建立配送中心以扩大销售。

（3）流通企业和生产企业联合的协作性的配送中心。

从国内外的配送中心发展趋势看，都向以销售配送中心为主的方向发展。

7）特殊的配送中心

特殊的配送中心是指某类配送中心进行配送作业的程序是特殊的，它包括两种配送中心，见表 6－7。

表 6－7　特殊配送中心的分类

类　　别	内　　容
不设储存库的配送中心	本身不设储存库和存货场地，利用“公共仓库”来补充货物的配送中心。为了保证配货、送货工作顺利地开展，在这类配送中心内部，货物的暂存和配货作业同时进行。例如，配送生鲜食品的配送中心通常属于此类
分货型配送中心	以中转货物为主要职能的配送中心。在配送前，都先把单品种、大批量的货物按照要求分堆，然后再将分好的货物分别送到用户指定的接货点。其作业流程较简单，不需要拣选、配货和配装等作业程序。

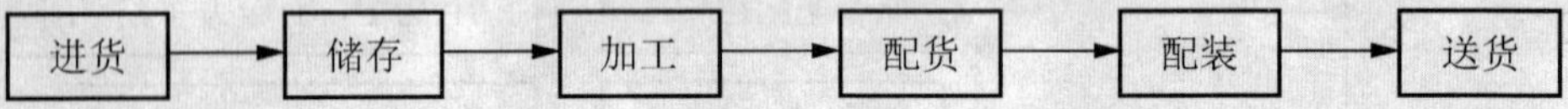

图 6.20　加工型配送中心的作业流程

8）功能型配送中心

功能型配送中心按配送功能不同可分为储存型配送中心、流通型配送中心和加工型配送中心三种。其中，加工型配送中心的作业流程如图 6.20 所示。

6.3.2　物流中心概述

我国国家标准化主管机构发布的《物流术语》中对物流中心的定义是：物流中心是从事物流活动的场所或组织。应基本符合下列几项要求：

（1）主要面向社会提供服务。

（2）物流功能健全。

（3）完善的信息网络。

（4）辐射范围大。

（5）少品种、大批量。

（6）存储、吞吐能力强。

（7）物流业务统一经营、管理。

物流中心具有很强的集散功能，一般靠近车站、港口等交通便利的地点兴建，是综合性、地域性、大批量货物的集散地。物流中心把商流、物流、信息流、资金流融为一体，成为产销企业之间的中介。例如，西班牙最大的物流中心马德里物流中心，占地100万平方米，仅各类仓储建筑就有50多万平方米。在约2平方千米的范围内，就有2 000多家与物流相关的配套服务企业，服务范围除危险品外几乎无所不包。

根据具体功能，物流中心可以划分为多种类型。

(1) 流转中心(Transfer Center，TC)。流转中心是指不具有商品保管、在库管理等功能，而是单纯从事商品周转、分拣作业的物流中心。

(2) 配送中心(Distribution Center，DC)。配送中心是指拥有商品的集中、保管、在库管理等管理功能，同时又进行商品的分拣、流通加工、配货和送货工作物流中心。

(3) 储存中心(Stock Center，SC)。储存中心是指单一从事商品保管功能的物流中心。

(4) 流通加工中心(Process Center，PC)。流通加工中心是指从事流通加工功能的物流中心。

6.3.3 配送网络结构类型

配送系统是一个网络结构的系统，它与物流系统一样，是由物流节点活动和线路活动构成的。节点活动的场所(节点)包括物流中心、配送中心、物品的供方和需方；线路活动是运输工具在运输线路上的运动形成的，它反映了节点之间物品的传递关系。所以，配送网络通常用节点和节点之间物品的传递关系来表示。

1. 集中型配送网络

集中型配送网络是指在配送系统中只设有一个配送中心，所有用户需要的物品均由这个配送中心完成配送任务。在这种系统中，由于只有一个配送中心，配送决策由这个中心做出，配送的商品也只由这一个中心进出，这是一种集中控制和集中库存的模式，如图6.21所示。一个城市范围内中小型连锁公司自己设置的、为所属连锁店配送商品的配送系统，一般只设一个配送中心，属于这种配送网络类型。

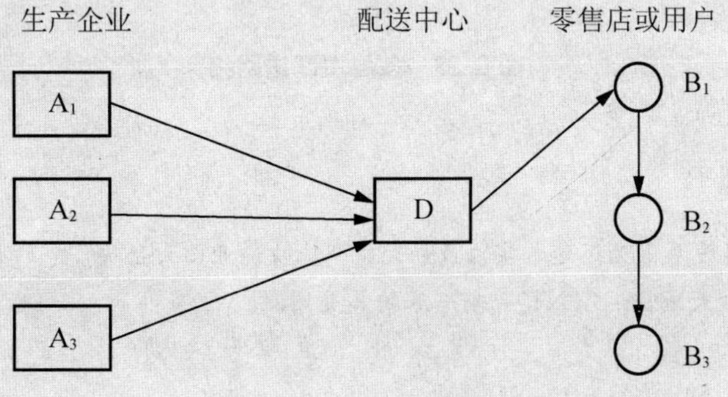

图6.21 集中型配送网络

2. 分散型配送网络

分散型配送网络是指在一个配送系统中(通常指在一个层次上)设有多个配送中心，而将用户按一定的原则分区，归属某一个配送中心，如图 6.22 所示。大城市中的大型连锁公司自己设置的、为所属连锁店配送商品的配送系统，通常要设置多个配送中心才能满足需要，就属于这种配送网络类型。

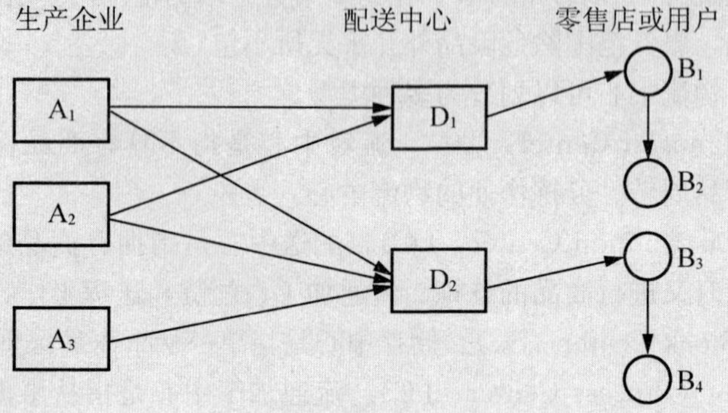

图 6.22　分散型配送网络

3. 多层次配送网络

多层次配送网络是在系统中设有两层或更多层次的物流中心和配送中心，其中至少有一层是配送中心，而且靠近用户。大型第三方物流企业、大型零售企业或从供应链来看的物流系统，它们的配送网络通常是这种结构。如图 6.23 所示为两层次配送网络。

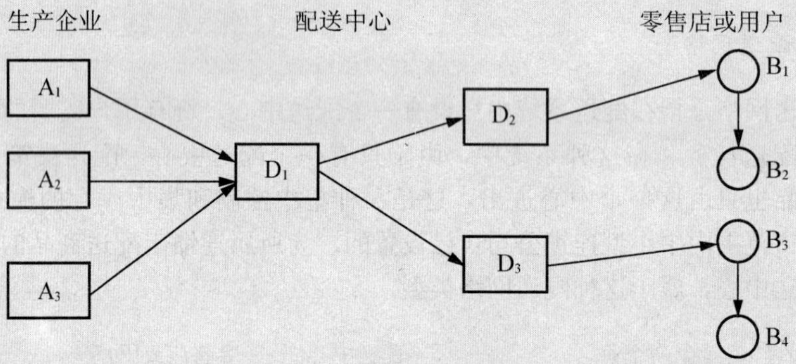

图 6.23　多层次配送网络

小贴士

美国的包裹快递业务发展最为迅速，实力最强大，全球快递业四大巨头——联邦快递(FedEx)、联合包裹(UPS)、敦豪(DHL)和天地快运(TNT)，前三家均属美国。

6.4　配送服务及策略

配送系统是物流系统的一个子系统，而且是直接面对用户提供物流服务的子系统。由于服务的对象不同，配送物品的性质不同，加上用户要求的多样化，特别是定制化服务的需求，使得配送系统的网络结构、配送模式和服务方式、配送策略也呈现多样化。正确地选择配送系统模式和服务方式、配送策略，对提高物流效率和经济效益有着重要影响。

6.4.1 配送模式

1. 直接配送模式

直接配送模式是不设配送中心的配送模式，即用户或零售商需要的商品直接由供应商配送到指定的地点，如图 6.24 所示。这种模式的优势在于减少了中间环节，避免了配送中心的费用。

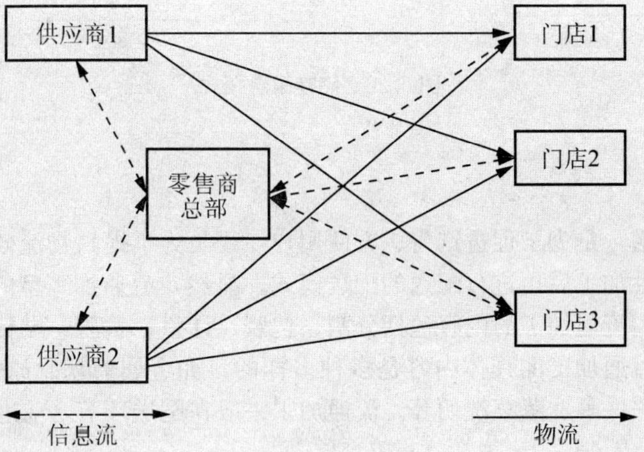

图 6.24 直接配送模式

2. 直通配送模式

直通配送模式中，配送中心不具有专门的存储功能，是一个转运站，如图 6.25 所示。商品从供应商到达配送中心后，迅速分拣、转移到用户或零售点，商品在配送中心停留的时间一般不超过 12h。这种模式下，库存物品主要分散在用户和零售店，配送中心的仓库保管费用少。沃尔玛就是运用这种配送模式的典型。

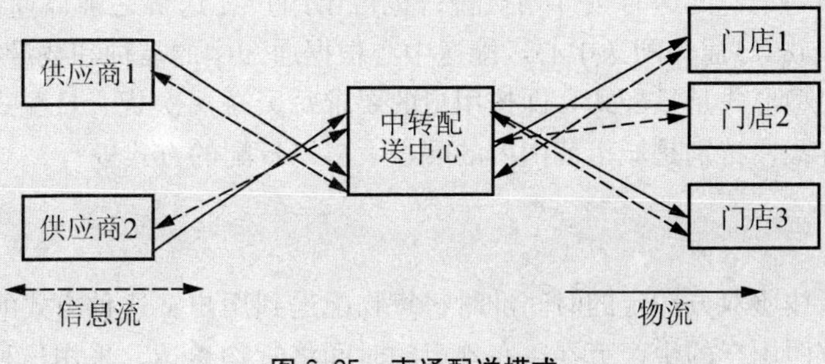

图 6.25 直通配送模式

3. 储存配送模式

储存配送模式是指在配送中心储存货物，然后根据用户需要对储存货物进行配送，如

图 6.26 所示。这是最典型的配送模式。这种模式的重点是确定系统中的合理库存、优化配送线路和通过配货、配载提高运输工具的利用率。

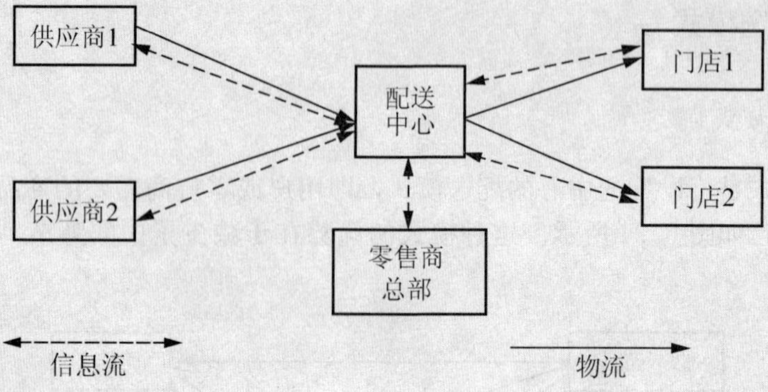

图 6.26　储存配送模式

4. 流通加工型配送模式

流通加工型配送，是为了促进销售、方便用户，或是为了提高物流效率，在配送中心对物品进行生产辅助性加工后再进行配送的配送模式。显然，流通加工型的配送中心必须有较强的流通加工能力。流通加工的内容包括分割、包装、计量、检验、贴标等。由于加工对象和加工目的不同，流通加工的具体内容是多种多样的，如金属剪切、原木开木下料、配煤、水泥搅拌、食品冷冻保鲜、蔬菜洗切等。流通加工一般在配送环节之前进行。

6.4.2　配送服务

配送是直接面对用户的物流环节。由于用户所处的环境和内部条件不同，生产经营的方式不同，因而对配送的要求也不同。为了满足不同用户和消费者的需求，应采用不同的配送服务方式。归纳起来，可供选择的配送服务方式主要有以下几种。

1. 定时配送

定时配送是指按照与用户商定的时间或时间间隔进行的配送。每次配送的品种和数量既可以预先在协议中约定，配送时按计划执行；也可由用户在送货之前以商定的联络方式(如电话、传真、E-mail 等)通知配送中心，配送中心根据通知中的品种和数量安排配送。

定时配送的典型形式是日配式，即按用户的要求每天送一次货。日配式是定时配送中被广泛采用的一种方式，特别是城市范围内的配送大多以日配的方式进行。

2. 准时配送

准时配送是指按照双方约定的时间准时将货物配送到用户。这种方式的特点在于时间的精确性，它要求按照用户的生产节奏，在规定的时间将货物送达。采用这种方式，生产企业完全可以实现“零库存”。采取准时制生产方式的生产企业最需要这种配送方式。

3. 快递配送

快递配送是一种快速的、向社会广泛提供服务的配送方式。这种方式覆盖范围较广，服务承诺的时限随着地域的变化而变化，所以这种配送方式很少用做生产企业“零库存”的配送。

因为快递配送的对象是社会的广大企业和个人用户，配送的物品主要是小件物品，而且以快速、便利为特色，所以颇受青睐，发展很快。日本的“宅急便”、美国的“联邦快递”、我国邮政系统的“特快专递”等都是运作非常成功的快递式配送企业。

4. 定量配送

定量配送是指按照协议约定的数量实施配送。这种方式由于数量固定，在管理上可以增强备货的计划性。在计量时可以根据托盘、集装箱及车辆的运载能力进行测算；也可以有效地利用这类集装方式进行整车配送，从而大大提高配送的作业效率。又由于这种方式不严格限定时间，便于配送企业合理安排运力，实施科学管理。

5. 定时定量配送

定时定量配送是按照约定的时间和数量进行配送。这种方式集定时、定量两种配送方式的优点于一身，是一种精密的服务方式，对配送中心的服务要求比较严格，管理和作业难度较大。定时定量配送方式计划性很强、准确性高，所以比较适合于生产批量大且销售稳定的用户，如汽车、家用电器、机电产品制造业或大型连锁超市的部分商品等。

6. 定时定路线配送

定时定路线配送是通过对用户分布状况的分析，设计出合理的运输配送路线，在约定的运送路线上，按照运行时刻表进行的配送方式，也称班车式配送。这种方式要求用户预先提出供货的品种、数量、到货时间和到货地点，以便合理地配货、配装。

7. 即时配送

即时配送是满足用户应急需求进行的配送。这种方式是对其他配送服务方式的完善和补充，它主要是为了满足用户由于事故、灾害、生产计划突然改变等因素所导致的突发性需要，以及普通消费者的突发性需求，而采用高度灵活的应急配送方式。

即时配送对配送速度和时间要求严格，只有配送设施完备、具有较高管理和服务水平、具备较高作业组织能力和应变能力的专业化配送企业，才能广泛地开展即时配送业务。

案例链接

据《中国经营报》2002年1月7日报道：2001年某代表团到亚洲访问，他们到达我国台湾时才发现，他们没有拿到下一个目的地的签证。但他们在我国台湾的时间很短，如果拿不到这个签证，就会影响代表团的日程，这时他们找到了联邦快递(FedEx)。联邦快递先把代表团成员的护照寄回他们所在的国家，然后再将签证后的护照寄到我国台湾。但是，签证后的护照寄到我国台湾的时间是星期六，而台湾地区海关星期六是不清关的，正常情况下，联邦快递的承诺是星期六到我国台湾的东西要在星期一才能送给用户，但这个代表团星期六要离开我国台湾。联邦快递查了他们的护照将在星期六下午两点到达我国台湾，而且了解到这些护照在哪个集装箱里。于是与台湾地区海关协商，特别在星期六给这些物品做清关，并要代表团在机场等候，每半小时向他们汇报一下工作进展情况，终于在下午4点的时候将护照交到代表团手中。这是一个非正常配送的例子，可以说明联邦快递即时配送的服务水平和服务质量。

6.4.3 配送策略

配送策略是在采用上述配送模式和服务方式的基础上，为了既能满足用户需求，又能降低配送成本而采取的具体措施。可供选择的主要策略有以下几种。

1. 转运策略

转运是指为了满足应急需要，在同一层次的物流中心之间进行货物调度的运输。这种情况常常是由于预测不准确而进行配送以后，各需求点上的商品不能符合实际需求，需要进行调整而发生的商品运输。转运是零售层次上最常采用的补救办法。如前面讨论的直接运输和直通运输模式中，由于没有中间库存，末端点上的库存量一般比较大，库存分布与实际需求常常发生矛盾，这时就需要用转运方式予以弥补。

2. 延迟策略

延迟策略的基本思想就是对产品的外观、形状及其生产、组装、配送应尽可能推迟到接到顾客订单后再确定。在传统的配送系统中，常常通过对未来需求的预估来决定库存量的多少，以库存来保证需求，并达到一定的服务水平，这样就存在着预测的风险。在现代信息技术支持下的物流系统中，人们借助信息技术快速获得需求信息，可使产品的最后制造和配送延至收到了客户的订单后再进行，从而使不合适的生产和库存被减少或被消除。这种推迟生产或配送的行为就是延迟，前者称为生产延迟，后者称为物流延迟。本书所指物流延迟，实际是指运输延迟和配送延迟。

3. 集运策略

由于“二律背反”原理，一种物流技术的应用会产生一些有利的优势，但同时也会带来不足，延迟技术也是如此。延迟克服了预估造成库存量大的不足，但同时也会影响运输规模效益的实现。集运则是为了在延迟技术下继续维持运输的规模效益而采用的一种运输方式。

所谓集运，是指为了增大运输规模，采取相应措施使一次装运数量达到足够大的运输策略。集运通常采用的措施有如下几种：①在一定区域内集中小批量用户的货物进行配送；②在有选择的日期对特定的市场送货；③联营送货；④利用第三方物流公司提供的物流服务使运输批量增大。

集运与后面将要讨论的共同配送具有相同的作用，不同的是，共同配送是企业之间比较稳定的合作，集运则可能是一次性的。

4. 混合策略

混合策略是指生产企业合理安排企业自身完成的配送和外包给第三方物流完成的配送，它能使配送成本降至最低。

案例链接

美国一家干货生产企业为满足遍及全美的 1 000 家连锁店的配送需要，建造了 6 座仓库，并拥有自己的车队。随着经营的发展，企业计划在芝加哥投资 7 000 万美元再建一座新仓库，并配以新型的物料处理系统。但董事会研究后，发现不仅成本高，而且仍满足不了需要。结果在附近租用公共仓库，增加一些必要的设备，再加上原有的仓储设施就满足了企业所需的仓储空间。总投资只需要20万美元的设备购置费和10万美元的外包运输费，再加上仓库的租金也远远小于7 000万美元。

5. 差异化策略

差异化策略是指当产品的特征不同时，顾客的服务水平也不同。当企业拥有多种产品线时，不能对所有的产品都按同一标准的服务水平进行配送，而应按产品的特点和销售水平来设置不同的库存、储存地点和运输方式，忽视产品的差异性会增加不必要的配送成本。

案例链接

一家化学添加剂的生产企业，为降低配送成本，将各种产品按销售量比重进行分类：A类产品的销售量占总销售量的70%以上，因此企业在各销售网点上都备有库存；B类产品只占20%左右，只在地区分销中心备有库存；C类产品占10%左右，仅在工厂仓库才有库存。经过一段时间的运行，企业总的配送成本下降了20%之多。

6. 合并策略

合并策略包括两个层次：配送方法上的合并和共同配送。

1）配送方法上的合并

实行合理的轻重配装、容积大小不同的货物搭配装车，不但可以在载重方面达到满载，而且还能充分利用车辆的有效容积，取得最优效果。这样，企业在安排车辆完成配送任务时，做到满载满装，是降低成本的重要途径。配送方法上的合并最好借助计算机来设计货物配载的最佳方案。

2）共同配送

共同配送是一种产权层次上的共享，也称集中协作配送，是把过去按不同货主、不同商品分别进行的配送，改为不区分货主和商品，集中运货的“货物及配送的集约化”。即将货物都装入同一条配送路线运行的车辆上，用同一台车辆为更多的客户服务。当然，这要依靠多个企业联合起来，集小量为大量，共同利用同一配送设施。其标准运作形式是：在中心机构的统一指挥和调度下，各配送主体以经营活动(或以资产)为纽带联合行动，在较大的地域内协调运作，共同对某一个或某几个客户提供系列化的配送服务。

重要词汇

配送　配送作业流程　配送中心　配送网络　配送策略

案例分析

7-11便利店的配送系统

7-11这个名字来自于遍布全球的便利名店7-11，该便利店在全球20多个国家拥有2.1万家左右的连锁店。一家成功的便利店背后一定有一个高效的物流配送系统，7—11的物流管理模式先后经历了三个阶段三种方式的变革。

起初，7—11并没有自己的配送中心，它的货物配送是依靠批发商来完成的。以日本的7—11为例，早期日本7—11的供应商都有自己特定的批发商，而且每个批发商一般都只代理一家生产商，这个批发商就是联系7—11和其供应商的纽带，也是7—11和供应商间传递货物、信息和资金的通道。供应商把自己的产品交给批发商以后，对产品的销售就不再过问，所有的配送和销售都由批发商来完成。

渐渐地，这种分散化的由各个批发商分别送货的方式无法再满足规模日渐扩大的7—11便利店的需要，7—11开始和批发商及合作生产商构建统一的集约化的配送和进货系统。在这种系统之下，7—11改变了以往由多家批发商分别向各个便利点送货的方式，改由一家在一定区域内的特定批发商统一管理该区域内的同类供应商，然后向7—11统一配货，这种方式称为集约化配送。

特定批发商(又称为窗口批发商)提醒了7—11，何不自己建一个配送中心？与其让别人掌控自己的经脉，不如自己把自己的脉。7—11的物流共同配送系统就这样浮出水面，共同配送中心代替了特定批发商，分别在不同的区域统一集货、统一配送。配送中心有一个计算机网络配送系统，分别与供应商及7—11店铺相连。

配送中心的优点还在于7—11从批发商手上夺回了配送的主动权，能随时掌握在途商品、库存货物等数据，对财务信息和供应商的其他信息也能握于股掌之中，对于零售企业来说，这些数据都是至关重要的。

有了自己的配送中心，7—11就能和供应商谈价格了。7—11和供应商之间定期会有一次定价谈判，以确定未来一定时间内大部分商品的价格，其中包括供应商的运费和其他费用。

随着店铺的扩大和商品的增多，7—11的物流配送越来越复杂，配送时间和配送种类的细分势在必行。以台湾地区的7—11为例，全省的物流配送就细分为出版物、常温食品、低温食品和鲜食食品四个类别的配送，各区域的配送中心需要根据不同商品的特征和需求量每天作出不同频率的配送，以确保食品的新鲜度，吸引更多的顾客。

另外，不同食品对配送时间和频率也会有不同要求。对于有特殊要求的食品如冰激凌，7—11会绕过配送中心，由配送车早、中、晚三次直接从生产商门口配送到各个店铺。对于一般的商品，7—11实行的是一日三次的配送制度，早上3点到7点配送前一天晚上生产的一般食品，早上8点到11点配送前一天晚上生产的特殊食品如牛奶、新鲜蔬菜，下午3点到6点配送当天上午生产的食品，这样一日三次的配送频率在保证了商店不缺货的同时，也保证了食品的新鲜度。为了确保各店铺供货的万无一失，配送中心还有一个特别配送制度和一日三次的配送相搭配。每个店铺都会随时碰到一些特殊情况而造成缺货，这时只能向配送中心打电话告急，配送中心则会利用安全库存对店铺紧急配送，如果安全库存也已告罄，中心就转而向供应商紧急要货，并且在第一时间送到缺货的店铺中。

（资料来源：牛鱼龙．现代物流经典案例[M]．深圳：海天出版社，2003)

思考：

1. 结合案例说明配送的作用是什么？

2. 结合案例说明完整的配送系统能带来怎样的优势？

3. 结合案例分析应如何建立配送系统？

练习与思考

一、单选题

1. 与客户签订某时间内定时配送一定数量的商品所涉及的订单形态为(　　)。

A. 一般交易订单　　B. 现销式交易订单

C. 合约式交易订单　　D. 寄库式交易订单

2. 存货查询的目的在于(　　)。
A. 确认商品的名称、号码、产品描述　B. 确认商品的储位信息
C. 确认商品的期望进货时间　D. 确认商品的库存能否满足要求
3. 货物配送时作为客户签收和确认出货资料的凭证单据为(　　)。
A. 订货单　B. 拣货单　C. 送货单　D. 缺货单
4. 体积重量最大的拣货单位是(　　)。
A. 货架　B. 托盘　C. 箱　D. 单件
5. 某配送中心的订单比较密集频繁，且经常有紧急插单的需求，这时应采用(　　)的方式。
A. 时窗分批　B. 总合计量分批　C. 智慧型分批　D. 固定订单量分批

二、多选题

1. 针对不同的拣货及发货形式，主要采取(　　)方式进行拣取。
A. 订单拣取　B. 批次拣取　C. 批量拣取　D. 人工拣取
2. 根据作业的不同，订单分批原则一般不包括(　　)。
A. 按订单紧急度　B. 按配送区域或路径　C. 按供应商需求
D. 按流通加工需求　E. 按车辆需求
3. 按物流功能划分，配送中心可以分为(　　)。
A. 流通型配送中心　B. 储存型配送中心
C. 供应型配送中心　D. 加工型配送中心
4. 物流中心一般包括以卜哪些特点(　　)。
A. 具有很强的集散功能　B. 功能齐全
C. 具备完善的信息网络　D. 作业货物批量大
5. 根据功能，物流中心的类型可划分为(　　)。
A. 流转中心　B. 配送中心　C. 流通加工中心　D. 储存中心

三、思考题

1. 配送的功能和作用是什么？
2. 配送作业流程是怎样的？
3. 学校各部门(包括食堂、超市)的所有物资若统一配送的话，请选择配送中心的位置并设计配送路线。
4. 配送服务和配送策略各有哪些？

第7章 采购供应作业

学习目标

1. 掌握采购的概念、地位和作用。
2. 掌握采购的任务、职能和职责。
3. 理解采购的基本流程。
4. 了解如何编制采购计划。
5. 理解评估选择供应商的方法。

案例引入

某汽车公司的采购现状

某汽车集团公司采购部门是集团公司的采购管理职能部门，负责集团公司采购政策、采购标准的制定及监督，负责集团公司采购系统的系统管理，同时负责集团公司成本中心的零部件、原材料、设备、设备备件的采购工作。当时该汽车公司采购部门的状况如下：①采购资源分散，不能形成集团公司整体优势；②采购管理分散，采购政策和标准不统一；③采购行为不规范，造成物资资源“散、乱、差”的局面；④没有统一的计算机辅助采购监控管理系统，无法实现高层次的集中采购；⑤计算机网络硬件落后，不能满足物资采购系统集中管理发展的需求；⑥部分人员的管理素质及使用计算机能力还有待进一步提高。

（资料来源：http//www.eol.cn/guan _ li _ lei _ 3683/20071225/t20071225 _ 272911 _ 1.shtml，有改动）

思考：试分析该采购部门应如何进行采购工作？

7.1 采购概述

采购是商流活动，但采购供应作业又与物流密不可分。现在很多企业管理者在提到采购时，往往会提到物流，提到供应链，甚至有些企业管理者把采购供应作业看做物流作业的一部分。

7.1.1 采购的概念、地位和作用

1. 采购的概念

1）狭义的采购

狭义的采购是指购买东西，即企业根据需求提出采购计划，审核计划，选好供应商，经过商务谈判确定价格、交货及相关条件，最终签订合同并按要求收货付款的过程。这种以货币换取物品的方式，可以说是最普通的采购途径。无论是个人，还是企业机构，为了满足消费或生产的需求大多都是以“购买”的方式来进行采购。

2）广义的采购

广义的采购是指除了以购买的方式占有物品之外，还可以通过下列各种途径取得物品的使用权，以达到满足需求的目的。

（1）租赁。即一方以支付租金的方式取得他人物品的使用权。

（2）借贷。即一方无须支付任何代价取得他人物品的使用权。使用完毕后仅返还原物品。这种无偿借用他人物品的方式，通常是基于借贷双方的情谊与密切关系，特别是借方的信用。

（3）交换。即以“以物易物”的方式取得物品的所有权及使用权，但是并没有直接支付物品的全部价款。换言之，当双方交换价值相等时，不需要金钱补偿；当双方交换价值不等时，由一方补贴差额给对方。

综上所述，采购的概念可以理解为：采购是以各种不同的途径，包括购买、租赁、借贷、交换等，取得物品及劳务的使用权或所有权，以满足使用的需求。

2. 采购的地位

在现代企业的经营管理中，采购显得越来越重要。一般情况下，企业产品的成本中外购部分占有较大比例(60%～70%)。因此，外购件与原材料的采购，在一定的程度上会影响企业的竞争力，采购与采购管理往往是竞争优势的来源之一。随着全球市场一体化和信息时代的到来，专业生产更加能够发挥其巨大的作用，使企业采购的比重大大增加，战略性地决定企业运作环节，决定产品组成件的来源及区域分布，也使采购及其管理的作用提升到一个新的高度。

知识链接

采购在不同领域的地位

1. 采购在成本控制中的地位

在全球企业的产品成本构成中，采购的原材料及零部件成本占企业总成本的比重会随行业的不同而不同，大约在30%～90%，平均水平在60%以上。而中国的本土企业，各种物资的采购成本要占企业销售成本的70%。由此可以清楚地看出成本控制中的主体和核心部分，采购成本控制是企业成本控制中最有价值的部分。

2. 采购在供应中的地位

从商品生产和交换的整体供应链中可以看出，每一个企业既是顾客又是供应商。任何企业的最终目的，

都是为了满足顾客的需求以获得最大的利润。加快原料和信息的流动可以提高生产效率，缩短交货周期，使企业在相同的时间内可以创造更多的利润。同时，顾客也会因为企业及时快速的交货而对企业更有信心，也可能因此而追加订单。

此外，为满足顾客需求的不断增加，企业生产必须考虑一定的产品库存，但是，激烈的市场竞争也要求企业按订单进行生产。为解决这个矛盾，企业只有将供应商纳入自身的生产经营过程，把采购及供应商的活动看做是自身供应链的一个有机组成部分，才能加快物料及信息在整体供应链中的流动，从而将顾客所希望的库存成品向前推移为原材料。因此，从供应的角度来说，采购是整体供应链管理中“上游控制”的主导力量。

3. 采购在企业经营中的地位

随着现代经济的发展，许多大企业都将供应商看作是自身企业产品开发与生产的延伸，从而与供应商建立合作伙伴关系。在不用直接进行投资的前提下，企业可以充分利用供应商的能力为自己开发、生产产品。这样一方面可以节省资金，降低投资风险；另一方面又可以利用供应商的专业技术优势和现有的规模生产能力，以最快的速度形成生产能力，扩大产品生产规模。通过以上分析，可以充分认识到采购对于一个企业来讲，不仅仅是买东西，而且是企业经营的核心环节，是企业获得利润的主要资源。采购对企业的产品开发、质量保证、整体供应链以及经营管理都起着极为重要的作用。可以说，采购既是现代企业在全球化、信息化市场经济激烈竞争中赖以生存的一个基本保障，也是现代企业不断发展壮大的必然要求。

4. 采购在项目中的地位

任何项目的执行都离不开采购活动。例如，农业项目需要采购农用机械、农用工具、种子、农药、化肥，水利项目需要采购钢筋、水泥、水汞和其他排灌设备，土建工程项目需要选定承包商来提供施工服务，技术援助项目需要聘请咨询专家等。可以看出，采购工作是项目实施中的重要环节，同时关系到项目建设的成败。相反，如果采购工作做得不好，例如，采购方式不当或者管理不利，所采购的货物，土建工程和咨询服务达不到项目要求等，不仅会影响项目的顺利实施，而且还会影响项目的预计效益，甚至会导致项目的失败。

3. 采购的作用

1）直接作用

采购对经营的成功具有重大贡献，具体体现在以下几个方面：

(1) 采购可以通过实际成本的节约显著提高销售边际利润，如采购每节约一美元就是为企业营业增加利润一美元。

(2) 与供应商合作，对质量和物流进行合理的安排，可以提高资本周转率。

(3) 通过适当的调整，供应商能够对企业的改革做出重大贡献。

(4) 采购有提供信息源的作用。采购部门与市场的接触可以为企业各部门提供有用的信息，主要包括产品的价格、可用性、新的供应源、新产品及新技术的信息，这些信息对企业中其他部门都非常有用。

2）间接作用

采购职能的间接作用以产品品种的标准化、质量成本(与检查、报废、修理有关的成本)的降低和产品交货时间的缩短等形式表现出来，如图 7.1 所示。在实践中，这些间接贡献通常比直接节省的资金更加实在，对企业竞争地位的提高有着深刻的影响。

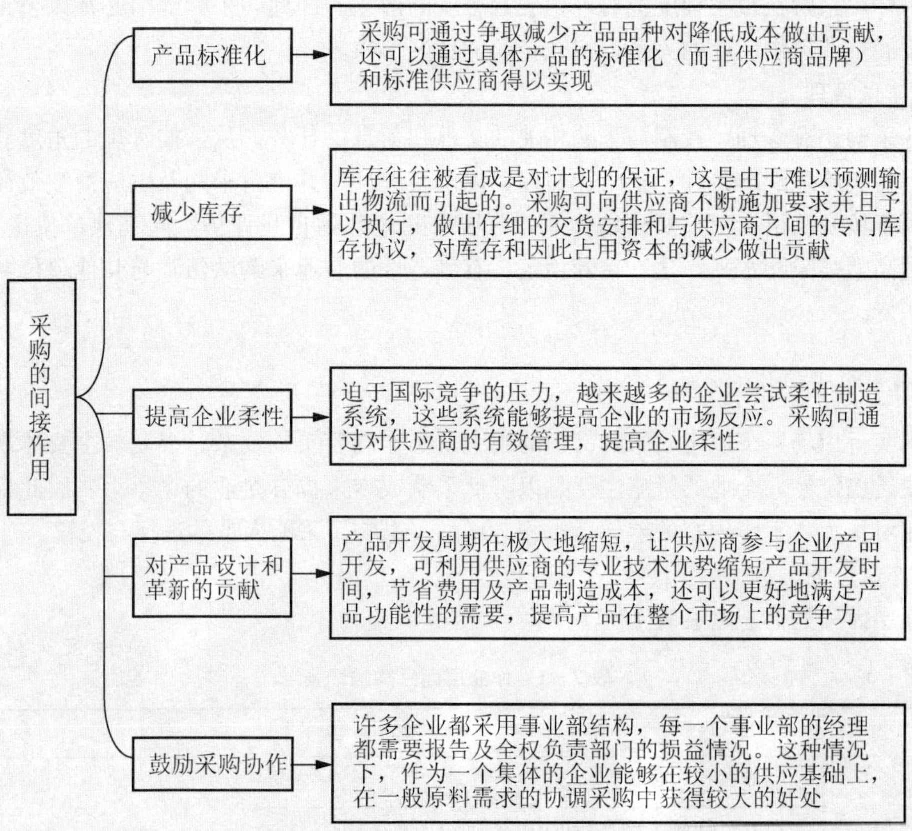

图 7.1　采购的间接作用

7.1.2　采购的任务、职能和职责

1. 采购的任务

1）提高质量

通过不断改进采购过程以及加强对供应商的管理，可以提高原材料的采购质量。

2）控制成本

采购成本的高低是衡量采购是否成功的重要指标。因此，在采购过程中必须控制和减少包括以直接采购成本和间接采购成本为主的采购相关成本。

3）建立供应配套体系

企业的采购任务还包括建立可靠、最优的供应配套体系。一方面要减少供应商的数量，使采购活动尽量集中，降低采购成本；另一方面又要避免过分依赖独家供应商，防止供应商借助垄断提高价格。

4）与供应商建立合作关系

企业的采购还有一个重要任务，就是利用供应商的专业优势，让其积极参与产品开发或过程开发，从而将供应商纳入企业自身的整体经营之中。

5）树立企业形象

企业还需要通过采购工作建立和维护本企业的良好形象。采购是企业的对外工作，同销售工作一样，采购在很大程度上对外代表着企业的形象。因此，采购部门必须以公正、良好的态度发展企业与供应商的关系，树立企业的良好形象。

6）信息管理

企业采购还有管理、控制与采购相关的文件和信息的任务。从采购管理的角度看，企业还有制定并实施采购的方针、策略、目标，以及改进计划并进行采购及供应商绩效衡量，建立供应商审核及认可、考核及评估体系，开展采购体系的自我评估，同其他单位进行比较，以不断提高整体采购水平，建立培养稳定、有创造性的专业采购队伍，与其他单位共享采购资源等职责。

2. 采购的职责

我国实行市场经济以来，采购部门的组织及工作内容更加复杂、多变，主要体现为物料的供应缺乏稳定性，企业的策略主要是以降低采购成本来提升企业的竞争力。因此采购部门的职责相对扩大，工作内容的差异性也相对增加，影响了采购人员的选择与授权。

1）作业层面

作业层面采购的职责见表 7－1。

表 7－1　作业层面采购的职责

职　责	要　求
品　质	能够明确说明规格
	提供客户的验收标准给供应商
	参与品质问题的解决
	协助供应商建立品质管理制度
	尊重供应商的专业技术
交　货	给供应商能够正确达到的交货期
	提供长期的需求计划给供应商
	使供应商同意包装及运输方式
	协助供应商处理交货问题
价　格	给供应商公平的价格
	让供应商分享共同推行价值分析的成果
	尽快付款
其　他	对供应商的问题及抱怨尽快回复
	提供技术和测试仪器，使供应商生产更佳的商品
	使供应商尽早参与产品的设计

2）管理阶层

采购各管理阶层的职责见表 7－2。

表7-2　采购各管理阶层的职责

职　　责	要　　求
采购经理	拟定采购部门的方针与目标
	负责主要原料与物料的采购
	编制年度采购计划与预算
	签订、审核订购单与合约
	采购制度的建立与改善
	撰写部门周报与月报
	主持采购人员的教育训练
	建立与供应商良好的伙伴关系
	主持或参与采购相关的业务会议，并做好部门间的协调工作
采购科长	分派采购人员及助理的日常工作
	负责次要原料或物料的采购
	协助采购人员与供应商谈判价格、付款方式、交货日期
	采购进度的跟进
	保险、公证、索赔的督促
	审核一般物料采购方案
	市场调查
	供应商的考核
采购员	经办一般物料的采购
	查访厂商
	与供应商谈判价格、付款方式、交货日期等
	确定交货日期
	一般索赔案件的处理
	处理退货
	收集价格情报及替代品资料
采购助理	请购单、验收单的登记
	交货记录及稽催
	访客的安排与接待
	采购费用的申请与报支
	进出口文件及手续的申请
	计算机作业及档案管理
	承办保险、公证事宜

7.1.3 采购的分类

1. 按采购政策分类

1）集中采购

由企业采购部门统一进行采购，如医药连锁店、连锁超市等由总部进行统一采购。

案例链接

随着上海浦东新区政府采购制度不断地深入，采购项目不断扩展，原各部门自行采购的项目逐步纳入政府采购。教室用挂壁式搪瓷书写绿板(简称绿板)就是其中具有代表性的一例，新区每年更新的绿板数量非常可观。集中采购可以最大限度地发挥批量采购的价格效应，降低采购成本并保证采购质量，节省财政支出，有利于加强政府采购的管理和监督，规范采购活动。

试分析政府为何进行集中采购?

2）分散采购

由各分厂的采购部门独立进行采购。

2. 按采购订约方式分类

1）订约采购

买卖双方根据订立合约的方式进行采购。

2）口头电话采购

买卖双方是以口头或电话洽谈方式而进行采购。

3）书信电报采购

买卖双方借书信或电报的往返而进行采购。

4）试探性订单采购

采购方在进行采购事项时因某项原因不敢大量下订单，先以试探方式下少量订单，进行顺利时才大量下订单。

5）网上采购

网上采购是指政府或企事业单位集中采购项目通过因特网发布采购信息、接受供应商网上投标报价、网上开标以及公布采购结果的全过程。

知识链接

采购的其他分类方法

1. 按采购比价方式分类

1）招标采购

将物料采购的所有条件(如物料名称、规格、品质要求、数量、交货期、付款条件、处罚规则、投标押金、投标资格等)详细列明，刊登公告。投标供应商按公告的条件，在规定时间内，交纳投标押金，参加投标。招标采购的开标按规定至少必须有3家以上供应商从事报价投标方得开标，开标后原则上以报价最低的供应商得标，但得标的报价仍高过标底时，采购人员有权宣布废标，或征得监办人员的同意，以议价方式办理。

2）询价现购

采购人员选取信用可靠的供应商将采购条件讲明，并询问价格或邮寄询价单并促请对方报价，比较后现价采购。

3）比价采购

采购人员请数家供应商提供价格，从中加以比较后决定供应商进行采购。

4）议价采购

采购人员与供应商经过讨价还价后，议定价格进行采购。一般来说，询价、比价和议价是结合使用的，很少单独进行。

5）定价收购

购买物料数量巨大，非几家厂商所能全部提供的，如纺织厂订购棉花、糖厂订购甘蔗等，或当市场上该物料匮乏时，则按定价现款收购。

6）公开市场采购

采购人员在公开交易或拍卖时的采购，因此，大宗需要物料时价格变动频繁。

2. 按采购的形态分类

1）有形采购

一般而言，采购输出的结果是有形的物品，或是参与某个系统运行的组成部分。例如，一支钢笔、一台计算机、一块电路板等，像这样的物品采购通常称之为“有形采购”。有形采购的物品可以分为原料、副料、机具及设备、事务用品。

2）无形采购

有一类采购输出的结果是无形的，例如，一项服务、一个软件、一项技术、保险及工程发包等，像这样的采购结果通常称之为“无形采购”。无形采购主要是咨询服务采购和技术采购，或是采购设备时附带的服务。

7.1.4 采购的准备——需求预测

1. 需求预测的步骤

1）明确预测目标

根据企业经营管理的需要和决策的要求确定目标。它包括确定预测范围、目标领域和预测的时间要求。

2）收集分析资料

资料是需求预测的基础。预测所需的资料可分为两类：一类是预测对象本身的历史和现实资料，另一类是影响预测对象发展的各种因素的历史和现实资料。

3）建立预测模型

在获得经过分析的数据资料基础上，选择出最合适的预测方法。在选择预测方法时，应考虑以下几个问题：一是预测目标，即方法的选择应满足经营管理决策对具体信息的要求；二是预测对象本身的属性和其内在的变化特点；三是预测时期现有的条件和基础。而预测方法的核心是建立能概括描述研究对象特征和变化规律的模型。

4）进行预测

在选择预测方法、建立预测模型的基础上，根据对未来的了解分析，推算预测目标的可能水平和发展变化趋势。

5）分析评价预测结果

分析评价，主要是对预测结果或预测对象主要构成因素之间的预测模型是否符合客观规律所进行的检验或论证。

2. 需求预测的方法

1）经营人员意见推测法

企业经营人员最接近客户，对商品是否畅销，以及对花色品种、规格、式样的需求等都比较了解。所以，多数企业通过听取经营人员的意见来推测市场需求。

2）客户意见推测法

客户意见推测法是通过征询客户的潜在需求或未来购买计划的情况，了解客户购买商品的活动、变化及其特征等，然后在收集意见的基础上分析市场变化，预测未来市场需求。因此，运用这种方法预测的客观性大大提高。

3）德尔菲预测法

德尔菲预测法，是通过匿名函询的方式向专家征求对某一预测问题的意见，然后将他们的预测意见加以综合、整理、归纳，再反馈给各个专家以供他们分析判断并提出新的意见。如此往返多次，预测意见逐步趋于一致，最后再由预测者经统计处理后，给出预测结果。

4）数理统计方法

数理统计方法主要包括指数平滑预测法、一元回归分析法、加权平均数预测法等。

7.1.5 采购流程

采购是选择购买物品的过程，包括了解需要、选择供应商、协议价格、签订合同、选择运输方案、催促交货、保证供应等事项。因此，采购既是商流过程，又是物流过程。

采购流程是指企业根据生产经营活动的要求，选择和购买所需的各种原材料、零部件、设备等物料的过程。采购的基本流程如图 7.2 所示。

1. 采购部门收到正式请求

企业供应部门根据物料分析表计算出物料需求量，开出请购单交给采购部门。正式请求要素包括所需细项或物料说明、必需的质量与数量、交货日期与地点、采购申请人。

2. 采购部门选择供应商

采购部门必须寻找合适的购买时机，识别出能够供应所需物品的供应商。如果在当前文件清单上找不到合适的，就应立刻去找新的供应商。

3. 确定供应商和谈判签约

采购部门通过询价、比价、议价确定合适的供应商，与供应商签订采购合约并开具订购单。

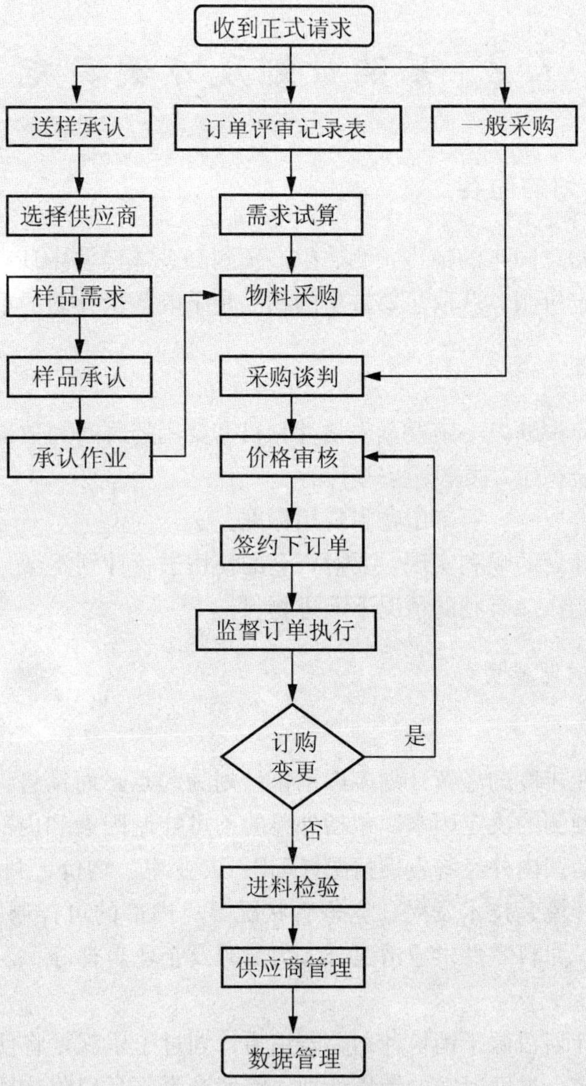

图 7.2　采购流程图

4. 采购部门监督订单

采购部门必须监督供应商按期按量交货，例行追查订单，尤其是那些数量很大或交货时间长的订单，能使采购部门预见到送货是否延迟，并将这一信息传递到相关部门。同样，相关部门也必须把所需数量与交货时间及时传递给采购部门，这样他们才能有时间调整自己的计划。

5. 接收与验收

收货部门必须根据进货验收单或质量检验报告，核对供应商交货状况，检查供应商交付货物的质量与数量，同时通知采购、会计与需要该货物的运营单位。如果货物不符合接收要求，就必须将其退回至供应商并要求赔偿，或替换，或接受仔细检验。此时同样要及时通知采购、会计与运营单位。无论结果怎样，都要更新供应商信用记录。

7.2 采购计划及方案实施

7.2.1 采购计划的内容

采购计划工作开始于同年的销售预测、生产预测和总体经济中所获得的信息。采购计划主要是采购数量的决定机制。获取足够数量的物品是采购数量计划的重点。

1. 采购计划的目的

（1）为了防止供应中断，一定要预先估计物料需要用的时间和数量。
（2）为了防止资金积压，要设定安全库存。
（3）为了控制物料成本，要确定物料耗用标准。
（4）为了企业总计划的顺利实现，要对资金的使用进行计划。
（5）使采购部门能在最有利的情况下购进物料。

2. 编写采购计划的基础资料

1）年度销售计划

一般情况下，企业年度的经营计划多以销售计划为起点，而销售计划的拟订，又受到销售预测的影响。销售预测的决定因素，包括外界的不可控制因素和内部的可控制因素。外界的不可控制因素，包括国内外经济发展情况(GDP、失业率、物价、利率等)、人口增长、政治体制、文化及社会环境、技术发展、竞争者状况等；内部的可控制因素，包括财务状况、技术水准、厂房设备、原料零件供应情况、人力资源及企业声誉等。

2）年度生产计划

一般而言，生产计划根源于销售计划，若销售计划过于乐观，将使产量变成存货，造成企业的财务负债；反之，过度保守的销售计划，将使产量不足以供应顾客所需，丧失创造利润的机会。因此，生产计划常常因为销售人员对市场的需求量估算失当，造成生产计划朝令夕改，也使采购计划与预算常常调整修改，物料供需长期处于失衡状况。

3）用料清单

企业中，特别是在高科技行业中，产品工程变更层出不穷，致使用料清单难以做出及时的反应与修订，以致根据产量所计算出来的物料需求数量与实际的使用量或规格不尽相符，造成采购数量过高或不足、物料规格过时或不易购得。因此，采购计划的准确性，必须依赖维持最新、最准确的用料清单。

4）存量管制卡

由于应该采购的数量必须扣除库存数量，因此，存量管制卡记载是否正确，是影响采购计划准确与否的因素之一。这包括实际物料账目是否一致，以及物料存量是否全为优良品。若账目上的数量与仓库架台上的数量不符，或存量中并非全数皆为规格正确的物料，将使仓储的数量低于实际上可取用的数量，所以采购计划中的应采购量将偏低。

5）物料标准成本的设定

在编制采购预算时，因对将来拟采购物料的价格预测不易，故多以标准成本替代。若此标准成本的设定没有过去的采购资料作为依据，也没有工程人员严密精确地计算其原料、人工及制造费用等组合或生产的总成本，则其正确性就无法保障。因此，标准成本与实际购入价格的差额，即是采购预算正确性的评估指标。

6）生产效率

生产效率的高低将导致预计的物料需求量与实际的耗用量产生误差。产品的生产效率降低，会导致原物料的单位耗用量提高，而使采购计划中的数量不能满足生产所需。过低的生产率，也会导致经常修改耗用量，从而使得零部件的损耗超出了正常需用量。所以，当生产效率有降低趋势时，采购计划必须将此额外的耗用率计算进去，才不会发生原物料的短缺现象。

7）价格预期

在编制采购预算时，常对物料价格涨跌幅度、市场景气荣枯，乃至汇率变动等多加预测，甚至列为调整预测之因素。不过，由于个人主观的制定与事实的演变常有差距，也可能会造成采购预算的偏差。

由于影响采购计划的因素很多，故采购计划拟订之后，必须与产销部门保持经常的联系，并针对现实情况做出必要的调整与修订，才能实现维持正常产销活动的目标，并协助财务部门妥善规划资金的使用。

7.2.2　采购计划的编制

1. 认证计划

认证计划流程如图 7.3 所示。

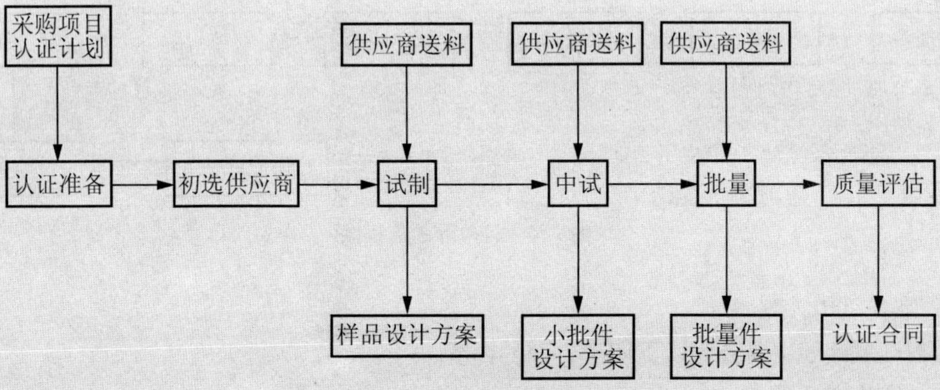

图 7.3　认证计划流程图

1）准备认证计划

（1）接收开发批量需求。

（2）接收余量需求。

（3）准备认证环境资料。

(4) 制订认证计划说明书。

2) 评估认证需求

(1) 分析开发批量需求。

(2) 分析余量需求。

(3) 确定认证需求。认证需求是指通过认证手段，获得具有一定订单容量的采购环境。可以根据开发批量需求及余量需求的分析结果来确定认证需求。

3) 计算认证容量

(1) 分析项目认证资料。

(2) 计算总体认证容量。

(3) 计算承接认证量。

(4) 确定剩余认证容量。某一物料所有供应商群体的剩余认证容量的总和，被称为该物料的“认证容量”。

4) 制订认证计划

(1) 对比需求与容量。

(2) 综合平衡。

(3) 确定余量认证计划。

(4) 制订认证计划。

2. 订单计划

订单计划流程如图 7.4 所示。

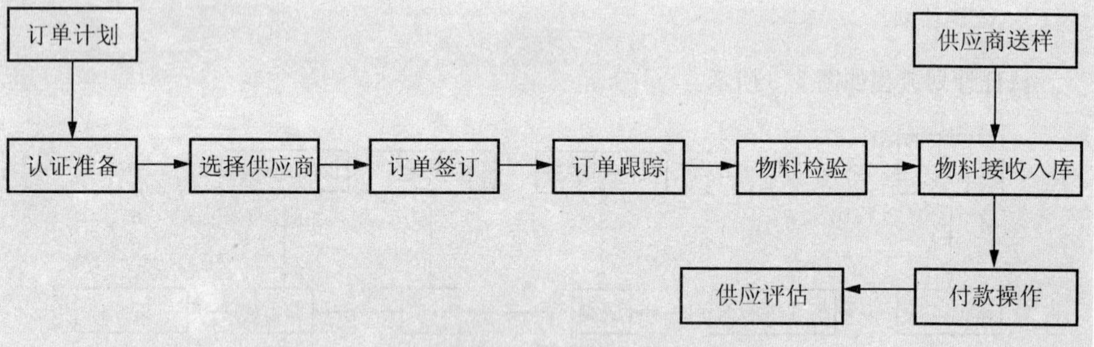

图 7.4 订单计划流程图

1) 准备订单计划

准备订单计划主要分为以下四个方面的内容：

(1) 接收市场需求。

(2) 接收生产需求。

(3) 准备订单环境资料。

(4) 制定订单计划说明书。

2) 评估订单需求

评估订单需求是采购计划中十分重要的一个环节，只有准确地评估订单需求，才能为计算订单容量提供参考依据，以便制订出好的订单计划。评估订单需求主要包括以下几个方面的内容：

（1）分析市场需求。

（2）分析生产需求。

（3）确定订单需求。

3）计算订单容量

计算订单容量是采购计划的重要组成部分。只有准确地计算订单容量，才能对比需求和容量，经过综合平衡，最后制订出正确的订单计划。计算订单容量主要包括以下几个方面的内容：

（1）分析项目供应资料。

（2）计算总体订单容量。

（3）计算承接订单量。承接订单量是指供应商在指定的时间内已经签下的订单量。

（4）确定剩余订单容量。剩余订单容量是指某物料所有供应商群体的剩余订单容量的总和。

4）制订订单计划

制订订单计划是采购计划的最后一个环节，也是最重要的环节。它主要包括以下几个方面的内容：

（1）对比需求与容量。

（2）综合平衡。

（3）确定余量认证计划。

（4）制订订单计划。

7.2.3　采购谈判

采购谈判是指企业为采购商品作为买方，与卖方厂商对购销业务有关事项，如商品的品种、规格、技术标准、质量保证、订购数量、包装要求、售后服务、价格、交货日期与地点、运输方式、付款条件等进行反复磋商，谋求达成协议，建立双方都满意的购销关系。采购谈判的程序可分为计划和准备阶段、开局阶段、正式洽谈阶段和成交阶段。

采购谈判的基本方法有：

（1）优势定位法。优势定位法是指在谈判的开局阶段，主要适合于双方的实力对比悬殊的情况，处于优势地位的东道主应主动积极地创造轻松愉快的谈判气氛。

（2）幽默法。幽默法是指在谈判中谈判人员借助形象生动的媒介、风趣诙谐的语言风格与对方交谈，以打破对方的戒备心理，引起对方的好感和共鸣，实现开局目标的策略方法。

（3）抛砖引玉法。当谈判陷入僵局时，双方做出的让步可以对谈判起推动作用，特别是当谈判中处于优势的一方作出让步时，会激起对方继续谈判的热情。

（4）虚与委蛇法。虚与委蛇法是指采购谈判人员先提出一个低于己方实际要求的谈判起点，以让利来吸引对方，试图首先把参与竞争的同行业对手挤掉，然后再与被吸引的卖方进行真正的谈判，迫使其让步，达到自己的最终交易目标。

（5）虚心请教法。虚心请教法是指采购谈判人员故意去请教对方一些他们擅长的事项，使对方增加对自己的好感或放松戒备心理，进而探测对方谈判的意图。

（6）主动报价法。主动报价法是指谈判人员根据谈判的情势采取先发制人的手段，抢先报价抢得价格谈判的主动权。

（7）求疵还价法。求疵还价法是指采购谈判人员故意挑出对方商品的不足，把它夸张放大提出来，试图迫使对方觉得自己的商品确实有缺陷而降低自己商品的价格。

（8）利益协调法。利益协调法是指当采购谈判双方在同一问题上利益发生尖锐对立，并且双方都没有充足的理由说服对方时，谈判陷入僵局，相持不下。这时可采用利益协调法，让双方从各自的目前利益和长远利益相结合来看问题，只有双方都做出一些让步，以协调双方的关系，才能寻找到双方立场背后所存在的共同利益。

案例链接

拒绝有理，说来也动听

广东玻璃厂厂长率团与美国欧文斯公司就引进先进的玻璃生产线一事进行谈判。从我方来说，美方就是顾客。双方在部分引进还是全部引进的问题上陷入了僵局，我方的部分引进方案美方无法接受，我方遭到拒绝。

这时，我方首席代表虽然心急如焚，但还是冷静分析形势：如果我们一个劲儿说下去，就可能会越说越僵。于是他聪明地改变了说话的战术，由直接讨论变成迂回说服。“全世界都知道，欧文斯公司的技术是一流的，设备是一流的，产品是一流的。”我方代表转换了话题，从微笑中开始谈天说地，先来一个第一流的诚恳而又切实的赞叹，使欧文斯公司由于谈判陷入僵局而产生的抵触情绪得以很大程度的消除。“如果欧文斯公司能够帮助我们广东玻璃厂跃居中国一流，那么全中国人民会很感谢你们。”这里刚离开的话题，很快又转了回来，但由于前面说的那些话，消除了对方心理上的对抗，所以，对方听了这话，似乎也顺耳多了。

“美国方面当然知道，现在，意大利、荷兰等几个国家的代表团，正在我国北方省份的玻璃厂谈判引进生产线事宜。如果我们这次的谈判因为一点点的小事而失败，那么不但是我们广东玻璃厂，而且更重要的是欧文斯公司方面将蒙受重大的损失。”这损失当然不仅是重意，而话中只使用“一点点小事”来轻描淡写，目的是为了引起对方对分歧的关注。同时，指出谈判万一破裂将给美国方面带来巨大的损失，完全为对方着想，这一点对方不容拒绝。

“目前，我们的确有资金方面的困难，不能全部引进，这点务必请美国同事们理解和原谅，而且我们希望在我们困难的时候，你们能伸出友谊之手，为我们将来的合作奠定一个良好的基础。”这段话说到对方心里去了，既通情，又达理，不是在做生意，而是朋友间的互相帮助，因此迅速就打破了僵局，签订了协议，问题迎刃而解，为国家节约了大量外汇。

（资料来源：百度文库）

思考：试分析案例中双方使用了什么谈判方法？

7.2.4 采购跟踪

采购跟踪是对采购合同的执行，对采购订单状态的动态跟踪。它的目的在于促使合同正常执行，协调企业和供应商的合作，既满足企业的管理需求，同时又保持最低的库存水平。采购跟踪的主要内容如下。

1. 跟踪供应商的货物准备过程

采购方应该严密跟踪供应商准备货物的过程，以保证订单按时、按量、优质完成。尤其是供应商按照采购方提供的技术、图纸等要求定制的货物，采购人员要对其生产加工过程密切关注。

2. 跟踪进货过程

货物准备完毕之后，要进行包装、运输。无论是供应商负责送货，还是采购方自提货物，都要对进货过程进行跟踪。

3. 控制好货物的检验与要求

货物到达订单规定的地点交由采购方控制时，采购部门的检验人员要根据订单对到货的物品、规格、数量等进行一一核对，确保所交货物符合订单要求。

4. 控制好库存水平

货物检验完毕之后就要入库，库存是采购物流的重要环节，它是企业正常运转的调节器，库存量太小不能满足生产、销售要求，而库存太大又会占用资金，造成浪费，两种结果都会影响企业的正常周转。

5. 督促付款

货物入库之后，财务部门要凭一系列单据办理对供应商的付款事宜。采购方有义务及时提交单据，并督促财务部门按照流程规定按期付款，以维护企业声誉。

采购跟踪表见表7－3。

表7－3 采购跟踪表

<table>
<tr><th rowspan="2">采购编号</th><th rowspan="2">材料名称</th><th rowspan="2">规格型号</th><th rowspan="2">供应商名称</th><th rowspan="2">订购日期</th><th colspan="2">应交货</th><th colspan="2">实际到货</th><th rowspan="2">品质记录</th><th colspan="2">请款</th><th rowspan="2">备注</th></tr>
<tr><th>日期</th><th>数量</th><th>日期</th><th>数量</th><th>日期</th><th>金额</th></tr>
<tr><td></td><td></td><td></td><td></td><td></td><td></td><td></td><td></td><td></td><td></td><td></td><td></td><td></td></tr>
<tr><td></td><td></td><td></td><td></td><td></td><td></td><td></td><td></td><td></td><td></td><td></td><td></td><td></td></tr>
<tr><td></td><td></td><td></td><td></td><td></td><td></td><td></td><td></td><td></td><td></td><td></td><td></td><td></td></tr>
<tr><td></td><td></td><td></td><td></td><td></td><td></td><td></td><td></td><td></td><td></td><td></td><td></td><td></td></tr>
<tr><td></td><td></td><td></td><td></td><td></td><td></td><td></td><td></td><td></td><td></td><td></td><td></td><td></td></tr>
<tr><td></td><td></td><td></td><td></td><td></td><td></td><td></td><td></td><td></td><td></td><td></td><td></td><td></td></tr>
</table>

7.3 采购成本管理

7.3.1 采购成本的构成

采购成本不仅仅是指订购活动的成本费用(包括取得物料的费用、订购业务费用等)，还包括因采购而带来的库存持有成本及因采购不及时而带来的缺货成本。

1. 持有成本

持有成本是指为保持物料而发生的成本，它可能占据了采购成本的大部分，可以分为固定成本和变动成本。固定成本与存货数量的多少无关，如仓库折旧、仓库员工的固定工资等；变动成本与持有数量的多少有关，如物料资金的应计利息、物料的破损和变质损失等。这里重点介绍变动成本的构成及其所占比例。

持有成本是根据平均物料价值估算持有成本百分比而产生的财务支出。例如，假定维持成本为20%，年度物料成本为2 000万元的企业，其平均物料持有成本为400万元(2 000万元×20%)。虽然持有成本的计算方法简单，但要确定适当的持有成本百分比并不简单。

确定持有物料的成本需要从管理上作出判断，估算平均存货水平、评估与存货有关的各种费用，以及在一定程度上需要直接进行测量。传统上，包括在持有物料成本账目上的项目有资本成本、保险、陈旧、储存和税金。

年度的持有成本一般在20%左右，但是它的费用范围可以是9%～50%，主要取决于企业的存货政策。持有成本百分比是根据每一个存货单位或配送地点的平均存货价值评估出来的。由此产生的持有成本就能够与其他的采购成本构成进行优选，以便最后确定采购成本管理政策。表7-4说明了持有成本构成的百分比和对一些企业来说的范围。

表7-4 持有成本构成

要　素	平均数	范　围
资本成本	15.00%	8%～40%
税金	1.00%	0.5%～2%
保险	0.05%	0～2%
陈旧	1.20%	0.5%～2%
储存	2.00%	0～4%
合计	19.25%	9%～50%

2. 订购成本

订购成本是指向供应商发出采购订单的成本费用。具体而言，订购成本是指企业为了实现一次采购而进行的各种活动的费用，如办公室、差旅费、邮资、电报电话费等支出。订购成本中有一部分与订购次数无关，如常设采购机构的基本开支等，称为订购的固定成本；另一部分与订购的次数有关，如差旅费、邮资等，称为订购的变动成本。更详细地说，订购成本包括与下列活动相关的费用。

(1) 检查存货水平。

(2) 编制并提出采购申请。

(3) 对多个供应商进行调查比较，选择最合适的供应商。

(4) 填写并发出订购单。

(5) 填写并核对收货单。

(6) 结算资金并进行付款。

订购成本与持有成本随着订购次数或订购规模的变化而呈反方向变化。起初，随着订购批量的增加，订购费用的下降比持有成本的增加要快，即订货成本的边际节约额比持有成本的边际增加额要多，使得总成本下降。当订购批量增加到某一点时，订购成本的边际节约额与持有成本的边际增加额相等，这时总成本最小。此后，随着订购批量的不断增加，订购成本的边际节约额比持有成本的边际增加额要小，导致总成本不断增加。总之，随着订购规模的增加，持有成本增加而订购成本降低，使总的订购成本线呈 U 形。

3. 缺货成本

采购成本中另一项成本是因采购不及时而造成的缺货成本，它是指由于物料供应中断而造成的损失，包括待产停工损失、延迟发货损失和丧失销售机会损失(还应包括商誉损失)。如果损失客户还可能为企业造成间接或长期损失。

1) 保险存货及其成本

许多企业都会考虑保持一定数量的保险存货，即缓冲存货，以预防在需求或提前期方面的不确定性。但是困难在于确定何时需要保持多少保险存货，保险存货太多意味着多余的库存，而保险存货不足则意味着断料、缺货或失销。

企业保持保险存货是为了在需求率不规则或不可预测的情况下，有能力供应。准备这些追加存货要不失时机地为生产及内部需要服务，以保证企业的长期效益。

保险存货的持有成本的计算与上面讲的方法一样，但有两点需要指出：①保险存货的风险更大，比周转存货的储存成本要高；②保险存货水平的决策涉及概率分析。

2) 延期交货及其成本

延期交货可以有两种形式：一是缺货可以在下次规划订货中得到补充；二是利用快速延期交货。如果客户愿意等到下一个周期订货，那么企业实际上没有什么损失。但如果经常缺货，客户可能就会转向其他企业。

如果缺货延期交货，那么就会发生特殊订单处理和送货费用。对于延期交货的特殊处理经常是小规模装运，送货费率相对要高，而且，延期交货可能需要长距离运输。另外，延期交货还可能需要利用快速、昂贵的运输方式运送延期交货的货物。因此，延期交货成本可根据额外订单处理费用和额外运费来计算。

3) 失销成本

尽管一些客户可以允许延期交货，但仍有一些客户会转向其他企业。当一个企业没有客户所需的货物时，客户就会从其他企业订货，在这种情况下，缺货导致失销。对于企业的直接损失是这种货物的利润损失。这样，可以通过计算这种货物的利润率乘以客户的订货数量来确定直接损失。

4) 失去客户的成本

由于缺货而失去客户，也就是客户永远转向另一家企业。如果失去了客户，企业也就失去了一系列收入，这种缺货造成的损失很难估计，需要用管理科学的技术以及市场营销研究方法来分析和计算。除了利润损失，还有由于缺货造成的信誉损失。信誉很难度量，因此在采购成本控制中常被忽略，但它对未来销售及客户经营活动非常重要。

7.3.2 采购成本的控制

采购成本的控制方法有下列几种。

1. 集中采购

集中采购是很有效的方法，它将各部门的需求集中起来，采购方便，可以较大的采购筹码得到较好的数量折扣价格，规格标准化后，可取得供应商标准品的优惠价格，库存量也可以相对较低。因此，可以借助统一采购作业以减少行政费用的支出，采购方便能够使企业有更多的时间将资源用于开发新的供应商。

2. 价值分析法

价值分析法也是重要方法之一。进行产品的简化设计以便于制造，从而寻找使用廉价替代性材料的可能性。另外，采用提供较佳付款条件的供应商，采购二手机器而非全新设备，运用不同的议价技巧，选择去用较低的货运商，或者考虑改变运输模式，亦可同样达到降低成本的目的，当然前置时间是否足够，是否会影响到其他工作，必须先行确认，并做周密的评估。

3. 作业导向成本法

作业导向成本法是另外一个降低成本的方法，这在美国惠普公司早已行之多年，可以将间接成本依照某一产品所花费的时间正确地配置，这有利于传统会计作业将间接成本平均分摊的做法。它可以让管理阶层清楚地了解间接成本分配的状况，并易于检查成本分配是否合理。此外，还可以运用具有高风险的采购策略(如商品期货操作)获得投机收入。

4. 目标成本法

目标成本法是20世纪60年代由日本丰田汽车公司发明的。它是指企业在新产品开发过程中，为了实现目标利润而必须达到的成本目标值，即产品生产周期成本下的最大成本允许值。目标成本法的核心工作是制定目标成本，并且通过各种方法不断地改进产品与工艺设计，以最终使得产品的设计成本小于或等于其目标成本。

5. 成本结构分析法

在实际操作中，具体了解供应商成本结构以便在谈判过程中取得合理的价格，以控制、降低采购成本的一种基本手段，是采用尽量详细的报价单，即将供应商提供的商品按固定费用及可变费用细项展开计算，逐项核定其准确合理性。

案例链接

美心公司的采购成本控制

美心公司与大多数高速发展的企业一样，曾经面临增长瓶颈。当时，掌门人夏某毅然采取以利润换市场的策略，大幅降低产品价格。然而，降价不久，风险不期而至，原材料钢材的价格突然飙升。继续低价销售——卖得越多，亏得越多；涨价销售——信誉扫地，再难立足。面对两难抉择，降低成本，尤其是降低原材料采购成本成了美心公司生死攸关的“救命稻草”!

夏某向采购部下达指令：从现在开始的3年内，企业的综合采购成本，必须以每年平均10%的速度递减。这让采购部的员工们有点傻眼，甚至不服气：此前美心公司的采购招投标制度，既有效降低成本，又杜绝暗箱操作，已经为美心节约了15%的采购成本，还有什么魔法能够让青蛙变得更苗条?

在夏某的带动下，美心员工开始走出去，从习惯坐办公室到习惯上路，超越经验桎梏，于不知不觉中形成了一套降低成本管理模式。

1. 联合采购，分别加工

针对中小供应商，美心将这些配套企业联合起来，统一由其出面采购原材料。由于采购规模的扩大，综合成本减少了20%。配套企业从美心领回原材料进行加工，生产出来的半成品直接提供给美心，然后凭验收单到美心的财务部领取加工费。同时，随着原材料成本的降低，配套企业也更具竞争力，规模扩大，价格更低，形成良性循环。

2. 原材料供应，战略伙伴

针对上游的特大供应商即国内外大型钢铁企业，美心的做法是收缩采购线，率先成为其中一两家钢厂的大客户乃至于战略合作伙伴。而钢厂面向战略合作伙伴的价格比普通经销商低5%～8%，比市场零售价低15%。随着采购规模的与日俱增，美心员工开始有了和钢厂进一步谈判的砝码。应美心要求，钢厂定期向其提供钢材的价格动态，并为美心定制采购品种。比如，过去钢板的标准尺寸是1m，而门板尺寸是90cm，其中10cm就只能裁下来扔掉。现在钢厂为美心量身定制生产90cm钢板，就大大减少了浪费，节约了成本。又比如，他们还专门为美心开发了一种新材料门框，品质相同，但价格每吨可节约600元。

3. 新品配套，合作共赢

对于新配套品种的生产，由于配套企业需要增加大量投资，导致新配套产品与其他配套产品相比，价格大幅增加。美心就以品牌、设备、技术、管理等软硬件向生产方入股，形成合作，合作条件为美心公司自已使用的产品，价格只能略高于生产成本。这样一来，合作方在新品的生产上减少了投入，降低了风险；同时，美心也降低了配套产品的采购成本，增加了收入。于是，各方受益，皆大欢喜。

4. 循环取货，优化物流

解决了原材料和配套产品的采购问题，美心还与配套企业携手合作，从物流方面进行优化。由于不同配套企业的送货缺乏统一的标准化管理，在信息交流、运输安全等方面，就会带来各种各样的问题，必须花费双方很长的时间和很大的人力资源成本。美心明白，配套企业物流成本的提高，将直接转嫁到配套产品的价格上，于是美心就聘请了一家第三方物流供应商，由他们来设计配送路线，然后到不同的配套企业取货，再直接送到美心的生产车间。这样一来，不仅节约了配套企业的运送成本，提高了物流效率，更重要的是，把这些配套产品直接运送到生产车间，保持了自身很低的库存，省去了大量的库存资金占用。

美心通过与原材料供应商及配套企业的携手合作，使原材料厂商拥有了稳定的大客户，配套企业降低了生产风险，扩大了产销量，形成了各方皆大欢喜的共赢局面。美心的综合采购成本下降了17%，同比全行业的平均水平低23%！美心公司成为唯一一个在原材料价格暴涨时期维持低价政策的企业。

7.3.3 最低成本的采购批量计算——经济订购批量

经济订购批量就是使总成本达到最低的订货数量，它是通过平衡订货成本和储存成本两方面得到的。经济订购批量包括进货间隔时间和进货数量两个最主要的变量，它是由确定性库存模型推出的，结合进货间隔时间和进货数量两个参数，可以取得订货成本和储存成本之间的平衡，确定最佳进货数量和进货时间。

经济订购批量公式的推导，做以下假设：①缺货费用无限大；②当存储降至零时，可以得到补充；③需求是连续的、均衡的，设需求速度 R 为常数，则 t 时间的需求量为 Rt；④每次订货量不变，订货费不变；⑤单位存储费不变。

经过数学推导，得出公式

$$Q=Rt=\sqrt{\frac{2C_3R}{C_1}}$$

式中，Q——订货批量；

R——需求速度；

C_1——单位存储费用(元)；

C_3——订购费(元)；

t——订货间隔时间。

进一步简化可以得出最佳费用(包括存储费用和订购费用)公式

$$C=\sqrt{2C_1C_3R}$$

案例链接

某工厂生产需要甲种物资，其年需求量为365t，需求率为常数(每天1t)。设甲种物资的成本为每吨500元，每年存储费率为20%，每次订货需订购费20元。试用经济订购批量法公式计算出每次订货数量及所需费用。

解：

$$Q=\sqrt{\frac{2C_3R}{C_1}}$$

式中，$R=365$(以年为单位的需求速度)；

$C_3=20$ 元；

$C_1=500$ 元$\times 20\%=100$ 元。

将以上数字代入公式得

$$Q=\sqrt{\frac{2\times 20\times 365}{100}}=12(\text{t})$$

即每次订购12t。

所需费用

$$\begin{aligned}C&=\sqrt{2C_1C_3R}\\&=\sqrt{2\times 100\times 20\times 365}\\&\approx 1\,208(\text{元})\end{aligned}$$

所需定购费用为1 208元，此费用包括每年的存储费用和每年的订购费用。

7.4 供应商管理

供应商是指可以为企业生产提供原材料、设备、工具及其他资源的企业。供应商可以是生产企业，也可以是流通企业。企业要维持正常生产，就必须要有一批可靠的供应商为其提供各种各样的物品。因此，供应商对企业的物品供应起着非常重要的作用。

采购计划执行得好坏、采购目标实现与否都与供应商有着密切的关系。

7.4.1 供应商调查

供应商的调查是选择供应商的第一步，企业对供应商的了解越多，就越有利于对供应商的选择和开发，从而也越有利于采购工作的顺利进行。

对生产型供应商调查的主要内容如下：

（1）材料供应状况。包括产品所用材料的供应来源、材料的供应渠道是否畅通，原材料的品质是否稳定，供应商原料来源发生困难时其应变能力的高低等。

（2）品质控制能力。包括品管组织是否健全、品管人员素质如何、品管制度是否完善、检验仪器是否精密及维护是否良好、原材料的选择及进料检验的严格程度、操作方法及品管标准是否规范、成品规格及成品检验标准是否规范、品质异常的追溯是否程序化等。

（3）专业技术能力。包括技术人员素质的高低，技术人员的研发能力、各种专业技术能力的高低等。

（4）管理人员水平。包括管理人员素质的高低、管理人员工作经验是否丰富、管理人员工作能力的高低等。

（5）机器设备情况。包括机器设备的名称、规格、厂牌、使用年限及生产能力以及机器设备的新旧、性能及维护状况等。

（6）财务及信用状况。包括每月的产值、销售额、来往的客户、经营的业绩及发展前景等。

（7）管理制度。包括管理制度是否系统化、科学化，工作指导规范是否完备，执行的状况是否严格等。

7.4.2　供应商分类

1. 按采购方与供应商之间的交易关系分类

按采购方与供应商之间交易的关系可将供应商分为公开竞价型、供应商网络型、供应链管理型三种。

2. 按 80/20 规则分类

按 80/20 规则可将供应商分为重点供应商和普通供应商两种，其基本思想是针对不同的采购物品应采取不同的策略。而且，采购工作精力的分配也应各有侧重，相应地对于不同物品的供应商也应采取不同的策略。

3. 按供应商模块分类

按供应商模块可将供应商分为伙伴型、优先型、重点商业型、商业型四种供应商类型。供应商分类的模块法是依据供应商对本单位的重要性和本单位对供应商的重要性进行矩阵分析，并据此对供应商进行分类的一种方法，如图 7.5 所示。

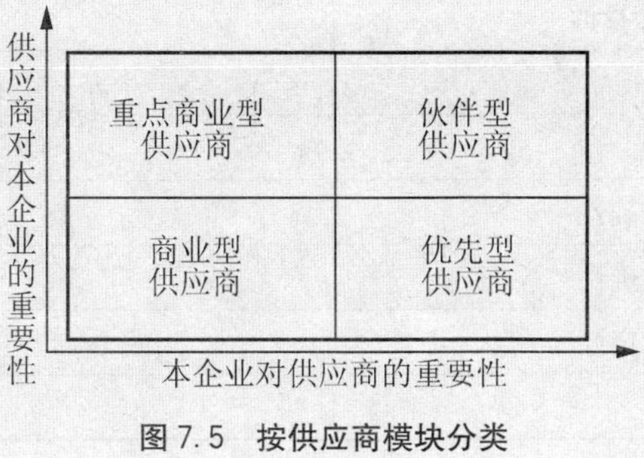

图 7.5　按供应商模块分类

4. 按供应商的规模和经营品种分类

按供应商的规模和经营品种进行供应商划分，常以经营品种作为横坐标，供应商的规模作为纵坐标进行矩阵分析，如图 7.6 所示。

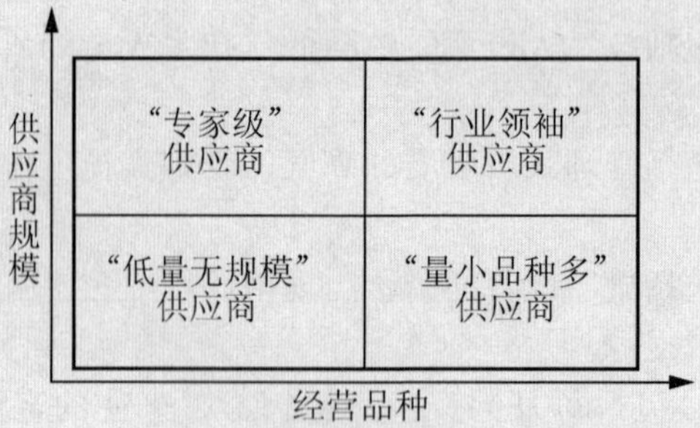

图 7.6　按供应商的规模和经营品种分类

"专家级"供应商的目标是通过竞争来占领广大市场。"低量无规模"供应商的生产经营比较灵活，但增长潜力有限，其目标仅是定位于本地市场。"行业领袖"供应商的财务状况比较好，其目标为立足本地市场，并且积极拓展国际市场。"量小品种多"供应商的财务状况不是很好，但是其潜力可培养。

7.4.3　供应商评估

1. 供应商评估的内容

供应商的评估是受条件限制的，评估的内容与具体采购的要求相关。对潜在的供应商的评估应包括以下几方面，如价格、质量、交货和服务等内容。使用评估表可以对供应商各方面的能力进行评估，具体内容见表 7－5。

表 7－5　供应商评估内容

评估项目	加权权数(%)
产品质量	25
价格	25
交货准确率	10
售后服务/书面投诉	10
技术水平	7
包装/外观	7
送货规格的准确性	6
单证文件的准确性	5
交货数量的稳定性	5
总分	100

2. 供应商评估的程序

1）市场调研，搜集供应商信息

供应商评估是在对供应市场进行调研分析的基础上进行的。对供应市场进行调研，搜集供应商的信息、资料是评估的前提，只有掌握了供应商翔实的资料，才能对供应商作出客观、公正的评估。

2）确定供应商评估的主要指标

对于不同的供应商，评估的指标也不同，因此应针对供应商的实际情况和本单位所采购物品的特性，对所要评估的供应商制定具体的评估指标。

3）成立供应商评估小组

对供应商的评估应视不同的采购物品成立相应的评估小组。对于一些标准品以及金额比较低的物品，可以采用采购人员自行决定的方式，由采购人员组成评估小组。这种方式最为简单，也最为快速、方便。而对于非标准品、价值金额较大的物品，则可以成立跨功能小组来执行评估的任务。跨功能小组是指依据采购物品的性质，由采购部门、物料管理部门、工程及研发部门、主管或财务部门的人员共同组成的临时性的供应商评估组织。

4）综合评分

供应商评估的最后一个环节是对供应商进行综合评分。针对每个评估项目，权衡彼此的重要性，对不同的供应商分别给予不同的分数，评估小组决定了供应商的评估内容及权重后，可根据供应商反馈的调查表以及实地调查的资料，编制出供应商的资格评分表。

7.4.4 供应商选择

1. 供应商选择标准

1）供应商选择的短期标准

选择、评价供应商的短期标准一般是商品质量合适、价格水平低、交易费用少、交付及时、整体服务水平好。采购单位可以通过市场调查获得有关供应商的资料，把获得的资料编制成一览表，见表7－6，并就这几方面进行比较，依据比较结论作出正确决策。

表7－6 供应商一览表

商品名称：　　　　品种规格：　　　　计量单位：

供应单位	质量	价格	地址	运费	其他费用	生产情况	交付情况	服务措施	附注

知识链接

影响供应商交货时间的因素

（1）供应商从取得原料、加工到包装所需的生产周期。

（2）供应商生产计划的规划与弹性。

(3) 供应商的库存准备。

(4) 所采购原料或零部件在生产过程中所需要的供应商数目与阶层(上下游)。

(5) 运输条件及能力。交货的及时性，一般用合同完成率或委托任务完成率来表示。

2) 供应商选择的长期标准

选择供应商的长期标准主要在于评估供应商是否能够提供长期而稳定的供应，其生产能力是否能够配合企业的成长而相对扩展，供应商是否具有健全的企业体制、与企业相近的经营理念，其产品未来的发展方向能否符合本企业的需求，以及是否具有长期合作的意愿等。

(1) 供应商的财务状况是否稳定。供应商的财务状况直接影响其交货和履约的绩效，如果供应商的财务出现问题，周转不灵，导致倒闭破产，将会造成自身供料不足，甚至出现停工的严重危机。因此，供应商的财务状况是考虑供应商长期供货能力的一个重要指标。

(2) 供应商内部组织与管理是否良好。供应商内部组织与管理是关系日后供应商服务质量的重要因素。供应商内部组织机构设置是否合理影响着采购的效率及其质量，如果供应商组织机构设置混乱，采购的效率与质量就会因此下降，甚至由于供应商部门之间的互相扯皮而影响到供应活动及时、高质量地完成。另外，还可以从供应商机器设备的新旧程度及保养状况，看出管理者对生产工具、产品质量的重视程度，以及内部管理的好坏。

(3) 供应商员工的状况是否稳定。供应商员工的平均年龄也是反映企业管理中是否存在问题的一个重要指标。若平均年龄偏高，表明供应商员工的流动率较低，相反也可能显示出供应商无法吸收新员工的加入，而缺乏新观念、新技术的引进。

2. 供应商选择方法

1) 直观判断法

直观判断法是指通过调查、征询意见、综合分析和判断来选择供应商的一种方法。直观判断法是一种主观性较强的判断方法，主要是倾听和采纳有经验的采购人员的意见，或者直接由采购人员凭经验作出判断。这种方法的质量取决于对供应商的资料掌握是否正确、齐全和决策者的分析判断能力与经验。这种方法运作方式简单、快速、方便，但缺乏科学性，受掌握信息的详尽程度限制，常用于选择企业非主要原材料的供应商。

2) 评分法

评分法是对供应商进行综合的评价。经评分后，选择得分最高者为最佳供应商。

案例链接

某采购单位列出对供应商评价的九个项目，见表7-7。

表7-7 评分表

比较项目	满　分	评估分		
		供应商A	供应商B	供应商C
品质可靠性	20	19	17	15
批量供应能力	10	10	9	9
产品价格	20	18	20	19

续表

比较项目	满　分	评估分		
		供应商 A	供应商 B	供应商 C
交货速度	16	14	13	14
合作能力及态度	4	3	4	3
信息共享能力	8	6	7	6
技术服务能力	8	7	6	4
销售人员的责任感及忠诚度	10	9	8	5
未来发展能力	4	2	2	3
合计得分	100	88	86	78

经评分表评分，供应商 A 的评分最高，应选择 A 为供应商。

3）业绩评估法

业绩评估法是指规定供应商的各个重要标准(如产品质量、价格、交货及服务等)的加权分数，根据供应商历年交易的统计资料，分别计算出各供应商的总得分，分为 A、B、C 三级。

(1) A 级 85 分以上。与该供应商保持合作，加强或扩大采购。

(2) B 级 70～85 分。对该供应商加强经营上的指导，协助其产品质量的管理，使其成为自己优秀的供应商。

(3) C 级 70 分以下。应与该供应商取消订购或逐渐减少订购。

案例链接

某采购企业按如下的加权数分配比例来评价本地区的供应商 A：产品质量的加权比率为 40%，价格加权比率为 35%，一般交货期加权比率为 25%。根据从供应商取得的统计资料，得知供应商 A 的产品质量的合格率为 85%，限期内交货为 80%，当单价为 3 元时其得分为 35，现在的交货单价为 3.15 元。

综合得分为

$$40\times85\%+3/3.15\times35+25\times80\%=87.33$$

4）招标方法

当采购数量大、供应市场竞争激烈时，可以采用招标方法来选择供应商。它是由采购单位提出招标条件，各投标单位进行竞标，然后采购单位决标，与最有利条件的供应商签订协议。招标方法竞争性强，采购单位能在更广泛的范围内选择供应商，以获得供应条件有利、便宜而适用的物料。但招标方法手续繁杂，时间长，不能适应紧急订购的需要；订购机动性差，有时订购者对投标者了解不够，双方未能充分协商，造成货不对路或不能按时到货。

5）协商选择方法

在可供单位较多、采购单位难以抉择时，也可以采用协商选择方法。由采购单位选出供应条件较为有利的几个供应商，同它们分别进行协商再确定合适的供应商。和招标方法比较，协商选择方法因双方能充分协商，再确定合适的供应商，在商品质量、交货日期和售后服务等方面较有保证；但由于选择范围有限，不一定能得到最便宜、供应条件最有利的供应商。当采购时间紧迫、投标单位少、供应商竞争不激烈、订购物资规程和技术条件比较复杂时，协商选择方法比招标方法更为合适。

重要词汇

采购　采购计划　物料标准成本　供应商选择

案例分析

某医院空调采购案

某医院采购一台中央空调设备，共有10家供应商参加了资格预审。由于付款方式将使成交供应商承担较大的资金利息成本和机会成本，因而谈判当日，前来参加谈判的4家供应商均向采购人提出，付款方式过于苛刻，无法接受，并出现整体“罢谈”的现象。经采购人几次回去请示研究，作出决定：“调试运转验收正常后首付80%，无重大质量问题，六个月后再付10%，余款使用一年后付清。”供应商们才表示接受，可以谈判。但是最终因修改付款方式而延长采购时间达10天以上。

思考：请根据此案例，谈谈为了获得满意的谈判结果，采购人员在谈判前应如何制订谈判计划？

练习与思考

一、单选题

1. 采购是可以通过(　　)的方式，取得物品及劳务的使用权或所有权，以满足使用的需求。

A. 购买　承包　借贷　交换　　B. 购买　租赁　借贷　交换

C. 购买　运输　交换　租赁　　D. 运输　交换　承包　购买

2. “采购方因为对采购控制采取控制措施，使得供应商实现及时供应，从而大大缩短了交货周期”，这段话主要是讲采购在(　　)中的地位。

A. 成本控制　B. 供应　C. 企业经营　D. 项目

3. 以下(　　)不是采购的任务。

A. 随时与总经理沟通　　B. 建立供应配套体系

C. 信息管理　　D. 与供应商建立合作关系

4. 下列内容属于采购订约方式的是(　　)。

A. 直接采购　B. 委托采购　C. 调拨采购　D. 口头电话采购

5. 采购的基本流程是(　　)。

A. 收到正式请求→选择供应商→确定供应商和谈判→监督订单→接收与验收

B. 收到正式请求→确定供应商和谈判→选择供应商→监督订单→接收与验收

C. 收到正式请求→确定供应商和谈判→监督订单→选择供应商→接收与验收
D. 收到正式请求→选择供应商→监督订单→确定供应商和谈判→接收与验收

二、多选题

1. 采购部门收到的正式请求应该包括(　　)。
A. 所需细项或物料说明　　B. 必需的质量与数量
C. 交货日期与地点　　D. 采购申请人
2. 采购任务中包含信息管理内容，以下哪些是属于信息管理的内容(　　)。
A. 制定并实施采购的方针、策略、目标
B. 改进计划并进行采购及供应商绩效衡量，建立供应商审核及认可、考核及评估体系
C. 开展采购体系的自我评估
D. 同其他单位的采购水平进行比较
3. 采购的任务包括(　　)。
A. 提高质量　　B. 建立供应配套体系
C. 降低成本　　D. 与供应商建立合作关系
4. 在需求预测中，常见的预测方法有(　　)。
A. 推测法　　B. 德尔菲法　　C. 一元回归分析法　D. 加权平均数法
5. 需求预测的步骤包括(　　)。
A. 明确预测目标　　B. 搜集分析资料
C. 建立预测模型　　D. 进行预测以及分析与评价

三、思考题

1. 采购的基本流程有哪些?
2. 采购预算需注意的问题有哪些?
3. 试结合所学知识，分析采购谈判过程中的技巧运用。
4. 简述供应商评估的程序。

下篇

物流管理

第8章 企业物流管理

学习目标

1. 了解企业物流的分类、企业物流合理化的途径。
2. 掌握供应物流的概念、企业供应物流系统的构成、供应物流合理化的要求。
3. 掌握生产物流的概念及特点、合理组织生产物流的基本要求、生产物流的主要影响因素。
4. 掌握销售物流的概念及模式、销售物流合理化的措施。
5. 理解回收物流和废弃物物流的概念、意义及其技术的特点。

案例引入

美的与伊莱克斯的企业物流模式

美的集团一直把物流当做赚钱机器。2000年1月，美的集团成立了安得物流公司，把物流业务剥离出来。安得物流公司作为美的集团一个独立的事业部，成为美的其他产品事业部的第三方物流公司，它能为美的生产、制造、销售提供最快捷的物流服务，同时也作为专业物流公司向外发展业务。美的的其他事业部可以使用安得物流，也可以选择其他的物流公司。

而伊莱克斯则将物流完全外包给第三方物流企业，第三方物流商为他们提供整个或部分供应链的物流服务，以获取一定的利润。1995年，伊莱克斯合资组建伊莱克斯中意电冰箱有限公司时，就明确了责任分工，伊莱克斯只负责产品生产，而中意冰箱公司全权负责产品的销售与售后服务工作。随后，伊莱克斯又将物流外包给了专业的物流公司。目前，伊莱克斯将物流交由包括宝供物流企业集团在内的三家物流公司负责。

思考：结合案例资料分析上述两种企业物流模式的优势。

8.1 企业物流概述

8.1.1 企业物流的分类

1. 按企业性质不同分类

1）工业生产企业物流

工业生产企业物流是对应生产经营活动的物流，这种物流有供应物流子系统、生产物流子系统、销售物流子系统及废弃物物流子系统四个子系统组成。工业生产企业种类非常多，所以其物流活动也有差异。按主体物流活动的区别可大体分为四种，如图 8.1 所示。

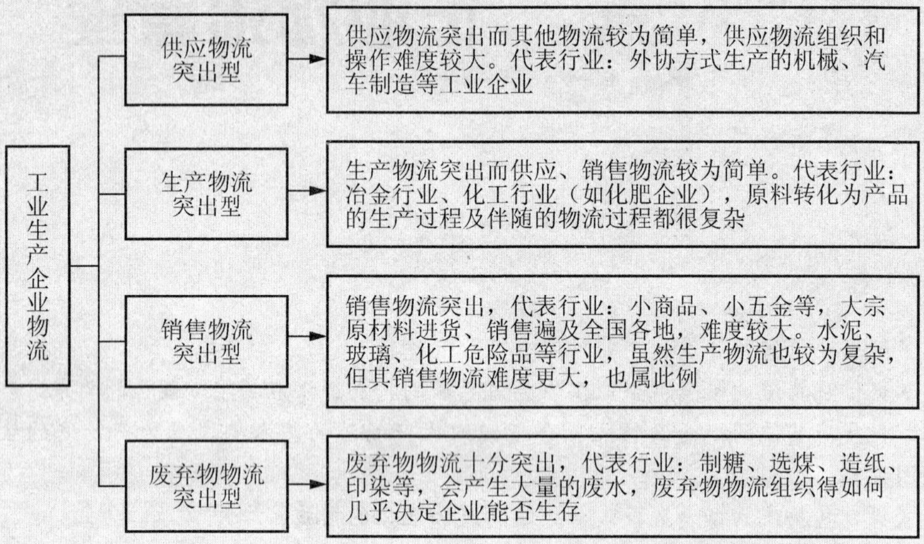

图 8.1　工业生产企业物流按主体物流活动的区别分类

2）农业生产企业物流

农业生产企业中农产品加工企业的性质及对应的物流与工业企业是相同的。农业种植企业的物流是农业生产企业物流的代表，这种类型企业的四个物流系统的特殊性如图 8.2 所示。

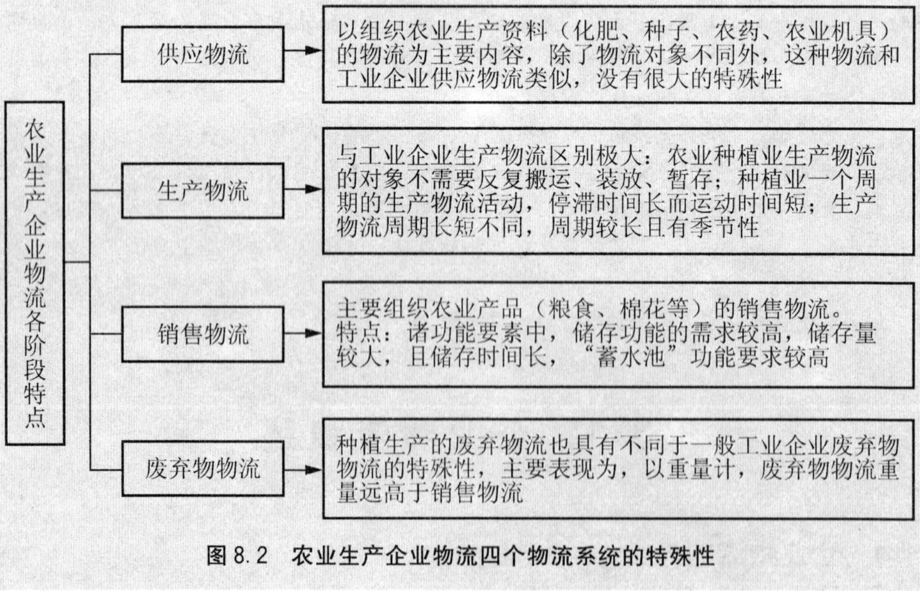

图 8.2　农业生产企业物流四个物流系统的特殊性

3）批发企业物流

批发企业物流是以批发据点为核心，由批发经营活动所派生的物流活动。这一物流活动对应于批发的投入是组织大量物流活动对象的运进，产出是组织总量相同物流对象物的运出，但是批量变小、批次变多。在批发点中的转换是包装形态及包装批量的转换。不同地位的批发企业物流有所不同，主要有两种类型，如图 8.3 所示。

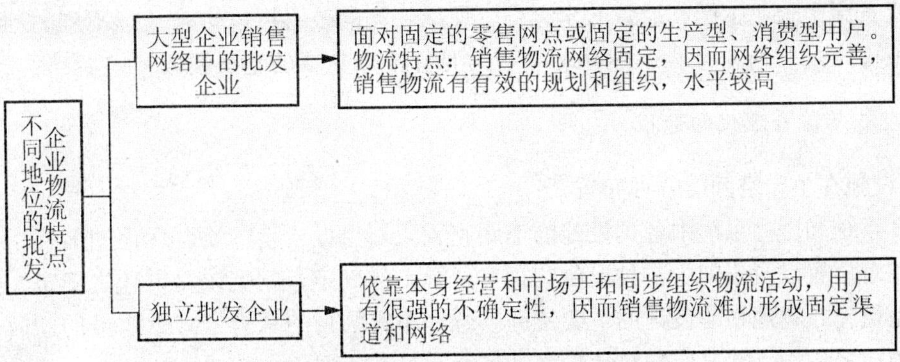

图 8.3　不同地位的批发企业物流特点

4）配送企业物流

配送企业物流是以配送中心为核心的由配送活动组成的物流。这一物流的主要特点是配送中心内部的分货、拣选、配货等物流活动。

5）零售企业物流

零售企业物流是以零售商店或零售据点为核心的，以实现零售销售为主体的物流活动。不同零售企业伴随投入、转换、产出的物流活动有一定区别，主要有三种类型，如图 8.4 所示。

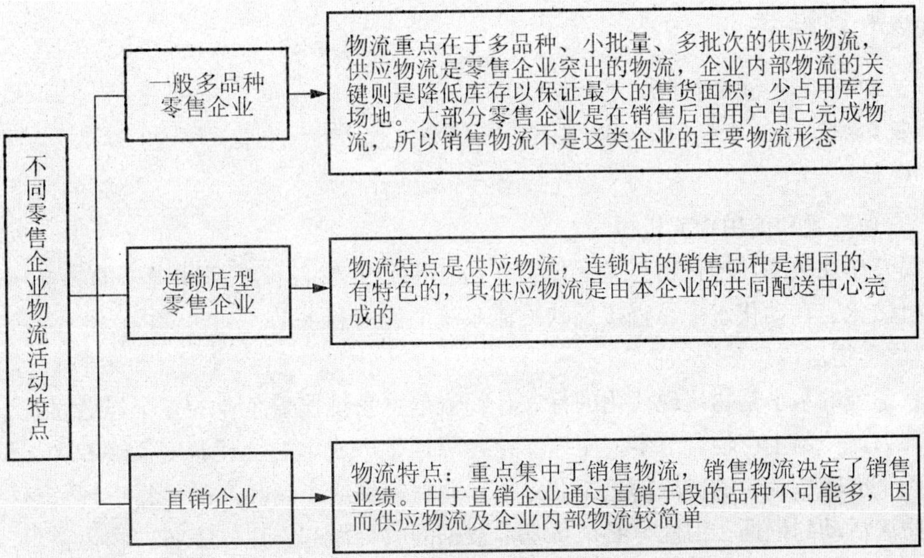

图 8.4　不同零售企业物流活动特点

2. 按物流目的不同分类

按物流本身的特点、性质及其目的的不同，可分为供应物流、销售物流、生产物流、回收物流和废弃物物流。

8.1.2 企业物流的合理化

物流贯穿于企业生产和经营的全过程，所以物流的改善可以带来意想不到的利益。物流合理化被称作是“企业的第三利润源”，是当前企业最重要的竞争领域。

1. 企业物流合理化的途径

1）设施在生产空间的合理布置

生产系统和服务系统中各类设施的空间布置规划与设置是物流合理化的前提。工厂内各车间的相对位置以及车间内各种设备的相对位置一经确定，物流线路也随之确定。因此，物流分析是设施布置规划与设计的重要依据。合理布置的目的是为了减少物料的迂回、交叉以及无效的往复运输，并避免物料运输混乱或路线过长等现象。

2）合理控制库存

通常的流动资金大部分是被各种物资库存所占用。因此，降低库存可以减少积压的流动资金，有效加速资金的周转。理论证明，在制品数量与生产周期成正比，减少在制品库存即可缩短生产周期。而且，在制品的库存减少，还可以促进企业管理水平的提高。

3）均衡生产

从物流的角度看，均衡生产就是生产物流的流量均衡，也是杜绝生产中浪费现象的重要措施。均衡生产的最佳状态就是从毛坯投入到成品产出的全过程中，在制品始终应处于不停滞、不堆积、不间断、不超越、有节奏的流动状态。

案例链接

某小型工厂，其最终成品的组装几乎都集中在每月的下旬，上旬、中旬、下旬的成品产出比例为0：2：8，生产物流极不均衡。经调整生产计划后，其上、中、下旬产出成品的比例达到2：3：5，仅此一项，每月可为企业增加利润几十万元。

4）合理配置和使用物流机械

为提高作业效率，增强物料搬运能力，应不断地开发各种类型和规格的物流机械设备。物流的机械化、自动化水平，直接反映物流系统的能力和水平。

5）健全物流信息系统

信息系统的水平是物流现代化的标志，物流信息系统覆盖企业的整个经营过程。合理制订生产计划，控制生产物流节奏，压缩库存，降低生产成本，合理调度运输和搬运设施，这些都依赖于准确、及时的物流信息。在外部，原材料供应市场和产品销售市场信息，也是组织企业物流活动的依据。因此，必须从基本数据的收集做起，建立完善的物流信息系统，以利于管理层进行分析，使企业领导者决策时有依据。

2. 企业物流合理化的意义

1）降低物流费用，减少产品成本

物流费用在产品成本中占有相当比重，企业物流合理化可以提高物流作业效率，减少运输及仓储费用，从而直接达到降低产品成本的目的。

2）缩短生产周期，加快资金周转

据统计，从原材料进厂到产品出厂只有5%的时间是被加工活动所占用，95%的时间是属于仓储、搬运或在加工线上的等待时间，也就是属于物流活动所占用的时间。由此可见，物流系统的改善对缩短原材料流转周期是起决定作用的。一方面可以有效加速资金周转，提高资金利用率；另一方面生产周期的缩短可以更好地适应市场的变化，提高企业竞争力。

3）压缩库存，减少流动资金占用

库存控制是企业物流合理化的重要内容。库存控制的目的是通过各种控制策略和方法，使企业的原材料、中间在制品和成品库存在满足生产要求的前提下，把库存量控制在合理范围之内，以减少流动资金占用。

4）通过物流来改善、提高企业管理水平

从整体效益看，物流环节的任何改善都会对企业管理水平的提高起促进作用。以库存为例，一定量的库存是维持生产连续性的必要条件，但是库存过多不仅占用流动资金，而且掩盖了企业管理中的诸多问题。例如，减少库存，就必须提高供应部门的工作效率，才能保证供货渠道畅通，不发生"断粮"危险；又如，减少在制品库存，必须加强对生产线的管理，提高设备维修部门的责任心和工作效率。可以说，库存的降低促进了企业素质的提高。日本一位企业家认为，"只看物流状况，就能判断企业的管理水平"，这是很有道理的。

8.2 采购供应物流

8.2.1 采购供应物流的概念

供应物流是指为生产企业提供原材料、零部件或其他物品时，物品在提供者与需求者之间的实物流动。这种物流活动对企业生产的正常、高效进行起着重大作用。

现代物流是基于非短缺商品市场这样一个宏观环境来研究物流活动的，在这种市场环境下，供应在数量上的保障是容易做到的，企业在供应物流领域内的竞争关键在于降低这一物流过程的成本，在最少消耗、最大保证的限定条件下来组织供应，同时有一个使用户满意的服务水平。

特别提示

供应物流的过程

(1) 取得资源。取得资源是完成所有供应活动的前提。应取得什么样的资源，是由核心生产过程提出来的，同时也要按照供应物流可以承受的技术条件和成本条件辅助这一决策。

(2) 组织到厂物流。这个物流过程是企业外部的物流过程。在这个过程中，往往要反复运用装卸、搬运、储存、运输等物流活动，才能使取得的资源到达企业。

(3) 组织厂内物流。如果企业外部物流到达企业的仓库，便以仓库作为划分企业内、外物流的界限。组织厂内物流，即是从仓库开始直至到达车间或生产线的物流过程。

8.2.2 采购供应物流系统的构成

采购供应物流系统构成如图8.5所示。

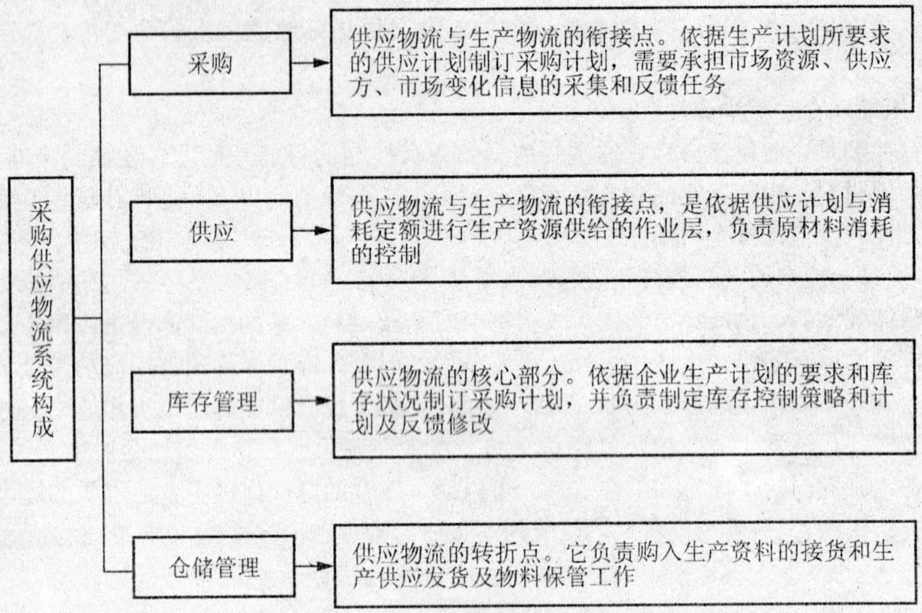

图8.5 采购供应物流系统构成

8.2.3 采购供应物流合理化的基本要求

1. 准确预测需求

制订切实可行的生产计划，确定合理的物资消耗定额，是做到准确预测需求的关键。

2. 合理控制库存

供应物流中断将使生产陷于停顿，只有将库存控制在正常储备和安全储备范围内，才能保证生产的正常进行。反之，库存量大会造成积压，既占用生产资金，又增加仓储费用。

3. 科学地进行采购决策

由于影响因素复杂使决策的正确性受到很大的影响，发展计算机辅助采购决策是一种有效的解决途径。这需要建立市场资源、价格、交通运输的信息与档案，还应建立正确的决策模型。

4. 保障供应物流

保障供应物流涉及运输、仓储管理、服务等方面。应采用合理的运输方案、先进的仓储管理、方便生产和节约的供应模式及供应手段，来提高供应物流的保障程度。

8.3 生产物流概述

8.3.1 生产物流的概念

生产物流是指生产过程中，原材料、在制品、半成品、产成品等在企业内部的实体流动。这种物流活动是与整个生产过程相伴随的，实际上已经构成了生产过程的一部分。

过去人们在研究生产活动时，主要关注一个又一个的生产加工过程，而忽视了将每一个生产加工过程串在一起的、并且又与每一个生产加工过程同时出现的物流活动。例如，不断离开上一工序进入下一工序，便会不断发生搬上搬下、向前运动、暂时停止等物流活动。实际上，在一个生产周期内，物流活动的时间往往多于实际加工的时间。因此，企业生产物流的研究，对挖掘时间节约、劳动节约的潜力是非常大的。

知识链接

生产物流的特点

1. 实现价值的特点

实现价值是企业生产物流和社会物流一个最本质的不同，即企业物流最本质的特点。

企业生产物流是伴随生产加工活动而发生，这过程中实现了物品加工的附加价值，即实现企业的主要目的。所以，虽然物流空间、时间价值潜力不高，但加工的附加价值却非常大。

2. 主要功能要素的特点

企业生产物流的主要功能要素也不同于社会物流。一般物流功能的主要要素是运输和储存，而企业生产物流的主要功能要素则是搬运活动。

许多生产企业的生产过程，实际上就是物料不停搬运的过程。在不停搬运过程中，物料得到了加工，改变了形态。即使配送企业的企业内部物流，商品也是在不断搬运过程中，完成了分货、拣货、配货、包装等工作。

3. 物流过程的特点

企业生产物流是一种工艺过程性物流，一旦企业生产工艺、生产设备和生产流程已确定，生产物流也因此成了一种稳定性的物流。由于具有这种稳定性，企业生产物流的可控性、计划性就会增强，所以一旦进入这一物流过程，选择性及可变性就会很小。对生产物流的改进只能通过对工艺流程进行优化，这和随机性很强的社会物流也有明显不同。

4. 物流运行的特点

企业生产物流的运行具有极强的伴生性，这决定了企业物流很难与生产过程分开而形成独立的系统。在具有总体伴生性的同时，企业生产物流中也确有与生产工艺过程可分的局部物流活动，这些局部物流活动主要包括仓库的储存活动、接货物流活动、车间或分厂之间的运输活动等。

8.3.2 合理组织生产物流的基本要求

生产物流区别于其他物流系统的最显著的特点是它和企业生产紧密联系在一起。只有合理组织生产物流流程，才有可能使生产过程始终处于最佳状态。如果物流过程的组织水平低，达不到基本要求，即使生产条件、设备再好，也不可能顺利完成生产过程，更谈不上取得较高的经济效益。通常，合理组织生产物流的基本要求有以下几个方面。

1. 做到物流过程的连续性

因为企业生产是一道工序一道工序地往下进行的，所以，就要求物料能顺畅、快速、最省地走完各个工序，直至成为产品。每个工序的不正常停工都会造成不同程度的物流阻塞，进而影响整个企业生产的进行。

2. 做到物流过程的平行性

一个企业通常生产多种产品，每一种产品又包含着多种零部件，在组织生产时，需要将各个零件分配在各个车间的各个工序上生产，因此，就要求各个支流平行流动。如果一个支流发生问题，整个生产物流都会受到影响。

3. 做到物流过程的节奏性

物流过程的节奏性是指产品在生产过程的各个阶段，从投放原材料到产品最后完成入库，都要能保证按计划有节奏均衡地进行，要求在相同的时间间隔内生产大致相同数量的产品，均衡地完成生产任务。

4. 做到物流过程的比例性

由于组成产品的原材料、零部件、半成品等各个物流量是不同的，是有一定比例的，所以形成了物流过程的比例性。

5. 做到物流过程的适应性

当企业产品改型换代或品种发生变化时，生产过程应具有较强的应变能力。也就是生产过程应具有在较短的时间内可以由一种产品迅速转移为另一种产品的生产能力。物流过程同时应具备相应的应变能力，以与生产过程相适应。

8.3.3 生产物流的主要影响因素

1. 生产的类型

不同的生产类型，其产品品种、结构的复杂程度、精度等级、工艺要求以及原材料准备各不相同。这些特点影响着生产物流的构成以及相互间的比例关系。

2. 生产规模

生产规模是指单位时间内的产品产量，通常以年产量来表示。生产规模越大，生产过程的构成越齐全，物流量就越大。反之生产规模小，生产过程的构成就没有条件划分得很细，物流量也较小。例如，大型企业铸造生产中有铸铁、铸钢、有色金属铸造之分。

3. 企业的专业化与协作水平

随着企业专业化和协作水平的提高，企业内部生产过程趋于简化，使物流流程缩短。某些基本工艺阶段的半成品，如毛坯、零件、部件等，就可由其他专业工厂提供。

8.4 销售物流

8.4.1 销售物流概述

销售物流是指生产企业、流通企业出售商品时，物品在供方与需方之间的实体流动。

在现代社会中，市场环境是一个完全的买方市场，因此，销售物流活动便带有极强的被动性和服务性，只有以满足买方要求为前提，卖方才能最终实现销售。在这种市场前提下，销售往往以送达用户并经过售后服务才算终止。

企业销售物流的特点是，通过包装、送货、配送等一系列物流方式实现销售。

销售物流系统流程如图 8.6 所示。

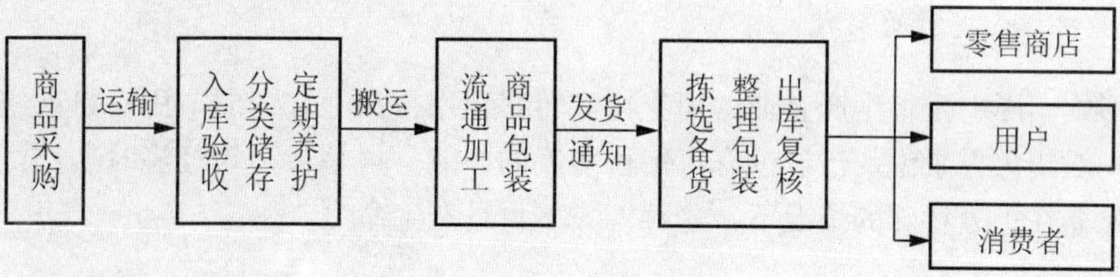

图 8.6 销售物流系统流程图

销售物流主要有三种模式：由生产企业自己组织销售物流、委托第三方物流企业组织销售物流和由用户自己提取货。

1. 由生产企业自己组织销售物流

生产企业自己组织销售物流是在买方市场环境下采取的主要的销售物流模式之一，也是我国当前绝大部分企业采用的物流形式。

生产企业自己组织销售物流，实际上是把销售物流作为企业生产的延伸或者继续，使生产企业销售物流成为生产企业经营的一个环节。而且，这个经营环节是和用户直接联系、直接面向用户提供服务的一个环节。但要在企业从“以生产为中心”转向“以市场为中心”的情况下，这个环节逐渐变成了企业的核心竞争环节，已经不再是生产的继续，而成为企业经营的中心，生产过程则变成了这个环节的支撑力量。

生产企业自己组织销售物流的好处在于，可以将自己的生产经营和用户直接联系起来，信息反馈速度快、准确度高，信息对于生产经营的指导作用和目的性强。在买方市场的前提下，企业往往把销售物流环节看成是开拓市场、进行市场竞争的一个环节，从而格外注重这个环节。生产企业自己组织销售物流，可以对销售物流的成本进行大幅度的调节，同时还能够从整个生产企业的经营系统角度，合理安排和分配销售物流环节的力量。

在生产企业规模可以达到销售物流的规模效益的前提下，采取生产企业自己组织销售物流的办法是可行的，但不一定是最好的选择。其主要原因有三个：一是生产企业的核心竞争力的培育和发展问题，如果生产企业的核心竞争能力在于产品的开发，销售物流可能会占用过多的资源和管理力量，对核心竞争能力造成影响；二是生产企业销售物流专业化程度有限，自己组织销售物流缺乏优势；三是生产企业的规模毕竟有限，即使是分销物流的规模达到经济规模，延伸到配送物流之后，也就很难达到经济规模，因此可能反过来会影响对市场更广泛、更深入的开拓。

2. 由第三方物流企业组织销售物流

由专门的物流服务企业组织企业的销售物流，实际上是生产企业将销售物流实行外包，将销售物流社会化。由第三方物流企业承担生产企业的销售物流，其最大优点在于，由于第三方物流企业是社会化的物流企业，它可向很多生产企业提供物流服务，因此可以将企业的销售物流和企业的供应物流一体化，还可以将很多企业的物流需求一体化，然后采取统一解决的方案。这样就可以做到实现专业化和规模化。这两者可以从技术方面和组织方面，强化成本的降低和服务水平的提高。

3. 由用户自己提货的形式

这种形式实际上是将生产企业的销售物流转移到用户头上，变成了用户自己组织供应物流的形式。对销售方来说，已经没有了销售物流的职能。这是在计划经济时期广泛采用的模式，将来除非在十分特殊的情况下，这种模式不再具有生命力。

案例链接

销售物流模式的选择

随着世界500强之首——沃尔玛在中国大陆市场的迅速扩张，越来越多的人把眼光聚焦于沃尔玛成功的秘诀。人们通常把快速转运、VMI(供应商管理库存)、EDLP(天天平价)看做沃尔玛成功的三大法宝，其中商品的快速转运往往被认为是沃尔玛的核心竞争力。于是不少企业纷纷仿而效之，大力加快建设配送中心的步伐，认为只要加强商品的配送与分拨管理，就能像沃尔玛一样找到在激烈的商战中制胜的法宝。但经过一段时间的运营之后，效果却不尽如人意，究其原因，主要是曲解了沃尔玛的运营管理模式。为什么沃尔玛能成功，但国内却鲜有企业能效仿呢?

沃尔玛运营模式的形成与它独特的历史背景有关。1962年，当沃尔玛第一家店在阿肯色州的一个小镇开业时，由于其位置偏僻，路途遥远，供应商很少愿意为其送货。因此，山姆·沃顿不得不在总部所在地本顿威尔建立了第一家配送中心，显然，一家店不可能单独支撑一个配送中心的运营成本，于是公司以该配送中心为核心，在周围一天车程即500km左右的范围内迅速开店。获得成功后，又迅速复制该运营模式。而同期的凯玛特、伍尔柯等大连锁公司，基本都位于大城市，有大量的经销商为他们提供完善的物流等方面的专业化服务，因此也就不会把商品配送视为自己的核心竞争力。

沃尔玛的配送模式之所以能够在美国本土获得成功，与门店数量也有密切的关系。目前美国本土有近4 000家店，配送中心有360多家，可见100多家门店才能支撑一个现代配送中心的巨额费用。在门店数量不是足够多时，配送中心的巨额费用往往会成为企业的经济负担。当沃尔玛进入中国时，也同样复制了美国的运营模式，在广东与天津分设了两个配送中心。经过多年的苦心经营，效益并不是很明显，不少业内人士认为与其完全照搬美国本土的运营模式有关。美国本土的商店选址大都位于小镇，采用了类似于“以农村包围城市”的发展策略，而在中国的商店大都位于中心城市，大量的供应商可以提供专业化服务，集中配送反而难以体现高效率。

可见，沃尔玛的商品配送模式是绝大部分国内企业都无法模仿的。与沃尔玛不同，另一艘世界零售航母——家乐福，选择的却是相反的商品配送模式。由于家乐福的选址绝大部分都集中于上海、北京、天津及内陆各省会城市，且强调的是“充分授权，以店长为核心”的运营模式，因此商品的配送基本都以供应商直送为主。

（资料来源：中国物流与采购联合会网站，有改动）

8.4.2　销售物流合理化

1. 工业包装

包装是生产物流的终点，也是销售物流系统的起点。包装具有防护、仓储、运输、销售和使用诸多功能，是物流系统中不可缺少的一个环节。因此，在包装材料、包装形式上，除了要考虑物品的防护和销售外，还要考虑储存、运输等物流环节的方便。包装的合理化、标准化、轻薄化及包装器材的回收、利用等也是实现销售物流合理化需要考虑的重要问题。

2. 成品储存

成品储存的数量、质量直接影响销售物流的顺利进行。成品储存包括仓储作业、物品养护和库存控制。对此，主要应做好以下几点：①通过改善仓储作业，提高作业质量及作业生产率；②使用科学的方法进行物品养护；③成品库存控制应以市场需求为导向。由此来合理控制成品存储量及物品的损耗率，并以此指导生产。

3. 销售渠道

销售渠道的结构有以下三种。

(1) 生产者—消费者，该渠道最短。

(2) 生产者—批发商—零售商—消费者，该渠道最长。

(3) 生产者—零售商或批发商—消费者，该渠道介于以上两者之间。

影响销售渠道选择的因素有政策性因素、产品因素、市场因素和生产企业本身因素。生产企业通过对影响销售渠道选择的因素进行研究分析，再结合本身的特点和要求，对各种销售渠道的销售量、费用开支、服务质量经过反复比较后，找出最佳销售渠道。

一般来说，销售物流的组织与产品类型有关，如钢材、木材等商品，其销售渠道一般选用第一种结构渠道和第三种结构渠道；而如日用品、小五金等商品的销售渠道，则较多选用第二、三种结构渠道。正确运用销售渠道，可使企业迅速及时地将产品传送到用户手中，达到扩大商品销售、加速资金周转、降低流通费用的目的。

4. 生产成品的发货

根据生产成品的批量、运送距离、地理条件选择运输方式。对于第一种销售渠道，运输形式有两种：一是消费者直接取货，二是生产者直接发货给消费者。对于第二、三种销售渠道，除采用上述两种形式外，配送是一种较先进的形式，可以推广。

在由生产者直接发货时，应考虑发货批量大小的问题，它将直接影响物流成本费用，因此，发货批量大小要以达到运输费用与仓储费用总和最小为原则。

5. 信息处理

信息处理需完善销售系统的物流信息网络，加强二者协作的深度和广度，并建立与社会物流沟通和联系的信息渠道，建立订货处理的计算机管理系统及客户服务体系。

8.5 回收与废弃物物流

8.5.1 回收与废弃物物流概述

从生产经过流通直到消费的全过程中，生产过程形成的边角余料、废渣、废水、不具有使用价值的不合格产品，流通过程产生的废弃包装器材，还有大量由于变质、损坏、使用寿命终结而丧失了使用价值的物资，它们都要从物流主渠道中分离出来成为生产或流通中产生的排泄物。这些排泄物一部分可以回收并再生利用，称为再生资源；另一部分在循环利用过程中，基本或完全失去了使用价值，形成无法再利用的最终排放物，称为废弃物。

1. 回收物流与废弃物物流的概念

1）回收物流的概念

对排放物处理时，将其中有再利用价值的部分加以回收、分拣、加工、分解，使其成为有用的物资重新进入生产和消费领域，这类物质的流动形成了回收物流。例如，作为包装容器的纸箱、塑料筐、酒瓶、脚手架均属于这类物资。还有可用杂物的回收分类和再加工，例如，旧报纸、书籍通过回收、分类可以再制成纸浆加以利用，又成为造纸的原材料；又如，金属的废弃物，由于金属具有良好的再生性，可以回收并重新熔炼成有用的原材料。目前，我国钢产量中有30％以上是由回收的废钢铁重熔冶炼而成的。

2）废弃物物流的概念

对丧失再利用价值的排放物，从环境保护的目的出发将其焚烧，或送到指定地点堆放、掩埋，对含有放射性物质或有毒物质的工业废物，还要采取特殊的处理方法，这类物质的流向形成了废弃物物流。

2. 回收物流与废弃物物流的作用

1）回收物流的作用

回收物流是考虑到被排放的对象有再利用的价值，将其进行加工、拣选、分解、净化，使其成为有用的物资或转化为能量而重新投入生产和生活循环系统。因此，回收物流有如下作用：①使社会资源量相对增加；②减少废旧物料对环境的破坏和污染；③可以节省能源、节约时间，提高生产效率。

2）废弃物物流的作用

废弃物物流仅从环境保护出发，将废弃物焚化、化学处理或运到特定地点堆放、掩埋，可以减少对环境的破坏和污染。

知识链接

回收物流与废弃物物流的意义

1. 回收物流是社会资源大循环的组成部分

自然界的物资是有限的，森林的采伐、矿山的开采都是有一定限度的，在资源已日渐枯竭的今天，人类社会越来越重视通过回收物流将可以利用的排放物收集、加工、重新补充到生产、消费的系统中去。例如，废纸回收已成为造纸业原料供应不可缺少的一环。据统计，世界钢产量的45%、铜产量的35%、铝产量的22%、锌产量的30%、纸张产量的35%都是通过回收加工取得的。城市垃圾中的一些成分可以加工成肥料或燃料，甚至有些废物、废材料经过适当加工可以直接成为商品进入消费领域。

2. 回收物流与废弃物物流合理化的经济意义

废弃物资是一种资源，但和自然资源不同，它们曾有过若干加工过程，本身凝聚着能量和劳动力的价值，因而常被称为载能资源。回收物资重新进入生产领域作为原材料会带来很高的经济效益。例如，用1t废纸可造新纸800kg，节电500kW。

3. 回收物流与废弃物流合理化的社会意义

由于废弃物的大量产生严重地影响人类赖以生存的环境，必须有效地组织回收物流与废弃物物流，使废弃物得以重新进入生产、生活循环或得到妥善处理，以减少对环境的破坏和污染。据美国工业部门估计，利用废旧物料进行生产，可使一些工业造成的空气污染减少60%～80%，水污染减少70%以上。

8.5.2 回收物流与废弃物物流技术

1. 回收物流技术

回收物流技术的分类如图8.7所示。

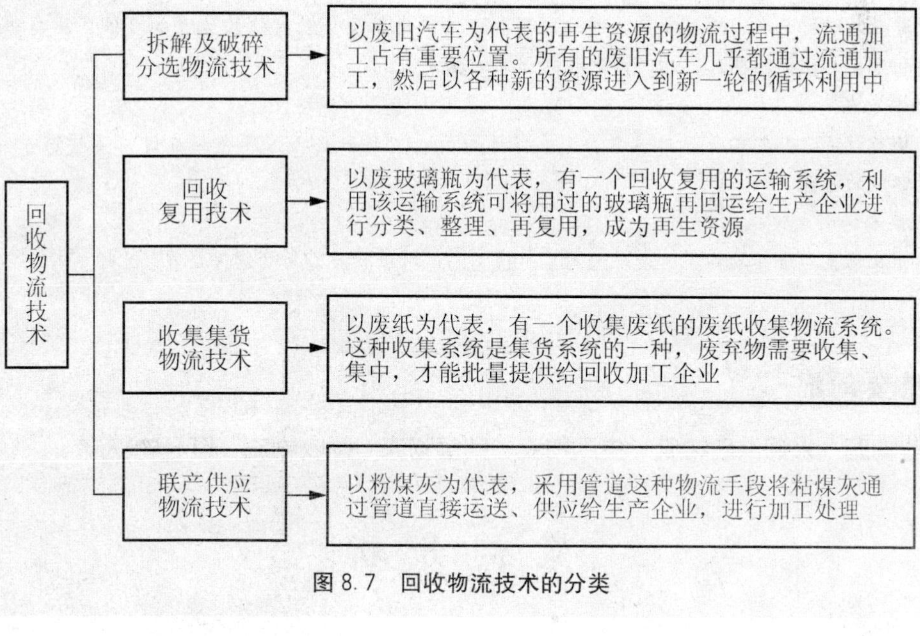

图8.7 回收物流技术的分类

2. 废弃物物流技术

废弃物物流技术的分类如图8.8所示。

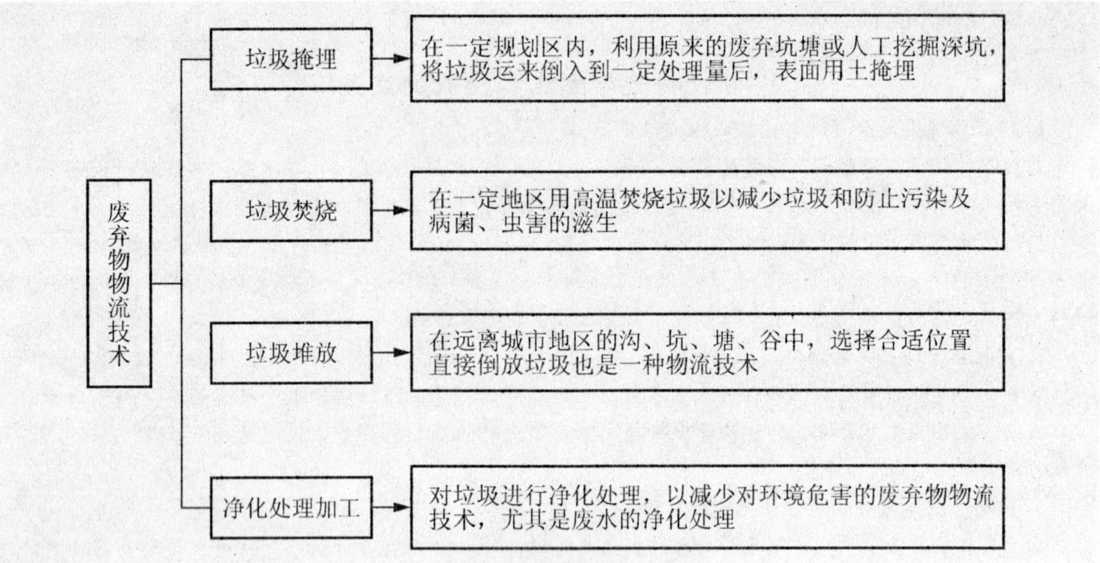

图 8.8　废弃物物流技术的分类

知识链接

回收物流与废弃物物流技术的特点

1. 小型化、专用化的装运设备

回收物流都具有分散性、缓慢性、混杂性和逆向性的特点。因此，只能使用各种小型的、专用的机动车和非机动车，采用多阶段收集、逐步集中的方式将分布广泛的各类生产和生活废弃物回收处理。

2. 多样化的流通加工

由于废弃物种类繁多、性质各异，因此流通加工方式也很多。对回收的废弃物可根据其类别，采用分拣、分解和分类、压块和包扎、切断和破碎的加工处理方法。

3. 简易包装与储存

废弃物多数不需要包装或简易包装，只需露天堆放。但对一些特殊废弃物应讲究其包装并妥善储存，以防止对环境的污染。

4. 低成本的要求

由于回收物流与废弃物物流所处理的对象价值不高，所以物流费用必须保持在低水平。

重要词汇

企业物流　采购供应物流　生产物流　销售物流　回收物流　废弃物物流

案例分析

家电企业物流模式

1. 海尔模式——自营物流系统

自营物流系统的企业中，最典型的就是海尔集团。海尔物流特色可总结为，借助物流专业公司力量，在自营基础上小外包，总体实现采购JIT、原材料配送JIT和成品配送JIT的同步流程。1999年，海尔开始实施以“市场链”为纽带的业务流程再造，以订单信息流为中心，带动物流、商流、资金流的运作，其物流运作模式日益引起人们的关注。对海尔来讲，物流首先是使其实现三个“零”的目标，即零库存、零距离和零营运资本；其次是使其能够获得在市场竞争中取胜的核心竞争力。

2. 东芝物流——独立的物流子公司

日本的企业大多都有自己的物流公司。东芝公司为了开拓新的业务，在1974年出资建立了东芝物流(株)的独立物流子公司，主要管理东芝集团的家电产品和信息产品。随后，日本其他电子行业也陆续建立起自己的物流子公司。东芝公司的内部物流业务大概在70%左右，外部业务在30%左右，基本上实现了与社会物流公司的资源共享。日本的家电行业基本采用这种模式，以内部物流为主、外部物流为辅，如松下、索尼等。

3. 日立物流——独立的物流公司

日立物流是个例外，日立公司为此投入了大笔资金，其中固定资产投资占很大部分，拥有很多仓库及车辆。经过多年运作，日立物流积累了很多仓库管理以及运输管理的经验，在第三方物流的业务量上具有很大的优势。目前它是一个上市的物流公司，按现在的业务量计算，日立已位居日本物流行业前10名。由此可见，日立物流已经是一家独立的物流公司，而不是物流子公司。

思考：

1. 什么是企业物流？

2. 结合案例分析如何做到企业物流合理化。

练习与思考

一、单选题

1. 企业物流属于(　　)。
A. 宏观物流　B. 一般物流　C. 微观物流　D. 地区物流

2. 企业物流合理化的意义不在于(　　)。
A. 降低物流费用　B. 缩短生产周期
C. 提高管理水平　D. 增加物流复杂度

3. 销售物流是通过一系列物流方式实现的，(　　)不属于销售物流范围内。
A. 包装　B. 送货　C. 生产加工　D. 配送

4. 不属于销售物流的主要模式(　　)。
A. 生产企业自己组织　B. 委托第三方物流企业
C. 购买方组织　D. 过户

5. 企业生产物流最本质的特点是(　　)。
A. 实现加工附加价值　B. 储存
C. 运输　D. 拣货

二、多选题

1. 按企业性质不同，企业物流也可以分为(　　)。
A. 批发企业物流　B. 工、农业生产企业物流　C. 配送企业物流
D. 零售企业物流　E. 邮政物流

2. 关于销售物流合理化的问题表述，说法正确的包括(　　)。

A. 成品储存包括仓储作业、物品养护和库存控制

B. 日用品较少选取的销售渠道为生产者——消费者

C. 销售物流的组织与产品类型无关

D. 应该根据产成品的批量、运送距离、地理条件选择运输方式

E. 钢材一般不会选取的销售渠道为生产者——消费者

3. 关于销售物流模式的表述，正确的是(　　)。

A. 生产企业自己组织销售物流可以增进与客户的联系

B. 生产企业销售物流专业化程度有限

C. 由用户自己提货的销售物流形式仍然具有很强生命力

D. 第三方物流企业承担生产企业销售物流，能够实现专业化和规模化

4. 废弃物流技术中包括(　　)。

A. 加工再利用　　B. 垃圾掩埋　　C. 净化处理加工　　D. 焚烧

5. 企业物流合理化的有效途径是(　　)。

A. 合理控制库存　　B. 生产设施的合理布置

C. 均衡生产　　D. 提高物流机械自动化水平

三、思考题

1. 企业物流合理化途径有哪些?
2. 简述企业供应物流的概念及供应物流系统的构成。
3. 简述生产物流的概念及特点。
4. 简述销售物流的概念及模式。
5. 简述回收物流和废弃物物流的概念。
6. 简述回收物流和废弃物物流技术的特点。

第9章 生产物流管理

学习目标

1. 了解生产物流计划与控制的含义、内容。
2. 理解主生产计划(MPS)的概念、原理及编制。
3. 掌握物料需求计划(MRP)的内容、原理及编制。
4. 理解制造资源计划(MRPⅡ)及企业资源计划(ERP)的概念。
5. 掌握准时制生产方式(JIT)的构成和实施。

案例引入

云南烟叶生产物流的改善与信息化

为了实现物流系统管理思路，云南省烟草烟叶公司改进了现有的生产物流系统。

取消并合并装卸搬运环节和次数。装卸搬运不仅不增加烟叶的价值和使用价值，相反，随着流通环节的增加和流程的繁杂，烟叶的综合碎耗和生产成本随之增加。进行托架单元化组合，充分利用机械进行物流作业，要合理分解装卸搬运程序，改进装卸搬运各项作业，提高装卸搬运效率，力争在最短时间内完成烟叶加工的所有工艺流程。

实现生产物流作业的集中和集散分工。集中作业才能使生产作业量达到一定的水平，为保证实行机械化、自动化作业，公司在安排存储保管物流系统的卸载点和装载点时就要尽量集中；在货场内部，同一等级、产地的烟叶应尽可能集中在同一区域进行物流作业，如建立专业货区、专业卸载平台等。

提高生产物流的反应能力。公司通过烟叶数据库的建设，促进网络信息的发展，将物流的各个环节连成一个整体，按照统一的生产计划准时地实现烟叶物资的流动。

通过实施物流管理信息系统，优化了各生产物流子系统及其相互间的作业关系，从根本上简化了生产作业流程，实现了标准化物流模式，有效地降低了烟叶的综合碎耗和生产成本。2004年烤季与2003年烤季相比，"综合碎烟损耗"从1 113t降至489.3t，比2003年减少623.7t，下降幅度为56%，按每担400元计算，共产生效益498.96万元。

对生产的主要物流载体(如烟笼、托盘等)进行了大规模的技改维修，实现了初烤烟的"一体化投料"模式，既提高了成品库房容积率(使成品仓库库容增加近1/3)和叉车的有效作业率，降低了烟叶综合碎耗，节约了人工、辅料及库房的投资，又提高了烟叶堆码的稳定性和安全性，杜绝了歪斜倒塌现象，促进了生产现场管理水平的提高。

(资料来源：http：//news.sina.com.cn/c/2005－08－03/09206598640s.shtml，有改动)

思考：云南省烟草烟叶公司是如何改善生产物流管理的？

9.1 生产物流计划与控制原理

9.1.1 生产物流计划与控制概述

1. 生产物流计划

生产物流计划的核心是生产作业计划的编制工作，即根据计划期内确定的产品品种、数量、期限，以及发展变化的客观实际，具体安排产品及其部件在各个生产工艺阶段的生产进度、生产任务。生产物流计划的任务包括以下几个方面。

1）保证生产计划的顺利完成

为了保证按计划规定的时间和数量生产各种产品，要研究物料在生产过程中的运动规律，以及在各个工艺阶段的生产周期，以此来安排经过各个工艺阶段的时间和数量，并使系统各个生产环节内的在制品结构、数量和时间相协调。

2）为均衡生产创造条件

均衡生产是指企业及企业内的车间和工段、工作地等各个生产环节，在相等的时间阶段内，完成等量或均增数量的产品。均衡生产有如下几方面的要求：

（1）每个生产环节都要均衡地完成所承担的生产任务。

（2）不仅在数量上均衡地生产和产出，而且各个阶段的物流要保持一定的比例性。

（3）尽可能缩短物料流动周期，同时保持一定的节奏性。

（4）加强在制品管理，缩短生产周期。保持在制品、半成品的合理储备，是保证生产物流连续进行的必要条件。在制品过少会使物流中断，影响生产的顺利进行；反之，又会造成物流不畅，延长生产周期。因此，对在制品的合理控制，既可减少在制品占用量，又能使各个生产环节实现正常衔接、协调，按物流作业计划有节奏、均衡地组织物流活动。

3）确定期量标准

期量标准是生产物流计划工作的重要依据，因此也称为作业计划标准。它是根据加工对象在生产过程中的运动，经过科学分析和计算，所确定的时间和数量标准。期，表示时间，如生产周期、提前期等；量，表示数量，如一次同时生产的在制品数量(生产批量)、仓库最大存储量等。

期和量是构成生产作业计划的两个方面，为了合理组织生产活动，有必要科学地规定生产过程中各个生产环节之间在生产时间和生产数量上的内在联系。合理的期量标准，为编制生产计划和生产作业计划提供了科学的依据，从而提高计划的编制质量，使其真正起到指导生产的作用。同时，按期量标准组织生产，有利于建立正常的生产秩序，实现均衡生产。

2. 生产物流控制

在实际的生产物流系统中，由于受系统内部和外部各种因素的影响，计划与实际之间会产生偏差，为了保证计划的完成，必须对物流活动进行有效控制。因此，物流控制既是物流管理的重要内容，也是物流管理的重要职能。

1）控制系统的组成要素

（1）控制对象。控制对象是由人、设备组成的一个系统单元，通过施加某种控制或指令，能完成某种变化。在生产物流系统中，物流过程是主要控制对象。

（2）控制目标。控制目标是系统预先确定的力争达到的目的，控制的职能就是随时或定期对控制对象进行检查，发现偏差，进行调整，以利于目标的实现。

（3）控制主体。在一个控制系统中，目标已确定，收集控制信息的渠道也已畅通，就需要一个机构来比较当前系统的状态与目标值的差距，如差距超过容许的范围，则制定纠正措施，下达控制指令。这样的机构称为控制主体。

2）生产物流控制方式

生产物流有两种基本的控制方式：反馈与前馈。

（1）反馈控制。反馈控制是控制主体根据设立的目标，发布控制指令，控制对象根据下达的命令执行规定的动作，将系统状态信息传递到控制主体，经过与目标比较确定调整量，通过控制对象来实施。反馈控制的特点是根据当前状态决定下一步行动，由于从信息收集到调整实施有一定的时间滞后，在某种情况下就可能影响目标的实现。反馈控制的另一特点是稳定性好，其总趋势是保持系统的平衡状态。

（2）前馈控制。前馈控制是根据对系统未来的预测，事先采取措施应付即将发生的情况。这种控制方法带有主动性，但前馈控制主体要有预测功能，它是依靠系统长期运行后加以总结而得到的。实际上，对于一个复杂的物流系统，预测不可能完全正确，还可能有事先无法估计到的随机干扰，所以在实际生产物流过程中很少采用单独的前馈控制方式，通常采用由前馈和反馈结合的复合控制系统。

9.1.2 不同生产方式的生产物流计划

1. 大量流水线生产方式的生产物流计划

1）大量流水线生产方式的期量标准

大量流水线生产方式的期量标准主要有节拍、流水线作业指示图表和在制品占用量定额。

（1）节拍。节拍是流水线最重要的工作参数，它表明流水线速度的快慢。

流水线采取成批传送在制品方式时，科学确定运输批量，对于合理使用运输工具，减少运输时间，充分利用生产面积和减少在制品数量都有重要意义。

（2）流水线作业指示图表。流水线作业指示图表又称为标准工作指示图表，它表明流水线内各工作地在正常情况下的具体工作制度，对合理利用设备、减少在制品数量有重要意义。

由于工序间同期化程度不同，流水线的连续程度也不同，因此流水线有连续流水线和间断流水线之分。

（3）在制品占用量定额。在制品占用量分流水线内部在制品占用量和流水线之间在制品占用量两种。

2）大量流水线生产方式的生产物流计划原理

大量流水线生产方式是指在相当长的时间内，生产设备仅完成一种生产任务。因此生产作业计划的安排和产品在各个工艺阶段的平衡与衔接，主要是数量上的平衡。从物流管理的角度看，生产作业计划的安排应能避免原材料、在制品和成品的库存量，又能满足生产和用户的要求。常用的方法有平衡线法和在制品定额法。

生产物流作业计划示例如图 9.1 所示。

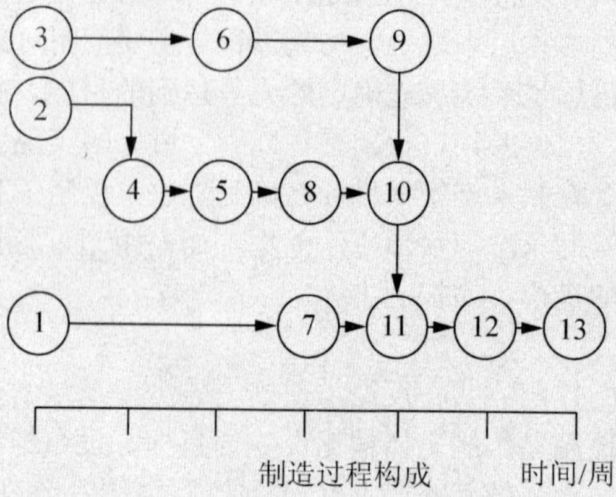

注：图中数字代表车间某一生产工序，对应下面的时间轴，反映某一工序的作业时间。

图 9.1　生产物流作业计划示例

2. 单件小批量生产方式的生产物流计划

1）单件小批量生产方式的期量标准

单件小批量生产的特点是企业生产的产品品种多，每种产品的数量单一或不多，一般根据用户的要求，按订货合同组织生产。单件小批生产的期量标准有产品生产周期表、生产提前期等。

（1）产品生产周期表。单项工程的生产周期是指从工程开工到工程完成的全部日历时间；成套设备的生产周期是指从原材料投入到设备装配完成的全部日历时间，一般以零部件在各加工车间的生产周期为基础，根据零部件组装等衔接关系，绘制生产周期表，如图 9.2 所示。

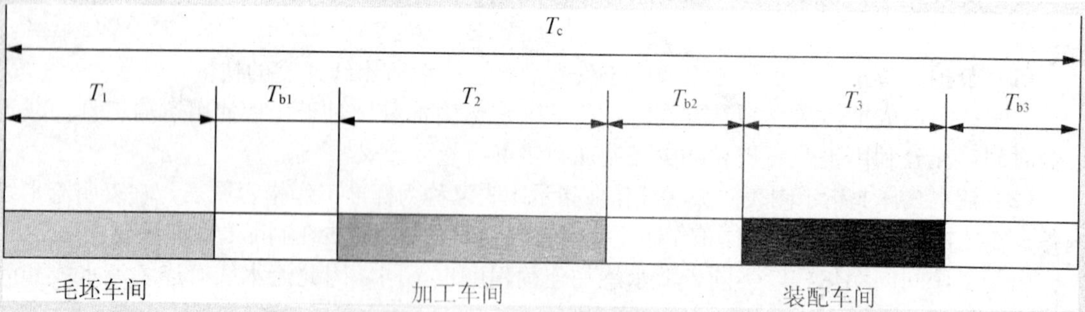

图 9.2　成套设备的生产周期

图中，T_c——成套设备的生产周期；

T_1，T_2，T_3——零件在毛坯车间、加工车间和装配车间的生产周期；

T_{b1}，T_{b2}，T_{b3}——毛坯车间、加工车间和装配车间的保险期。

（2）生产提前期。生产提前期是指组成成品的各零件在各车间投入（或产出）的日期距产品装配产出日期或交货期应提前的时间。

2）单件小批量生产方式的生产物流计划原理和方法

单件小批量生产的作业计划主要是安排生产任务在各车间的合理流动和处理顺序，这方面的最优化问题计算难度很大，一般常用启发式方法，求得近似解。

（1）任务到达方式。单件小批量生产的任务到达方式常有两类：①成批到达，又称为静态到达型。对于这种到达方式，一般是把已到达的订单合并起来安排生产计划。②按某种时间统计分布到达，又称为动态到达型。对于这种到达方式，一般按统计分布模型近似计算一定时间内的任务量，按批量组织生产，利用库存作为订货波动的缓冲。

（2）任务流动模式。单件小批量生产车间任务流动模式一般分为定流型和随机型。定流型的特点是物流路线固定，任务从车间的某一设备开始，逐步向后面的设备流动；随机型的特点是物流路线不固定，存在交叉或逆流现象。

（3）作业计划的判优标准与计划方法。作业计划优化目标一般是总成本最小，有时还有生产周期最短、加工成本最小、等待损失最小、换产成本最小等。与物流系统有关的判优标准是等待损失最小和换产成本最小。

3. 成批生产方式的生产物流计划

1）成批生产方式的期量标准

成批生产方式的期量标准有批量和生产间隔期、生产周期、在制品占用量等。

（1）批量和生产间隔期。批量是相同制品一次投入和产出的数量；生产间隔期是前后两批产品投入和产出的时间间隔。批量增大的优点：增大生产间隔期，即减少投产次数，从而减少生产准备和调整时间；增大连续生产相同制品的数量，有利于提高生产效率和产品质量。批量增大的缺点：延长生产周期，在制品的库存费用大；增加生产和仓库面积。

（2）生产周期。生产周期是指原材料投入生产开始到产品完成为止的全部日历时间，与生产间隔期和生产批量等因素有关。生产周期等于顺序生产工艺阶段中的最大生产周期之和。

（3）在制品占用量。成批生产中，在制品按所在地点不同，可分为车间在制品和库存在制品。①车间在制品占用量。车间在制品包括正在加工、等待加工以及处于运输和检验过程中的在制品数量。②库存在制品占用量。库存在制品包括库存周转在制品和库存保险在制品两种。库存周转在制品占用量由生产间隔期不等和交库日期与出库日期不等引起。

2）成批生产方式的生产物流计划原理和方法

（1）耗尽时间法。耗尽时间法是指生产作业计划中已安排的产品生产时间，加上库存中已有产品，足以满足用户对一组产品在时间和数量方面的要求。耗尽时间法安排生产作业计划的主要目标是能力平衡，一般从具有最短耗尽时间的生产开始，直到设备可利用台时全部用完。

（2）累计编号法。在加工装配式生产系统内，当产品轮番生产时，各生产环节必然存在着时间与数量的衔接问题。累计编号法可以解决此类问题。累计编号法是指确定各子系统任务时，要从计划初期开始，对产品进行累计编号。通过规定各子系统计划期末生产某种产品的累计号，确定各子系统的生产任务。各子系统的生产任务的确定，可以以装配成品的出产累计号为基准，根据各子系统在各工艺阶段物料的流入或流出提前期标准及平均成品装配日产量求得。

9.1.3 生产物流控制原理

在生产物流系统中，物流协调和减小各环节生产及库存水平的变化幅度是很重要的。在这样的系统中，系统的稳定与所采用的控制原理有关。下面是两种典型的控制原理。

1. 物流推进型控制原理

根据最终产品的需求结构，计算出各生产工序的物流需求量，在考虑各生产工序的生产提前期之后，向各工序发出物流指令(生产计划指令)。推进型控制的特点是集中控制，每个阶段的物流活动都要服从集中控制指令。但各阶段没有考虑影响本阶段的局部库存因素，因此这种控制原理不能使各阶段的库存水平都保持在期望水平。

2. 物流拉动型控制原理

根据最终产品的需求结构，计算出最后一道工序的物流需求量，根据最后工序的物流需求量，向前一道工序提出物流供应要求。以此类推，各生产工序都接受其后道工序的物流需求。从指令方式上不难看出，由于各个工序独立发出指令，所以实质上是单一阶段的重复。拉动型控制的特点是分散控制，每个阶段的物流控制目标都是满足局部需求，通过这种控制，使局部生产达到最优。但各阶段的物流控制目标难以考虑系统的总体控制目标，因此这种控制原理不能使总费用水平和库存水平保持在期望水平。

9.2 MRP、MRPⅡ与ERP系统

9.2.1 MRP(物料需求计划)

在制造业的生产经营活动中，一方面对原材料、零部件、在制品和半成品进行合理储备，以使生产连续不断的有序进行，同时满足波动不定的市场需求；另一方面，原材料、零部件和在制品的库存又占有大量资金，为加快企业的资金周转，提高资金的利用率，需要尽量降低库存。MRP(Material Requirement Planning)正是为解决这一矛盾提出的，它既是一种较精确的生产计划系统，又是一种有效的物料控制系统，用以保证在及时满足物料需求的前提下，使物料的库存水平保持最小，即协调生产的物料需求和库存之间的矛盾。其工作原理如图9.3所示。

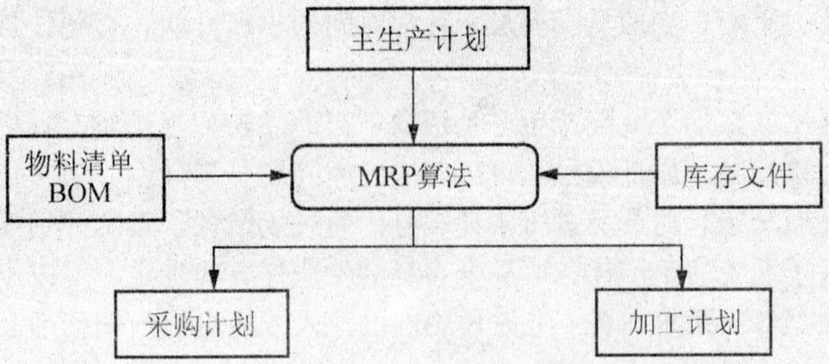

图9.3 物料需求计划编制原理

从图 9.3 中可看出 MRP 系统的输入是物料清单(BOM)、主生产计划和库存文件，输出是采购计划和加工计划。下面对 MRP 系统的输入进行简单介绍。

1. 物料清单

物料清单(Bill of Material，BOM)是指产品所需零部件明细表及其结构，为了便于计算机识别，把用图示表达的产品结构转化为某种数据格式，这种以数据格式来描述产品结构的文件就是物料清单，即 BOM 是定义产品结构的技术文件，因此它又称为产品结构树、产品结构表或 BOM 表。

在 MRP 系统中，BOM 是相当关键的基础数据，是用来描述产品组成结构的，即描述制造产品所需要的原材料与零件、部件、总装件之间的从属关系。在介绍 MRP 工作原理时，假定存在着一个能正确、完整地阐明产品结构的 BOM，它是物料需求系统的主要输入之一。产品(眼镜)结构示例如图 9.4 所示。

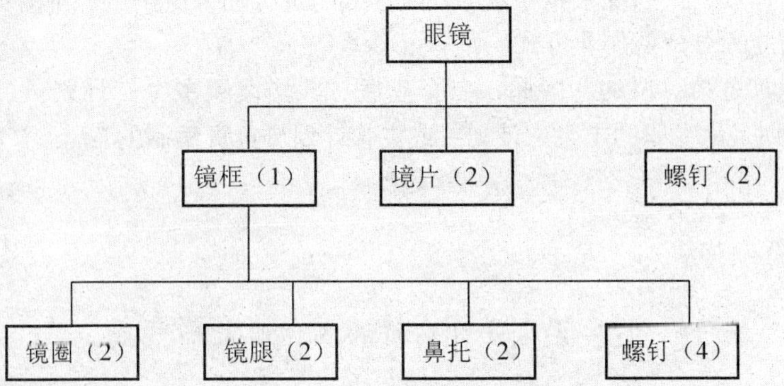

图 9.4　产品(眼镜)结构

2. 主生产计划

主生产计划(Master Production Schedule，MPS)是对企业生产计划大纲的细化，用以协调生产需求与可用资源之间的矛盾。主生产计划是以生产计划大纲(或生产规划)、预测和客户订单为输入，安排将来各周期中提供的产品种类和数量，它是一个详细的进度计划，必须平衡物料和能力的供求，消除优先度和能力的冲突。MPS 在制造业中广泛应用，它驱动了整个生产和库存控制系统，是 MRP 不可缺少的输入。主生产计划不等于预测，而是将生产计划大纲转换为具体的产品计划，是说明在可用资源的条件下，企业在一定时间内，生产什么、生产多少、什么时间生产。主生产计划的制订对象如图 9.5 所示。

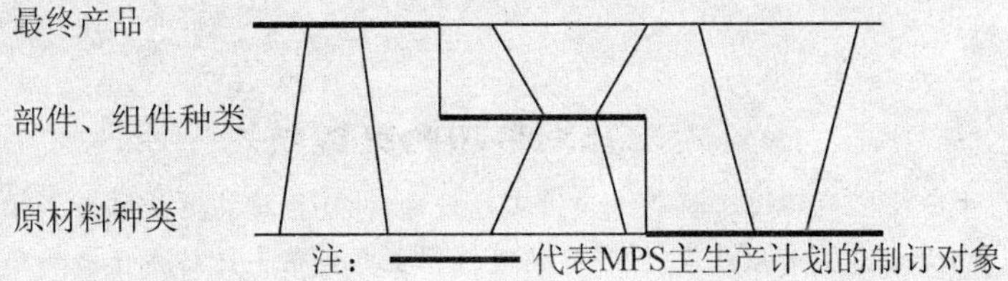

图 9.5　主生产计划的制订对象

主生产计划是一个不断更新的滚动计划。出现计划变动、产品结构或工艺变动、采购件脱期、加工件报废等情况时都要修改 MPS。更新的频率与需求预测的周期、客户订单的变更等因素有关。修改计划是不可避免的，并且是经常性的工作。如果能及时维护，将会减少库存，保证准时交货，提高生产率。主生产计划的增加或修改进行的时间越早，对物料需求的影响就越小；而当物料订购之后，修改计划产生的影响就会较大，生产费用也将会受到影响。一般来讲，修改 MPS 有如下两种方法。

1）全重排法

全重排方法(又称再生法，Regeneration)，是建立在计划日程全面重排想法之上的。根据这种做法，系统要将整个主生产计划进行分解，求出每一项物料按时间分段的需求数据。

2）净改变法

净改变方法(Net Change)，是系统只对主生产计划中因改变而受到影响的那些物料需求进行分解处理。净改变式系统采用频繁的甚至连续的进行局部分解的作业方式，取代了以较长间隔定期进行全面分解的作业方式。

人的因素永远是第一位的。因此，在企业里一般均设置主生产计划员(Master Scheduler)。主生产计划是由专职的主生产计划员或主管计划员负责编制的。

特别提示

主生产计划员的工作要求

(1) 非常熟悉 MRP 计划与控制的原理与方法，并能灵活熟练地判断和运用。
(2) 熟悉产品和生产工艺，了解车间作业及物料供应情况，了解销售合同及客户要求。
(3) 知道如何建立产品的搭配组合，以减少生产准备，合理利用资源。
(4) 知道如何安排通用零部件生产，缩短交货期。
(4) 保持同销售、设计、物料、生产、财务等部门的联系，预见可能发生的问题，防患于未然。
(6) 把核实和调整系统生成的 MPS 计划订单作为日常工作，保证 MRP 系统正常运行。

3. 库存文件

MRP 中的库存状态文件的数据主要有两部分：一部分是静态的数据，即在运行 MRP 之前就确定的数据，如物料的编号、描述、提前期、安全库存等；另一部分是动态的数据，如总需求量、库存量、净需求量、计划发出(订货)量等。MRP 在运行时，需要不断更变的是动态数据。

知识链接

物料需求计划采用的关键技术

MRP 系统历经几十年经久不衰的原因在于它的实践效益，MRP 的关键技术在于相关需求、时间分割和能力平衡，这也是 MRP 的三大制胜法宝。MRP 领域的鼻祖奥列弗·怀特先生最初指出：“MRP 的目标是按反工艺路线的原理，在最准确的时间(Right Time)、最准确的地点(Right Place)获得准确的物资(Right Material)。”MRP 正是在上面三大法宝的基础上，严格按照计划的运作体系，保证企业的物流畅通，把库存减少到最低限度，以实现企业资源(物料、设备、人力、资金)的最佳利用，也即达到 3R 目标，获得最优经济效益。

1. 相关需求

当一个库存项目的需求不依赖于其他库存项目的需求时，称为独立需求。例如，对生产成品、备品备件的需求就属于这种类型。这类需求主要受市场等外部随机因素的影响，必须经过预测，即根据对历史资料的分析或由管理人员的经验得到。

当一个库存项目的需求与其他库存项目的需求直接相关时，称为非独立需求或相关需求。相关需求是一种能够从上一级需求项目派生出这一级需求项目的需求类型。相关需求是从独立需求中推导出来的。

2. 时间分割

时间分割(也称时间分段)就是将连续的时间流划分为一些适当的时间单元，在不同的时间单元反映库存状态数据，按照具体的日期、计划时区准确记录和存储库存状态数据。MRP 计划的主要特点说明了物料需求的优先级，是一种分时段计划，它在时间概念上正确地反映了生产实际。按时间分段计算物料需求是 MRP 的一个重要特点。

3. 能力平衡

能力平衡是指，往往在一个跨度较长的时段中，能力可以满足负荷需求，但是如果把时段划细，就可能在某个时段出现超负荷。MRP 系统具备一定的模拟功能，模拟将来物料需求，提出任何物料缺料的警告；模拟生产能力需求，发出能力不足的警告。MRP 可以在计划展望期全时段上进行能力平衡。

9.2.2 MRPⅡ(制造资源计划)

MRPⅡ(Manufacturing Resource Planning)是美国在 20 世纪 70 年代末 80 年代初提出的一种现代企业生产管理模式和组织生产方式。MRPⅡ由美国著名管理专家、MRP 的鼻祖奥列弗·怀特(Oliver W. Wight)在 MRP 的基础上继续发展起来。

MRPⅡ是以 MRP 为核心的企业生产管理计划系统。MRPⅡ是以工业工程的计划与控制为主线的体现物流与资金流信息集成的管理信息系统。MRPⅡ是计算机集成制造系统(CIMS)的重要单元技术，也是企业资源计划(ERP)的核心组成部分。

1. MRPⅡ的基本思想

基于企业经营目标制订生产计划，围绕物料转化组织制造资源，实现按需按时进行生产。MRPⅡ系统实现了物流、信息流与资金流在企业管理方面的集成，并能够有效地对企业各种有限制造资源进行周密计划、合理利用，提高企业的竞争力。

具体而言，是将企业产品中的各种物料分为独立需求物料和相关需求物料，并按时间段确定不同时期的物料需求，从而解决库存物料订货与组织生产问题；按照产品结构的物料需求组织生产，根据产品完工日期和产品结构制订生产计划；根据产品结构的层次从属关系，以产品零件为计划对象，以完工日期为计划基准倒排计划，按各种零件与部件的生产周期反推出其生产与投入的时间和数量，按提前期长短区别各种物料下达订单的优先级，从而保证在生产需要时所有物料都能配套齐备，不需要时不要过早积压，达到减少库存量和占用资金的目的。

2. MRPⅡ系统的计划层次

MRPⅡ系统分为五个计划层次：经营规划、生产规划、主生产计划、物料需求计划和生产/采购作业计划。MRPⅡ计划层次体现了由宏观到微观、由战略到战术、由粗到细的深化过程。MRPⅡ的结构原理，如图 9.6 所示。

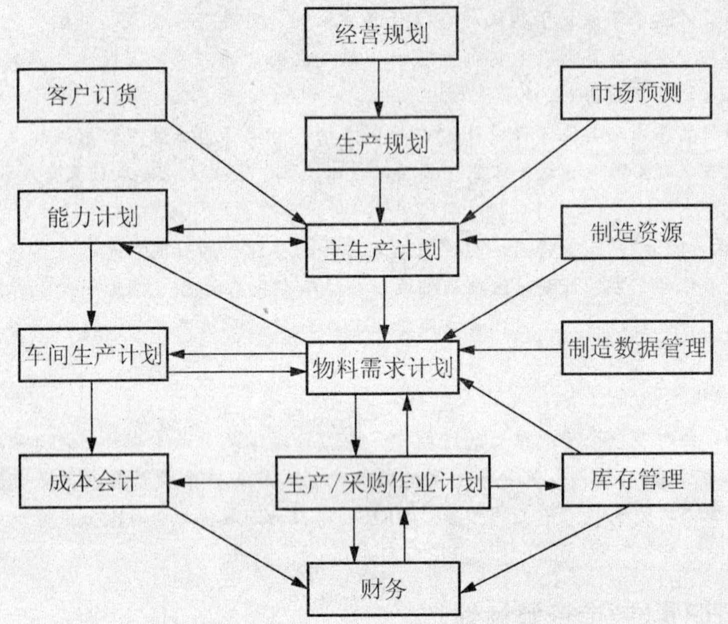

图 9.6　MRPⅡ基本结构

MRPⅡ通过引入能力需求计划和反馈调整功能增强了 MRP 计划的可行性和适应性；通过与财务系统的集成，实现了物流、资金流与信息流的同步；通过与工程技术系统的集成，实现了工程计划与生产作业计划的协调；通过与销售分销系统的集成，使得生产计划更好地体现企业的经营计划，增强了销售部门满足市场需求的能力。

MRPⅡ还将 MRP 对物料资源优化的思想，扩充到包括人员、设备、资金、物资等广义资源，涉及企业的整个生产经营活动。MRPⅡ不再只是一种生产管理的工具，而是整个企业运作的核心体系，是一种以计划驱动“推”式的集中控制。MRPⅡ已为当今世界各类制造企业普遍采用，是进入 21 世纪信息时代的制造业提高竞争力的重要手段。

9.2.3　ERP(企业资源计划)

1. ERP 的概念

ERP(Enterprise Resource Planning，企业资源计划)是建立在信息技术基础上的管理思想，是为企业决策层及员工提供决策运行手段的管理平台。更进一步，可以从管理思想、软件产品、管理系统三个层次给出 ERP 的定义。

1） 管理思想

由美国著名的计算机技术咨询和评估集团 Garter Group Inc 提出的一整套企业管理系统体系标准，其实质是在 MRPII(制造资源计划)的基础上进一步发展而成的面向供应链(Supply Chain)的管理思想。

2）软件产品

综合应用了客户机/服务器体系、关系数据库结构、面向对象技术、图形用户界面、第四代语言(4GL)、网络通讯等信息产业成果，以ERP管理思想为灵魂的软件产品。

3）管理系统

整合了企业管理理念、业务流程、基础数据、人力物力、计算机硬件和软件于一体的企业资源管理系统。

2. ERP的管理思想

ERP的核心管理思想就是实现对整个供应链的有效管理，主要体现在以下三个方面。

1）对整个供应链资源进行管理的思想

现代企业的竞争已经不是单一企业与单一企业间的竞争，而是一个企业供应链与另一个企业的供应链之间的竞争，即企业不但要依靠自己的资源，还必须把经营过程中的有关各方如供应商、制造工厂、分销网络、客户等纳入一个紧密的供应链中，才能在市场上获得竞争优势。ERP系统正是适应了这一市场竞争的需要，实现了对整个企业供应链的管理。

2）精益生产、同步工程和敏捷制造的思想

ERP系统支持混合型生产方式的管理，其管理思想表现在两个方面：①“精益生产(LP)”的思想。即企业把客户、销售代理商、供应商、协作单位纳入生产体系，同他们建立起利益共享的合作伙伴关系，进而组成一个企业的供应链。②“敏捷制造”的思想。当市场上出现新的机会，而企业的基本合作伙伴不能满足新产品开发生产的要求时，企业组织一个由特定的供应商和销售渠道组成的短期或一次性供应链，形成“虚拟工厂”，把供应和协作单位看成是企业的一个组成部分，运用“同步工程(SE)”组织生产，用最短的时间将新产品打入市场，时刻保持产品的高质量、多样化和灵活性，这即是“敏捷制造”的核心思想。

3）事先计划与事中控制的思想

ERP系统中的计划体系主要包括主生产计划、物流需求计划、能力计划、采购计划、销售执行计划、利润计划、财务预算和人力资源计划等，而且这些计划功能与价值控制功能已完全集成到整个供应链系统中。同时，ERP系统通过定义事务处理相关的会计核算科目与核算方式，在事务处理发生的同时自动生成会计核算分录，保证了资金流与物流的同步记录和数据的一致性。从而实现了根据财务资金现状，可以追溯资金的来龙去脉，并进一步追溯所发生的相关业务活动，便于实现事中控制和实时做出决策。

知识链接

ERP的功能结构

在企业中，一般的管理主要包括三方面的内容：生产控制(计划、制造)、物流管理(分销、采购、库存管理)和财务管理(会计核算、财务管理)。这三大系统本身就是集成体，它们互相之间有相应的接口，能够很好地整合在一起来对企业进行管理。另外，值得一提的是，随着企业对人力资源管理重视的加强，已经有越来越多的ERP厂商将人力资源管理纳入到ERP系统的一个重要组成部分，ERP的功能模块主要包括财务管理模块、生产控制管理模块、物流管理模块、人力资源管理模块。

9.3 JIT

9.3.1 JIT概述

1. 产生和发展

JIT(准时生产方式，Just In Time)产生于1973年爆发的全球石油危机及由此所引起的日益严重的自然资源短缺，这对当时依靠进口原材料发展经济的日本冲击最大。生产企业为提高产品利润，增强公司竞争力，在原材料成本难以降低的情况下，只能从物流过程寻找利润源，降低由采购、库存、运输等方面所产生的费用，这一思路最初为日本丰田汽车公司的丰田英二和大野耐一以“看板”管理的方式提出，并应用到生产中，取得了意想不到的成果。随后，日本的其他许多公司也采用这一技术，为日本经济的发展和崛起做出了重要贡献。

日本企业的崛起，引起西方企业界的普遍关注。西方企业家追根溯源，认为日本企业在生产经营中采用JIT技术和管理思想，是其在国际市场上取胜的原因。因此，20世纪80年代以来，西方经济发达国家十分重视对JIT的研究和应用，并将其应用于生产管理、物流管理等方面。有关资料显示，1987年已有25%的美国企业应用JIT技术，到现在，绝大多数美国企业仍在应用JIT。因为JIT已从最初的减少库存水平的方法，发展成为一种内涵丰富和包括特定知识、原则、技术、方法的管理哲学。

2. 基本原理

JIT是针对传统的大量生产而言的，它打破了传统的金字塔式的分层管理模式，将产品的开发、生产和销售结合起来，使松散脱节的各生产部门紧密地结合起来。它的基本思想就是杜绝在生产等工、多余劳动、不必要搬运、加工不合理、库存及不良品返修等方面的浪费，以降低生产成本，达到零故障、零缺陷、零库存的目的。

JIT的基本原理是以需定供。它的基本思想可用一句话来概括，即“只在需要的时候，按需要的量，生产所需的产品”，这种生产方式的核心是追求无库存生产系统，或使库存达到最小的生产系统，为此而开发了包括“看板”在内的一系列具体方法，并逐渐形成了一套独具特色的生产经营体系。即供应方根据需求方的要求(或称看板)，按照需求方需求的品种、规格质量、数量、时间、地点等要求，将物品配送到指定的地点。不多送，也不少送，不早送，也不晚送，但所送品种要保证质量。

具体而言，就是系统的上一道工序的加工品种、数量和时间由下一道工序的需求确定，零部件供应商的交货品种、数量和交货时间由生产组装线的进度需要来确定，从而做到在生产过程的每一个阶段或工序，在制品的移动以及供应商的交货均能符合时间和数量的要求，即在需要的时间及时供应所需求的数量。理论上说，这样就意味着在生产的每一个阶段和工序都不会出现闲置的零部件，从而就不会产生库存，因此，JIT往往被称为零库存生产方式。实际上，在实践中绝对的零库存是不可能的，但是JIT强调及时服务、过硬品质，通过消除浪费使库存减少到尽可能低的水平。

9.3.2 JIT的构成

与传统的技术革新相比，JIT着眼的是整个生产流程，而不只是个别或几个工序。其基本理念是彻底消除浪费，采用拉动的方式，通过及时化和目标管理来彻底消除浪费从而使库存减少到尽可能低的水平。它主要包括消除质量检测环节和返工现象、消除零件不必要的移动和消灭库存等方面，其构成如图9.7所示。

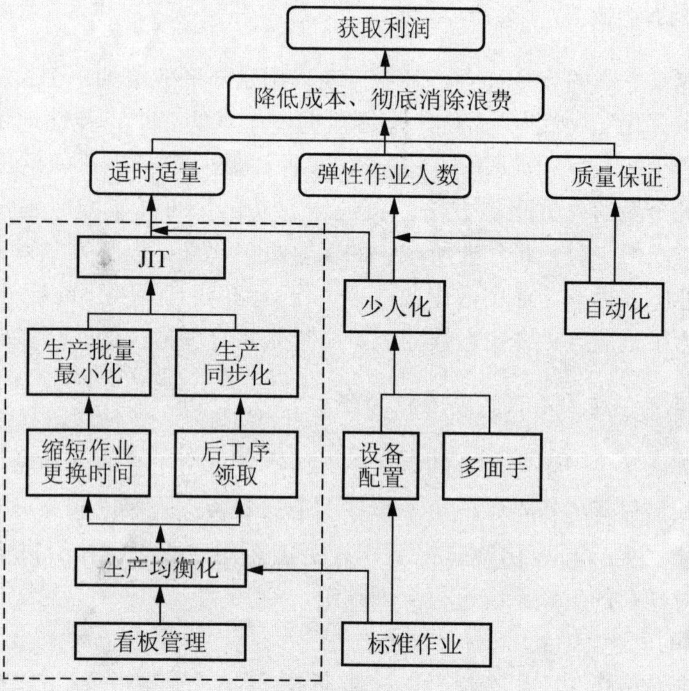

图9.7 JIT系统的构成

1. 实现准时生产的关键是实现及时供应

企业在实施JIT时，重要的环节是要减少库存、缩短生产周期，要做到这两点，采购及供应商的管理至关重要。事实上，控制并减少原材料的库存、缩短原材料的交货周期，可以通过在原材料供应过程中实施JIT——即及时供应实现。准时供应的目的是为了降低原材料库存、缩短原材料交货周期，其基本出发点就是要将库存由“下游”转移到“上游”，即从本企业转移到供应商处。供应商为了保证供应、满足顾客的需要，要么保持适量的成品库存，要么改变工作方法，也采取JIT生产，通过生产及时将产品供应给顾客，并将原材料库存的压力进一步传递给“上游”供应商。因此，在供应商与企业之间开展准时供应的基本思路是将本企业的原材料库存压缩到最低，甚至取消库存，说服供应商增加送货频率，减少每次送货量，并尽量做到随要随到、要什么送什么、要多少送多少。

2. 均衡化生产和标准作业是JIT生产的重要手段

均衡化生产就是要求同一生产线上每日均衡地生产多种多样的产品，企业产品的种类越多，均衡化生产就越复杂，越难实现。为了消除生产高低起伏不定的现象、防止生产过量和工序过快，不仅生产的数量和品种要均衡化，计划也要均衡化，并且具有灵活性，即应使生产现场易于改变生产计划和熟悉改变了的计划。

均衡化生产计划可分两个阶段：第一阶段是根据年度中月需求变化所做的调整制订出月度生产计划，以决定各厂各工序的日平均生产量。第二阶段是根据月内每日需求变化所做的调整，制订出每日各种产品投入的顺序计划。为实现生产的均衡化，必须每天适时均衡地生产各种部件，并缩短各种部件的生产周期。

3. 作业人员的弹性配置

在劳动费用越来越高的当今社会，降低劳动费用是降低成本的一个重要方面。达到这一目的的方法是“少人化”。所谓少人化，是指根据生产量的变动，弹性地增减各生产线的作业人数，尽量用较少的人力完成较多的生产。这种“少人化”技术一反历来生产系统中的“定员制”，是一种全新的人员配置方法。实现“少人化”的具体方法是实施独特的设备布置，以便能够在需求减少时，将作业所减少的工时集中起来，以整顿削减人员。但从作业人员的角度看，这意味着标准作业中的作业内容、作业范围、作业组合以及作业顺序等的一系列变更。因此，为了适应这种变更，作业人员必须是具有多种技能的“多面手”。

4. 实现JIT生产的重要手段——看板管理

看板方式作为一种进行生产管理的方式，在生产管理史上是非常独特的，看板方式可以说是JIT生产方式最显著的特点。但决不能把JIT与看板方式等同起来。看板只有在工序一体化、生产均衡化、生产同步化的前提下才有可能运用。所以，在引进JIT以及看板方式时，最重要的是对现存的生产系统进行全面改组。

1）看板管理的概念

看板管理是把看板作为“生产指令”、“取货指令”、“运输指令”，以控制生产量和调节生产计划的一种方法。它是在生产过程中由下道工序(要货单位)根据看板卡片规定的品种、数量、时间，到上道工序(供货单位)领取原材料、零部件，确保各生产环节准时、合理、协调地进行生产的一种控制方法。

所谓看板就是一种作为信号性或指令性的传递卡片，应用于生产过程的各个环节，是控制和掌握零部件在各生产环节之间的生产时间、数量、进程的一种凭证依据。

2）看板管理的特点

看板管理把原先由前工序向后工序送货制，改成后工序向前工序取货制，去掉了生产工序间不必要的储存零件，以及不必要的车间之间的中间性仓库内的储存零件，达到了准时化生产要求，减少了生产资金占用，提高了生产效率。采用看板管理法控制零部件生产，要求厂内每一个后工序在必要的时间向前工序索取必要的零部件品种、必要的零部件数量，而前工序即时按被后工序取走的零部件的品种和数量进行生产。一般情况下，在车间里不见看板不取货，不见看板不生产，不见看板不运送。

知识链接

看板的分类和内容

看板按其应用范围，可分为厂内运行看板和外协看板两大类。

1. 厂内运行看板

厂内运行看板又称“工序内看板”，它在本工序、本工段、本车间内运行，是工序、工段或车间内的指令。厂内运行看板，一般分为两种，即在制品看板和信号看板。

(1) 在制品看板。在制品看板是指示前道工序加工制造一定数量在制品时用的看板。一般适用于流水线之间和流水线与仓库之间。在批量生产条件下，一般适用于车间之间或作业之间。这种看板通常是塑料夹内装卡片的形式。卡片上的主要内容包括产品名称、零件号、零件名称、每台件数、生产量、生产时间、生产方法、运送量、运送时间、运送目的地、存放地点、运送工具、运送容器及运送件数等。

(2) 信号看板。信号看板是指按订货顺序进行生产时，表示正在按计划批量进行生产的各种可作为指令的看板。一般适用于生产线内部或相邻工序之间，它的形式多种多样，可以是卡片、料箱，也可以是用管道、导轨或天线传递的各种形式的铁片等有标志性的物品。生产线上流动的式样有以小球、指示灯当看板的；此外，还有利用装零件的工位器具当看板，如果工位器具内的零件用完了，就以空的工位器具当看板去取货。

2. 外协看板

外协看板是在主机厂(订货厂)与外协厂(供应厂)之间运行，指导外协厂送货的指令。外协看板，一般都采用塑料夹内装卡片的形式，根据企业应用电子计算机的情况，也有在卡片中间带横条，以横条为代码，进行记账、结算的。

看板按其使用要求的不同有不同的内容，但基本内容主要包括零件号、零件名称、上工序名称、下工序名称、本工序名称、生产时间、生产方法、运送时间、运送数量、使用工位器具以及容量等。

5. 质量保证机制

历来人们认为，质量与成本之间是一种负相关关系，即要提高质量，就得花费人力、物力。但在 JIT 中，却一反这一常态，通过将质量管理贯穿于每一工序之中来实现提高质量与降低成本的一致性，具体方法是“自动化”。这里所讲的“自动化”是指融入生产组织中的这样两种机制：①使设备或生产线能够自动检测不良产品，一旦发现异常或不良产品可以自动停止设备运行的机制。为此，在设备上开发、安装了各种自动停止装置和加工状态检测装置。②生产第一线的设备操作工人发现产品或设备的问题时，有权自行停止生产的管理机制。依靠这样的机制，不良产品一出现马上就会被发现，防止了不良产品的重复出现或累积出现，从而避免可能由此造成的大量浪费。

9.3.3 JIT 的实施

1. JIT 成功实施的条件

1) 完善的市场经济环境，信息技术发达

要有效地实施 JIT，必须有良好的经营环境，完善的市场体制。这样，供需链上的企业就能按照市场规则运作，确保在理念上的一致。实施 JIT，信息技术是关键，假如没有先进的信息技术作支撑，就无法确保信息的准确、及时和可靠的传递，JIT 的思想就无法有效地落实。

2) 严格拉动的概念

准时管理方法要求严格按照拉动的概念，以最终需求为起点，由后道工序向前道工序按看板所示信息提取材料(商品)，前道工序按看板所示信息进行补充生产。在生产流程的安排上，要求生产制造过程(可推广到整个供需链)保持平准化，即生产制造过程安定化、标准化和同步化。保证从原材料到成品的整个过程畅通无阻，不出现瓶颈现象，这样，不仅可以满足顾客的需求，提高顾客服务水平，而且可以实现低水平的库存，降低成本。

3）重视人力资源的开发和利用

准时管理方法要求重视人力资源的开发和利用，这包括对员工的培训以使其掌握多种技能从而成为“多能工”。同时，要给予作业现场员工处理问题的责任，做到不将不良品移送给下道工序，确保产品的质量，做到零缺陷。准时管理方法还要求企业的所有员工(包括管理者)具有团队精神，共同协作解决问题。

4）小批量生产

准时管理方法要求小批量生产。小批量生产的优势在于能减少在制品库存，降低库存维持成本，节约库存空间，易于现场管理。当产品质量出现问题时，容易查找和重新加工。在生产进度安排上允许有一定的弹性，可按需求进行调整，对市场需求的变化能做出迅速反应。同时，小批量生产要求在变换产品组合时，生产线的切换程序简便化和标准化，使生产切换速度加快，为此要求供应商能小批量、频繁、及时供货。

5）与供应商长期可靠的伙伴关系

准时管理方法要求与供应商建立长期可靠的合作伙伴关系且供应商在需要的时间提供需要的数量。具体说，就是要求供应商以小批量、频繁地进行运送，严格遵守交货时间。同时要求稳定地提供高质量的零部件以便节约检验时间，保证最终产品的质量。而且，要求供应商能对订货的变化做出及时、迅速的反应，具有弹性，因此，必须拥有少数优秀的供应商，并与它们建立长期可靠的合作伙伴关系，分享信息情报，共同协作解决问题。

6）高效率、低成本的物流运输方式

准时管理方法要求高效率、低成本的物流运输装卸方式，要求供应商小批量、频繁运送。但是小批量、频繁运送将增加运输成本，为了降低运输成本，准时管理方法要求积极寻找集装机会(Consolidation Opportunity)。进货集装运送(Inbound Consolidation Delivery)是指把来自多个供应商的小批量货物集中起来作为一个运输单位进行运送的方法，这样不仅可保证按时交货，还可节约运输成本。另外，还需要采用使小批量物品的快速装卸变得容易的设备。

7）决策层的支持

与认为库存是经营所必需的传统管理方法不同，准时管理方法视库存为企业负债，认为库存是浪费。采用准时管理方法要求对企业整个体系进行改革甚至重建，这需要大量投资和花费很多时间，也存在着较大的风险。如果没有最高决策管理层的支持，企业不可能采用准时管理方法，即使采用了，也可能由于部门间的不协调或投入资源不足，不能充分发挥准时管理方法的优势。因此，准时管理方法要求得到企业最高决策管理层的大力支持。

案例链接

嘉陵股份有限公司的JIT推行

中国嘉陵股份有限公司所生产的“嘉陵”摩托车是全国著名品牌，占全国摩托车总销量的1/5以上，现已形成年产200万辆的生产能力，出口50多个国家和地区。在过去，嘉陵公司也经历了大批量生产、市场供不应求的阶段，随着市场竞争的加剧，摩托车的品种和式样越来越多，嘉陵摩托也积压了很多的库存。为此，嘉陵公司通过实行JIT，获得了良好的效果。

嘉陵股份有限公司在推行JIT生产管理的过程中，总结出了一系列推行JIT生产的有力措施。国内企业可以借鉴嘉陵公司的宝贵经验，结合本企业的生产情况以及市场变化等因素制定相应的推行策略。嘉陵公司推行JIT的主要做法包括以下几个方面。

1. 多品种作业

由于市场竞争的压力，嘉陵公司实施“多品种、小批量、转产快”的生产方式。在摩托车生产线上可以间隔生产多种不同品种的产品，而且不同型号产品生产的换线速度很快。这样就提高了企业对市场的适应能力，能够尽快地满足用户的需求。

2. 加强人本管理

JIT生产方式是需要人来推广的。为此，嘉陵公司实施“一人多岗、一专多能、一线多品”和“多功能小组”的人本管理。只有高度重视人的管理，才能提高员工的技能水平，充分发挥员工所具有的能力和潜力。

3. 强化物流管理

嘉陵公司还强化物流的管理，实施“一个产品流”、“一个盛具流”、“二分三定”配送流、“二定一线”(即定置、定具、划线)等物流管理方式。这样做有利于理顺物流关系，开通物流渠道，做到有序、畅通无阻地流转，为适应市场需要创造了良好条件。

4. 推行“准时制生产”

嘉陵公司制定了“准时制”生产管理办法。具体做法：首先，制定成品总装及配送的时间段；其次，承认延时的客观存在，制定所允许的延时量的范围；再次，加强检查考核，逐步减少延工、误时等现象，直至“0”延时量——准时化的实现。

5. 推行“按需生产”

嘉陵公司实施“按需配送、差额生产”的方式，成品总装按照市场销售的需要组织生产，生产现场又以总装为龙头拉动零部件生产。同时，各个环节的组织是采用上道工序按照下道工序的需要与现有库存周转量的差额方式进行的，整个物流过程是上道工序按照下道工序的需要进行配送流转的。只有这样才能实现“按需生产”。

6. 加强“四为”管理

嘉陵公司还加强以分厂厂长或车间主任为主体的“四为”管理，形成以厂长为首的生产管理。所谓“四为”管理，就是建立、健全、完善以厂长为首的管理运行机制，以生产为中心的作业运行机制，以员工为主体的行为规范激励机制，以产品质量为中心的质保运行机制。

7. 推行定制洁净管理

为保持生产现场的良好环境，嘉陵公司还推行了5S活动，对生产现场实施定置、整齐、洁净等管理，营造定置划线有标志、“一平一齐五洁”的生产现场，形成有序物流、环境优美、行为文明的现场管理。

8. 追求尽善尽美：“六零”管理

所谓“六零”管理，主要是指产品质量“零缺陷”、作业手段“零故障”、物资周转“零库存”、员工行为“零差错”、降低成本“零浪费”、现场管理“零松弛”。通过实施“六零”管理，促进整个企业的各项工作向“尽善尽美”的最高境界迈进。

（资料来源：中国企业培训网，有改动）

2. JIT的实施步骤

建立一个JIT系统需要一个很长的时期，它需要企业文化和管理方式发生巨大的变革。JIT生产方式的实施架构如图9.8所示。

JIT具体实施步骤如下。

1）进行准备工作

实施JIT系统第一步就是要进行人员培训。企业高级管理人员对JIT系统的支持是实施JIT的首要条件，因此必须首先让企业的高层人员深刻理解和领会JIT思想的实质，明确各自的职责。其次就是对员工进行培训和激励，使所有人员都参与 JIT 系统的建设。

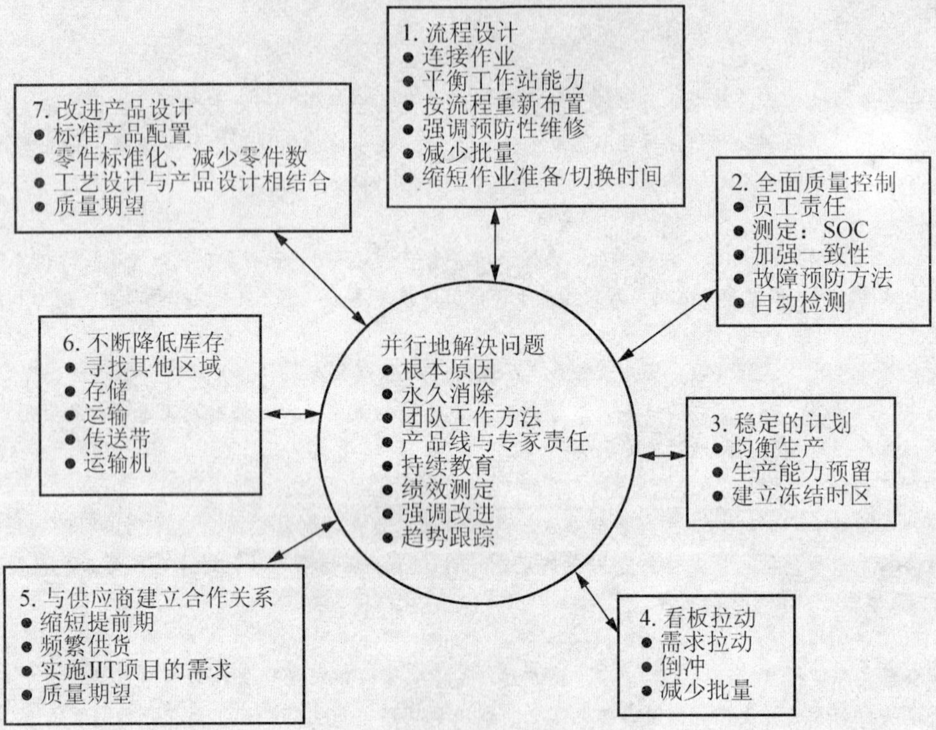

图 9.8　JIT 生产方式的实施架构图

2）实行全面质量管理

全面质量管理是与 JIT 系统紧密联系的。JIT 系统的各个环节，需要在全面质量管理的思想指导下，才能协调一致。也只有在全面质量管理的作用下，才能在每一个环节上把好质量关，使之尽力实现“零缺陷”，进而实现“零库存”。

3）对现行系统进行分析

在实施 JIT 系统之前，首先要对现行的制造系统进行仔细分析和解剖，找出现行系统存在的缺陷与不足，明确改进目标。

4）工艺和产品设计

运行 JIT 时要求企业的生产工艺流程具有很强的柔性。目前一些高科技企业成功地把 JIT 与柔性制造系统(FMS)结合在一起，获得了巨大的经济效益。JIT 还要求尽可能地采用标准化以降低 JIT 生产系统的复杂性。

5）使供应商成为 JIT 系统的一部分

供应商及时向企业提供优质的材料是 JIT 系统运行的条件。把企业的 JIT 系统与供应商的 JIT 系统联结在一起，使供应商成为企业 JIT 系统的一部分，将有利于保证物料供应的及时性和可靠性。

6）不断改善

JIT 生产系统是一个生产过程，是一个需要不断改进和完善的过程。理想 JIT 系统的最高目标是“零机器调整时间”、“零库存”、“零缺陷”、“零设备故障”，而这些目标的实现是以企业各项工作的不断改进和完善为前提的，因而 JIT 是一个永不停止的过程。

重要词汇

生产物流计划　主生产计划(MPS)　物料需求计划(MRP)　制造资源计划(MRPⅡ)　企业资源计划(ERP)　准时生产方式(JIT)

案 例 分 析

MRP计算

购买零件A的前置时间为2周，每次采购批量为25单位，此零件现存量为10单位，第1周和第2周的预计到达量分别为10和25单位，各周的总需求量见表9-1。

思考：用MRP系统计算表确定发出订单的时间和数量。

表9-1　MRP计算

时　　段	1	2	3	4	5	6
总需求量	10	15	25	25	30	45
预计到达量	10	25				
预计现存量	10					
净需求量						
计划订货到达量						
计划发出订货量						

练习与思考

一、单选题

1. 物料需求计划(MRP)最初是为解决(　　)问题而提出的。
A. 生产计划　　B. 运输调度　　C. 库存控制　　D. 采购计划

2. ERP通过前馈的物流和反馈的信息流和资金流，把客户需求和企业内部的生产活动，以及供应商的制造资源整合在一起，体现完全按用户需求制造的一种供应链管理思想的功能网链结构模式。它的基础是(　　)。
A. MRP　　B. 闭环MRP　　C. MRPⅡ　　D. DRP

3. ERP的中文表述为(　　)。
A. 主生产计划　　B. 制造资源计划　　C. 物料需求计划　　D. 企业资源计划

4. 在生产物流装备的主要组成部分中成为生产JIT的关键部分是(　　)。
A. 物流容器　　B. 垂直运输机　　C. 连续运输设备　　D. 集成仓库技术

5. 在生产物流装备的主要组成部分中属于生产物流的基本单元是(　　)。
A. 物流容器　　D. 叉车和拖车　　C. 连续运输设备　　D. 包装线

二、多选题

1. MRP的系统主要输入是(　　)。
   A. 主生产计划　B. 物料清单　C. 库存记录
   D. 零部件需求数量　E. 设备状况
2. 生产物流计划的任务包括(　　)。
   A. 保证生产计划的顺利完成　B. 为均衡生产创造条件
   C. 期量标准　D. 生产物流的控制
3. JIT成功实施的条件包括(　　)。
   A. 严格拉动的概念　B. 小批量生产
   C. 供应商合作伙伴关系　D. 决策层的支持
4. MRPⅡ系统分为五个计划层次，包括(　　)。
   A. 经营规划　B. 生产规划　C. 主生产计划
   D. 物料需求计划　E. 生产/采购作业计划

三、思考题

1. 简述生产物流计划的核心工作。
2. 简述MRP系统的各项输入。
3. 简述JIT的构成。
4. 简述看板管理的工作过程。

第10章 国际物流管理

学习目标

1. 掌握国际物流的概念、特点和发展。
2. 熟练掌握国际贸易术语。
3. 理解国际货物集装箱运输、国际货物海上运输和国际货物多式联运。
4. 了解进出口货物通关、国际货运代理和国际物流仓储与保税区。

案例引入

国际物流的发展

观察今天国际物流的发展，离不开世界经济发展的大背景——席卷世界的经济全球化。经济全球化已成为当今世界发展的重要趋势。

在经济全球化的推动下，资源配置已从一个工厂、一个地区、一个国家扩展到整个世界。国际物流通过现代运输手段和信息技术、网络技术，降低了物流成本，提高了物流效率，在国际贸易和全球资源配置中发挥着越来越大的作用。作为新崛起产业，国际物流正越来越引起人们的关注和重视。

1. 国际贸易的急剧扩大，为国际物流提供了广阔的发展空间

进入新世纪以来，国际贸易高速增长，规模急剧扩大。2007年，国际贸易总额高达28.1万亿美元，货物贸易量增长了7.5%，比同期世界GDP增速3.5%高一倍以上。世界总出口额占世界GDP的比重，2001年上升到24.67%，2007年达到34.6%，6年内比重上升了10个百分点，是过去21年增幅的3.4倍多。全球国际贸易的货物流程，90%是由海上运输完成的。据联合国贸易和发展组织的一份最新研究报告显示，2007年，全球的商船总吨位已超过10亿载重吨，比上年增加了8.6%。

2. 国际产业的重新分工布局，为国际物流发展提供了广泛的服务

经济全球化使越来越多的国家被卷入其中。从国际分工看，相互依存、优势互补的分工程度大大提高，制造业重心继续东移。原来的传统垂直分工体系，是由发展中国家提供能源、资源和原材料，发达国家提供工业制成品的两极配对。现在已演变成一般发展中国家提供能源和资源，以中国为首的一些新兴经济体提供大部分工业制成品，发达国家提供关键技术、零部件、高端产品和服务的格局。在出口结构上，世界制成品的出口约占总出口的70.1%。在进口结构上，发达国家是最终的消费和进口市场，美国进口占据了世界进口总额比重的15.8%，欧盟25国为39.2%，日本为4.8%，三者合计高达60%，世界货物进出口的一半以上都为发达国家拥有。

思考：结合案例资料分析国际物流和经济全球化的关系。

10.1 国际物流概述

10.1.1 国际物流的特点和发展

随着全球经济一体化进程的不断加快，世界各国的经济得到不同程度的发展，物流基础设施的状况也有了很大的改善，这一切都为国际物流的发展提供了坚实的基础。国际物流已经突破了操作层面，转而走向更为科学和理性的实践。

1. 国际物流的概念

国际物流是指货物流通经停的地点不在同一个独立关税区之内的物流。国际物流的实质是按国际分工协作的原则，依照国际惯例，利用国际化的物流网络、物流设施和物流技术，实现货物在国际间的流动与交换，以促进区域经济的发展和世界资源的优化配置。

国际物流的总目标是为国际贸易和跨国经营服务，即选择最佳的方式与路径，以最低的费用和最小的风险，保质、保量、适时地将货物从某国的供应方传输到另一国的需求方。

2. 国际物流的特点

国际物流为跨国经营和对外贸易服务，使各国物流系统相互“接轨”。与国内物流系统相比，国际物流具有国际性、复杂性和风险性等特点。

1） 国际性

国际性是指国际物流系统涉及不同的国家或地区，地理范围大。这一特点又称为国际物流系统的地理特征。国际物流跨越不同地区和国家，跨越海洋和大陆，运输距离长，运输方式多样，这就需要合理选择运输路线和运输方式，尽量缩短运输距离，缩短货物在途时间，加速货物的周转并降低物流成本。

2） 复杂性

在国际间的经济活动中，生产、流通、消费三个环节之间存在着密切的联系，由于各国社会制度、自然环境、经营管理方法、生产习惯不同，致使一些因素变动较大，因而在国际间组织好货物从生产到消费的流动，是一项复杂的工作。国际物流的复杂性主要包括国际物流通信系统设置的复杂性、法规环境的差异性和商业现状的差异性等。

3） 风险性

国际物流的风险性主要包括政治风险、经济风险和自然风险。政治风险主要是指由于所经过国家的政局动荡，如罢工、战争等原因造成货物可能受到损害或灭失；经济风险又可分为汇率风险和利率风险，主要指从事国际物流必然要发生资金流动，因而产生汇率风险和利率风险；自然风险则指物流过程中，可能因自然因素，如海风、暴雨等而引起的风险。

案例链接

国际物流常见风险及应对措施

1. 货物上航班及装船后查验风险

原因：是否有危害航班及轮船安全的情况，是否有易燃易爆产品，是否涉及假冒伪劣产品。由此导致货物的没收、销毁以及法律后果。

对策：做好危险品证明，航空公司备案；提供电池 MSDS 证明；不做假冒伪劣产品。

2. 转运途中风险

原因：某些国家自认有维护世界和平之重任，以及有些海关人员贪小便宜，结果，货物中转途中被退回。比如，EMS 从法国中转，被法国海关退回中国，需时一两个月，然后再从中国发出去。又比如，货物经过美国，美国海关认真研究是放还是不放。贵重、敏感货物有被扣的可能。

对策：尽量选择好的物流方式；自己包装好货物；选择好的物流路线，避开危险区域。

3. 货物遗失损坏风险

原因：国际物流中转过程很多，飞机、轮船、汽车碰撞，爬山涉水，长期运输，以及搬运工人的不小心，没有做到小心轻放。

对策：自己加固好产品；多贴易随标签；多垫泡沫、气泡袋；打木架或木箱；买保险。

4. 清关风险

原因：①某些国家抵制中国产品，如俄罗斯、越南。俄罗斯只能发 EMS。②某些国家关税特别高或者海关通常会有惩罚性关税。③某些国家一直很严格。比如南美智利和东欧国家。东欧国家通常需要五六份正本盖公章清关发票。

对策：少走敏感国家；多做几份正本发票；渠道选择正确；能走 EMS 走 EMS；不做敏感假冒伪劣产品。还可以找当地海关公司协作清关。

总论：尽量做正规产品，出货前做好各项物安全工作，选择好的物流公司及渠道，买保险。

（资料来源：摘自百度文档《国际物流常见风险研究及对策》）

3. 国际物流发展的三个阶段

纵观全球，国际物流活动迄今为止，经历了三个阶段，见表 10-1。

表 10-1 国际物流发展的三个阶段及其特点

发展阶段	时　间	特　点
第一阶段	20 世纪 50 年代至 80 年代初	物流设施和物流技术得到了极大的发展，建立了配送中心，广泛运用电子计算机进行管理，出现了立体无人仓库，一些国家还建立了本国的物流标准化体系
第二阶段	20 世纪 80 年代初至 90 年代初	随着经济技术的发展和国际经济往来的日益扩大，物流国际化趋势开始成为世界性的共同问题。这一阶段物流国际化的趋势局限在美、日和欧洲一些发达国家
第三阶段	20 世纪 90 年代初至今	国际物流的概念和重要性已为各国政府和外贸部门普遍接受。贸易伙伴遍布全球，必然要求物流国际化，即物流设施国际化、物流技术国际化、物流服务国际化、货物运输国际化、包装国际化和流通加工国际化等

10.1.2 国际贸易术语

1. 贸易术语的概念和作用

贸易术语又称价格术语。它用三个英文字母的缩写(如 FOB、CFR、CIF 等)来说明买卖双方有关费用、风险和责任的划分，确定买卖双方在货物交接方面的权利和义务。它是国际贸易商品价格的一个组成部分。贸易术语是为适应国际贸易的需要，在长期的贸易实践中逐步形成的。

由于国际货物买卖是在不同的国家之间进行的，因此，国际贸易的成交条件和交易过程都比国内贸易复杂。交易双方在洽商交易、订立合同时，必然要面临如下几个重要问题：

(1) 卖方在什么地方，以什么方式办理货物的交接。

(2) 由谁办理货物的运输、保险及通关手续，并承担相关风险与费用。

(3) 由谁承担货物在运输过程中可能出现的货物灭失或损坏风险。

(4) 买卖双方需要交换哪些单据，并承担有关责任与义务。

贸易术语用三个英文字母缩写，回答了上述四个涉及买卖双方切身利益的问题。

贸易术语是国际贸易发展到一定阶段的产物。它的出现和广泛应用，对于简化交易磋商、缩短成交过程、节省业务费用和交易时间都发挥了重要作用，也极大地促进了国际贸易术语的发展。

知识链接

关于贸易术语的国际惯例

国际贸易惯例是指在长期的国际贸易实践中所形成的具有普遍意义的习惯性做法与规定。在国际贸易活动中，由于各国法律制度、贸易惯例与习惯做法不同，各国对同一贸易术语的解释与运用也互有差异，因而容易引起纠纷。为了避免纠纷，减少争议，一些国际组织和商业团体便分别就某些贸易术语做出统一的解释与规定，以促进国际贸易的发展。目前，影响较大的有关贸易术语的国际惯例主要有以下三种。

(1)《1932 年华沙—牛津规则》。该规则是国际法协会专门为解释 CIF 合同而制定的。该规则包括序文和 21 条正文，对 CIF 合同的性质、特点及买卖双方所承担的风险、责任、费用的划分以及所有权转移的方式都作了比较详细的解释。在买卖双方缺乏标准合同格式或共同交易条件的情况下，买卖双方可以约定采用此项规则。由于此项规则在一定程度上反映了各国对 CIF 合同的一般解释，因此它已经成为国际贸易中颇有影响力的国际贸易惯例。该规则的制定和公布，不仅有利于买卖双方订立 CIF 合同，而且也有利于解决 CIF 合同履行当中出现的争议。

(2)《1941 年美国对外贸易定义修订本》。1941 年 7 月 30 日，由美国商会、美国进口商全国理事会和全国对外贸易协会组成的联合委员会正式通过，并由全国对外贸易协会予以公布。其中对 Ex Point of Origin(产地交货)、FAS(在运输工具旁边交货)、FOB(在运输工具上交货)、C&F(成本加运费)、CIF(成本、保险费加运费)和 Ex Dock(目的港码头交货)六种贸易术语作了解释。由于美国是目前国际上经济最发达的国家，对外贸易十分频繁，并且美国的法律制度比较偏重于对国内法的履行，同时美国周边国家如加拿大、墨西哥和一些拉丁美洲国家也经常采用该项惯例，促使该定义成为国际贸易中具有一定影响力的惯例。因此，在同美洲国家进行交易时，应特别注意它对贸易术语的解释及其与其他国际惯例的区别。

(3)《2010 年国际贸易术语解释通则》，简称《2010 年通则》(以下简称《通则》)。该《通则》由国际商会制定，2010 年 9 月正式公布，2011 年 1 月 1 日生效，是最具影响力的关于贸易术语的国际惯例。《通则》最早由国际商会于 1936 年在法国巴黎制定，当时定名为《1936 年贸易术语解释的国际通则》。现行的《2000 年通则》是在《2000 年通则》的基础上修订而成的。

2. 装运港交货的常用贸易术语

国际贸易中使用的贸易术语有 13 种，但使用得最多的，也最经典、最古老的是三种装运港交货的贸易术语，即 FOB、CFR 和 CIF。

1）FOB

FOB是Free on Board(... named port of shipment)的缩写，意思是装运港船上交货(……指定装运港)，又称“船上交货”，俗称离岸价。

(1) 基本含义。卖方在指定装运港将货物装船越过船舷后，即完成了交货义务，随后的一切费用和风险均由买方承担。

(2) 交货地点。装运港买方指定的船上。

(3) 风险转移界限。货物越过装运港船舷。

(4) 卖方的义务。在合同指定的装运港和规定的期限内，将货物装上买方指派的船只，并无延迟地通知买方；自负风险和费用，领取出口许可证或其他官方证件，办理出口手续，支付货物越过船舷为止的一切费用；自费提供商业发票、证明以及按规定完成交货义务的通常单据或相等的电子数据交换资料；在买方要求并由买方承担风险和费用的情况下，给予买方一切协助。

(5) 买方的义务。负责租船订舱，支付运费，并将船期、船名及时通知卖方；负担货物在装运港装船时越过船舷后的一切风险、费用和责任；自负风险和费用，取得进出口许可证或其他官方证件，并办理货物进口以及必要时经由另一国过境运输的一切海关手续；接受符合合同规定的单据和货物，并按合同规定支付价款。

(6) 适用范围。仅适用于海运和内河运输，在船舷无实际含义时，如滚装或集装箱运输，宜采用FCA(货交承运人)。

特别提示

使用FOB术语进行交易时，应注意以下几个方面的问题。

(1)“船舷为界”的含义。“船舷为界”表明货物在装船之前的风险，包括货物在装船时造成的损失(如货物跌落码头或海中)，均由卖方承担。货物上船之后，包括在运输过程中发生的损坏或灭失，则由买方承担。

以装运港船舷作为划分买卖双方所承担风险的界限是FOB、CFR、CIF同其他贸易术语的重要区别之一。

(2) 船货衔接问题。按照FOB进行交易时，卖方的基本义务是按照规定的时间和地点完成装运，而买方的基本义务是负责安排运输工具，即租船订舱。所以这里就存在货船衔接的问题，若处理不当，会影响合同的顺利执行。因此，按FOB术语成交，要加强联系，密切配合，保证货船的衔接顺利进行。

(3) 装船费用负担问题。由于各个国家和地区在使用FOB术语时，对于“装船”的概念没有统一明确的解释，在装船作业的过程中涉及的各项具体费用，如将货物运至船边的费用，吊装上船的费用，理舱、平舱的费用等，究竟由谁负担，各国的惯例或习惯做法也不完全一致，因此双方往往在FOB术语后加列附加条件，这就形成了FOB变形，如下：

FOB Liner Terms(班轮条件)，指卖方不负担装船的有关费用。

FOB Under Tackle(吊钩下交货)，指吊装入舱以及其他各项费用均由买方负担。

FOB Stowed(理舱费在内)，指卖方负责将货物装入船舱并承担包括理舱费在内的装船费用。

FOB Trimmed(平舱费在内)，指卖方负责将货物装入船舱并承担包括平舱费在内的装船费用。

在许多标准合同中，为表明卖方承担包括理舱费和平舱费在内的各项装船费用，常采用FOBST术语，它代表FOB Stowed and Trimmed。

FOB的变形只是为了表明装船费用由谁负担的问题，并不改变FOB的交货地点以及风险转移的界限。

另外，由于个别国家对FOB的解释不同，在按照FOB进行贸易时，应对有关问题做出明确规定(如按照何种惯例解释FOB)，以免发生误会。

案例链接

FOB合同争议案

我方进口商以FOB条件从巴西进口橡胶，但是我方由于租船困难，不能在合同规定的时间内到装运港接运货物，从而出现了较长时期的货等船现象，于是巴西方面要求撤销合同并向我方进口商提出赔偿损失的要求。巴西出口商的做法是否合理?

（资料来源：www. zqtbu. com/photo/教学案例）

2）CFR

CFR是Cost and Freight(... named port of destination)的缩写，意思是成本加运费(……指定目的港)，又称成本在内价。

(1) 基本含义。卖方要负责租船订舱、支付到指定目的港的运费，但买方要自负从装运港货物越过船舷后至目的地的货运灭损风险及所增加的额外费用。

(2) 交货地点。装运港卖方安排的船上。

(3) 风险转移界限。货物在装运港越过船舷。

(4) 卖方的基本义务。负责租船订舱、支付到指定目的港的运费；在合同规定的装运港和规定的期限内，将货物装上船，并及时通知买方；自负费用和风险，取得出口许可证或其他官方证件，并负责办理货物出口手续，支付货物越过船舷为止的一切费用；提供商业发票和符合合同规定的运输单据或相等的电子数据交换资料。

(5) 买方的基本义务。自负从装运港至目的地的货运保险及保险费用；负担货物在装运港装船时越过船舷后的一切风险、费用和责任；自负风险和费用，取得进出口许可证或其他官方证件，并办理货物进口以及必要时经由另一国过境运输的一切海关手续；接受符合合同规定的单据和货物，并按合同规定支付价款。

(6) 适用范围。同FOB，仅适用于海上和内河运输。在船舷无实际意义时，宜用CPT(运费付至)术语。

按照FOB和CFR术语交易时要特别注意的一点是，卖方在货物装船之后必须及时向买方发出装船通知，以便买方办理投保手续。否则，货物在海运途中遭受的损坏或灭失由卖方负担。

3）CIF

CIF是Cost，Insurance and Freight(... named port of destination)的缩写，意思是成本、保险费加运费(……指定目的港)，又称保险费、运费在内价。

(1) 基本含义。卖方在指定装运港将货物装上船，支付货物自装运港至指定目的港的运费和保险费，但风险自货物在装运港越过船舷时即由卖方转移给买方。

(2) 交货地点。装运港卖方安排的船上。

(3) 风险转移界限。货物在装运港越过船舷。

(4) 卖方的基本义务。在CFR的基础上，增加办理海运货物保险。

(5) 买方的基本义务。与CFR相同。

(6) 适用范围。仅用于海运和内河运输。在船舷无实际意义时，宜用CIP(运费、保险费付至)术语。

特别提示

采用 CIF 术语进行交易时，应注意下列问题。

(1) 保险险别问题。CIF 术语中的“I”代表 Insurance，即保险。卖方投保的险别应当依照货物销售合同的规定，如果没有特别约定，卖方只需办理最低险别的保险。投保金额为 CIF 价值的 110%，其中增加的 10%为买方的预期利润。

(2) 卸货费用负担问题。为了避免在卸货费的负担问题上，因不同的解释而引起争议，便产生了 CIF 的几种变形，如下：

CIF Liner Terms(班轮条件)，指买方不负担卸货费，而由卖方或船方负担卸货费。

CIF Landed(卸至岸上)，指由卖方承担将货物卸到码头上的各项有关费用，包括驳船费和码头费。

CIF ExShip，Hold(舱底交接)，指货物运达目的港后，自船舱底起吊到码头的卸货费用由买方负担。

CIF 的变形只是为了说明卸货费用的负担问题，并不改变 CIF 的交货地点和风险划分的界限。

(3) 人们习惯上称 CIF 为“到岸价”，但这并不准确，与 FOB、CFR 一样，交货地点和风险划分的界限仍然在装运港而不是目的港。

3. 向承运人交货的常用贸易术语

1) FCA

FCA 是 Free Carrier(... named place)——货交承运人(……指定地点)的术语。“承运人”是指在运输合同中，承担履行铁路、公路、航空、海洋、内河运输或多式联运义务的人。以 FCA 方式成交，卖方在指定地点或位置将已经清关的货物交给买方指定的承运人，即完成交货义务并实现风险转移。如果在卖方所在地交货，则由卖方负责装货，如果在任何其他地方交货，则卖方不负责装货。

该贸易术语适用于任何形式的运输，包括多式联运。

2) CPT

CPT 是 Carriage Paid To(... named place of destination)——运费付至(……指定目的地)的术语。以此术语成交，当卖方将货物交给买方指定的承运人时，即完成了交货义务，此后货物灭损的风险以及由此而发生的任何额外费用即由卖方转移给买方。此处“承运人”与 FCA 术语中的承运人含义相同。CPT 术语要求卖方负责货物出口报关并支付将货物运至指定目的地所需的运费。

该贸易术语适用于任何形式的运输。

3) CIP

CIP 是 Carriage And Insurance Paid To(... named place of destination)——运费、保费付至(……指定目的地)的术语。以此术语成交，卖方除了应承担与 CPT 术语相同的义务外，还应负责与信誉良好的保险公司或承包人签订保险合同并支付保险费，订立保险合同的要求与 CIF 术语相同，除非另有约定，否则买方仅取得最低限度的保险。CIP 术语要求卖方负责货物出口报关。

该贸易术语适用于任何形式的运输。

4. “装运港交货”与“向承运人交货”两类贸易术语的比较

1）相同点

“装运港交货”的三种贸易术语 FOB、CFR、CIF 为传统的贸易术语，FCA、CPT、CIP 与其相比较有以下三个共同点。

（1）都是象征性交货，相应的买卖合同为装运合同。

（2）均由出口方负责出口报关，进口方负责进口报关。

（3）买卖双方所承担的运输、保险责任互相对应，即 FCA 和 FOB 一样，由买方办理运输；CPT 和 CFR 一样，由卖方办理运输；而 CIP 和 CIF 一样，由卖方承担办理运输和保险的责任。

2）主要不同之处

（1）适合的运输方式不同。FOB、CFR、CIF 仅适合于海洋和内河运输，而 FCA、CPT、CIP 适合于任何形式的运输，包括多式联运。

（2）风险划分点不同。FOB、CFR、CIF 贸易术语中以装运港“船舷”为买卖双方风险和费用的责任划分点，而 FCA、CPT、CIP 以“货交承运人”为界。

（3）装卸费用负担不同。FCA、CPT、CIP 均由承运人装卸。

（4）运输单据性质不同。海运提单具有物权凭证的性质，代表所载货物的所有权，可以背书转让；而铁路运单和航空运单都不是物权凭证，不能凭以提取货物，收货人必须按运单上的抬头，凭有效身份证件提取货物。

因此，从整体上看，除了风险点不同之外，可以把 FCA、CPT、CIP 看成是 FOB、CFR、CIF 对海运方式向各种运输方式的延伸。

10.2 国际货物运输

国际货物运输是国际物流的重要环节。国际货物运输的方式很多，如国际货物集装箱运输、国际货物海上运输、国际货物航空运输、国际货物铁路运输、国际多式联运等。本节就国际货物集装箱运输、国际货物海上运输、国际多式联运三种运输方式分别进行介绍。

10.2.1 国际货物集装箱运输

集装箱运输是以集装箱为单元积载设备(货运单位)所进行的货物运输。应当明确的是，集装箱运输是一种运输方式，在海、陆、空运输中都可以使用。

1. 集装箱运输的优势

（1）集装箱运输改变了件杂货的货运单位，采用了标准箱，实现了货件的标准化，为实现机械化、自动化提供了先决条件，提高了整个运输过程的生产效率，降低了劳动强度。

（2）随着生产效率的提高，装卸作业的时间大大缩短，船舶周转速度加快，运输能力利用率高。

（3）实现“门到门”运输，货主的资金周转加快，社会扩大再生产的周期缩短。

（4）改变了货损货差的局面，货运质量得以提高，简化了货物包装，节省了包装费。

(5) 装卸作业受气候影响小，运输能力能更好发挥。

(6) 为实现机械化、自动化提供了条件，也为采用电子计算机等先进的管理手段提供了必要的前提。

应说明的是，集装箱运输虽然具有上述优势，但要充分发挥集装箱运输的优势，必须形成一个完整的运输体系，否则，这种优越性就只能是局部的和不牢固的。

2. 集装箱的种类

按集装箱的用途分类，有以下十多种。

1) 杂货集装箱

杂货集装箱主要用于装运件杂货(如日用百货、棉纺织品、文化用品、五金交电、电子产品等)，如图 10.1 所示。现在使用的集装箱中，这种用途的集装箱占有绝对优势。

图 10.1　杂货集装箱示意图

2) 通风集装箱

通风集装箱在其侧壁或端壁设有若干供通风用的窗口，其他结构同杂货集装箱相似，主要用来装运有一定通风和防汗湿要求的杂货(如原皮、食品等)。

3) 侧开门集装箱

侧开门集装箱是指除了在集装箱端部设有端门外，在其侧壁还设有侧门，如图 10.2 所示，这样，即使集装箱装在铁路货车上也可直接、方便地进行拆装箱作业。

图 10.2　“20 英尺”侧开门集装箱示意图

4) 侧壁全开式集装箱

侧壁全开式集装箱，是指它的某一侧面没有侧壁，全部敞开，这样较有利于叉车从集装箱侧部装、拆大件货物，方便铁路运输中货物的装卸作业。

5）开顶集装箱

开顶集装箱是指集装箱的箱顶可以方便地取下、装上。这种集装箱主要用于装载玻璃板、钢制品、仪器设备等重货，可以利用起重机从箱顶装卸，克服了小型叉车起重量小的弱点。

6）冷冻集装箱

冷冻集装箱是指具有冷冻源或冷冻装置的集装箱，如图 10.3 所示。冷冻集装箱主要用来装运新鲜水果、鱼、蔬菜等易腐食品。

7）保温集装箱

保温集装箱是指具有绝热作用，使箱内空气不产生对流，不产生热量传递的集装箱。这种保温集装箱较适宜装载精密仪器、油漆、石蜡等对温度变化十分敏感的货物，还适用于装载水果罐头、糖果、葱头等需要通风和保持一定温度的食品。

8）散货集装箱

散货集装箱是针对固体散货的特点而设计制造的，它主要用来装运大豆、大米、各种饲料及水泥、沙子等各种散装的粒状货物。用集装箱装运散装货，一方面，大大地提高了装卸效率，另一方面节约了大量的包装材料和包装费用，提高了货运质量，减轻了粉尘对人体和环境的侵害。开顶散货集装箱如图 10.4 所示。

图 10.3 “40 英尺”冷冻集装箱示意图

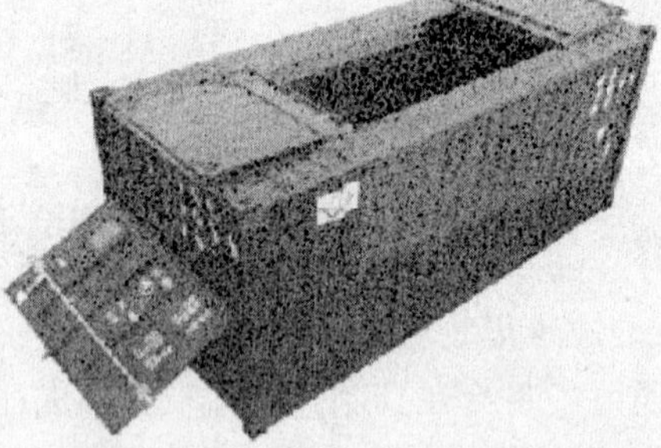

图 10.4 开顶散货集装箱示意图

9）罐状集装箱

罐状集装箱是专门用来装运液体散货的集装箱，如酒类、油类、液体食品、液体药品等都可以用这种集装箱来装运。

10）板架集装箱

图 10.5 可折叠板架集装箱示意图

板架集装箱的形式一般包括普通板架集装箱、支柱式板架集装箱、侧栅栏式板架集装箱三种，主要用来装运像重型机械、钢材、木材、机床和整件设备等长大件、超重件货物。货物的拆、装箱作业，可以从上面进行，也可以从侧面进行。货物通过设在箱底两侧的绑牵环、尼龙带等加以固定。可折叠板架集装箱如图 10.5 所示。

11）汽车集装箱

汽车集装箱是指专门用来装运小型汽车的集装箱。为了充分利用箱容，许多汽车集装箱被设计成上下两部分以装载两辆汽车，如图 10.6 所示。为了防止汽车在箱内滑动，箱底专门设有绑扎设备和防滑钢板。

图 10.6　汽车集装箱示意图

12）牲畜集装箱

牲畜集装箱是专门用来装运鸡、鸭、鹅、牛、马、羊等家禽和家畜的。

13）半高集装箱

专门装运桶装货物的集装箱，其高度为常用集装箱的一半左右，所以称为半高集装箱。

3. 集装箱运输的组织

1）装箱方式

（1）整箱(FCL)。货主向承运人或租赁公司租用一定的集装箱，空箱运到工厂仓库后在海关人员监管下，把货装入箱内，加锁铅封后，交承运人并取得站场收据，最后凭收据换取提单或运单。

（2）拼箱(LCL)。承运人接受货主托运的数量不足整箱的小票货运后，根据货类性质和目的地进行分类整理，把去同一目的地的货，集中到一定数量，拼装入箱。

2）交接方式

（1）整箱交整箱接(FCL/FCL)。承运人以整箱为单位进行交接，货物的装箱和拆箱均由供货方负责。

（2）拼箱交拆箱接(LCL/LCL)。货物的装箱和拆箱均由承运人负责。

（3）整箱交拆箱接(FCL/LCL)。

（4）拼箱交整箱接(LCL/FCL)。

知识链接

集装箱交接方式和交接地点的对应关系

（1）门到门。在整个运输过程中，完全是集装箱运输，并无货物运输，适宜于整箱交整箱接。

（2）门到场站。从门到场站为集装箱运输，从场站到门是货物运输，适宜于整箱交拆箱接。

（3）场站到门。从门到场站为货物运输，从场站到门是集装箱运输，适宜于拼箱交整箱接。

（4）场站到场站。除中间一段为集装箱运输外，两端的内陆运输均为货物运输，适宜于拼箱交拼箱接。

10.2.2 国际货物海上运输

按照国际海洋运输船舶经营方式的不同，国际海运包括班轮运输和租船运输两种方式。

1. 班轮运输

班轮运输是在定期船运输的基础上逐渐发展起来的，它是当今国际海洋运输中不可缺少的运输方式之一。

知识链接

班轮运输的优点

1. 货物运送时间确定、航速快

班轮运输是按照船期表在固定的航线上营运的，而且船舶的航速较快，所以，货物的运送更为及时、迅速，这一点对货主来说非常有利，它可以预知货物运抵港口的时间，减少资金的积压，加速资金的周转。

2. 特别适合零星小批量货物的运输

由于班轮是经常性在固定航线上从事运输的，所以，即使是小批量货物，货主也随时可委托船舶公司托运，这样就节省了货物等待集中的时间和仓储费用。

3. 能满足各种货物对运输的要求

班轮运输船舶的技术性能较好，设备较齐全，船员的技术业务水平也较高，所以，既能满足各种货物对运输的要求，又能对货运质量提供保障。

4. 能承担货物转运工作

承担货物转运工作是经营班轮运输的船公司，为争揽更多的发货，提高经营效益，为货主提供方便的运输服务所采取的重要措施。

2. 租船运输

租船运输是根据合同规定组织运输的。船舶所有人与承租人双方首先要签订租船合同约定船舶的营运，合同中除了规定船舶的航线、载运的货物种类及停靠港口外，还明确双方应承担的责任、义务和享有的权利。租船合同中的条款是解决双方有关运输争议的依据。

租船运输的方式主要有定程租船、定期租船、光船租赁和包运租船四种。

(1) 定程租船。定程租船又称航次租船，简称程租。它是由船舶所有人负责提供船舶，在指定的港口之间进行一个航次或数个航次的航行，承运指定货物的租船运输方式。定程租船通常适用于国际现货交易市场货物的运输。

定程租船就租赁方式的不同又可分为单程租船(又称单航次租船)、回航次租船、连接航次租船。

知识链接

定程租船的主要特点

(1) 船舶所有人负责船舶的营运、调度、配备和管理。

(2) 船舶所有人负责船舶营运所支付的费用。

(3) 船舶所有人出租整船或者部分舱位，并按实际装船的货物数量或整船舱位包干计收运费。

（4）运费率，也称“租金”，通常由双方商定。

（5）激励承租人加快货物装卸速度，一般在合同中商定滞期费和速遣费条款。

（2）定期租船。定期租船又称“期租”，它是船舶所有人将船舶出租给承租人，供其使用一定时期的租船运输方式。定期租船的租船人可以是石油公司、钢铁公司等具有长期稳定货运需求的货主，也可以是另一个船公司。在合同约定的租期内，承租人可以使用该船运输自己的货物，也可将其加入班轮航线，还可以将其承租给其他货主。

（3）光船租赁。光船租赁又称船壳租赁，是一种单纯的财产租赁方式。船舶所有人在合同约定的期间，将合同约定的船舶交给承租人使用，不提供船员、燃料和任何其他船舶营运费用。光船租赁的承租人通常是另一家船公司。

（4）包运租船。包运租船是船舶出租人向承租人提供一定吨位的运力，在确定的港口之间，按照事先约定的时间、航次周期和每航次较为均等的运量，完成合同规定的全部货运量的租船方式。

3. 海运提单

海运提单，是承运人在收到其承运的货物时签发给托运人的货物收据，也是有关当事人在目的港提取货物的凭证(如果收货人凭正本提单换取提货单后再提货，此时的提货凭证应是提货单而非提单本身)，同时又是托、承运人之间运输合同的证明。提单证明所载货物的所有权，所以在法律上它是一种物权凭证。海运提单常见的形式见表 10－2。

表 10－2　海运提单常见的形式

序号	提单类别	提单特点	主要区别
1	备运提单	承运人已接管货物并准备装运的提单。 注：进口商和相关银行一般不接受备运提单	以主要货物是否已经装船为分界线
	已装船提单	备运提单上加注“已装船注记”后即为已装船提单	
2	清洁提单	船公司在所签发的提单上未加注任何有关货物受损或包装不良等批注的提单。 注：在国际贸易中，进口商和银行只接受清洁提单	依据提单上有无有关货物受损或包装不良批注条款划分
	不清洁提单	船公司在所签发的提单上对货物注有表面状况或包装存在缺陷等不良情况批注的提单	
3	记名提单	记名提单是一种不可流通的提单，仅由提单收货人栏内填明的特定收货人提取	根据提单收货人一栏的内容不同划分
	无记名提单	无记名提单是指在提单收货人一栏中未注明任何标记的提单	
	指示提单	凡是在收货人栏内打出“Order”字样的提单都称为“指示提单”	
4	直运提单	货物装船后从装运港直达目的港，中途不转换船舶的运输方式为直运，以此签发的提单称为直运提单	以是否中途转换船舶或运输方式为区分点
	转运提单	中途至少转换一次船舶的方式为转运，其签发的提单为转运提单	
	联运提单	如果整个运输过程由两种或两种以上的运输工具联合完成，那么由第一承运人签发的、包括运输全程并能在目的港凭以提货的提单则称为联运提单	

10.2.3 国际货物多式联运

国际多式联运是一种以实现货物整体运输的效益最优化为目标的联运组织形式。它通常是以集装箱为运输单元，将不同的运输方式有机地组合在一起构成连续的、综合性的一体化货物运输。通过一次托运、一次计费、一份单证、一次保险，由各运输区段的承运人共同完成货物的全程运输，即将货物的全程运输作为一个完整的单一运输过程来安排。

1. 国际多式联运的特征

1）必须订立国际多式联运合同

国际多式联运中，由多式联运经营人与发货人订立多式联运合同。

2）全程运输必须使用国际多式联运单据

国际多式联运虽由多种运输方式共同完成一票货物的全程运输，但由多式联运经营人签发的多式联运单据应满足不同运输方式的需要。虽然单一运输方式也采用了一些单据，但显然这种仅适用于单一运输方式的单据是不能满足国际货物多式联运的要求的。

3）全程运输必须使用两种或两种以上不同的运输方式

国际多式联运必须使用两种或两种以上不同的运输方式。因此，在一定程度上，运输方式的组成是确定运输是否属于多式联运的一个非常重要的因素。例如，航空运输长期以来依靠汽车接送货物运输，从形式上看，这种运输已使用两种运输方式，但这种汽车接送业务习惯上被视为航空运输业务的一个组成部分，只是航空运输的延伸，而不属于国际多式联运。

4）必须是国际间的货物运输

国际多式联运方式所承运的货物必须是从一个国家(地区)的境内接管地点运至另一国家(地区)的境内指定交付地点的货物。

5）多式联运经营人对全程运输负责

国际多式联运全过程涉及各种关系人，法律关系非常复杂。在国际多式联运中，凡是有权签发多式联运单据，并对运输负有责任的人均可视为多式联运经营人，如货运代理人、无船承运人等。他们必须对全程运输负责——无论是否参与实际运输活动。

国际多式联运是今后国际运输发展的方向，开展国际多式联运具有许多优越性，但需要说明的是，国际多式联运并不能减少实际运输过程本身，因此并不会节省运输费用，它所能节约的是其他相关费用，如转运、理赔、包装、理货和保险费用等。

2. 国际多式联运的方式

目前国际多式联运的方式非常多。事实上目前掌握的五大运输方式的任意组合只要符合多式联运的规定，就可以被认为是多式联运。目前较为常见的组合为以下四种。

1）河海联运

河海联运一般由船公司提供，虽然经由不同的船舶和不同的实际承运人，但是运输合同只有一份，运费标准统一，承运人即运输合同签发人。例如，我国长江流域各港口对海外各港口的联合运输、欧洲莱茵河各港口对世界各港口的货物运输、美国密西西比河以及五大湖地区对世界各地港口的运输等。

2）海铁联运

海铁联运是目前运用较多的又一种方式，又被称为陆桥运输。目前较为成功的应用范例为北美大陆桥运输和北美小陆桥运输。人们一直期待的西伯利亚大陆桥目前因为政治、经济和技术等各方面的因素，还没有得到充分的发展。

3）海公联运

几乎所有的海运集装箱都涉及公路运输。从这一点出发，人们可以认为这是目前国际多式联运的最普遍方式。

4）公空联运

空运一般无法将货物直接送往货主的仓库，总需要使用道路运输实现门到门服务。提供这种门到门服务的航空承运人就可以被认为是在开展公空联运，这也是目前得到广泛应用的一种方式。

案例链接

国际货物多式联运纠纷案例

一批货物由印度的马得拉斯港装船经新加坡转船运往温哥华，承运人签发了全程运输提单。在新加坡转船时，货物在码头等候装第二程时，在露天仓库受雨遭损。货主向承运人索赔，船方以货物不在船上而是在陆地上受损，不属于海上运输为由拒赔。请分析，承运人拒赔理由是否充分？为什么？

（资料来源：国际贸易实务习题集，http：//www.docin.com/p—25439204.html）

10.3 进出口货物通关

10.3.1 海关概述

1. 海关的概念和性质

1）海关的概念

海关是依法执行进出关境监督管理的国家行政机关，是对进出关境货物、运输工具、行李物品、货币、金银等执行监督管理和稽征关税的国家行政机构，是国家主权的象征。

2）海关的性质

（1）海关是国家的监督管理机关。海关体现的是国家的权力意志，对外维护国家的主权和利益，对内体现国家、社会的整体利益。

（2）海关监管的范围是进出关境活动。海关监管的对象包括进出关境的货物、货币、金银、证券、行李物品、邮递物品，以及与上述货物和物品有关的仓库场所和国内运输工具等。

关境通常是指适用于同一海关法或实行同一关税制度的领域。因此，关境可以大于或小于国境。我国海关法所指的关境范围是除享有单独关境地位的地区以外的中华人民共和国全部领陆、领空和领海，本节所指“出入境”均指“出入关境”。

2. 海关的任务

根据《中华人民共和国海关法》（以下简称《海关法》），海关监督管理进出境活动的职能，具体体现在以下几个方面。

1）海关监管

海关监管是指海关运用国家赋予的权力，通过报关注册登记、审核单据、查验放行、后续管理、违章处理等环节，对进出境活动实施有效的监督管理。

2）海关征税

海关征税包括征收关税和其他税费。关税是由海关按照国家制定的关税政策、法律法规和进出口税则，对进出境的货物、物品所征收的一种流转税。其他税费则是指海关代国家税务总局征收的进口环节增值税、消费税以及代交通部征收的船舶吨税。

3）海关缉私

海关缉私是指海关依照法律赋予的权力，在各监管场所和设关地附近的沿海沿边规定地区内，为发现、制止、打击、综合治理走私而进行的一种管理活动。走私是指出入关境活动的当事人有意逃避海关监管的违反海关法的行为。

4）海关统计

海关统计是以数字形式反映实际进出口情况。列入我国海关统计监督的货物有两类，即实际出入境的对外贸易货物和直接影响我国物资储备增减的出入境物品。

10.3.2 进出口货物的通关程序

一般贸易进出口货物的通关程序可分为申报、查验、征税、放行四个环节，如图 10.7 所示。

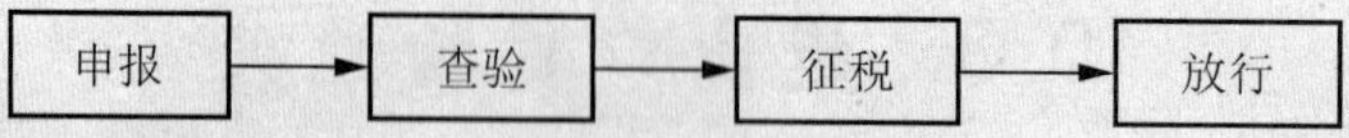

图 10.7 一般贸易进出口货物通关程序

1. 进出口货物的申报

申报即通常所说的“报关”，是指进口货物的收货人、出口货物的发货人或其代理人在进出口货物时，在海关规定的期限内，以书面或者电子数据交换(EDI)的方式向海关报告其进出口货物的情况，并随附有关货运和商业单据，申请海关审查放行，并对所报告内容的真实准确性承担法律责任的行为。

1）申报资格

必须是经海关审核准予注册的专业报关企业、代理报关企业和自理报关企业及报关员。

2）申报时间

(1) 进口货物的申报时间与期限。根据《海关法》规定，进口货物的报关期限为自运输工具申报进境之日起 14 日内。

(2) 出口货物的申报时间与期限。根据《海关法》规定，出口货物的发货人除海关特准外，应当在装货的 24 小时以前向海关申报。

3）申报地点

根据现行海关法规的规定，进出口货物的报关地点，应遵循以下三个原则。

(1) 出入境地原则。在一般正常情况下，进口货物应当由收货人或其代理人在货物的入境地向海关申报，并办理有关进口海关手续；出口货物应当由发货人或其代理人在货物的出境地海关申报，并办理有关出口海关手续。

(2) 转关运输原则。由于进出口货物的批量、性质、内在包装或其他一些原因，经收发货人或其代理人申请，海关同意，进口货物也可以在设有海关的指运地(转关运输进口货物指定运达的地点)，出口货物也可以在设有海关的启运地向海关申报，并办理有关进出口海关手续。这些货物的转关运输，应当符合海关监管要求，必要时，海关可以派员押运。

(3) 指定地点原则。经电缆、管道或其他特殊方式输送进出境的货物(如电、石油等)，其输送路线长，往往需要跨越几个海关，经营单位应当按海关的要求定期向指定的海关申报并办理有关进出口海关手续。

4) 申报单证

报关单证可分为基本单证、特殊单证、预备单证三种，其含义与内容见表10-3。

表10-3 报关单证的分类与内容

报关单证类别	含义	具体内容
基本单证	与进出口货物直接相关的商业和货运单证	包括发票、装箱单、提(装)货凭证(或运单等)、出口收汇核销单，海关签发的进出口货物减税、免税证明
特殊单证	国家有关法律规定实行特殊管制的证件	主要包括配额许可证管理证件(如配额证明、进出口货物许可证等)和其他各类特殊管理证件(如机电产品进口证明文件、商品检验、动植物检疫、药品检验等)
预备单证	在办理进出口货物手续时，海关认为必要时查阅或收取的单证	包括贸易合同、原产地证明、委托单位的工商执照证书、委托单位的账册资料及其单证

2. 进出口货物的查验

根据《海关法》第19条的规定，进出口货物除经收发货人申请、海关总署特准可以免验的以外，都应接受海关的查验。海关查验是一种常规性检查，不以走私行为为前提。

海关查验即验关，是指海关接受报关员的申报后，对进口或出口的货物进行实际的核对和检查，以确定货物的性质、原产地、货物状况、数量和价格与报关单所列是否一致。

1) 查验地点

海关查验货物一般在海关监管区内的进出口口岸码头、车站、机场、邮局或海关的其他监管场所进行。为了加速验放，方便外贸运输，根据货物性质，海关对海运进出口的散装货物、大宗货物、危险品和鲜活商品等，结合装卸环节，在作业现场予以验放。对于成套设备、精密仪器、贵重物资、急需急用的物资和“门到门”运输的集装箱货物等，在海关规定地区进行查验有困难的，经进出口货物收发货人的申请，海关核准，海关可以派员到监管区域以外的地点进行查验，就地查验放行货物。但申请单位应按规定缴纳规费，并提供往返交通工具、住宿等方便条件。

2) 查验方法

海关对进出口货物的查验主要采取彻底检查、抽查、外形查验等方法，以强化海关对进出口货物的实际监管。

海关查验进出口货物后，均要填写《海关进/出口货物查验记录》。货物查验记录由执行查验任务的海关关员填写。验货记录一般包括查验时间、地点、进出口货物的收发货人或其代理人名称、申报的货物情况，查验货物的运输包装情况(如运输工具名称、集装箱号、尺码和封志号)、名称、规格型号、原产国别、自然属性(品质)、新旧程度、数(重)量，进出口时状态(如原材料、半成品、整机、全套组装件、全套散件和关键件等)、查验过程中存在的货物残损情况及造成残损的原因、提取货样的情况以及查验结论等内容。

海关查验货物时，进出口货物的收发货人或其代理人应到达货物查验现场，按照海关的查验要求，负责搬移、开拆和重封货物的包装等，并回答海关查验人员现场提出的有关问题。在查验过程中，若发生损坏，海关赔偿实际的损失，赔偿金一律以人民币支付。

案例链接

水果进出口商检要求——以进口南非橙为例

(1) 南非橙的进口检疫要求是按照中华人民共和国国家质量监督检验检疫总局局令第68号《进境水果检验检疫监督管理办法》和《南非输华柑橘进境植物检疫要求》的执行。

(2) 进口柑橘须经过零下0.6摄氏度或以下不少于24天的连续冷处理(该冷处理在海洋运输时通过冷柜和探针完成)。

(资料来源：上海外联发 MTLC，http：//www.mtlc.sh.cn/cn)

3. 进出口货物的征税

海关对核查无误的进出口货物，根据《中华人民共和国关税条例》的规定和《中华人民共和国海关进出口税则》规定的税率，分别征收进口税和出口税以及其他税费(海关代国家税务总局征收的进出口环节增值税、消费税以及代交通部征收的船舶吨税)。

4. 进出口货物的放行

放行是口岸海关监管现场作业的最后环节。口岸海关在接受进出口货物的申报后，经审核报关单证、查验实际货物，并依法办理进出口税费计征手续且缴纳税款后，在有关单据上签盖放行章，海关的监管行为结束，在这种情况下，放行即为结关。放行的基本形式有：

1) 征税放行

进出口货物在取得海关放行前，如属于应税货物，应由海关征收有关关税和代征税，然后签印放行。

2) 担保放行

进出口货物担保的形式有缴纳保证金和提交保证函两种：保证金是由担保人向海关缴纳现金以确保被担保人履行义务的一种担保形式；保证函是由担保人按照海关的要求向海关提交的、订有明确权利义务的一种担保文件，出具保证函的担保人必须是中国法人，也可由纳税单位的开户银行担保。在一般情况下，担保期不得超过20天，否则，海关对有关进出口货物，按规定进行处理。

3) 信任放行

为适应外向型经济发展的需要，在有效监管的前提下，海关对被授予“信得过企业”称号的各类企业给予通关便利，采取集中报关、预先报关、信任放行等优惠措施，使这些企业的进出口货物在口岸进出口时径直放行，事后在一定时期内，通过分批或集中定期纳税来完备海关手续。这些措施，为企业节省了通关费用，同时也缓解了海关监管力量不足的问题。

10.4 国际货运代理

10.4.1 国际货运代理概述

国际货物交易大都远隔重洋，交易双方必须借助一定的运输方式和不同的交通工具才能实现商品的转移。在实践过程中，货主必须选择最佳的运输方式、运输工具和最好的承运人，以最低廉的运费实现货物的安全、便捷运输并节省费用，降低成本。事实上，限于货主的人力、物力、财力等资源和限制，很难做到这一点，甚至由于不熟悉托运、提货、存储、报关和保险等环节的流程而造成损失，国际货运代理行业由此应运而生。

“货运代理”(Freight For Warder)一词目前国际上还没有公认的、统一的规定，但对其概念的认识还是基本一致的。联合国有关机构的解释是：货运代理代表其客户取得运输业务，但并不起承运人的作用。国际货运代理协会联合会对“货运代理”下的定义是：货运代理是根据客户指示，并为客户的利益而揽取货物运输的人，其本人并不是承运人。货运代理也可以根据这些条件，从事与运输合同有关的活动，如储货(也含寄存)、报关、验收、收款等。我国公布的《中华人民共和国国际货运代理业管理规定》对国际货运代理业的定义为：“接受进出口业务货物收货人、发货人的委托，以委托人的名义或者以自己的名义，为委托人办理国际货物运输及相关业务并收取服务报酬的行业。”由此可见，国际货运代理业属于服务性行业。它的国际组织为“国际货运代理协会联合会”，简称“菲亚塔”(FIATA)。

1. 国际货运代理的作用

货运代理是指接受货主的委托，代表货主办理有关货物报关、交接、仓储、调拨、检验、包装、转运、订舱等业务的人，它与货主的关系是委托和被委托关系。在办理代理业务中，以货主的代理人身份对货主负责并按代理业务项目和提供的劳务向货主收取代理费。

知识链接

FIATA 的资料介绍，国际货运代理具有如下作用：

(1) 运用专门知识，以最安全、最迅速、最经济的方式组织运输。

(2) 在世界各贸易中心建立客户网和自己的分支机构，以控制全部运输过程。

(3) 在运费、包装、单证、结关、领事要求及金融等方面向企业提供咨询。

(4) 将小批量的货物集中为成组货物，使客户从中受益。

(5) 货运代理不仅组织和协调运输，而且影响运输方式的创新和新运输路线的开发。

我国的国际货运代理从20世纪80年代开始发展迅速，在此期间，国务院对国际海洋运输管理作了改革，对国际货运代理业实行放开经营的政策。同时，为了规范行业行为，使我国国际货运代理业走上依法经营的轨道，国务院于1995年颁布了《中华人民共和国国际货运代理业管理规定》。

2. 国际货运代理的业务范围

《中华人民共和国国际货物运输代理业管理规定》中指出，国际货物运输代理企业可以接受委托，代为办理下列部分或全部业务：

(1) 订舱、仓储。

(2) 货物的监装、监卸，集装箱拼箱、拆箱。

(3) 国际多式联运。

(4) 除私人信函外的国际快递。

(5) 报关、报检、报验、保险。

(6) 缮制有关单证、交付运费、交付杂费、结算。

(7) 其他国际货物运输代理业务。

国际货物运输代理企业之间也可以相互委托办理有关的业务，遵循安全、快速、准确、节省和方便的经营原则，为进出口货物收货人、发货人提供服务；必须依照国家有关规定确定收费标准，在其营业地点予以公布，并且必须使用税务机关核准的发票，还应当在批准的业务经营范围内从事经营活动。国际货物运输代理企业在从事货物运输代理活动时，如果依照有关法律、行政法规需经有关主管机关注册的，应当在有关主管机关注册。

10.4.2 国际货运代理的服务对象

1. 为发货人服务

货运代理人代替发货人承担在不同阶段中货物运输的任何一项手续，主要包括以下几方面的内容：

(1) 以最快、最省的运输方式，安排合适的货物包装，选择货物的运输路线。

(2) 向客户建议仓储与分拨。

(3) 选择可靠、高效的承运人，并负责缔结运输合同。

(4) 安排货物的计量和计重(尺码)。

(5) 办理货物的保险。

(6) 办理货物的拼装。

(7) 装运前或在目的地分拨货物之前，将货物存仓(如果有需要)。

(8) 安排货物到港口或目的地的运输，办理海关有关单证的手续，并把货物交给承运人。

(9) 代表托运人/收货人承付运费、关税、税收等。

(10) 办理与货物运输有关的任何外汇交易。

(11) 从承运人那里取得签署的提单，并交给发货人或收货人。

(12) 通过与承运人和货运代理人在国外的代理联系，监督货物运输的进程，并使货主了解货物的去向。

2. 为海关服务

当货运代理人作为海关代理，办理有关进出口货物的海关手续时，代理人不仅代表客户，而且也代表海关当局。事实上，在许多国家政府已经许可代理人办理海关手续，并对海关负责在法定的单证中申报货物确切的金额、数量和品名，以使政府在这些方面不受损失。

3. 为承运人服务

货运代理人向承运人订好足够的舱位，议定对承运人和发货人都公平合理的费率，安排在适当的时间内交货，并以发货人的名义解决与承运人运费账目等问题。

4. 为航空公司服务

货运代理人在空运业务上，充当航空公司的代理。在国际航空运输协会以空运货物为目的而制定的规则中，它被指定为国际航空协会的代理。利用航空公司的服务手段为货主服务，并由航空公司付给佣金。同时，作为货运代理人，通过提供适用于空运程度的服务方式，继续为发货人或收货人的利益服务。

5. 为班轮公司服务

货运代理人与班轮公司的关系因业务性质而定。在有些服务于欧洲国家的商业航线中，班轮公司已承认货运代理人的有益作用，并付给货运代理人一定的佣金。近年来，由货运代理人提供的拼箱服务，即拼箱货的集运服务，已建立了其与班轮公司及其他承运人(如铁路)之间较为密切的联系。

6. 提供拼箱服务

随着国际贸易中集装箱运输的增长，引进了“集运”和“拼箱”服务。在提供这种服务时，货运代理担负委托人的责任。集运或拼箱的基本含义是把同一个出运地、若干发货人发往另一个目的地的若干收货人的小件货物，集中起来作为一个整件集运的货物发运给目的地的货运代理人，并通过目的地的货运代理人把单票货物交给每个收货人。货运代理人将签发的提单，即“分提单”或其他类似的收据交给每一票货的发货人，货运代理人的代理在目的地凭出示的提单将货交给收货人。

集运、拼箱的发货人或收货人不直接与承运人联系，对承运人来说，货运代理人是发货人，而在目的地的货运代理人的代理是收货人。因此，承担集运货物的承运人给货运代理人签发的是“全程提单”或货运单。如果发货人、收货人有特殊要求，货运代理人也可在出运地和目的地办理提货和交付，提供门到门的服务。

7. 提供多式联运服务

在集装箱多式联运中，货运代理人充当主要承运人，并且承担组织在单一合同下，通过多种运输方式，进行门到门的货物运输。代理人可以以当事人的身份与其他承运人或其他服务的提供者分别谈判并签约。但是，这些分拨合同不会影响多式联运合同的执行，也就是说，不会影响对发货人的义务和在多式联运过程中对货损及灭失所承担的责任，在货运代理人作为多式联运经营人时，通常需要提供包括所有运输和分拨过程的全面的一揽子服务，并对其客户承担更高水平的责任。

国际货运代理人根据其提供服务的性质承担相应的责任，即可能作为代理人或合同当事人承担责任和享受权利。

10.5　国际物流仓储与保税区

10.5.1　国际物流仓储

国际物流仓储工作同国际货物运输一样，都是对外贸易及国际物流不可缺少的环节，在国际间的生产、分配、交换、消费过程中，或者说在一国范围和世界范围的商品生产和商品流通过程中，都有着重要的地位和作用。

国际物流仓储不仅负担着进出口商品保管、储存的任务，而且还承担着出口加工、挑选、整理、包装、备货、组装和发运等一系列的任务。国际物流仓库是对外贸易运输的基地，应充分发挥各种运输手段和仓库两个优势，将仓储和运输紧密地结合，做到储运结合、以库促运，力争外贸商品早出口、多出口、早结汇、多结汇。

仓储离不开仓库，国际物流仓库可以分为多种类型，见表 10－4。

表 10－4　国际物流仓库的分类

划分依据	分　类	含义及特点
按仓库在商品流通中的主要职能分类	口岸仓库	大都设在商品集中发运出口的沿海港口城市，主要职能是售出口岸和内地对外贸易业务部门收购的代运出口商品和进口待分拨的商品，又叫周转仓库
	中转仓库	大都设在商品生产集中的地区和出运港口之间，主要职能是按照商品的合理流向，收储转运经过口岸出口的商品
	加工仓库（工厂）	将加工业务和仓储业务结合在一起，对某些出口商品进行必要的挑选、整理、分装、改装和适应流通需要的加工，以满足存储运输和国际市场的需要
	存储仓库	用于储存代销的出口商品，援外的储备物资，进口待分拨和出口业务需要的物资等
按存储商品的性能及技术设备分类	通用仓库	储存没有特殊要求的工业品或农用品的仓库
	专用仓库	专门用于储存某一类商品的仓库。在保养技术设备方面相应地增加了密封、防虫、防霉、防火以及监测等设施，以确保特殊商品的质量安全
	特种仓库	用于存储具有特殊性质、要求使用特别保管设备的商品，一般指化学危险品、易腐蚀品、石油及部分医药品等。这类仓库配备有专门的设备，如冷藏库、保温库、危险品仓库等
按仓库管理体制分类	自用仓库	这类仓库属于各进出口专业公司经营管理
	公用仓库	由外贸运输公司经营管理，为各进出口专业公司的商品流通服务
	保税仓库	根据有关法律和进出口贸易的规定，专门保管国外进口而暂未纳进口税的商品的仓库，由海关统一进行监督和管理

10.5.2　保税仓库

保税仓库中的“保税”是海关保留对货物征税的权利的意思。随着国际贸易的不断发展，贸易方式日益多样化，如进口原材料或配件进行加工装配后复出口、补偿贸易、转口贸易、期货贸易等灵活贸易方式。如果进口时要征收关税，复出时再申请退税，手续过于繁琐，必然会加大货物的成本，增加国际贸易的风险，不利于发展对外贸易。建立保税仓库后，可大大降低进口货物风险，有利于鼓励进口，鼓励外国企业在中国投资，是非常重要的投资环境之一。

1. 保税仓库的类型

保税仓库的类型见表10－5。

表10－5 保税仓库的类型

序　号	分　　类	定　　义
1	专业性保税仓库	有外贸经营权的企业经海关批准而建立的自管自用的保税仓库
2	公共保税仓库	具有法人资格的经济实体，是经海关批准建立的综合性保税仓库。这类保税仓库一般不经营进出口商品，只为国内外保税货物持有者服务
3	保税工厂	整个工厂或专用车间在海关监督管理下，专门生产进料加工、进件装配复出口产品的工厂
4	海关监管仓库	主要存放已入境而所有人未来提取的货物或行李物品，或者无证到货、单证不齐、手续不完备以及违反海关规程，海关不予放行，需要暂存海关监管仓库等候海关处理的货物。海关监管仓库的另一种类型是出口监管仓库，专门存储已对外成交，并已结汇，但海关批准暂不出境的货物

2. 保税仓库允许存放的货物范围

我国海关监管制度中，主要是保税仓库制度，保税仓库也是由海关批准并由海关监管的。根据我国相关规定，保税仓库制度允许存放的货物范围如下。

1）缓办纳税手续的进口货物

缓办纳税手续的进口货物主要包括进口国工程、生产等需要，或由于种种原因而造成的预进口货物，储存在保税仓库内随需随提，并办理通关手续，剩余的货物免税退运。另外，还包括由于进口国情况变化、市场变化，而暂时无法决定去向的货物，或是无法做出最后处理的进口货物，这些都需要将货物存放一段时间。如果条件变化，需要实际进口，再缴纳关税和其他税费，这就使进口商将纳税时间推迟到货物实际内销的时间。

2）需做进口技术处置的货物

有些货物到库后不适宜在进口国销售，需换包装装潢、改包装尺寸或做其他加工处理，则可在保税仓库进行技术处置，待符合进口国的要求再内销完税，不符合的则免税退返。

3）来料加工后复出的货物

为鼓励“两头在外”的国际贸易战略的实施，对有些来料加工，又是在保税区或保税仓库完成的，加工后，该货物复出口，则可存放于保税仓库。

4）不内销而过境转口的货物

有些货物因内销无望而转口，或在该区域存放有利于转口，或无法向第三国直接进口而需转口，货物则可存放于保税仓库中。

10.5.3 保税区和自由贸易区

1. 保税区

为达到吸引外商进行贸易和加工等业务活动的目的，一个国家或地区在其管辖的区域内划出一个非关境的区域范围，实施特殊的经济优惠政策，这就是广义的经济特区的含义。经济特区的主要形式有自由港、保税区、出口加工区等。

保税区是指一个国家在其境内划出一个专门区域由海关实行特殊方式的监管。我国保税区从其性质、功能以及运作方式上看，基本上类同于自由港等自由经济区形式，只是其地理范围一般较小。

保税区具有“进出自由”、“关税豁免”的特点，具体说来，有如下一些特点：

(1) 设立在关境之外，设立标志或实行隔离措施。

(2) 符合规定的商品可以自由进出。

(3) 外国商品进入时免缴关税，但从自由贸易区转入关境时需要报关并缴纳关税。

(4) 进入自由贸易区的外国商品可自由加工、混合后再出口。

1990年，经国务院批准，我国借鉴国际通行做法，建立了中国第一个自由经济区——上海外高桥保税区，随后，又先后建立了深圳沙头角、深圳福田、烟台、青岛、天津港、大连大瑶湾、张家港、宁波、厦门、福州、广州和海口等保税区。

2. 自由贸易区

自由贸易区(Free Trade Area)是指在两个或两个以上的国家行政区上独立的地区经济体之间通过达成自由贸易协议，相互取消关税和非关税壁垒而形成的一种经济一体化组织。

1) 自由贸易区的特征

(1) 自由贸易区是一种较为松散的区域经济一体化组织。其最重要的特征是一体化组织内部的自由贸易。在区域内部，商品可以自由输出和输入，成员方之间相互取消商品贸易的障碍，真正实现商品的自由流通，成员经济体内的厂商可以像在国内一样进行自由贸易，但是它严格地将这种贸易待遇限制在成员方之间。

(2) 自由贸易区的成员经济体之间没有共同对外关税。各成员经济体均可保持独立的关税结构，并按照各自的税目和税则对非成员方商品征收进口关税。因此，一体化组织内部的自由贸易并不妨碍各成员经济体对非自由贸易区成员方采取其他的贸易政策，自由贸易区成员经济体也并不按照共同的关税对非成员方商品征收进口关税。

2) 自由贸易区容易产生的问题及应对措施

在执行自由贸易政策时很难分清楚某种产品是来自成员方还是来自自由贸易区以外的非成员方或第三国。因此，容易出现这样一种情况：来自自由贸易区外的商品从关税较低的成员方进入自由贸易区市场后，再利用自由贸易区内部自由流通的便利转而进入关税水平较高的成员方，从而造成较高关税成员税收流失和对外贸易政策失效。

为了解决这一问题，自由贸易区通常采取“原产地原则”。这一原则的基本内容是只有原产于经济体成员内的商品才享有自由贸易及免征进口关税的待遇。一般来说，所谓原产地商品，是指商品价值的50%以上是在自由贸易区内部成员方生产的。有些区域经济一体化组织对某些敏感产品的原产地规定更加严格，要求商品价值的60%甚至75%以上产自成员国时才符合原产地规则的规定。由此可见，“原产地原则”的目的在于保护自由贸易区内关税水平较高一方的利益。

知识链接

世界上典型的自由贸易区

自由贸易区的最典型的例子是1960年由英国、奥地利、丹麦、挪威、葡萄牙、瑞典、瑞士等国倡导建立的欧洲自由贸易协定(EFTA)。另一个典型例子是由美国、加拿大、墨西哥在1994年建立的北美自由贸易协定(NTFIA)。2001年11月15日，时任我国总理的朱镕基倡导十年内形成的“中国—东盟自由贸易区”(CAFIA)也属于此列。

10.5.4 国际化生产

生产全球化是经济全球化的主要特征。第三次科技革命推动了国内分工向更深层次发展，各国在生产领域的合作愈加紧密。在生产全球化的进程中，跨国公司扮演着重要的角色。因为，跨国公司是国际化的生产体系，它与外界的交换，母公司和子公司、子公司与子公司之间的交换都具有跨越国境的性质，因此，跨国公司不仅广泛深入地进入了国际市场，而且把外部市场转变为公司的内部市场。

企业在全球化范围内组织生产具有如下优势。

(1) 国际化生产比在一国国内组织生产，通过产品出口的方式进入国际市场更能接近消费者的需求。随着国际时尚和流行周期的缩短，以及市场的扩大和更多的季节性、风俗性、时令性消费进入国内市场，国际市场消费者的购买模式呈现出多样化、个性化的趋势，这不仅要求企业建立起柔性的生产体系与之相适应，更重要的是能及时对这种市场需求的变化作出反应。而国际化生产体系与国际市场的紧密结合则顺应了这一要求。

(2) 国际化生产能充分利用世界上各个国家和地区的生产要素优势，以降低生产成本，使企业资源达到最佳的配置。全球范围内由于自然条件和经济发展的不平衡，各个国家和地区所拥有的生产要素(包括资本技术、劳动力、土地、自然资源、信息、管理等)存在着一定的差异。只有将本国的优势生产要素和他国的优势与本国的弱势或相对弱势生产要素相结合，才能弥补国内生产要素的不足而获得更大的利益。

(3) 国际化生产可以避开东道国的贸易壁垒限制，更顺利地进入国际市场。一般说来，各国为了保护本国市场会采取一定的贸易保护措施，最常见的贸易壁垒主要有关税壁垒和非关税壁垒，当企业通过产品出口的方式进入东道国时可能会遭遇贸易障碍，但是生产要素的进入往往不受贸易壁垒的限制。因为企业生产要素尤其是资本要素的输出是为世界上绝大多数国家所欢迎的。为了吸引外资，很多国家都采取了相应的优惠政策及措施，如设立自由贸易区、保税区、出口加工区等，因此，国际化生产可以绕过贸易壁垒的限制，顺利地进入国际市场。

(4) 国际化生产可以降低运输、储存、搬运、装卸等物流费用，降低成本，提升产品的国际竞争能力。企业通过国际化生产可以在更接近市场的地方组织生产，缩短产品从生产者到达消费者手中的运输里程并减少环节，从而大大地节约物流费用。

重要词汇

国际物流　国际贸易术语　国际货运　进出口货物通关　国际货运代理　国际物流仓储　保税区

案例分析

Frimenich的国际物流开展

Frimenich是位于瑞士日内瓦的一个家族企业，已有110年制造香水和香料的历史，也是世界上最大的私营企业之一，其生产基地和销售市场遍布全球。货物要从遍布世界120个国家的供应商那里流向遍布三大洲的许多生产工厂，然后再流向分布在更多地点的顾客，这些都必须加以协调和监控。如果没有能胜任的代理商，Frimenich是不可能经营好的。Frimenich负责全球配送和物流的总监Vincent Zumwald说："这些国际活动使我们公司的物流部面临重大挑战。我们的产品高达70%被列为危险品。"

几年前，Frimenich顺应时代潮流，开始外包物流服务。全球各地的Frimenich分公司都引入了SAP这一商业软件解决方案。一个国际物流供应商已经接管了空运货物的标签业务并且准备好了在日内瓦的空运货单。此外，瑞士货运集团在法国里昂为Frimenich设立了一个中转仓库。所有运到欧洲客户手中的产品被储存在那里，在日内瓦工厂生产的香料也被送到那里。来自国外的货物也被储藏在里昂。如果有必要，它们需要重新贴上标签，为进一步的运输做准备。

1. 供应链的优化

Frimenich指定了两个公司作为自己在欧洲的主要物流供应商。Frimenich还操纵着设在美国Frimenich工厂的各种各样的中间产品，并且还管理着出口产品的配送。这两个物流供应商的IT系统和Frimenich的IT系统是相连的，所以他们能准时接收到迫切需要装运的通知。Frimenich依赖一个澳大利亚物流供应商来完成到东欧的货流。三个物流供应商对于Frimenich在欧洲的业务来说已经足够了。

Frimenich主要通过这三个运输公司来管理配送。Frimenich的采购部门通常禁止DDU(未完税交货)合同，所以公司只需要完成海关手续。不过，Frimenich不得不组织从港口到生产工厂的大量运输，Frimenich现在正试图使这种运输方式合理化。

Frimenich目前正在考虑是否引入DHE的"控制塔"工具。这些多式联运的管理工具能够在全世界范围内进行部署，并且在瑞士化学公司Ciba和多个高科技企业证明了其价值。

大约50%的国外货物是通过空运完成的，剩余的则通过海运。Frimenich的物流部门正试图通过海运运输更多的货物以节省开支。海运方式已在生产工厂和分公司之间的货流方面取得良好的进展。卡车当然是必需的，在欧洲，交付物主要通过卡车转交。他们通常在48小时内到达目的地。运往斯堪的纳维亚和比荷卢诸国的货物是通过在沃尔姆(Worm，德国)的一个枢纽港完成的。这个公司的物流计划不考虑铁路。

2. 强大的团队

Frimenich的物流部门从接受订单到发送货物(订单提前期)不超过10天，所以物流部门承受着巨大压力，因为有时候接受订单后才开始生产产品，大量的海关审查、警察核查、交通拥挤及天气问题自然都是物流部门无法逃避的难题。

对于Frimenich的物流部门来说，有一点是非常重要的，那就是其员工和物流供应商训练有素，遵守所有的运输和海关审核法规。在Frimenich的投资组合中有六万多种产品，因此每一项规则的修订都会引起一系列流程的改变，诸如IT系统和标签等。

(资料来源：2011年物流师考试物流案例集)

思考：

1. Frimenich是如何高效快速地完成各项国际货运的？
2. 结合案例，你认为跨国企业在进行国际化生产时需注意什么？

练习与思考

一、单选题

1. 国际物流的本质特点是(　　)。
   A. 跨越国家界限　　B. 发生在不同的独立关税领土之间
   C. 涉及多种不同的运输工具　　D. 面临的语言、法律环境等完全不同
2. 目前国际贸易中最具影响力的有关国际贸易术语的国际惯例是(　　)。
   A. 《1932年华沙—牛津规则》　　B. 《1941年美国对外贸易定义修订本》
   C. 《国际贸易术语解释2000通则》　　D. 国际法中有关国际贸易术语的相关规定
3. 在使用FOB和CFR价格术语的情况下，卖方必须在货物装船后及时向买方发出装船通知，其意义在于(　　)。
   A. 以便于买方做好接货准备　　B. 便于买方了解合同履行进度
   C. 以便于买方及时办理进口手续　　D. 以便于买方及时办理货物保险手续
4. 下列关于CPT贸易方式，描述不正确的是(　　)。
   A. 卖方负责将货物运送到指定目的地的运费
   B. 当卖方将货物交给买方指定的承运人时，即完成了交货义务
   C. 卖方交货后，货物灭损的风险以及由此而发生的任何额外费用即由买方承担
   D. 买方承担货物运送至指定目的地的运费
5. 以下关于海运提单的叙述，错误的是(　　)。
   A. 承运人或其代理人签发给托运人承运货物的收据
   B. 承运人与托运人之间运输合同的证明，也是处理承托双方权利和义务的主要根据
   C. 货物所有权的证件
   D. 海运提单必须是记名的

二、多选题

1. 国际多式联运的组织形式主要有(　　)。
   A. 海空联运　　B. 陆桥运输　　C. 跨国公路运输
   D. 海陆联运　　E. 远洋运输
2. 经营国际多式联运的经营人，必须具备的基本条件有(　　)。
   A. 具有开展多式联运的集装箱货运站　　B. 拥有国内外联运网点
   C. 实行单一的多式联运费率　　D. 具备得到国际承认的多式联运单据
3. 按照存储商品的性能及技术设备分，国际物流仓库可以分为(　　)。
   A. 通用仓库　　B. 保税仓库　　C. 专用仓库　　D. 特种仓库

4. 下列货物中，保税仓库允许存放的货物包括(　　)。

A. 缓办纳税手续的进口货物　　B. 来料加工后复出的货物

C. 不内销而过境转口的货物　　D. 出口转内销的货物

5. 以跨国公司为主要形式的国际化生产具有(　　)等方面的主要优势。

A. 能够更加接近消费者的需求

B. 可以利用各个国家(或地区)的优势降低生产成本

C. 可以巧妙地避开东道国的贸易壁垒限制

D. 可以大大节约物流费用，提高产品的价格争力

三、思考题

1. 什么是国际物流，它有什么特点?
2. 国际贸易术语中常用的术语是哪些?
3. 国际货物运输有哪些方式? 各自有什么特点?
4. 进出口货物通关需要哪些手续?

第 11 章　物流信息管理

学习目标

1. 了解信息的概念、物流信息的特点。
2. 掌握各种物流信息技术的概念、特点和基本结构。
3. 了解物流信息系统的定义及其组成。
4. 掌握 CRM 的管理思想、功能结构。

案例引入

中国和美国的物流信息化对比

1. 物流信息化的出发点

物流信息化已成为美国工商企业降低物流成本、改进客户服务、提高企业竞争力的基本手段。因此，美国企业都是以满足客户服务需求为物流信息系统建设的出发点，通过采用先进的信息技术实现供应链伙伴相互之间的信息沟通与共享；特别是物流企业，更是将为客户提供信息服务内容作为信息系统建设的重要依据。而我国企业大都没有把物流信息化放在战略高度来认识，往往是以满足企业内部管理为出发点建设物流信息系统，忽视对客户物流信息服务的建设，这种观念上的差距严重影响了物流信息系统的投入力度和实施效果。

2. 物流信息化的标准方面

物流活动包括运输、仓储、包装、配送、流通加工等多个环节，在运输方面涉及铁路、公路、航空、海运和国际运输等多种模式，需要物流信息系统像纽带一样把供应链上的各个伙伴联结成一个整体。这就需要在编码、文件格式、数据接口、EDI、GPS 等相关代码方面实现标准化。美国物流行业协会在物流标准的制定方面发挥了重要作用，在条形码、信息交换接口等方面建立了一套比较实用的标准，使物流企业与客户、分包方、供应商更便于沟通和服务，物流软件也融入了格式、流程等方面的行业标准，为企业物流信息系统的建设创造了良好的环境。而我国由于缺乏信息的基础标准，不同信息系统的接口成为制约信息化发展的瓶颈，物流企业在处理订单时，有时数据交换要面向七八种不同的模式。

3. 物流信息化的应用方面

美国物流信息化的最大特点是将先进的信息技术有效地应用于实际的物流业务之中。首先，广泛应用互联网建设物流信息平台，互联网的发展和规范管理，为物流信息系统的建设提供了良好环境。其次，将优化的物流运作流程融入软件，形成了比较成熟的标准化、模块化的物流与供应链软件产品，为物流信息系统的建设提供了技术保障。第三，公共物流信息平台的发展为企业间的信息沟通创造了条件。近年来，我国从政府到企业对物流信息化重要性的认识在不断提高，与美国的差距主要在应用方面。我国目前的物流信息系统建设仍以专线为主，不便于信息网络间的连接；由于缺少实用可靠的成熟物流软件，使企业在建设物流信息系统时不敢投入，自主开发又存在起点低、周期长的问题；公共物流信息平台的缺乏，也使企业物流信息系统成为一个个信息孤岛，中小企业的物流信息化举步维艰。

（资料来源：http：//www.examda.com/wuliu/anli/20100206/103559368.html，有改动）

思考：结合案例资料，分析如何推进我国的物流信息化建设。

11.1 物流信息概述

11.1.1 数据、信息与决策

1. 数据

数据(data)是人们用来反映客观事物而记录下来的可以鉴别的实体，是客观事物的基本表达。它表示原始的、没有加工过的信息。例如，最高时速可达 430km/h 的磁悬浮列车，其中“430”、“磁悬浮”就是关键数据，表示了一种特定的机车。在信息学研究的范围内，数据的形式是多样的，如数字、字符串、符号、语言、声音、图形、图像等。

数据一般分为两种类型：数值型数据和非数值型数据，可以参加数值计算的数据称为数值型数据，而不可计算的数据称为非数值型数据。

2. 信息

不同学科(决策、控制、通讯、计算机等)由于其研究内容的不同，对信息也有不同的定义。创始人申农认为信息就是一种对事物不确定性的消除，事物的不确定越彻底，信息量就越大；西蒙从决策的角度出发，认为信息是影响人改变决策或评价的外界刺激。信息是加工和处理以后的数据，它揭示数据的内在含义。

综合信息的多种定义，从企业管理的角度看，信息具有以下重要的特征：①有一定的含义；②具有可用性(强调经过加工)；③与目的有关；④可传递、可存储、可共享；⑤时效性。

3. 决策

按照不同的管理层次划分，管理决策的信息特征也有所不同，一般可将决策层次分为战略管理层、战术管理层、知识管理层和操作管理层四层，如图 11.1 所示。

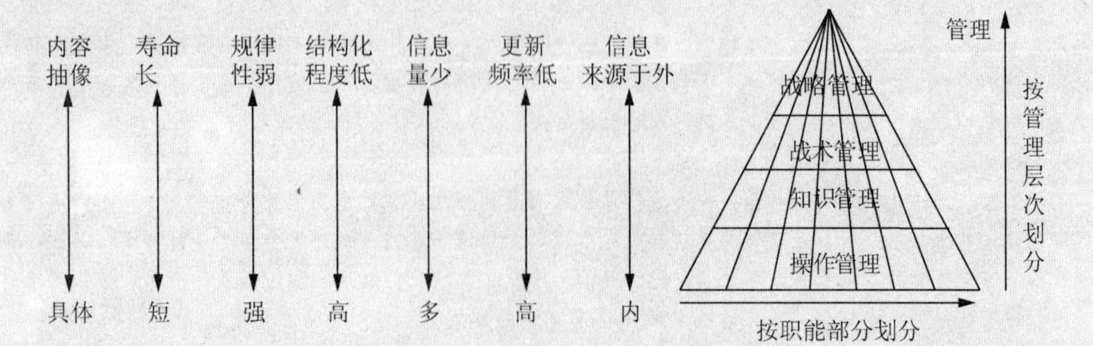

图 11.1 企业不同层次决策的信息特征

在现在信息丰富的环境中，决策的关键是对信息进行过滤，加工处理各个组成部分，稀有的资源是处理信息的能力。谋略是决策的核心，信息是决策的材料，决策的过程就是信息收集、处理、加工和产出(产品即决策)的过程。

11.1.2　计算机信息系统的构成

1. 计算机硬件

计算机硬件(Hardware)是指看得见、摸得着的实际物理实体。计算机硬件一般分为主机和外设两部分。主机包括主板(MainBoard)、中央处理器(CPU)、高速缓存(Cache)、存储器(RAM&ROM)和硬盘(HardDisk)等；外设包括键盘(Keyboard)、鼠标(Mouse)、显示器(Monitor)和打印机(Printer)等。这些主机和外设由电子的、电磁的、光学的、机械的元器件集成的芯片、组装的电路板及各种部件和装置组成。

2. 计算机软件

计算机软件(Software)是在计算机上运行的各种程序、要处理的各类数据以及有关文档的总称。计算机软件泛指任何类型的计算机程序，从操作系统到实用程序、应用程序、存放在只读存储器(ROM)上的程序等。计算机软件包括系统软件和应用软件，常用的系统软件包括 Windows 操作系统、高级语言的编译和解释程序等，常用的应用软件有文字处理软件、计算机辅助教学软件和计算机防病毒软件等。

3. 计算机通信

通信是指在两点或多点之间进行的信息交换过程。通俗地讲，计算机通信就是经过计算机进行的通信，是在计算机之间，或计算机与其终端打印机或其他外围设备之间进行的数据交换的过程。计算机通信的对象是以二进制形式表示的数据，所以计算机通信也称为计算机数据通信。信息有多种形式，包括各种文本文件(如文章、文档、报告等)、电子表格、数据库文件、图形、图像以及语音、音乐等。当这些信息转换为以二进制形式表示的数据时，就可以经过计算机进行通信了。

计算机通信系统由数据终端设备、数据通信设备、传输信道及通信软件几部分组成，如图 11.2 所示。

4. 计算机网络

计算机联网的主要目的是实现资源共享，包括信息资源、硬件资源、软件资源以及通信资源的共享，建立人与人之间更广泛的沟通渠道。

计算机网络经历了由简单到复杂、由低速到高速的发展过程，大约为四个阶段：远程终端联机、计算机联网、网络互联以及信息高速公路。

从地理范围的大小看，网络分为局域网(LAN)、城域网(MAN)、广域网(WAN)。LAN 的范围是一个建筑物或几个相邻的建筑物，比 LAN 范围更小的就是多处理机系统(MMP)的互联网。WAN 的范围是一个国家，比 WAN 范围更大的就是全球网了。

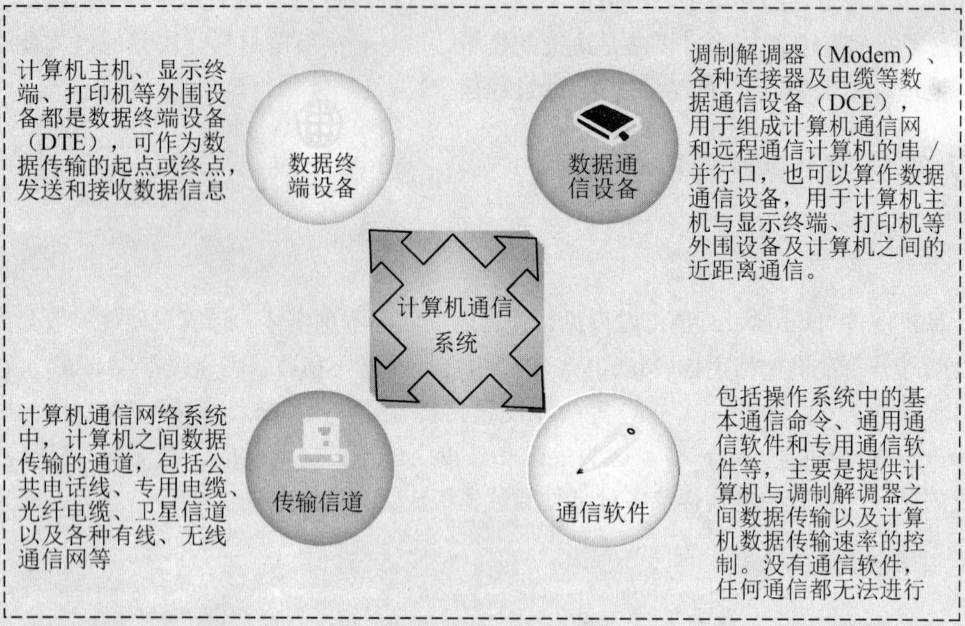

图 11.2　计算机通信系统的构成

从拓扑结构的形状看，网络分为总线网、星形网、环形网等。例如，以北京为中心向各地画出辐射线，我们就说它是星形拓扑结构网。

进网的硬件设备包括各种类型的计算机(它们或者用做网络服务器，或者用做客户工作站)、网络卡、调制解调器、交换设备、集线器、网间互连器等。所用连接设备有同轴电缆、双绞线、光缆等。

网络软件通常是操作系统的扩展，称为网络操作系统，如 Novell 公司的 NetWare 和 Microsoft 公司的 Windows 2000 Server 等。

5. 计算机应用

计算机作为一种特殊的工具，可以辅助人脑的工作，它是人脑的扩展，所以计算机俗称“电脑”。计算机的应用领域十分广泛，凡是需要用脑的地方都可以求得计算机的帮助。

计算机的应用系统结构可分为单机系统、多机系统、局部网络系统、集散系统和分布式系统等。计算机应用技术包括数值计算、数据处理、自动控制、信息处理和人工智能、计算机辅助工程等。

11.1.3　信息技术

信息技术(Information Technology，IT)泛指能拓展人的信息处理能力的技术。它替代或辅助人们完成对信息的检测、识别、变换、存储、传递、计算、提取、控制和利用。信息技术能够延长或扩展人的信息功能。

信息技术可能是机械的，也可能是电子的、生物的。从目前来看信息技术主要包括以下几种技术。

1. 传感技术

传感技术扩展了人的感觉器官能力，主要完成对信息的识别、搜集等。例如，企业物资管理中，当装载入库物资的汽车开上地秤后，入库数量即一次性被采集、输入进计算机，从而既提高数据的准确性、及时性，又同时减轻了工人的劳动强度。

2. 计算机技术

计算机技术以高速的计算能力以及海量的存储能力扩展人的大脑能力，包括计算、记忆能力，完成信息的加工、存储、检索、分析能力等。由于计算机技术的应用，使以前难以甚至无法解决的问题得以解决。例如，在库存信息处理方面，对日常需要的库存数据、图表，计算机很快就能给出结果，使得及时补充库存、调整库存商品种类、减少冗余库存、合理安排运输路线和装运节约资源等方面都能得以有效地改进和提高。

3. 通信技术

通信技术扩展人的神经系统能力，实现信息的传递。过去人们传递信息主要依靠口头、书信、电话、电报等方式。目前，国际互联网数据传输率最大的光纤主干网，其传输率可高达 2 500MB/s，相当于每秒传送 110 000 页文本的信息量。以资金周转为例，在我国使用传统方法进行资金流通结算，国内一般需要一个星期，国际一般需要半个月左右，实现网络化后，国内、国际的资金流通结算均可在 24 小时内完成。

知识链接

新时代信息技术——国际互联网

信息技术发展和应用的一个重要标志是国际互联网(Internet)的形成、发展和应用。它能使各地互联的计算机充分共享资源(硬件、软件和数据)，其商业化应用为拓展人的信息处理能力创造了一个世界范围内的虚拟空间。在企业内部，通过信息系统的建设，企业的人、财、物、产、供、销等各部门之间都可以实现信息共享。这样可以降低企业内部沟通的时间和成本，使决策者能做出相对于全盘的统筹规划；在外部，网络技术把整个世界都展现在人们眼前，对整个企业工作流程进行全程动态实时跟踪，随时掌握最新的业务情况，所需的物资产品信息、客户情况、对手动态、行业动态、最新的政策法规及其他各方面的信息。这使整个企业运营快速高效、信息全面详尽，增加了企业对突发事件的反应能力。

11.1.4　物流信息和物流信息技术

1. 物流信息

物流信息是反映物流各种活动内容的知识、资料、图像、数据、文件的总称。物流信息除具有信息的一般属性外，还具有自己的一些特点。

1）广泛性

由于物流是一个大范围的活动，物流信息源也分布于一个大的范围内，信息源点多、信息量大，涉及从生产到消费、从国民经济到财政信贷各个方面。物流信息来源的广泛性决定了它的影响也是广泛的，涉及国民经济的各个部门和物流活动的各个环节。

2）联系性

物流活动是多环节、多因素、多角色共同参与的活动，其目的是实现产品从产地到消费地的顺利移动，因此在该活动中所产生的各种物流信息必然存在十分密切的联系，如生产信息、运输信息、储存信息、装卸信息都是相互关联、相互影响的。这种相互联系是保证物流各子系统、供应链各环节，以及物流内部系统与外部系统相互协调运作的重要因素。

3）多样性

物流信息种类繁多，从其作用的范围看，系统内部有不同种类的信息，如流转信息、作业信息、控制信息、管理信息等；物流系统外也存在不同种类的信息，如市场信息、政策信息、区域信息等；从其稳定程度看，有固定信息、流动信息与偶然信息等；从其加工程度看，有原始信息和加工信息等；从其时间看，又有滞后信息、实时信息和预测信息等。在进行物流系统的研究时，应根据不同种类的信息进行分类收集和整理。

4）动态性

多品种、小批量、多频度的配送技术与 POS、EOS、EDI 数据收集技术的不断应用，使得各物流作业频繁发生，加快了物流信息的价值衰减速度，要求物流信息的不断更新。物流信息的及时收集、快速响应、动态处理已成为决定现代物流经营活动成败的关键因素。

5）复杂性

物流信息的广泛性、联系性、多样性和动态性带来了物流信息的复杂性。在物流活动中，必须对不同来源、不同种类、不同时间和相互联系的物流信息进行反复研究和处理，才能得到有实际应用价值的信息指导物流活动，这是一个非常复杂的过程。

2. 物流信息技术

从目前的应用看，物流信息技术主要包括以下几种技术。

1）条形码技术

条形码技术又称条码技术，是 20 世纪在计算机应用中产生和发展起来的一种自动识别技术。条码技术是物流自动跟踪最有力的工具，被广泛应用。条码技术具有制作简单、信息收集速度快、准确率高、信息量大、成本低和条码设备易用等特点，所以从生产到销售的流通转移过程中，条码技术起到了准确识别物品信息和快速跟踪物品历程的重要作用，它是整个物流信息管理工作的基础。

2）多媒体技术

多媒体技术通常被解释为通过计算机将文字、图像、声音和影视集成为具有人机交互功能和可编程环境的技术，其中图像包括图形、图像、动画、视频等，声音包括语音、音乐、音像效果等。目前，多媒体技术在各个领域发挥着引人注目的作用。

3）地理信息系统

地理信息系统(GIS)是人类在生产实践中，为描述和处理相关地理信息而产生的软件系统。它以计算机为工具，对具有地理特征的空间数据进行处理，能以一个空间信息为主线，将其他各种与其有关的空间位置信息结合起来。它的诞生改变了传统的数据处理方式，使信息处理由数值领域步入空间领域。GIS 用途十分广泛，如交通、能源、农林、水利、测绘、地矿、环境、航空、国土资源综合利用等。

4）全球定位系统

全球定位系统(GPS)的原始思维理念是将参考的定位坐标系搬到天际上去，可在任何时候、任何地方提供全球范围内的三维位置、三维速度和时间信息服务。使用 GPS，可以利用卫星对物流及车辆运行情况进行实时监控，实现物流调度的即时接单和即时排单，以及车辆动态实时调度管理。同时，客户经授权后也可以通过互联网随时监控运送自己货物的车辆的具体位置。如果货物运输需要临时变更线路，也可以随时指挥调动，大大降低了车辆的空载率，实现资源的最佳配置。

5）电子数据交换

电子数据交换(EDI)是按照协议的标准结构格式，将标准的经济信息，通过电子数据通信网络，在商业伙伴的电子计算机系统之间进行交换和自动处理。EDI 的基础是信息，这些信息可以由人工输入计算机，但更好的办法是通过扫描条码获取数据，速度快、准确度高。物流技术中的条码包含了物流过程所需的多种信息，与 EDI 相结合，方能确保物流信息的及时可得性。

6）数据库技术

数据库技术将信息系统中大量的数据按一定的模型组织起来，提供存储、维护、检索数据的功能，使信息系统可方便、及时、准确地从数据库中获得所需的信息，并以此作为行为和决策的依据。现代物流信息量大而复杂，如果没有数据库技术的有效支持，物流信息系统将根本无法运作，更不用说为企业提供信息分析和决策帮助。

7）Web 技术

Web 技术(网络技术)是网络社会中具有突破性变革的技术，是 Internet 中最受欢迎、最为流行的技术。该技术采用超文本、超媒体的方式进行信息的存储与传递，能把各种信息资源有机地结合起来，具有图文并茂的信息集成能力及超文本链接能力的信息检索服务程序。Web 页面的描述由标识语言(Hypertext Makeup Language，HTML)发展为可扩展的标识语言(External Hypertext Makeup Language，XML)，使得 Internet 可以方便地定义行业数据的语义。

11.2 物流信息技术的应用

11.2.1 条形码技术

条形码(BarCode)简称条码，是一种先进的物品编码技术，条码的识别技术也是一种广泛应用于商业、邮政、图书管理、仓储、工业生产过程控制、交通等领域的自动识别技术，具有输入速度快、准确度高、成本低、可靠性强等优点，在当今的自动识别技术中占有重要的地位。

1. 条形码概述

条形码是一种在商品外表借助按一定规则排列的不同宽度的深色和浅色线条组合来表示商品编号的编码方法。通过专门的阅读设备可以自动识别并将其还原成商品编号传送给计算机。条形码中深颜色反射率较低的线条，简称“条”，浅颜色反射率较高的线条，简称“空”。通常对于每一种商品，其编码是唯一的，识别的条形码仅仅是商品的编号，还要通过计算机检索数据库，根据编号查找到物品其他的有关信息，再由计算机的应用程序对其进行操作和处理。

1）条形码的符号结构

完整的条形码符号由两侧静区、起始字符、数据字符、校验字符和终止字符组成，其排列方式如图 11.3 所示。

图 11.3　条形码的符号结构

（1）静区。静区是指条形码左右两端外侧与空的反射率相同的限定区域，它能使阅读器进入准备阅读的状态，当两个条形码相距距离较近时，静区则有助于对它们加以区分。

（2）字符。字符是指用来表示一个数字或字母或符号的一组条形码深色的条或浅色的空。

（3）起始/终止字符。起始/终止字符是指位于条形码开始和结束位置的若干条与空，标志条形码的开始和结束，同时提供了码制识别信息和阅读方向的信息。

（4）数据字符。数据字符是位于起始字符后面的字符，标志一个条形码符号的值，其结构异于起始字符，可进行双向扫描。

（5）校验字符。校验字符表示一种算术运算结果，条形码阅读器在对条形码进行识读并解码时，对读入的数据字符进行约定的运算，如运算结果与校验字符数值相同，则可判断本次识读有效；反之，则无效。

2）条形码的码制

条形码的码制是指因条形码的条和空的排列规则不同构成了不同的码制，一般可分为一维条码和二维条码两大类。

（1）一维条码。一维条码只在一个方向（一般是水平方向）表达信息，而在垂直方向则不表达任何信息，保持一定的高度通常是为了便于阅读器的对准扫描。典型的码制有 EAN 码、UPC 码、39 码、25 码、交叉 25 码、128 码等。

现对广泛应用于通用商品和物流中的 EAN－13 码作介绍：EAN－13 码是一种长度固定，连续性的、数字式的通用条码，主要应用于零售商品编码。其条形码构成如图 11.4 所示。

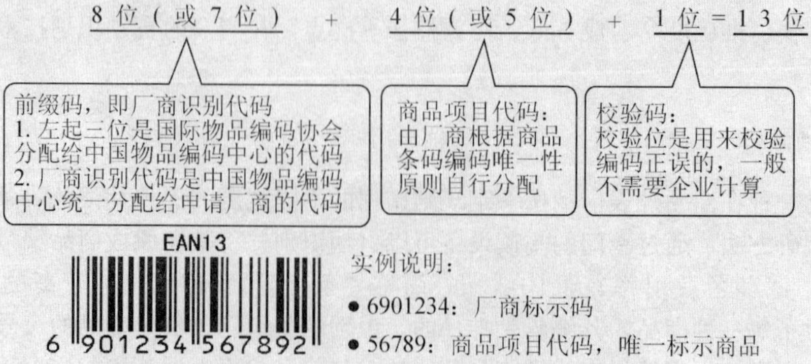

图 11.4　EAN－13 码的构成及实例说明

(2) 二维条码。二维条码可以分为层排式和矩阵式两种二维条码。①层排式二维条码形态上是由多行一维条码堆叠而成。具有代表性的层排式二维条码包括 PDF417、Code49、Code16K 等，其条码中包含附加的格式信息，信息容量可以达到 1KB。例如，PDF417 码可用做运输/收货标签的信息编码，它作为 ANSIMH10.8 标准的一部分，为“纸上 EDI”的送货标签内容编码，这种编码方法被许多工业组织和机构采用。层排式二维条码可用一维的线性扫描阅读器或 CCD 二维图像式阅读器来识读。②矩阵式二维条码以矩阵的形式组成，在一个规则的印刷单位(格子)内用点(方形或圆形等)的出现表示二进制“1”，点的不出现表示二进制“0”，通过多个“1”与“0”的组合来表示信息，如 Code one、Aztec、DataMatrix、QR 码等。矩阵式二维条码具有更高的信息密度，可以作为包装箱的信息表达符号。它只能被二维的 CCD 图像式阅读器识读，并能以全向的方式扫描。

新的二维条码能够将任何语言(包括汉字)和二进制信息(如签字、照片)编码，并可以由用户选择不同程度的纠错级别以在符号残损的情况下恢复所有信息。

2. 条形码标准

至今，已相继有四十多种不同的条形码被发明和应用。条形码技术的不断成熟，也就是不断被国际和各国标准化组织颁布相应标准和被行业所采纳的过程。

目前，国际统一条形码的使用和管理的标准化组织为国际物品编码协会(IAN/EAN)与美国国家标准协会(ANSI)。我国物品编码中心是国际物品编码协会(IAN)的会员，参照 IAN 的各种标准对我国常用的条形码发布了有关的标准。

1973 年，美国统一编码协会(UCC)率先建立了 UPC 条形码系统，实现了该码制标准化；同年，美国食品杂货业把 UPC 码作为该行业的通用标准码制，为条形码技术在商业流通销售领域的广泛应用，起到了积极的推动作用。随后，美国国家标准协会(ANSI)相继颁布了条形码、交叉 25 码和库德巴码等条形码标准。

1977 年，欧洲共同体物品编码协会(EAN)在 UPC－A 码的基础上制定出欧洲通用编码标准 EAN－13 码和 EAN－8 码。1981 年，国际物品编码协会成立，并先后确定 EAN－13、EAN－8 和 128 码为国际条形码的标准。

3. 条形码识别设备

条形码阅读器是用于读取条形码信息的设备，条形码阅读器的结构通常为以下几部分：光源、接收装置、光电转换部件、译码电路、计算机接口。它们的基本工作原理为：由光源发出的光经过光学系统照射到条形码符号上面，被反射回来的光，经过光学系统成像在光电转换器上，使之产生电信号，信号经过电路放大后产生模拟电压，它与照射到条形码符号上被反射回来的光成正比，再经过滤波、整形，形成与模拟信号对应的方波信号，经译码器转换为计算机可以直接接受的数字信号。

通常对条形码的识读采用三种类型的条形码阅读器：光笔、CCD、激光。CCD 阅读器和激光枪式阅读器如图 11.5 所示。

1) 光笔

(1) 优点。接触阅读，能够明确哪一个是被阅读的条形码，阅读条形码的长度可不受限制；与其他阅读器相比，成本较低；内部没有移动部件，比较坚固；体积小，重量轻。

(a) CCD阅读器　　(b) 激光枪式

图 11.5　条形码识别设备

（2）缺点。使用光笔会受到各种限制，如有一些场合不适合接触阅读条码；另外，只有在比较平坦的表面上阅读指定密度的、打印质量较好的条形码时，光笔才能发挥它的作用；而且操作人员需要经过一定的训练才能使用，如扫描速度、扫描角度以及使用的压力不当都会影响其阅读性能；最后，因为它必须接触阅读，当条形码在因保存不当而产生损坏，或者上面有保护膜时，光笔都不能使用；光笔的首读成功率低及误码率较高。

2）CCD 阅读器

（1）优点。与其他激光阅读器相比，CCD 阅读器的价格较便宜，容易使用。它的重量比激光阅读器轻，而且不像光笔一样只能接触阅读。

（2）缺点。CCD 阅读器的局限性在于它的阅读景深和宽度，在需要阅读印刷在弧型表面的条形码(如饮料罐)的时候会有困难；在一些需要远距离阅读的场合，如流水线、仓库物流应用领域也不是很适合；CCD 的防摔性能较差，因此产生的故障率较高；而采用阵列式 LED 的条码阅读器中，任意一个 LED 故障都会导致阅读出错；大部分 CCD 阅读器的首读成功率较低且误码率高。

3）激光扫描仪

激光扫描仪分为手持与固定两种形式。手持激光枪连接方便简单、使用灵活；固定激光扫描仪适用于条形码阅读量很大、条形码较小或物品运送过程中的实时采样等场合，无需人工干预。

（1）优点。激光扫描仪适用于非接触扫描，通常情况下，在阅读距离超过 30 厘米的情况下激光阅读器是唯一的选择；激光扫描仪阅读条形码密度范围广；可以阅读不规则的条形码表面或透过玻璃或透明胶纸阅读；由于是非接触阅读，所以不会损坏条形码标签；因为有较先进的阅读及解码系统，首读识别成功率高、识别速度相对光笔及 CCD 更快，而且对印刷质量不好或模糊的条码识别效果好；误码率极低(仅约为三百万分之一)；激光阅读器的防震防摔性能好，如 SymboikS4000 系列的扫描仪，即使从 1.5 米高处摔到水泥地上也不至于损坏。

（2）缺点。激光扫描仪唯一的缺点是价格相对较高。

4. 条形码的优点

条形码是迄今为止最经济、实用的一种自动识别技术。条形码技术具有以下优点。

（1）可靠性高。键盘输入数据出错率为三百分之一，利用光学字符识别技术出错率为万分之一，而采用条形码技术误码率低于百万分之一。

（2）输入速度快。条形码输入的速度是键盘输入的五倍，并且能实现“即时数据输入”。

（3）采集信息量大。利用传统的一维条码一次可采集几十位字符的信息，二维条码可以携带数千个字符的信息，并有一定的自动纠错能力。

（4）灵活实用。条形码既可以作为一种识别手段单独使用，也可以和有关识别组成一个系统实现自动化识别，还可以和其他控制设备联结起来实现自动化管理。

（5）设备简单、易于操作。条形码识别设备操作容易，不需特殊培训，设备也相对便宜。

（6）投资费用低。与其他自动识别技术相比，推广应用条形码技术，所需费用较低。

5. 条形码的应用

条形码功能强大，输入方式具有速度快、准确率高、可靠性强等特点，在商品流通、工业生产、仓储管理、信息服务等领域获得了广泛的应用。例如，在仓储及配送管理中，可以实现商品的入库验收、商品的出库发货和库存盘点等功能；在商品卖场中可以用来完成商品的补货、到货、销售、盘点等处理，对原包装没有通用商品条形码的商品可以标贴自制的内部条形码，实现自动补充订货、到货确认、盘点管理等操作。

目前，条形码技术在我国已具有一定的应用基础，有助于开发我国物品标示系统，使其规范化、标准化，并实现与国际标准兼容，促进国内商品经济的繁荣，增强我国产品在国际市场的竞争力，它的应用推广将逐步显示出其巨大的社会经济效益。

11.2.2　POS系统

POS(Point of Sales)系统即销售时点系统，它主要负责销售点的销售，同时又是所有销售信息的采集点。POS系统是随着零售业的迅速发展，在计算机技术逐渐成熟的基础上产生的新一代销售结算方式。它不但消除了手工结算诸多弊病，而且开创了计算机结算的快速、准确、详尽的销售信息采集的新局面，从而为制定各种销售策略、实现商品的单品管理和库存的优化管理提供了捷径。

知识链接

零售业中POS系统的应用

零售业的单品管理是以单个商品为单位进行销售跟踪和管理。由于POS系统能及时、准确地记录、传输单个商品的销售信息，如商品名称、规格、价格、数量，然后由计算机完成结算，并自动生成账单。因此，POS系统的应用使高效率的单品管理成为可能。

在超级市场，商品条形码的使用依赖于POS系统。POS系统具有直接、及时入账的实时处理能力，也就是说，在销售时，商品的各种信息数据处理是在交易的瞬间完成的。例如，每售出一件商品，POS系统数据库中就相应地减少该商品的库存记录，并自动完成商品的盘点。因此，POS系统是一种全新的商业销售管理系统。例如，美国超级市场商品种类为2.2万多种，每年约有1万种新商品进入市场，1万种老商品被清除，新旧交替的比例达50%，如此繁重的工作量，没有条形码和POS系统的应用是难以应付的。

POS系统包含前台POS系统和后台MIS系统两大基本部分。商场在完善前台POS系统的同时，还需建立相应的商场管理信息系统(Management Information System，MIS，是POS系统网络的后台管理部分)。这样，在商品销售的任何过程中的任一时刻，商品的经营决策者都可以通过 MIS 了解和掌握 POS 系统的经营情况，实现商场库存商品的动态管理，使商品的储存量保持在合理的水平，减少不必要的库存。

1. 前台 POS 系统的硬件设备

POS 系统的硬件设备主要包括收款机、扫描器、显示器、打印机、网络、微机与硬件平台等，如图 11.6 所示。

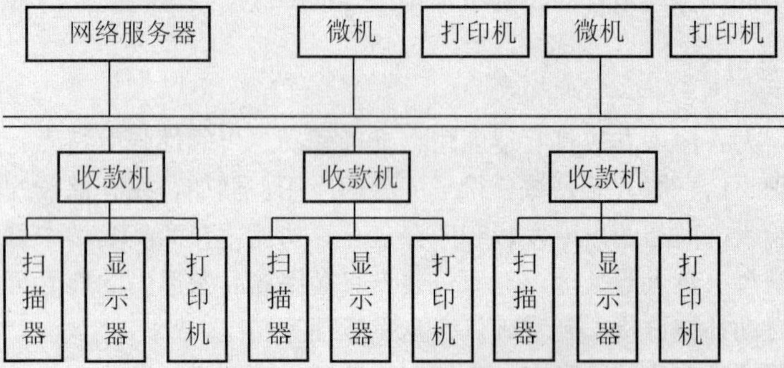

图 11.6　前台 POS 系统的硬件结构

1）收款机

可采用具有顾客显示屏和票据打印机、条码扫描仪的 XPOS、PROPOS、PCBASE 机型。这样可随时掌握商品的库存信息，从而保证对商品库存的实时处理，以便后台随时查询销售情况，进行商品的销售分析与管理。

2）硬件平台

硬件平台(微机)主要进行日常操作、管理、数据录入、报表打印输出等工作。大型商业企业的商品进、存、调、销的管理复杂，账目数据量大，并且需要频繁地进行管理和检索，所以一般应该采用比较先进的客户机。这可大大提高工作效率，并保证数据的安全性、实时性及准确性。

3）网络

商业 POS 系统是一个集计算机、网络、通信、信息处理等多项技术和产品为一体的综合管理系统。

(1) 网络与硬件系统层。网络与硬件系统层是系统运行的基础平台，有网络服务器、数据服务器、网络设备、POS 收款机、条形码设备、PC 商用机、打印机等。

(2) 系统软件层。系统软件层包括网络操作系统、关系数据库、开发工具、前台 POS 机操作系统等。

(3) 应用软件层。由实现用户各项功能要求的各子系统构成，包括前台销售系统、后台进销存管理系统及总经理查询系统等。

2. 后台 MIS 系统的功能

1）商品入库管理

对入库商品进行登录，并建立数据库，实现对库存的查询、修改及入库验收单的打印；同时进行溢耗处理、代销结算、供货商管理等。

2）商品销售管理

针对商品的销售记录，可实现商品销售、查询、统计、报表等管理；同时还可进行代销、经销、联销、零售、批发、退货及各种付款方式。

3）系统分析

分析内容涵盖进、销、调、存过程中的所有主要指标，并以图形和表格形式提供给管理者，如分类表、统计表、库存盘点表、销售监测时段分析、某种或某类商品销售预测分析等。

4）数据维护管理

实现收款机和收款员的编码、口令管理，支持各类权限控制。具有对本系统所涉及的各类数据进行备份，以及对交易断点的恢复功能。

11.2.3 射频识别技术

无线电射频识别技术(Radio Frequency Identification，RFID)是利用无线电波对记录媒体进行读写，射频识别的距离可达几米，且根据读写的方式，可以输入数千字节的信息，同时，还具有极高的保密性。射频识别技术适用的领域有物料跟踪、运载工具和货架识别等要求非接触数据采集和交换的场合，以及要求频繁改变数据内容的场合。

根据RFID系统完成的功能不同，可把RFID系统分成四种类型：EAS系统、便携式数据采集系统、网络系统、定位系统，见表11-1。

表11-1　RFID的分类与应用

分类	定　义	适用领域	具体应用
EAS系统	设置在需要控制物品出入的门口的RFID技术	典型应用场合是商店、数据中心等地方，当未被授权的人从这些地方非法取走物品时，EAS系统会发出警告	应用EAS技术时，首先在物品上粘贴EAS标签，当物品被正常购买或者合法移出时，在结算处通过一定的装置使EAS标签激活，物品就可以取走。物品经过装有EAS系统的门口时，EAS装置能自动检测标签，发现活动性标签时EAS系统会发出警告。EAS技术的应用可以有效防止物品的被盗，不管是大件的商品，还是很小的物品。应用EAS技术，物品不用再被锁在玻璃橱柜里，可以让顾客自由地观看、检查商品
便携式数据采集系统	使用带有RFID阅读器的手持式数据采集器采集RFID标签上的数据	适用于不宜安装固定式RFID系统的环境	手持式阅读器(数据输入终端)可以在读取数据的同时，通过无线电波数据传输方式(RFDC)适时地向主计算机系统传输数据，也可以暂时将数据存储在阅读器中，再一批批地向主计算机系统传输数据
网络系统	分散布置在给定的区域，阅读器直接与物流管理信息系统相连，信号发射机是移动的	一般安装在移动的物体和人体上	当物体、人流经阅读器时，阅读器会自动扫描标签上的信息并把数据信息输入数据管理信息系统存储，进行分析、处理，达到控制物流的目的

续表

分类	定　义	适用领域	具体应用
定位系统	用于自动化加工系统中的定位以及对车辆、轮船等进行运行定位支持	放置在移动的车辆、轮船上或者自动化流水线中移动的物料、半成品、成品上，信号发射机嵌入到操作环境的地表下面	信号发射机中存储有位置识别信息，阅读器一般通过无线的方式或者有线的方式连接到主信息管理系统

知识链接

RFID系统的应用

在较小的范围之内，RFID系统在物流中的作用主要包括仓库的双通道通讯选择指示、仓库循环点数核实和标签打印(如路线标签)以及阅读包裹上的ZIP码。RFID适用于物品跟踪、运载工具和货架识别等要求非接触数据采集和交换的场合。便携式数据终端(PDT)一般包括一个扫描器、一个体积小且带有存储器的计算机、显示器和键盘，在只读存储器中装有常驻内存的操作系统，用于控制数据的采集和传送。PDT在操作时先扫描位置标签，货架号码、产品数量就都输入到PDT中，再通过RFID把数据传到服务器群系统，可得到客户产品清单、发票、发运标签、产品代码和数量等。

11.2.4 全球定位系统

全球定位系统(Global Positioning System，GPS)是利用卫星星座(通信卫星)、地面控制部分和信号接收机对对象进行动态定位的系统。GPS能对静态、动态对象进行动态空间信息的获取，快速、精确、不受天气和时间限制地反馈空间信息。

1. GPS的组成

GPS系统包括三大部分：空间部分——GPS卫星星座，地面控制部分——地面监控系统，用户设备部分——GPS信号接收机。

1) GPS工作卫星及散会星座

GPS工作卫星及散会星座由21颗工作卫星和3颗在轨备用卫星组成GPS卫星星座，记做(21+3)GPS星座。24颗卫星均匀分布在6个轨道平面内，轨道倾斜角度为55度，各个轨道平面之间相距60度，即轨道的升交点赤经各相差60度。每个轨道平面内各颗卫星之间的升交角距相差90度。

2) 地面监控系统

对于导航定位而言，GPS卫星是动态已知点。星的位置是依据卫星发射的星历——描述卫星运动及其轨道的参数算得的。GPS卫星所播发的星历，是由地面监控系统提供的。卫星上的各种设备是否能够正常工作，以及卫星是否一直沿预定轨道运行，都要由地面设备进行监测和控制。地面监控系统的另一重要作用是保持各颗卫星处于同一时间标准——GPS时间系统。这就需要地面站监测各颗卫星的时间，求出钟差，然后由地面注入站发给卫星，卫星再由导航电文发给用户设备。

3）GPS信号接收机

GPS信号接收机能够捕获到按一定卫星高度截止角所选择的待测卫星的信号，并跟踪这些卫星的运行，对所接收到的GPS信号进行变换、放大和处理，以便测量出GPS信号从卫星到接收机天线的传播时间，解译出GPS卫星所发送的导航电文，实时地计算出监测站的三维位置，甚至三维速度和时间。静态定位中，GPS接收机在捕获和跟踪GPS卫星的过程中固定不变，接收机高精度地测量GPS信号的传播时间，利用GPS卫星在轨的已知位置，解算出接收机天线所在位置的三维坐标。而动态定位则是GPS接收机测定运动物体的运行轨迹。

2. GPS的应用

GPS的应用将进入人们的日常生活，GPS信号接收机在人们生活中的应用，是一个难以用数字预测的广阔天地。例如，手表式的GPS接收机，将作为导游设备。今后所有运载器，都将依赖于GPS系统运行。GPS就像移动电话、传真机、计算机互联网一样，将极大地影响人们的生活。

知识链接

GPS的应用

研究表明，第三方物流企业在提供的服务中有2/3是基本的运输服务。移动数据库技术配合GPS技术，可以用于智能交通管理、大宗货物运输管理。GPS车辆监控调度系统采用了GPS全球卫星定位技术和无线数据通信技术，可对移动中的车辆进行实时监控和调度。

安装在车辆上的GPS定位仪可以实时获取车辆的位置信息，包括经纬度、速度、方向等。通过车辆无线数据通信系统，将车辆的定位信息以短消息的方式传送到指挥监控中心，并显示在电子地图上。同样，无线车载终端也可将指挥中心的命令传送至移动的车辆上。

在运输方面，利用移动计算机与GPS/GIS车辆信息系统相连，使整个运输车队的运行受到中央调度系统的控制。中央调度系统可以对车辆的位置、状况等进行实时监控。利用这些信息可以对运输车辆进行优化配置和调遣，极大地提高运输工作的效率，同时能够加强成本控制。另外，通过将车辆载货情况以及到达目的地的时间预先通知下游单位配送中心或仓库等，有利于下游单位合理地配置资源、安排作业，从而提高运营效率，节约物流成本。

11.2.5 地理信息系统

1. 地理信息系统概述

地理信息系统(Geographical Information System，GIS)是20世纪60年代开始迅速发展起来的地理学研究技术，是多种学科交叉的产物。GIS是以地理空间数据库为基础，采用地理模型分析方法，适时提供多种空间的和动态的地理信息，为地理研究和地理决策服务的计算机技术系统，具有以下三个方面的特征。

(1) 具有采集、管理、分析和输出多种地理实体信息的能力，具有空间性和动态性。

(2) 以地理研究和地理决策为目的，以地理模型方法为手段，具有区域空间分析、多要素综合分析和动态预测能力，产生高层次的地理信息。

(3) 由计算机系统支持进行空间地理数据管理，并由计算机程序模拟常规的或专门的地理分析方法，作用于空间数据，产生有用信息，完成人类难以完成的任务。

GIS从外部看，它表现为计算机软硬件系统；而其内涵是由计算机程序和地理数据组织而成的地理空间信息模型，是一个逻辑缩小的、高度信息化的地理系统。

2. GIS的原理

GIS是一种决策支持系统，以地理空间数据库为基础，采用地理模型分析方法实时提供多种空间的和动态的地理信息，融计算机图形和数据库于一体，储存和处理空间信息的高新技术。它把地理位置和相关属性有机结合起来，根据实际需要准确、真实、图文并茂地输出给用户，借助其独有的空间分析功能和可视化表达，进行各种辅助决策。

3. GIS的组成

GIS实际是由以下五个部分组成。

1）计算机硬件平台

GIS可充分利用包括从主服务器到桌面工作站乃至网络计算的一切计算资源。

2）GIS专业软件

GIS软件提供存储、分析、显示地理数据的功能，其主要要素包括地理数据输入工具，空间数据库管理工具，空间查询、分析、可视化表达，图形用户界面。

3）地理数据

GIS必须建立在准确使用地理数据的基础上，数据来源包括室内数字和外部采集，以及其他数据的转换。数据类型分为空间数据、属性数据，并与关系数据库互相连接。

4）GIS人员

GIS应用的关键是掌握实施GIS来解决现实问题的人员的素质。这里既包括从事GIS系统开发的专业人员，也包括采用GIS完成日常工作的最终用户。

5）GIS模型

GIS专业模型和经验，是GIS应用系统成败的至关重要的因素。

4. GIS的应用领域

GIS可以应用于多种领域，具体见表11－2。

表11－2　GIS的应用领域

序号	应用领域	具体描述
1	自然资源管理	耕地保护、土地利用规划及现状动态监测、土地供应计划、违法监测、地籍调查、矿产资源管理等
2	城市规划	基础建设、市政规划、开发区、产业布局信息，为城市规划提供决策依据。城市建设：结合市政规划红线资料，供城市规划人员参考查询，提供选址分析、布局景观分析，为市政建设提供决策支持
3	应急联动	公安、消防、防灾、救援、抢险各部门联动，提高政府对突发事件的处理能力
4	环境保护	结合市政建设、城市绿化、环境监测，反映环境状况
5	交通公交	结合城市道路、公共交通信息，为公交、交管部门提供管理决策手段
6	城市管线	提供水、排水、供电、供气、通信、有线电视等管网信息，为相关部门查询、分析、决策提供地理信息支持

11.2.6 电子数据交换

1. 电子数据交换概述

电子数据交换(Electronic Data Interchange，EDI)开始于20世纪60年代。EDI的含义是贸易伙伴之间，将按标准、协议规范化和格式化的经济信息通过电子数据网络，在单位的计算机系统之间进行自动交换和处理。它是电子商业贸易的一种工具，将商业文件按统一的标准编制成计算机能识别和处理的数据格式，在计算机之间进行传输。

国际标准化组织(ISO)于1994年确认了EDI的技术定义："根据商定的交易或电文数据结构标准实施商业或行政交易从计算机到计算机的电子传输。"其主要特点包括以下几个方面。

(1) EDI是企业之间传输商业文件数据的一种形式，EDI的对象是有经常性业务联系的单位。

(2) EDI所传送的资料是一般业务资料，如发票、订单等，而不是一般性的通知。

(3) 传输的文件数据采用共同的标准且具有固定格式，如联合国EDIFACT标准。

(4) 通过数据通信网络(一般是增值网和专用网)，由收送双方的计算机系统直接传送来交换资料，尽量避免人工的介入操作。

(5) 与传真或电子邮件是有区别的，后者需要人工的阅读判断处理才能进入计算机系统，需要人工将资料重复输入计算机系统中，浪费人力资源，容易发生错误。

2. EDI的标准

UN/EDI-FACT(EDI for Administration，Commerce and Transport)标准由两个国际组织着手建立开发。ISO负责开发语法规则、数据和数据字典；联合国欧洲经济委员会(UN/ECE)负责开发报文标准。美国已宣布从1997年开始将ANSI X 12与EDI-FACT合二为一。由此可见，EDI-FACT将成为全球EDI使用者所遵循的唯一国际标准。EDI标准的发展如图11.7所示。

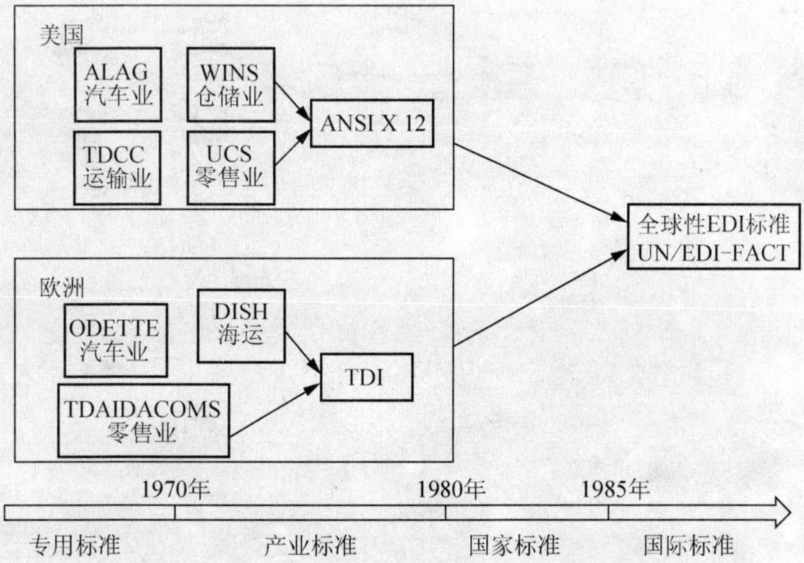

图11.7 EDI标准的发展

使用 EDI 可以简化传统的工作程序，加速交易的进行，而 UN/EDI－FACT 标准给出的是共同的 EDI 标准，统一企业之间计算机系统之间的信息格式，使计算机可以更广泛地与其他系统沟通，达到世界化、国家化的应用境界。

3. EDI 系统的基本结构

EDI 数据标准化、EDI 软件及硬件、通信网络是构成 EDI 系统的三要素。

1）EDI 数据标准化

EDI 数据标准是由各企业、各地区代表甚至国际组织(1SO)共同讨论、制定的电子数据交换共同标准，可以使各组织之间的不同文件格式，通过共同的标准，获得彼此之间文件交换的目的。

2）EDI 软件及硬件

实现 EDI，需要配备相应的 EDI 软件和硬件。EDI 软件能够将用户数据库系统中的信息，译成 EDI 的标准格式，以供传输和交换。由于 EDI 标准具有足够的灵活性，可以适应不同行业的众多需求，然而，每个公司都有其自己规定的信息格式，因此，当需要发送 EDI 电文时，必须用某些方法从公司的专有数据库中提取信息，并将其翻译成 EDI 标准格式，进行传输，这时就需要 EDI 相关软件的帮助。

3）通信网络

通信线路一般最常用的是电话线路，如果在传输时效及资料传输量上有较高要求，可以考虑租用专线。通信网络是实现 EDI 的手段。EDI 通信方式有多种，如图 11.8 所示。图中，方式一只有在贸易伙伴数量较少的情况下使用，但随着贸易伙伴数目的增多，当多家企业直接进行计算机通信时，会出现由于计算机厂家不同、通信协议相异以及工作时间不易配合等问题，造成相当大的困难。为了解决这些问题，许多应用 EDI 的公司逐渐采用第三方网络与贸易伙伴进行通信，即增值网络(VAN)方式。它类似于邮局，为发送者与接收者维护邮箱，并提供存储转送、记忆保管、通信协议转换、格式转换、安全管制等功能。因此，通过增值网络传送 EDI 文件，可以大幅度降低相互传送资料的复杂度和困难度，大大提高 EDI 的效率。

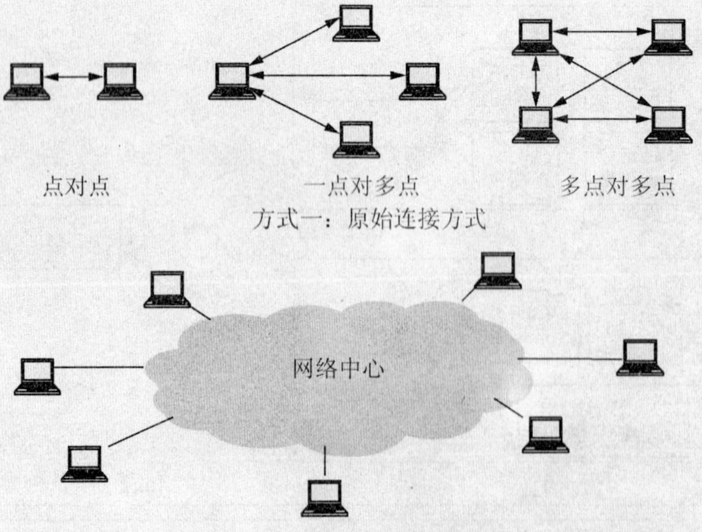

图 11.8　EDI 通信方式

知识链接

基于Internet的EDI的发展

进入20世纪90年代中期后，Internet的迅速发展极大地方便了中小企业进行网上商贸活动，使传统的EDI贸易方式受到了很大冲击。然而，EDI作为贸易伙伴间进行交易活动的电子手段，自有它的顽强性和先进性。首先，EDI能客观地反映伙伴间用电子方式进行商务活动的规律和特性；其次，EDI本身能方便地嫁接崭新的信息技术。所以，今后EDI发展的趋势是嫁接和融合Internet技术。

Internet和EDI的联系为EDI的发展带来了生机，基于Internet的EDI(简称Internet EDI)成为新一代的EDI。大多数用VAN进行网络传输、交易和将EDI信息输入传统处理系统的EDI用户正在转向使用基于Internet的系统，以取代昂贵的VAN，许多公司和金融机构已经在Internet上实现了EDI。目前Internet上使用的安全保证方法较令人满意，电文加密、电子认证和应用级的确认解决了部分问题，另外，Internet的EDIINT工作小组也曾发布在Internet上进行安全EDI的标准，以保证每一笔业务都能安全、快速的展开。

11.3　物流信息系统

随着企业管理思想和理论的不断创新以及信息技术的飞速发展，物流信息系统也在不断地推陈出新。

11.3.1　物流信息系统概述

物流信息系统是企业信息系统中的一类，是企业按照现代物流管理思想和理念，以信息技术为支撑所开发的信息系统，该系统充分利用数据、信息、知识等资源，实施物流业务、控制物流业务、支持物流决策、实现物流信息共享，以提高企业业务的效率、决策的科学性，其最终目的是提高企业的核心竞争力。

物流信息系统具有集成化、模块化、实时化、网络化和智能化等主要特点。随着社会经济的发展、科技的进步，物流信息系统正在向信息分类的集成化、系统功能的模块化、信息采集的在线化、信息存储的大型化、信息传输的网络化、信息处理的智能化以及信息处理界面的图形化方向发展。

1. 物流信息系统的组成要素

物流信息系统的组成要素如图11.9所示。

2. 物流信息系统的总体结构

不同的物流企业采取不同的管理理念，其物流信息系统的应用软件也不同。以机械制造业为例，管理理念由库存控制、制造资源管理发展到企业资源管理，其业务层的企业信息系统应用软件随之发生了从MRP、MRPⅡ到ERP的变化，从注重内部效率的提高到注重客户服务质量，其业务层的企业信息系统应用软件也从以财务为中心发展到以客户为中心有关。

MRP、MRPⅡ与ERP的相关介绍，详见本书第9章相应部分。

- 物流信息系统
  - 硬件
    - 计算机
    - 必要的通信设施等
  - 软件
    - 系统软件
      - 操作系统
      - 网络操作系统等
    - 实用软件
    - 应用软件
      - 数据库管理系统（DBMS）
      - 计算机语言
      - 各种开发工具、国际互联网上的浏览器、群件等
  - 数据库与数据仓库
  - 相关人员
  - 物流企业管理思想和理念、管理制度与规范

图 11.9　物流信息系统的组成要素构成图

11.3.2　客户关系管理

客户关系管理(Customer Relationship Management，CRM)来源于营销管理，强调为了满足个性化、差异化的客户需求，企业管理要从过去的“产品”、“利润”导向转变为“客户”导向，才能在激烈的市场竞争中得以生存和发展。标准化和规模化的生产方式不得不让位于多品种、小批量的生产方式，企业取得市场竞争优势最重要的手段不再是成本而是技术的持续创新，企业管理最重要的指标也从“成本”和“利润”转变为“客户满意度”。

为了提高客户满意度，企业必须要完整掌握客户信息，准确把握客户需求，快速响应个性化需求，提供便捷的购买渠道、良好的售后服务与经常性的客户关怀等。在这种背景下，CRM 理论不断完善，并随着 Internet 技术的广泛应用而推出客户关系管理信息系统。

1. CRM 的管理思想

1）客户是企业发展最重要的资源之一

在人类社会从“产品”导向时代转变为“客户”导向时代的今天，客户的选择决定着企业的命运，因此，客户已成为当今企业最重要的资源之一。CRM 系统中对客户信息的整合集中管理体现出将客户作为企业资源之一的管理思想。在很多行业中，完整的客户档案或数据库就是企业颇具价值的资产。通过对客户资料的深入分析并应用销售理论中的 2/8 法则将会显著改善企业营销业绩。

2）对企业与客户发生的各种关系进行全面管理

企业与客户之间发生的关系，不仅包括单纯的销售过程所发生的业务关系，如合同签订、订单处理、发货、收款等，而且还包括在企业营销及售后服务过程中发生的各种关系。例如，在企业市场活动、市场推广过程中与潜在客户发生的关系；在与目标客户接触过程中，内部销售人员的行为、各项活动及其与客户接触全过程所发生的多对多的关系；还包括售后服务过程中，企业服务人员对客户提供关怀活动、各种服务活动、服务内容、服务效果的记录等，这也是企业与客户的售后服务关系。

对企业与客户间可能发生的各种关系进行全面管理，将会显著提升企业营销能力、降低营销成本、控制营销过程中可能导致客户抱怨的各种行为，这是 CRM 系统的另一个重要管理思想。

3）进一步延伸企业供应链管理

20 世纪 90 年代提出的 ERP 系统，原本是为了满足企业的供应链管理需求，但 ERP 系统的实际应用并没有达到企业供应链管理的目标，这既有 ERP 系统本身功能方面的局限性，也有 IT 技术发展阶段的局限性，最终 ERP 系统又退回到帮助企业实现内部资金流、物流与信息流一体化管理的系统。

CRM 系统作为 ERP 系统中销售管理的延伸，借助 Internet Web 技术，突破了供应链上企业间的地域边界和不同企业之间信息交流的组织边界，建立起企业自己的 B2B 网络营销模式。CRM 与 ERP 系统的集成运行才真正解决了企业供应链中的下游链管理，将客户、经销商、企业销售部门全部整合到一起，实现企业对客户个性化需求的快速响应。同时也帮助企业清除了营销体系的中间环节，通过新的扁平化营销体系，缩短响应时间，降低销售成本。

2. CRM 的功能结构

CRM 通过对企业与客户间发生的各种关系进行全面管理，以赢得新客户，巩固保留既有客户，并增进客户的利润贡献度，CRM 的功能结构如图 11.10 所示。

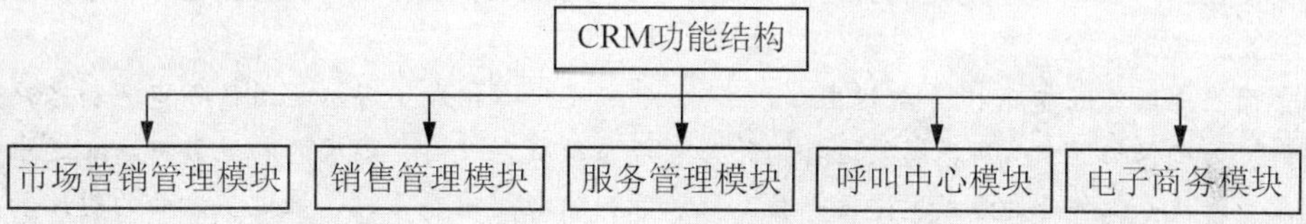

图 11.10 CRM 功能结构图

CRM 系统各模块功能特点如下。

1）市场营销管理模块

市场营销管理模块能使市场营销专家彻底地分析客户和市场信息，策划市场营销活动和行动步骤，更加有效地拓展市场。

2）销售管理模块

销售管理模块承担管理商业机会、账户信息及销售渠道等方面，支持多种销售方式，确保销售队伍总能把握最新的销售信息。

3）服务管理模块

服务管理模块的功能特点是通过访问知识库实现对客户问题的快速判断和解决，支持普通的电话、E-mail、Web、传真和交互式语音应答系统，广泛支持合同和资产管理，依据数据驱动的工作流设定、授权和加入新的资源等。

4）呼叫中心模块

呼叫中心模块作为 CRM 的重要应用系统模块之一，通过将销售与服务集成为一个单独的应用模块，使一般的业务代表能够向客户提供实时的销售和服务支持。业务代表除了一般能处理账户、产品、历史订单、当前机会、服务记录、服务级别许可之外，还能够动态地推荐产品和服务，或者可以遵循自动化的工作流程来解决服务咨询，进而向客户提供其他产品和服务。呼叫中心提供当今最全面的计算机电话集成技术，通过对已拨号码识别服务、自动号码识别、交互式语音应答系统的全面支持，采用系统预制的CTI技术，基于对业务代表的技能级别和可用性、客户特征及选择最有效的通道等因素的权衡，将主叫与合适的业务代表接通。随着呼叫的到来，业务代表可以获得客户的资料。在需要的情况下，业务代表还可以将客户资料随同呼叫转给专家处理。

5）电子商务模块

电子商务(Electronic Commerce，EC)是指人们利用电子手段完成传统商务活动的方式，是活动的电子化、网络化和自动化，是指各行各业，包括政府机构、企事业单位的各种业务的信息化、网络化。

重要词汇

条形码　RFID　GPS　EDI　MRP　MRPⅡ　ERP　CRM

案 例 分 析

海尔集团的物流信息化

海尔集团创立于1984年，它是在引进德国利勃海尔电冰箱生产技术成立的青岛电冰箱总厂基础上发展起来的大型企业集团。

海尔集团在全国各地建有42个配送中心，这42个配送中心构成了海尔集团服务市场和客户需求的重要物流网络。为确保配送中心实现高效运转，并为管理系统提供及时、准确的物流数据，配送中心的日常作业必须改变传统手工作业的方式，建设一套高效和准确的数据采集系统。经过多方面的对比和考核，海尔集团最终选定北京南开戈德自动识别技术公司作为战略合作伙伴。针对海尔配送中心的业务特点，借鉴国外先进制造企业的经验，海尔集团决定在各地的配送中心，全面应用便携式数据终端设备，在配送中心的入库、出库、盘点、移库等作业环节，实现了高效、准确、及时的数据采集和管理功能。

美国Symbol公司的SPT1800系列便携式数据终端作为集成条形码扫描和移动计算功能的高科技产品，坚固耐用，便于携带，可摆脱线缆的束缚。它在物流作业和数据采集方面具有独特的优势，目前已在海尔各地的配送中心取得了良好的应用效果。

在配送中心的入库作业环节，数据终端从主机系统下载有关的入库数据后，操作人员通过在数据终端上输入相应的入库单据编号，便可获得详细的入库数据，具体包括入库产品条码、单位、数量等。操作人员通过对实际入库产品条形码的扫描，并将实收数据与应收数据核对，实现了对入库数据的高效采集和流程控制功能。最后，数据终端采集的数据被上载到主机系统中，供物流管理系统作进一步的处理和分析。

在配送中心的出库作业环节，在数据终端下载主机系统的出库数据之后，操作人员在数据终端输入相应的出库单据号，便可获得当前批次出库的产品条码和数量。依据数据终端中的出库数据，操作人员可实现对出库产品的扫描、核对和确认，从而实现了对出库作业的严密管理。最后，数据终端的实际出库数据被上载到主机系统中。

在仓库盘点作业中，在数据终端下载由主机系统生成的盘点数据之后，操作人员便可在数据终端的操作提示下，对库存商品进行逐项扫描、清点和确认，待盘点数据上载到主机系统之后，便可获得库存的盘点差异数据。

在库位移动作业中，待数据终端从主机系统下载移库指令后，操作人员便可在数据终端的操作指示下，将某个库位的商品转移到目的库位，待所有移库操作完成后，再将数据终端上载至主机系统，实现移库作业的确认。

此外，在海尔集团的物流管理系统中，所有的物流资源包括作业人员、物流托盘、物流容器和作业表单等，都通过条形码实现了数字化标志，并由数据终端扫描后实现数据采集，从而由物流信息系统实现了作业统计、流程控制、作业调度等功能，并实现了整个物流系统和资源的高效运作和管理。

（资料来源：中国物流与采购网，有改动）

思考：

1. 结合案例分析海尔采用物流信息技术后形成了哪些竞争优势。

2. 根据案例资料，画出海尔物流信息系统的流程图。

练习与思考

一、单选题

1. 作为物流自动跟踪的最有力工具的物流信息技术是(　　)。

A. 条形码技术　　B. 地理信息系统　　C. 电子数据交换　　D. GPS

2. 关于物流信息技术的说法，哪个不准确(　　)。

A. 数据库技术用于将信息系统中的信息按一定的模型组织起来

B. GPS技术是网络社会中具有突破性变革的技术

C. 条形码技术是物流自动跟踪的最有力工具

D. EDI具有按照协议的标准结构格式

3. 使用带有RFID阅读器的手持式数据采集器来采集RFID标签上数据的RFID系统是指(　　)。

A. EAS系统　　B. 便携式数据采集系统

C. 固定布置的RFID阅读器　　D. 定位系统

4. GPS信号接收机属于GPS系统中的(　　)。

A. 空间部分　　B. 用户设备部分　　C. 地面控制部分　　D. 以上都不是

5. (　　)将是EDI使用者所遵循的唯一国际标准。

A. ANSI X13　　B. EDI-FACT　　C. ANSI X12　　D. UN/ECE

二、多选题

1. 以下属于物流信息技术范畴的有(　　)。

A. WEB技术　　B. GIS技术　　C. 条形码技术　　D. 电子数据交换

2. 条形码的优点包括(　　)。

A. 可靠性高　　B. 采集信息量大　　C. 灵活实用　　D. 投资费用高

3. EDI系统的三要素包括(　　)。

A. EDI数据标准化　　B. 安全技术

C. EDI软件和硬件　　D. 通信网络

4. 属于 ERP 系统中，生产控制管理模块的子功能模块的有(　　)。

A. 物料需求计划　B. 会计核算　　C. 车间控制

D. 制造标准　　　E. 库存控制

5. 关于 CRM 的说法正确的有(　　)。

A. CRM 认为客户是企业发展最重要的资源之一

B. CRM 认为没有必要对企业与客户发生的各种关系进行全面管理

C. CRM 认为有必要进一步延伸企业供应链管理

D. CRM 表达的含义是客户关系管理

三、思考题

1. 物流信息技术有哪些？
2. 条形码的优点有哪些？
3. GPS 的组成包括哪些？
4. 简述 EDI 的三要素。
5. 简述 CRM 的功能结构。

第12章 物流服务管理

学习目标

1. 了解物流客户服务的对象和内容。
2. 理解物流客户服务的要素及分类。
3. 掌握第三方物流服务的利益来源。
4. 了解物流企业的定义及类型。
5. 理解供应链管理的思想。

案例引入

第三方物流公司的赚钱之道

“物流公司为什么赚钱?”“物流公司怎样赚钱?”

据调查，中国未来物流市场的产值在4万亿以上，增长率为5%，第三方物流市场潜力十分巨大。所以，从市场大背景来看，第三方物流公司是一定有钱可赚的。那么如何赚钱? 正所谓“生财有道”，3PL公司的赚钱和发展之道可归纳为如下几点。

1. 诚信为本

实话实说，3PL公司的诚信问题也是近几年才真正得到关注。据调查，但凡能够发展迅速的3PL公司都是比较讲“诚信”的，都是口碑较好的物流企业。在“买方市场”的今天，物流行业竞争日趋白热化，“信誉度”很差的3PL公司自然很难赚钱。

2. 服务至上

服务是一个老话题，但讲得最多，做得最少，许多物流公司就败在“服务”上。说到底，物流企业的核心就是服务，物流企业的产品就是服务，物流企业卖的就是服务，物流企业的竞争已集中在“服务”上了，“服务”做好了，钱自然就赚到了。

3. 体制灵活

迅速在国内发展壮大的3PL公司，大多是有灵活的体制和科学的管理方法的民营物流企业。它们大量引进高学历管理人才，大胆起用新人，如远成、宝供、华宇、大田等。

物流的发展可以说是日新月异，并已完全市场化。3PL公司要采用灵活的体制，随市场和客户的变化而变化，把握瞬息万变的赚钱机会，随时做出正确的抉择。

4. 保证15%的毛利润

物流是一种服务，服务是有价的，为竞争而过于降低价格只会出现“豆腐渣工程”。

调查显示，3PL公司赢利较高的只有7%左右，微利的60%左右，基本盈亏平衡的是15%左右，亏损的有18%左右。3PL企业追求的毛利润不能低于15%，这是近年来所有3PL公司的共识，否则就会亏损。

6个百分点的税率和6个百分点的管理费率，加上其他费用，3PL公司的成本在13个百分点左右。因此，毛利润低于15%的3PL公司也就无钱可赚了。

总之，3PL公司一定要站在货主企业的同等高度，与企业建立供应链战略合作伙伴关系，共同发展，达到双赢，这同样是3PL企业的成长之本，赚钱和发展之道。

（资料来源：2011年物流师考试物流案例集，有改动）

思考：结合案例分析客户服务在第三方物流企业发展中的重要性。

12.1 物流客户服务

12.1.1 客户服务的重要性

客户服务是市场营销和物流管理两大职能的交叉点，是支撑市场组合的重要元素。因为从客户的角度看到的不是抽象的物流管理，而是企业提供的客户服务。物流客户服务的重要性体现在企业经营的多方面。

1. 提高销售收入

由于客户愿意为某些专业服务支付超出其成本的额外价格，所以物流客户服务可以为企业提供新的利润渠道。企业可以通过提供这些附加的、新的物流服务而获得附加利益。

2. 提高客户满意度

（1）服务的可靠性可以使用户企业的安全库存量降低，实现库存的存储费用降低。

（2）供应链上的企业可以实现资源、信息共享，使用户企业能够更好地实现对物流各流程与环节的管理，迫使物流服务供应商提高客户服务水平。

（3）随着市场竞争的加剧，使企业认识到获得高水平的服务，特别是通过人际关系与供应商建立战略同盟的合作关系，能使自己在市场上具备更大的竞争优势。

3. 开拓和留住客户

在市场竞争中，物流客户服务比价格竞争更有着特殊的优越性。因为良好的客户服务需要较长时期的培植，因而是其他竞争对手一时难以模仿的。同时，通过提供一些个性化的服务，也有助于提高客户的忠诚度，留住现有客户、开拓新客户。

12.1.2 物流客户服务的对象和内容

1. 物流客户服务的对象

物流客户服务的对象几乎遍布国民经济各个领域。凡是有物流需求的地方，就有潜在的客户存在，物流客户服务是面向全社会、实现社会化的。

1）生产企业

生产企业是一个非常庞大的物流服务对象群体。按企业对物流的需求可分三种类型。

(1) 采购物流。生产企业的采购物流相对复杂，主要面对各种原材料、零部件、半成品的采购，一般采用供货方的送货物流，以减少自身成本压力。

(2) 生产物流。这类物流需求的特点是对时间、地点、数量、顺序等方面要求较高，强调各部门之间的协调，因此，可采用外包给第三方物流的方式。

(3) 销售物流。生产企业多数采用自营物流的方式对商贸企业进行配送；而对需求多样化(品种多、批量小、高频率)的最终客户，则外包给第三方物流进行配送的比例稍高。

2) 商贸企业

商贸企业是最先将物流需求社会化的领域，“商物分离”首先从商贸企业领域开始。

(1) 国际商贸业。它对物流的需求是全方位的。由于运输距离长、多式联运及通关等问题，使物流的服务变得非常复杂并难度增大，因此催生了供应链物流。

(2) 批发企业。它对物流的需求主要集中在储运和分销。大批量的货物跨行业的集中储运，采用社会化的物流服务可降低社会整体的物流成本。

(3) 零售业。它对物流服务的需求是集中在对零售企业和最终消费者的配送。社会化的配送服务是最有效的服务形式，如大型连锁超市的物流中心对各个门店的配送等。

3) 其他行业

政府机关、学校、文化企业、军队、建筑业、餐饮业等也有物流服务的需求，其物流的需求可与其他行业的销售物流重合，也可外包给第三方物流或自营。例如，新华书店和连锁快餐店的配送。此外，邮政物流业也是一个自成体系的特例。

2. 物流客户服务的内容

1) 客户服务内容的不同形式

(1) 改革开具账单的程序，满足客户的要求。

(2) 提供财务与信贷支持。

(3) 保证在规定的时间送达货物。

(4) 适宜的销售货物的代表。

(5) 在销售中提供有关材料。

(6) 安装产品。

(7) 保持足够的修理备件和存货。

客户服务可以在整个企业的各个不同部门体现，因而非物流的客户服务也可以增加企业的价值，必须把这些方面也包括在整个营销努力之中。

2) 客户服务的三个层次表现

客户服务的三个层次表现分别为：客户服务是动态的、客户服务表现的衡量以及客户服务的哲学，如图 12.1 所示。

客户服务的第一个层次表现为动态性，即将客户服务视为客户抱怨与问题处理的良好的润滑剂。在这一层次上，客户服务是公司必须完成的满足客户需求的特定任务。随着对服务评价的重视，客户服务上升至第二层次，即以特定的指标来衡量客户服务的表现。这种评价提供了衡量的基准，对实施全面质量管理计划的公司尤为重要，但这层次的客户服务还是不够的，最高层次的客户服务是作为一种经营哲学——把客户服务提高到企业对客户服务的承诺，这种观点与目前许多企业强调质量管理是一致的。

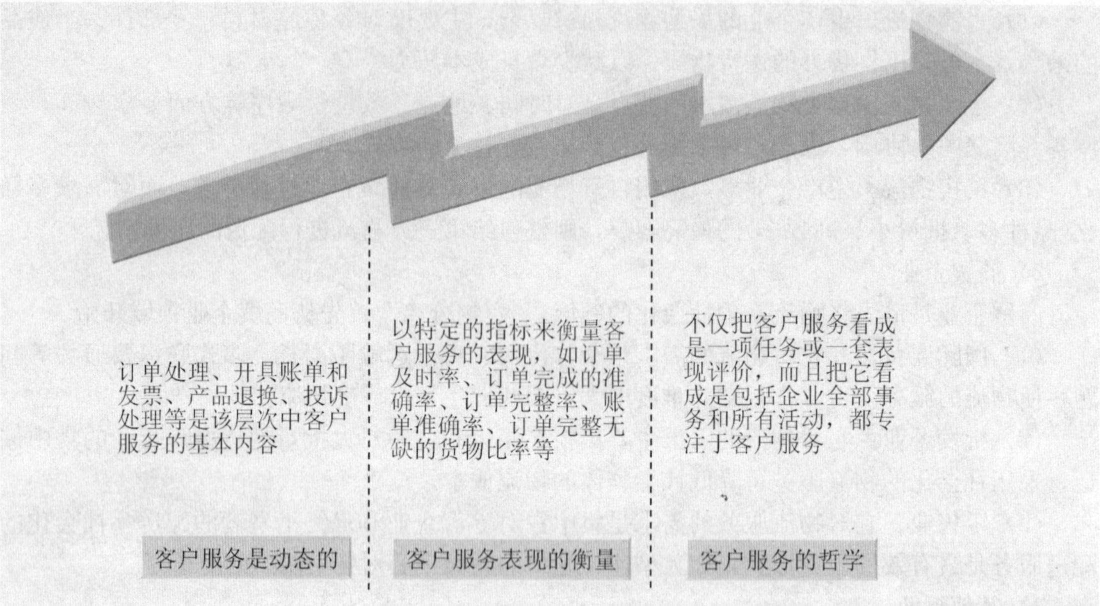

图 12.1　客户服务的三个层次表现

12.1.3　物流客户服务的要素

美国学者伯纳德和保罗在 1976 年将物流客户服务要素划分成三类，即交易前要素、交易要素和交易后要素。

1. 交易前要素

交易前要素是指在产品销售前为客户提供各种服务的各项要素。

1）书面的客户服务政策声明

政策声明的内容通常包括服务基于客户的需要，服务的标准，绩效评估的负责人和频率，服务标准的可操作性等。政策声明必须尽量详细地阐述所提供服务的具体内容，减少客户对服务内容存在某些不切合实际的期望的可能性。

2）服务政策为客户所接受

政策声明中还应注明，当服务没有达到具体的评价指标时，如何及时沟通信息以及如何补救，并要求客户对此政策声明进行确认和认可，尽量避免出现纠纷等麻烦。

3）组织结构

最佳的组织结构应该是在特定的客户和物流服务提供者之间，最能促进所涉及的各个职能部门之间的沟通与合作，最能提高效率且具有明确有效的激励机制的一种组织结构。

4）系统柔性

系统柔性是指系统还必须存在对突发事件的缓冲空间和降低其影响的应对措施。

5）管理及技术服务

对客户提供咨询、培训等管理及技术服务，可实现与客户交易的良好局面。不仅有利于客户接受物流服务，而且还可以熟悉客户的物流服务流程，便于双方的顺畅合作。

2. 交易要素

交易要素是指将产品从供应方向客户实际运送过程中的各种服务，如订货周期、订货的便利性等。这些服务对客户的满意程度具有重要的影响，是制订客户服务目标的基础。

1）缺货评价标准

缺货反映产品的供应情况。当产品在供应中出现间断或困难的缺货现象时，物流企业应及时登记，安排适当的替代品。根据计算的缺货频率来改进服务水平。

2）订货信息反馈能力

订货信息反馈能力是指为客户提供快速准确的订货信息的能力，包括库存水平、订单处理状态、预订发货和交货时间、延期交货等内容。可利用延期交货的订单信息来评估整个物流系统的绩效水平。

3）订货周期

订货周期主要包括订单输入、传递、处理、分拣、包装和交付等过程。从客户的角度看，只有从下订单至得到产品的时间概念，因此，物流服务企业必须重视和处理好订货周期内的每个环节，才能使订货周期的总时间压缩到最小。

4）加急处理

加急处理是指需要比正常的订货周期更短处理时间的情况。加急处理会使物流成本增大，但为了不失去客户，有时还会被采用。应根据某个特定的客户对物流企业的盈利贡献来确定。

5）货物周转

货物周转(或称转货)是指为避免缺货，在地区之间对产品进行调配和运输。通常会根据订单或预测提前进行。

6）系统准确度

系统准确度反映订货数量、订购产品、开具发票等活动中差错的多少。这些对供应链上下游客户都很重要，因此必须对所有的差错进行记录、测算、改进，提高系统的准确度。

7）订货便利性

订货便利性反映系统的方便程度。客户在下订单时会出现非系统因素造成的困难，可通过对客户进行现场采访的方式来识别和改进。

8）产品替代性

产品替代是指在发生缺货状况下可提供给客户不同包装规格的同类产品。

案例链接

ABB的服务备件物流

为了适应服务备件物流快速响应的特点，许多国际化大公司的服务备件物流都采用电子订单的形式。例如，ABB公司的近10万种备件都通过Partsonline在线订购。只要登录公司网站就可以查询到相关备件的技术和库存等信息，选择自己所需备件，在几分钟之内完成一份备件订单。而Partsonline通常和ERP系统直接连接，在两分钟之内，ERP就会完成对所采购的备件的库存状况和确切的交货日期的查询，并将信息反馈到Partsonline的订单确认之中。对于订单的货运状态和货运信息，客户也可以从网上直接查到。国际备件采购，一般要求在4天之内货物到达客户手中；对于国内的备件订单，一般要求两天之内到达。

(资料来源：摘自2011年物流师考试物流案例集，http：//www. examda. com/wuliu/anli)

3. 交易后要素

产品或性能类似的其他产品交易后要素是指产品销售和运送后，根据客户要求所提供的后续服务的各项要素，即支持着产品的售后服务。

1）安装、质量保证、变更、维修和零部件的供应保证

(1) 协助客户试用产品，并确保其质量性能与客户期望相符合。

(2) 保证零部件和维修人员的供应。

(3) 提供对现场人员的文件支持，并保证以上措施实现的管理机制。

2）产品的追踪

为了避免客户投诉，影响企业信誉，企业必须进行产品追踪，能在第一时间内发现问题并收回潜在的问题产品。可根据产品追踪的记录进一步预测需求，以便改进客户服务。

3）客户索赔、投诉和退货

此类服务是非日常性的，处理成本也较高，企业在制定政策时应谨慎，并通过这方面的数据统计为系统改进提供有价值的信息。

4）维修中的产品替代

当客户需要较长的订单处理周期或正处于维修期时，可为客户提供临时性的代用产品。

12.1.4 物流客户服务的分类

1. 按服务领域分类

日本神奈川大学唐泽丰教授提出，顾客(客户)服务可划分为营销服务、物流服务、信息服务三个领域，不同领域包含可度量或不可度量的要素，如图 12.2 所示。

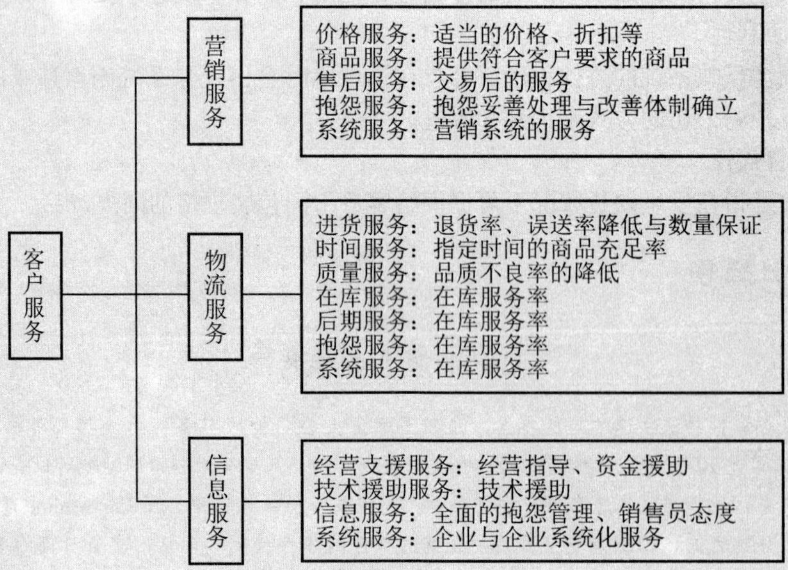

图 12.2 客户服务的构成

唐泽丰教授提出的理论说明，客户服务是一种综合性的经营活动。其中，物流服务是指物流企业为满足客户某方面的需求，处理订单并将产品送交客户手中，向客户提供可能的物流保证。

2. 按完成服务的专业人员分类

物流服务按是否由专业服务人员完成分为基本物流服务和增值服务。

1）基本物流服务

厂商根据已建立的最基本业务关系的客户(顾客)服务方案，所有客户在特定的层次上给予同等对待，以全面保持其忠诚度，包括运输、仓储保管、装卸搬运、配送、包装、信息技术等物流基本功能的服务。

2）增值服务

增值服务是在基本物流服务的基础上提供的定制化服务，用于满足客户的特殊需求，体现企业的竞争优势。增值服务主要包括以下几方面的服务。

(1) 以客户为核心的服务。利用第三方专业人员向买卖双方提供对配送产品的各种可供选择的方式。

案例链接

以客户为核心的增值物流服务

美国EXEL公司属下专设一个部门建立了一种订货登记服务，为刚出生的婴儿安排将P&G公司生产的一次性尿布送到顾客家中。这类增值服务可以有效地支持新产品的引入和当地市场的季节性配送。又如，一家仓储公司使用多达六种不同的纸箱重新包装一种普通消费者洗碗用的肥皂，以支持各种促销方案和各种等级的贸易要求。通过提供增值服务，有助于提高企业在顾客心目中的地位，而这在未来的市场竞争中更加重要。

(资料来源：摘自2011年物流师考试物流案例集)

(2) 以促销为核心的服务。以促销为核心的服务是利用独特的销售点展台的配置，旨在刺激销售的各种服务。包括销售点广告宣传、促销材料的物流支持、直接邮寄促销等。

(3) 以制造为核心的服务。通过独特的产品分类和递送来支持制造活动，不同客户的实际设施和制造装备都是独特的，配送和内向物流的材料及部件应进行客户定制化。例如，为支持各种促销方案，对相同产品进行不同包装，这类增值服务由专业人员承担，虽然会使单位成本增加，但可以大大降低在生产中的预期风险，使客户服务得到极大的改善。

(4) 以时间为核心的服务。采用准时化制度，通过对专业人员对配送前的库存物品进行分类、组合、排序，以取得在总量上最低限度地减少搬运和检验次数，消除不必要的仓库设施与重复劳动，极大限度地提高服务速度，获取竞争的优势。

12.1.5 衡量物流客户服务水平的重要标准

客户服务涉及企业的许多部门，从物流角度看，客户服务有四个要素：时间、可靠性、沟通和方便，如图12.3所示。下面就探讨这些要素对物流服务的买卖双方的影响。

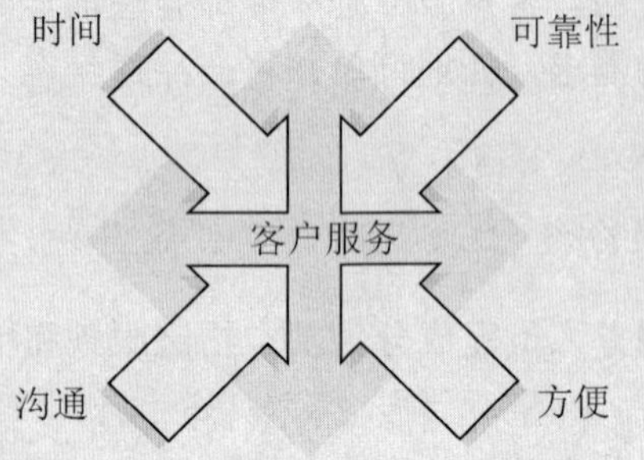

图 12.3 衡量物流客户服务水平的重要标准

1. 时间

从卖方的角度看，时间因素通常以订单周期表示，而从买方的角度看，则是备货时间或补货时间。具体影响时间的因素有以下几个变量。

1）订单传送时间

订单传送时间包括订单从客户到卖方传递所花费的时间。卖方若能加快订单传送速度就可以减少备货时间，但可能会增加订单传送成本。

2）订单处理时间

卖方需要时间来处理客户的订单，使订单准备就绪和发运。这一功能一般包括调查客户的信誉，把信息传递到销售部做记录，传送订单到存货区，准备发送的单证。这里的许多功能可以利用电子数据处理同时进行。

3）订单准备时间

订单准备时间包括订单的挑选和包装、发运。不同种类的货物，搬运系统以不同方式影响着订单的准备工作，货物搬运系统有简单的人力操作和复杂的自动化操作。其订单准备时间相差很大，物流公司要根据成本和效益选择不同的系统。

4）订单发送时间

订单发送时间是从卖方把指定货物装上运输工具开始计算至买方卸下货物为止的时间。当卖方雇佣运输公司时，计算和控制订单发送时间是比较困难的。要减少订单发送时间，买方必须雇佣一个能提供快速运输的运输公司或利用快速的运输方式，但运输成本会上升。

2. 可靠性

对有些客户来说可靠性比备货时间更重要，如果备货时间一定，客户可以使库存最小化，并不需要用安全库存来防止由于备货时间的波动所造成的缺货。影响可靠性的因素如下。

1）周期时间

周期时间是两次进货的间隔时间，即备货时间。由于备货时间的可靠性会直接影响客户库存水平和缺货成本，所以提供可靠的备货时间可以减少客户面临的这种不确定性。卖方若能提供可靠的备货时间，以及订单处理时间，可使买方尽量减少库存和缺货成本。

2）安全交货

可靠性不仅仅是备货时间上的一致性，安全交货也是所有物流系统的最终目的。如果所收到的货物是受损的货物或发生货物丢失，客户就不能按期望进行使用，就会破坏客户的销售或生产计划，进而产生缺货成本，导致生产或利润的损失。这种状况对于实施一定程度的零库存计划、以尽量减少库存的企业是不能接受的。

3）订单的正确性

可靠性也包括订单的正确性。正在焦急等待紧急货物的客户，可能发现卖方发错了货，没有收到急需货物的客户可能面临潜在的销售或生产损失。不正确的订单会使客户不得不重新订货，或客户由于气愤而转向其他供应商订货。

3．沟通

对订货供应活动极其重要的两个活动是，客户订购信息与订单供应和实际存货的沟通。在订货信息阶段，使用EDI能减少订单信息传递到仓库接受时的错误，卖方应简化产品标志，以减少订单挑拣人员的错误。EDI不仅能减少订单供应中的错误，也能增加存货的周转率，EDI与条形码的结合，可以改进卖方服务水平和减少成本。事实上，EDI与条形码有助于卖方改进大部分的物流功能。

与客户沟通和交流对物流服务水平的设计而言是基本的，交流渠道必须永远畅通。没有与客户的接触、沟通，就不能正确理解客户的需求，物流经理就无法提供有效的、经济的物流服务。沟通是一个双向的过程，卖方必须能够传达客户的重要物流服务信息。

4．方便

方便是物流服务必须灵活的另一说法。客户服务的需求是多样化、不确定的，物流服务又与客户对包装、运输方式和承运人交流时间要求等有关。例如，某一客户可能要求卖方用托盘化的铁路运输，而另一客户则要求用非托盘的水路运输，而第三个客户可能要求特殊的交货时间等。卖方一般能根据客户大小、生产线等因素来划分客户，物流经理应充分认识到客户的不同要求，方便、灵活、努力地以最经济的方式来满足各类客户的要求。

12.1.6　以客户为中心的物流战略开发

1．理解客户需求

1）理解客户需求的含义

随着竞争的加剧，客户要求在不断变化，对质量的要求不断提高，这意味着客户需求在不断变化，供应商必须预测到这种改变，并对此作出迅速反应，不断地改进企业的业务目标。随着需求的改变，物流过程必须适应这种改变以保证客户满意度。不同的顾客有不同的需求和期望，物流配送人员必须确切了解客户对配送的需求和期望。例如，客户对配送的各个环节的要求可能包括适时和可靠的送货、良好的沟通、准时送货、高频率送货、订单状态信息的高效反馈、紧急情况的即时处理、货物的完好率、礼貌地进行索赔、精确和适时地结账、对咨询的答复等。

提供服务就是为客户增加价值，供应商必须了解客户的需求，当把客户的需求转化为公司业务标准时就简单多了。了解订单的多样化、应急材料的补充、消费、促销、审单等，每个方面都有不同的要求。这种要求也会因产品类型的不同而有所不同，必须区别对待，确认客户的需求并且提供相应的服务会增加客户的满意度，还有可能降低成本。

2）了解客户的需求与期望的方式

（1）直接向客户了解服务要求。这是一种用来确定客户所想和所要求服务的正确途径。直接收集客户信息，包括面谈、集中小组会谈、摸底调查等。面谈最为直接，因为他们与客户直接接触；集中小组会谈一般被用来发现采用某种购买方式的原因；摸底调查可使得供应商更好地了解客户的业务需求和探索专门服务会增值的原因。会谈和摸底调查的对象通常是不同公司的许多客户。

（2）客户的陈述。许多客户向供应商陈述其最低需求，一旦这些最低需求被理解，与客户进一步沟通就有了基础。与客户的进一步讨论应建立在满足客户最低需求的基础上，客户的陈述也帮助供应商进一步理解客户对别的增值服务的期望。

（3）"噪声水平"，即客户的不满与抱怨。噪声水平可作为直接与客户接触的补充，它提供了客户特殊的反馈信息。许多公司鼓励对雇员不满的调查，以及失去客户的最后会谈来鉴定噪声水平。通过调查客户的不满和抱怨，可以改进物流公司的服务水平。

（4）同行业的比较。比较竞争者的水准是补充直接与客户接触的另一条途径。它提供了竞争对手当前行动的反馈信息，但不能全面地帮助确定客户的需求和期望值。该方法的不足之处是可能会出现看问题片面的情况。因此，从竞争对手的服务目标出发可能会导致方向错误。

（5）与客户共同探索需求和期望的重要性。一旦明确客户的最低需求和期望，就可以与客户讨论重要的行为标准。该信息将帮助企业区分客户需求和增值服务，如果提供了增值服务而不能满足基本需求，则客户达不到满意。因此理解哪一种服务是最低要求，哪一种服务能超出期望值是很重要的。同时，提供增值服务而无原则地花费金钱的做法也是不适当的，因为客户愿意购买的仅是他们认为有价值的服务，供应商应该同客户讨论他们情愿为此付出的代价。

2. 评价当前的服务和服务能力

一旦了解到客户的想法，供应商必须找出他们当前的服务和服务能力与实际要求之间的差距。这包括采取什么步骤来满足专门的服务、达到服务目标，这有助于决定哪种服务是每个厂商都能预期得到的。如果 EDI 是一项增值的客户服务，并且仅有一个供应商提供，该供应商就拥有一项竞争性优势。

3. 解释当前做法与客户要求之间的差距

许多公司都以客户需求与他们提供的服务之间的差距最小为服务宗旨。通过调查之后，就会发现自己当前做法与客户要求之间有一定的差距。例如，某消费品公司的业务员进行调查，当被问及需求与期望时，客户表示，及时送货及无货损送货是评价配送服务的两个最重要的标准。公司检查其提供的服务与客户需求之间的对比情况时，发现经常会在及时送货方面找到差距，但在无货损送货方面却找不到差距，因此应在及时送货方面采取积极的措施。

4. 满足客户特定需要的针对性服务

为了让尽可能多的客户满意，公司应该按需求期望的相似性对客户进行分类，许多公司按产业、产品类型、销售量和利润来细分客户群，但现在通行的标准是需求的相近性。例如，一些客户希望收到的产品以稻草包装，而另一些则喜欢以薄纸夹衬。通常调查这些自然而分的客户群，供应商可以更好地提供针对性服务。

5. 在客户要求的基础上创造服务

实施客户导向的配送战略，就是在客户要求和期望的基础上创造服务。为了满足客户需求并超出他们的期望值，供应商不仅必须满足客户的需要，而且应提供增值服务。如当竞争者开始把客户满意作为竞争优势时，供应商应将满足客户最低的要求作为客户满意的开端，供应商服务超出客户最低要求时才会让客户满意，达到增值的目的，促使企业拥有竞争优势。

6. 评估与跟踪执行和改进

评估满意度的过程对于激励员工相当重要。定量情况评估在改进工作中占重要地位，客户满意指数是定量评估整个满意水平的一种方式，用以评估供应商在客户眼中的地位。

衡量所有产品的贡献是很重要的，因为满意是以客户的整个经历为基础的。因此，在执行客户服务的过程中必须跟踪，发现差距应及时改进。

案例链接

中国远洋物流公司开展的现代物流服务

中国远洋物流公司(COSCO LOGISITICS，以下简称中远)以强大的航运实力为依托，充分利用中远全球外流资源，以中国市场为基础，以跨国公司物流需求为基础，对客户服务由运输扩展到仓储、加工、配送，直至深入到产品生产、流通、分配、消费的大部分环节，通过开展增值服务，提升其盈利能力和市场竞争力。几年来，COSCO以客户满意为中心，以上海通用汽车、海尔电器、保伦鞋业三个典型项目为突破口，开发了各类物流项目73个，同时还走访了东风汽车、长虹、福特汽车、科龙、沃尔玛等大型客户，了解需求，共同协商开发物流配送方案。为了使物流尽快与国际接轨，中远积极与世界著名的咨询公司合作，引进国外先进技术和管理经验，并通过示范项目的实施与推广，进一步加快中远物流的发展进程。

(资料来源：摘自《中远集团物流战略规划》)

12.2　第三方物流服务

12.2.1　第三方物流概述

第三方物流(3PL)是由供应方与需求方以外的物流企业提供物流服务的业务模式，即物流活动由商品的供方与需方之外的第三方提供，在相对长的时间段内，在信息共享和战略联盟的基础上，按照约定的方式为客户提供个性化的系列物流服务。

第三方物流是物流专业化的一种形式，是一种契约物流。第三方只提供从行政管理到整个流通全过程的物质流服务，包括商品运输、储存保管、配送以及包装、加工等一系列增值服务。第三方物流是建立在现代信息技术基础之上的新型物流组织形式。因此，第三方物流具有合同承包、功能专业化、个性化服务、信息化和科技化的特点。

1. 第三方物流服务的特征

(1) 以客户企业的物流合理化为目标。
(2) 拥有或控制物流作业能力。
(3) 经营效益与客户企业的物流绩效紧密联系。
(4) 利润来自于其创造的新价值。
(5) 具有增值服务特性。

2. 第三方物流的服务内容

第三方物流的服务内容包括开发物流策略和物流系统、货物集运、选择承运人、货运代理、海关代理、进行运费谈判与支付、仓储管理、物流信息管理和咨询等。

可以看出，第三方物流的服务内容大都集中在传统意义上的运输、仓储范围之内，由于运输、仓储企业对这些服务基础较为成熟，对业务内容的理解较为深刻，因此运输、仓储企业向第三方物流服务企业转变比较容易，关键是要突破以前单项业务的思维定式，将单项服务内容用系统的方法有机地结合起来，利用现代的计算机技术、网络技术和通讯技术提供物流服务的整体方案。随着物流技术的不断发展，第三方物流作为一个提高物流速度、节省物流费用和提高物流服务水平的有效手段，将在市场经济中起着越来越重要的作用。

3. 第三方物流企业的种类

1）以运输为基础的物流企业

以运输为基础的物流企业的优势是能利用母公司的运输资产，扩展其运输功能，提供更为综合性的物流服务。

2）以仓库和配送业务为基础的物流企业

以仓库和配送业务为基础的物流企业已在较大范围内扩展物流服务，以传统的业务为基础，介入存货管理、仓储和配送等物流活动。因此，基于仓储的企业转为综合物流服务企业更容易些。

3）以货代为基础的物流企业

以货代为基础的物流企业一般无资产，非常独立，但与许多物流服务供应商有业务来往，能把不同的物流服务进行合理组合，以满足客户的需求，以从货代转向更广范围的第三方物流服务企业。

4）以托运人和管理为基础的物流企业

一般是由大企业的物流部门演变而来，这些企业具有物流专业知识和一定的物流信息技术资源，并具有物流管理的经验。

5）以财务和信息管理为基础的物流企业

以财务和信息管理为基础的物流企业能提供如支付运费、审批成本会计与控制、监控、采购、跟踪及存货管理等管理工具。

案例链接

宝供物流——第三方物流企业典范

宝供物流企业集团有限公司创建于1994年，总部设在广州，是国内第一家经国家工商总局批准以物流名称注册的企业集团，是中国最早运用现代物流理念为客户提供物流一体化服务的专业公司，也是目前我国最具规模、最具影响力、最领先的第三方物流企业。公司自创办以来，一直致力于推动中国现代物流的发展和进步，宝供模式已成为中国现代物流发展的主流模式，也成为许多教科书的经典案例和物流专业的必修课。2002年，公司已在全国65个城市设有7个分公司、8个子公司和50多个办事处，形成了一个覆盖全国并开始向美国、澳大利亚、泰国、中国香港等地延伸的国际化物流运作网络和信息网络，与国内外近百家著名企业结成战略联盟(其中包括宝洁、飞利浦、联合利华、安利、通用电器、松下、三星、东芝、LG、壳牌、丰田汽车、雀巢、卡夫等52家世界500强企业)，为他们提供商品以及原辅材料和零部件的采购、储存、分销、加工、包装、配送、信息处理、信息服务、系统规划设计等供应链一体化的综合物流服务。2002年12月宝供集团被中国物流与采购联合会命名为“中国物流示范基地”，成为入选的唯一一家第三方物流企业，同时也是中国物流百强企业、中国5A级物流企业。

（资料来源：宝供物流企业集团有限公司官网）

12.2.2　第三方物流的服务优势及原则

1. 第三方物流的服务优势

(1) 有利于企业降低物流费用和固定费用。

企业物流业务外包，可以减少企业对仓库、运输等物流设施的投入，也可以减少企业物流管理费用。例如，在企业需用车辆的问题上，解散自己的车队而代之以向第三方物流企业购买运输服务就能够减少企业的固定费用。这些节省的费用还包括车间仓库、发货设施、包装器械以及员工开支等。

(2) 有利于企业集中核心业务，培育核心竞争力。

多数生产企业的核心能力是设计、制造和新产品开发；而商业企业的核心竞争力是商业营销，并不是物流。企业把仓储、配送、运输等辅助活动外包给第三方物流，既能保证物流服务的质量，又有利于企业将有限的人、财、物都集中到核心业务上，不断创新，不断培育核心竞争力，从而提高企业参与市场的竞争力。

(3) 有利于提高企业形象和拓展市场。

第三方物流企业能将整个物流操作过程有效地结合，减少不必要的物流环节并提高各环节能力的利用率，企业能从第三方物流服务中获益。

企业与第三方物流企业形成战略伙伴联盟，充分利用第三方物流完备而现代化的设施、训练有素的员工和先进的运送网络，帮助自己改进服务，宣传品牌，提高企业形象；利用第三方物流良好的运输和分销网络，拓展自己在国内外的市场。

(4) 规模经济效益。

第三方物流的规模优势来自于多个客户的共同配送，以此获得低廉的运输报价，然后集中配载多个客户的货物，提高物流设备和设施的利用率，大幅度降低了单位成本。形成规模后，就可以有效地实施供应链等先进的物流系统，进一步提高物流水平。

(5) 信息技术优势。

第三方物流企业一般都建立了基于Internet的计算机信息网络系统，信息收集快，处理速度快，能最大限度利用运输和分销网络，生成提高供应链管理效率所必需的信息，帮助客户懂得哪种技术最有用及如何实施，提高物流速度，跟上现代物流管理技术的发展步伐。

2. 开展第三方物流的原则

（1）“竞争优势”必须建立在拥有快速反应能力的基础之上。

在物流市场中，谁拥有快速反应市场需求的能力，谁便拥有最佳的竞争优势。物流业的业务包括各式各样的、量小且多的频繁交易。物流企业必须具备迅速有效、价格低廉、能正确处理这些交易的能力，并能根据客户的需要做到及时运送货物。同时，物流企业还要通过现代信息传输系统的联结，组合、分析各种资料，然后快速地传送给远处的决策者。

（2）以“创造价值”的理念来取代“开源”。

现代物流企业存在的主要目的是“掌握环境的变化，创造顾客所需要的价值并让其满意，以使企业存活”。现代物流产业是创造价值的产业，因此企业经营策略应着眼于“价值的创造”，而不是“利益的获得”。传统上，开源的做法是一种面的扩充，在原有基础上增加新的客户、增加销售量或调整商品服务的价格都是开源。而“创造价值”则打破原有的惯性，从深度与广度、立体的空间去思考。

（3）以“避免成本发生”的策略来取代“节流”。

现代物流企业必须具有随时应对环境变化而调整组织架构的弹性特质。采取避免成本发生的策略，是一种重要的管理手段。

这里的成本是指“固定的成本”，较少的固定成本或没有固定成本，自然就不会发生维护这些固定成本资产名目项下的变动费用；简化也是避免成本发生的一种办法，可以把不是自己专精的业务，或繁琐的劳务外包给其他公司，以避免太多的组织包袱。另外，众多中小企业可以借助后勤结盟的策略，降低其经营的风险，并避免因为投入有限的资源在耗费不赀的物流设施上，而分散了资源的有效性。

（4）建立分工合作、目标一致的经营团队。

人是企业生存的根本。“企业”、“员工”、“客户”三者之间，都应保持“成本伙伴”的关系。企业的干部要先成长，这样才能够带领企业提供优质的服务。让客户成长，为客户提供满意的服务，就一定会为企业带来丰厚的利润。而将利润的一部分分配给员工，可以增强员工的向心力，一部分继续投资扩大再生产，可以壮大公司的规模。这种“成本伙伴”的良性循环，就促使企业可持续地经营发展下去。

12.2.3 第三方物流的利益来源及价值创造

1. 第三方物流的利益来源

第三方物流的利益来源于客户对于第三方物流的期望。符合客户对第三方物流的期望就是要使客户在作业利益、经济利益、管理利益和战略利益等方面都能获益，因此，第三方物流必须以有吸引力的服务来满足顾客。

1）作业利益

第三方物流服务为客户提供的“作业改进”利益，基本包括以下两种：①要求企业自行解决所有的物流问题显然是不经济的，因此通过第三方物流服务，顾客可以获得自己组织物流活动所不能提供的服务或物流服务所需要的生产要素。②改善前述企业内部管理的运作表现。这种作业改进的表现形式可以是增加作业的灵活性、提高质量或服务、增强速度和服务的一致性，使企业更具有效率。

2）经济利益

稳定的和可见的成本也是影响外协的积极因素。稳定的成本可以使规划和预算手续更为简便。一般来讲，一个环节的成本难以清晰地与别的环节区分开来，但是外协后，供应商需申明成本或费用，成本的明晰性就增加了。另外，通过外协，既可将不变成本转变为可变成本，又可避免盲目投资，从而降低成本。

3）管理利益

与管理相关的利益是，外协可使企业的内部管理资源集中于本企业的核心活动及其他更有利可图的用途，而同时又可获得本企业没有的管理技能、获益于第三方物流的核心经营能力。另外，单一资源和减少供应商的数目所带来的利益也是外协的潜在原因。单一资源减少了转移费用(公关费用)并减轻了企业在几个传统物流服务供应商之间协调的压力。例如，便于订单点的移动，避免作业中断等。

4）战略利益

物流外协还能产生战略性利益，即灵活性，包括地理范围跨度的灵活性(设点及撤销)及根据环境变化进行其他调整的灵活性。集中主业在管理层次与战略层次的高度一样具有重要性。共担风险的利益也能通过拥有多种类型客户的服务供应商来获得。

2. 第三方物流的价值创造

第三方物流供应方挑战的是能提供比客户自身运作更高的价值。如果给定同样的资源，物流服务供应方就能够比客户公司在作业过程中获得更多的资源和技巧，这就是能提供多种高水平服务的原因。这样，物流供应方应更加注重在物流上的投资，从而能够在不同方面为客户创造价值，这就是所谓的“战略核心理论”。物流服务供应方从以下四个方面创造价值。

1）运作效率

物流服务供应方为客户创造价值的基本途径是达到比客户更高的运作效率，并能提供较高的成本服务比。运作效率的提高意味着可以对每一个最终形成物流的单独活动进行作业技能的开发(如运输、仓储等)，还需要通过信息技术来实现协调和沟通技能。如果存在有利的成本因素，第三方物流供应方以低成本提供更好的服务是非常有可能的。

2）客户运作的整合

引入多客户运作或者在客户中分享资源是物流带来增值的另一个方法。客户运作可以利用其相似的、结合起来的资源，如多客户整合的仓储或运输网络。整合运作的规模效益能够取得比其他资源更高的价值。随着整合运作的复杂性大大地加强，需要更高水平的信息技术与技能。此时表现出的规模经济的效益是递增效益，如果运作得好，将形成竞争优势以及更大的客户基础。

3）横向或者纵向的整合

纵向整合，或者说发展与低层次服务供应商的关系，是创造价值的另外一种方法。在纵向整合中，第三方物流供应方被视为核心能力的服务，或购买具有成本与服务利益的服务。根据第三方物流供应方的特性，单项物流功能可以外购或内置。横向上，第三方物流供应方能够整合类似的、但不是竞争的企业，以扩大为客户提供服务的地域覆盖面。

无资产的、主要以管理外部资源为主的第三方物流企业是受益于这种整合的物流供应方。这类物流公司发展的驱动力来自内部资产的减少以及从规模和成本因素改进获得的利益。他们为客户创造价值的技能是强有力的信息技术和作业技能。作业技能是概念性的、而非功能性的作业技能，因为主要的问题是管理、协调和开发其他运作技能和资源。

4）发展客户的运作

物流服务供应方具有独特的资本，即能在物流方面拥有高水平的运作技能，是为客户创造价值的最后一条途径。这里所说的高水平运作技能指的是将客户业务与整个物流系统综合起来进行分析、设计的能力。

物流服务供应方应该使其员工在物流系统、方案与相关信息系统的工程、开发、重组等方面具有较高水平的概念性知识。这种创造价值方法的目的不是通过内部发展，而是通过发展客户公司及组织来获取价值。上述增值活动中的驱动力在于客户自身的业务过程，所增加的价值可以看作源于供应链工程与整合。

这种类型的活动可以以不同的规模和复杂程度来开展。最简单的办法就是在客户所属的供应链中创建单一的节点(如生产和组装地)或单一链接(如最后的配送)。这也意味着供应方运作、控制、管理着节点和链接内外两个方向上的物流。如果从整个供应链角度综合考虑，则更容易产生更多的增值。除了作业和信息技术方面，这些活动需要的技能还包括分析、设计和开发供应链，以及对物流和客户业务的高水平创新性概念的洞察能力。

物流运作的专门化使第三方物流公司可能在专门技术和系统领域内具有超越最有潜力的客户的能力。大多数情况下，通过在同一系统下进行多个客户的运作，供应商可以以更低的费用提供物流服务，一体化整合使其可能减少运输费用并抵冲资金流量的季节性和随机性变动。这说明，供应商的战略是在优秀的表现上竞争，而不在于价格上的竞争。

案例链接

成功整合飞利浦分销渠道，供应链管理大显成效

越海全球物流有限公司(简称越海)与飞利浦签订了战略合作协议，成功地以物流商身份整合其销售渠道，成为其销售总代理，跨越了传统的物流管理模式，将物流服务延伸到销售通路。在接下来的几年，越海与飞利浦更加密切合作，不仅参与了客户的供应链管理，同时还争取价值链上的话语权。在目前为飞利浦提供的服务中，像进口报关，代缴关税、增值税，代垫货款等服务，越海全部为飞利浦提前买单。除了为客户垫付货款外，越海也在将自己的资金链服务向更广的范围进行延伸。越海的操作模式被业内称为“一体化模式”。董事长张泉介绍：“我们帮助宝洁做一些促销品的采购业务，同时还会帮助 AOC 负责其原材料的采购与垫资。而在采购、报关、仓储、配送等一系列环节完成之后，AOC 才需要向越海支付相关的各种费用。”

（资料来源：越海全球物流有限公司官网）

12.3 物流企业

物流企业(Logistics Enterprise)是指从事第三方物流活动的经济组织。物流企业以物流为主体功能，同时伴随着商流、资金流和信息流，涉及仓储业、运输业、批发业、商业和外贸等行业。

12.3.1　物流企业的特点

一般的物流企业包括制造业物流企业、批发业物流企业和零售业物流企业。其物流特点各不相同，但其核心都是围绕企业的物流基本功能要素实现物的流动和增值。

1. 制造业物流的特点

（1）工厂是物流的出发点。

制造业物流区别于其他产业物流的一个最重要的特征是工厂是物流的出发点，因为制造业物流受到工厂地点固定的影响。在下面情况下，物流的流程将会大大拉长。一是企业在全国只有一两个工厂；二是企业在全国虽然有很多工厂，但每一个工厂只生产一部分产品，如汽车制造业；三是企业的产品打入了全国乃至国际市场，如海尔电器。为了保证按照客户的要求及时将订货送交给客户，一些企业就在工厂与市场之间，建立了专门用来保存订货产品的物流据点，即物流中心。

（2）物流中心越少越好。

从大的方面来看，制造业物流可以分为以下两种类型：①从工厂直接将商品送交给消费者，如品种单一、批量大的产品；②先把产品搬运到物流中心暂时保存，然后再从物流中心运送给消费者，如季节性生产或供应的、品种多、小批量的产品。

物流中心越多，搬运到物流中心保存的产品也就越多，企业花费的物流成本也就随之增大。对于制造业物流来说，降低物流成本最有效的方法，就是增加从工厂直接运送给消费者的物流，物流中心的设置基准应建立在为客户提供最低限度的物流服务上。如何用最少的物流中心来保证企业最低程度的物流服务水平，是今后的制造业物流面临的一项重要课题。

2. 批发业物流的特点

（1）批发业物流是工厂和零售商店的调节阀。

零售商店一般都希望尽可能多地配备各类商品，以满足各种不同客户的需要，但由于店铺面积有限，因此零售商店一般都希望批发商能向其提供小批量的物流。

批发商从工厂订购大量商品，并成批量出售给零售商店。由于工厂的产量一般都比较大，因而希望批发商尽可能多地订购商品，也就是说，工厂希望的是大批量的物流。在工厂的大批量物流和零售商店的小批量物流之间，批发业物流发挥着调节阀的作用。

（2）批发业物流的重点在于物流中心的机能。

批发业物流的功能主要集中在物流中心。由于零售商店往往要求批发商把他们订购的商品贴好标签，并分门别类包装好，而且零售商店的订货期大都比较短。对批发商来说，贴标签，进行商品的分类、包装等大量繁琐的工作一般都要花费大量的时间。为了完成任务，加工的场所一般放在物流中心。物流中心应该具备高度处理商品的机能，不但要快，而且要准确无误、处理费用低。如果批发企业做不到这一点，批发业物流本身就失去了存在的价值。

目前，各个批发业物流企业都在花大力气以求解决好这些问题，在解决问题的过程中，各批发业物流企业之间的差距也将越来越大，批发业物流企业正面临着一场激烈的竞争。

3. 零售业物流的特点

（1）商品供应的主导权已由供货商转向零售商店。

过去，零售业物流主要是提供将消费者购买的商品送到客户家中这种门对门服务。而今，商品供应的主导权已逐步地由供货商转向了零售商店，建立一个以零售商店为中心的零售业物流系统，连锁经营、超市等新型的商业业态正在迅猛发展。

值得注意的是，零售商店参与零售业物流，由于商品供货商的物流管理水平参差不齐，完全依赖供货商来经营零售业物流，有可能使得零售业的商品供应出现问题，比如在约定的时间内商品不能及时送到，订购的商品中有次品等。

（2）将畅销商品摆在商店的货架上。

零售商店正在加强企业内部的商品管理，具体做法是将必要的、畅销的商品摆在商店的货架上，一方面可以减少误以为缺货而带来的销售损失，货畅其流；另一方面又可避免将过多的商品摆在货架上增加成本。

（3）通过“交货率”来指导供货商。

在建立零售业物流供应系统过程中，为防止商店出现商品缺货及断档等情况，零售商往往使用“交货率”这一指标来指导供货商。交货率是指供应商实际交货金额占全部订货金额的比例。对供货不及时的供货商，给予警告，直至解除供货合同。

（4）集中供货是零售业物流系统的基础。

在零售业物流系统中，商品供应的管理是零售商最关心的问题，其中集中供货构成了零售业物流系统的基础。如果每个零售商店各自向不同的供货商订货，那么供货商需要派出大量货车将装运的商品分别供应给各个零售商店；而各个零售商店同时又要花费大量的时间来确认、接收这些商品。如果能够将各个供货商的订货集中起来，并共同分发到各个零售商店，既可减轻供货商的供货次数，又可大大减轻各个零售商店的工作量。基于这种想法，供货商和零售商店正在采用将供货商品集中这样一种共同供货方式。

案例链接

当当网减少“腿”的数量，提升运送公司区域运送效率

几年前，北京川都物流和北京迅强快递都是当当的配送服务供应商，当时这两家公司的盈利能力都不是很强。他们原先都是负责北京的全城业务，站点很多，由于每个站点都要招聘管理人员、快递员，但每个站点的配送量又不大，因而效率低，盈利能力差。当当启动大商战略之后，把这两家配送商变成区域配送商。比如，川都物流只专注丰台区，而迅强快递将站点和业务收缩至海淀区。这样一来，配送半径变小了，配送密度加大了，对于配送公司来说，单位包裹成本降低了，而对于当当网来说，单位包裹的配送时间变少了，自然就达到了提升速度的目的。

（资料来源：2011年物流师考试物流案例集）

12.3.2 物流企业的类型

物流企业从与货主建立业务关系开始，其间应能提供采购原材料、商品生产或加工地点，原材料或产成品的储存保管、装卸、搬运、包装、运输、租船、订舱、配载、制单、报价、报关、集港、疏港、运输、结汇、跟踪物流位置，直至货物到达目的地的最终用户手中等一系列服务。

目前，市场的参与者主要以操作为主，但也有向专一管理服务方向发展的趋势。与物流

服务种类多样性相同，物流服务的提供也具有多样性。因此，划分市场参与者的不同类型是很有必要的。可将物流服务提供者分为以下四大类。

1. 以资产为基础的物流服务提供者

以资产为基础的物流企业主要是通过自己的资产(仓库、车辆等设施设备)来提供专业的物流服务或是指利用自己所具备的物流功能要素(仓储、运输等)来从事物流服务。

以资产为基础的物流企业在提供专业物流服务的同时，应注意提高自己资产的利用率。

在仓储方面，通过第三方物流企业解决商品储存问题，充分发挥仓库的使用效能，既可以节省仓库投资，又可以提高仓库的利用率。在运输方面，采用集中办理运输的方式，可以增加客户货源，同时利用配载技术，车辆、专用线的利用程度大大提高，货车回程的空驶现象大为减少。

2. 以管理为基础的物流服务提供者

以管理为基础的物流服务提供者通过系统数据库和咨询服务提供物流管理。他们经常以子承包运输部门的身份，负责部分或全部客户的相关业务，也具有进出口和配送部门的功能。他们与发货人的雇员一起工作，但不拥有运输和仓储设施，只提供人力资源。许多大的物流服务提供者建立了独立的业务部门，提供以管理为基础的服务。

3. 综合物流服务提供者

提供综合物流服务的企业拥有自己的资产，一般是卡车、仓库或两者都有。但是他们所提供的服务，并不以使用自己的资产为限，一旦需要便可与其他提供者签订合同，共同提供相关的物流服务。

4. 以行政管理为基础的物流服务提供者

以行政管理为基础的物流企业，主要提供行政性的管理服务，如运费的支付。

12.3.3　现代物流企业应具备的基本条件

1. 规模化

规模化是指在人、财、物三方面应具有相当的实力。

知识链接

庞大的中外运集团

中外运集团拥有220亿人民币资产，员工6.4万；自营船队200万吨(为国内三大船东之一)，汽车3 000辆，大中型仓库160家，保税仓库60座，储存面积达550万平方米；铁路专用线64条，总长62 000米；自营码头15座，岸线总长约4 000余米；在国内有68家全资子公司，67家独资、合资企业。它是集航运、铁运、空运、汽运、仓储、船代、货代于一身的一家综合型物流企业。

(资料来源：《中国物流行业分析报告(2004)》)

2. 网络化

网络化是指在国内外各大城市、港口有自己的分支机构或有资信可信赖的具有相互代理关系的网点。

3. 信息化

信息化是指物流公司对内、对外要能进行计算机之间的联结。信息流动的质量，关系到物流的质量、企业的声誉和形象。

4. 专业化

专业化是指企业在海、陆、空、邮、集装箱、多式联运、储存、分拨、配送、信息处理等方面拥有大量的经验丰富、业务娴熟的专业人才和高级管理人员，使整个企业运转规范、操作流畅。

12.4 供应链管理

12.4.1 供应链概述

《物流术语》中对供应链的定义是：生产及流通过程中，涉及将产品或服务提供给最终用户活动的上游与下游企业，所形成的网链结构。即通过链中不同企业的制造、组装、分销、零售等过程，将原材料转换成产品，再到最终用户的功能网链结构模式。

供应链中的关系是复杂的，可能众多的供应商服务于众多的顾客，或者一个供应商在链中也会成为顾客，甚至供应商成为链中不同环节的竞争者。这种复杂性使得人们提及供应链时，往往称其为“供应网络”或“供应网”。

供应链不仅是一条连接供应商到用户的物料链、信息链、资金链，而是一条增值链。即物料在供应链上因加工、包装、运输等过程而增加其价值，给相关企业都带来利益。

1. 供应链的战略内涵

(1) 在一条供应链上的两个或多个企业达成长期共识。虽然没有合同的法律约束，但彼此业务是在物流流程的高度一体与同步下开展。

(2) 企业致力于发展高标准的信任与合作关系。目的是把双方的买卖关系改变为合作的团队型企业，彼此能够为对方着想。

(3) 物流的一体化活动，一般包括即时敏感的需求与销售数据、库存数据、货运状况数据等的共享。数据共享经常通过企业的计算机数据库与其供应链伙伴直接相联。

(4) 供应链方式产生的可见性和灵活性将促使传统的物流流程管理重心的转移。例如，一个零售商可以允许制造商读取其需求与库存数据，并自动地补充订货，仅在事后通知零售商的采购部门。

(5) 供应链方式的应用，确定了链中成员的利益共享机制，也促使各层次成员企业的服务改善和成本降低。与不在链中的企业相比，作为一个整体的供应链变得更具竞争性。

2. 供应链的特征

(1) 动态性。为适应市场需求的变化，供应链中的节点企业也需要动态的更新和调整。

(2) 复杂性。供应链中节点企业的组成来自不同的区域、行业甚至不同国家，往往由多个、多类型的企业构成。各企业在制度、技术、组织等方面的差异决定了供应链的复杂性。

(3) 面向用户的需求。供应链的形成、存在和重构都源于一定的市场需求，所以，用户的需求拉动供应链中信息、物资、资金的流动和交换。

(4) 合作性。以供应链目标为共同的目标，实现竞争向合作转化，并通过这种战略性合作，完成对市场变化的快速反应，实现供应链企业的双赢。

(5) 信息化。供应链是以信息化管理跨越时空的界限，实现真正的资源共享、择优合作，才能随时把握市场需求的变化，协调、控制供应链整体，实现对用户需求的快速反应。

(6) 交叉性。节点企业可以同时成为多个供应链的成员，众多供应链形成了交叉结构，增加了协调的难度。

(7) 风险性。链上的消费需求和生产供应始终存在着时间和空间差异，因此供应链上的供需匹配隐含着巨大的财务风险和供应风险。

(8) 虚拟性。在信息技术的支持下，供应链可将不同地域、不同形式的各种企业以一种协作组织的形式联结起来，这种组织在一定目标条件下具有相对稳定性，但不是企业实体。这就是供应链的虚拟性表现。

案例链接

娃哈哈奶粉全球供应链运作——解析放心奶粉档案

宗庆后说，娃哈哈对每一位喝爱迪生配方奶粉的宝宝都进行一对一跟踪服务，确保售后保障服务。娃哈哈科研中心主任这样对娃哈哈爱迪生奶粉的供应链进行了详细解析。

“爱迪生奶粉的荷兰牧场，是世界牛奶的故乡。那里不仅自然地理条件得天独厚，而且在质量保障方面走在世界前列。从奶牛、饲料、农场、原料奶、乳品企业、终端产品，都有严格的质量保证制度。比如，奶牛吃的混合饲料是由天然成分配制而成的，不含抗生素，不含产量增长剂，不含任何人工合成的添加剂。只有那些具有良好操作规范(GMP)合格证书的饲料企业，才被允许向家庭农场提供混合饲料。”

“爱迪生奶粉的代加工厂，是荷兰 DOMO 贝伦工厂，从工厂的运输车去牧场拉回冷藏储奶罐，到鲜奶喷粉灌装成成品奶粉，只需要两三天，从而确保奶粉的新鲜品质。同时，避免了任何中间存储环节带来的营养损失和污染。这是异地分装奶粉所不具有的品质优势。”

“爱迪生奶粉的生产商，是荷兰皇家乳品企业，拥有 130 多年历史，资产达 90 多亿欧元，是全球最大的乳品公司之一。2005 年，荷兰皇家乳品公司因其 100 多年来秉承的稳健企业发展及其对民众的强大社会责任，被荷兰皇室授予‘皇家’荣誉称号。”

“另外，爱迪生配方奶粉进口到中国，除了严格执行官方入关流程，娃哈哈集团还会对其进行企业自检。”

(资料来源：世界工厂食品网)

12.4.2 供应链管理概述

《物流术语》中对供应链管理定义为：利用计算机网络技术全面规划供应链中的商流、

物流、信息流、资金流等，并进行计划、组织、协调与控制。

1. 供应链管理的特征

(1) 整体性。把链中所有的节点企业看做一个整体，管理涵盖整个物流过程，包括从供应商到最终用户的采购、制造、分销等职能领域，从而实现了供应链流程的一体化。

(2) 战略性。强调和依赖战略管理，它影响和决定整个供应链的成本和市场占有份额。

(3) 集成化。采用集成化的思想和方法，而不是节点企业、技术方法的简单联结。

(4) 目标性。供应链管理通过库存管理和合作关系而达到高水平的服务和更高的目标。

2. 供应链管理的内容

供应链管理涉及供应、生产计划、物流、需求方面，即以市场需求为驱动，以同步化、集成化生产计划为指导，以各种技术为支持，尤其以 Internet/Intranet 为依托，控制和组织从原料供应到生产制造、产品销售等一体化过程。在这过程中包含以下几个方面的内容。

(1) 供应链的设计与构造。

(2) 供应链集成和战略伙伴的选择。

(3) 供应链库存控制。

(4) 供应链配送。

(5) 供应链信息控制与支撑。

(6) 供应链生产计划与控制。

(7) 供应链采购管理。

(8) 供应链组织结构与业务流程重组。

(9) 供应链绩效评价与激励机制。

21 世纪的市场竞争已不再是企业和企业之间的竞争，而是供应链和供应链之间的竞争，任何一个企业只有与别的企业结成供应链才有可能取得竞争的主动权。这已不是竞争的范围问题，而是竞争的层次问题。

重要词汇

物流客户服务　第三方物流服务　物流企业　供应链　供应链管理

案 例 分 析

通用的物流业务外包

美国通用汽车在美国的 14 个州中，大约有 400 个供应商负责把各自的产品送到 30 个装配工厂进行组装。由于卡车满载率很低，使得库存和配送成本急剧上升。为了降低成本，改进内部物流管理，提高信息处理能力，通用公司委托 Penske 专业物流公司为其提供第三方物流服务。

调查了解半成品的配送路线之后，Penske 建议通用汽车公司在 Cleveland 使用一家有战略意义的配送中心，配送中心负责接受、处理、组配半成品，由 Penske 派员工管理。同时 Penske 也提供 60 辆卡车和 72 辆拖车，除此之外，还通过 EDI 系统帮助通用汽车公司调度供应商的运输车辆以便实现 JIT 送货。为此，Penske 设计了一套最优送货路线，增加供应商的送货频率，减少库存水平，改进外部物流活动，运用全球卫星定位技术，使供应商随时了解行驶中的送货车辆的方位。与此同时，Penske通过在配送中心组配半成品后，对装配工厂实施共同配送的方式，既降低卡车空载率，也减少通用汽车公司的运输车辆，只保留了一些对Penske所提供的车队有必要补充作用的车辆，这样也减少了通用汽车公司的运输单据处理费用。

另外，美国通用汽车公司选择目前国际上最大的第三方物流公司Ryder负责凯迪拉克事业部的全部物流业务，选择Allied Holdings负责北美陆上车辆运输任务，选择APL公司、WWL公司负责产品的洲际运输。

（资料来源：http：//info. traffic. hc360. com/2006/12/27142116442. shtml）

思考：

1. 结合案例资料，分析Penske专业物流公司为通用提供哪些物流服务。

2. 通用通过物流业务外包可以带来怎么样的竞争优势？

练习与思考

一、单选题

1. 影响物流客户服务可靠性因素的内容不包括(　　)。
   A. 周期时间　　B. 订单处理　　C. 安全交货　　D. 订单的正确性
2. 物流系统将外部环境提供的输入内容进行处理转化后变成全系统的输出，该输出是(　　)。
   A. 运输　　B. 保管　　C. 装卸搬运　　D. 物流服务
3. 不属于第三方物流服务特点有(　　)。
   A. 以客户企业的物流合理化为目标　　B. 资产所有关系复杂
   C. 利润来自于其创造的新价值　　D. 具有增值服务
4. 我国国家标准《物流术语》中有这样一个表述："由供方与需方以外的物流企业提供物流服务的业务模式。"这个表述指的是(　　)。
   A. 第一方物流　　B. 第二方物流　　C. 第三方物流　　D. 第四方物流
5. 对物流客户服务而言，订单完整率属于其中的(　　)的内容。
   A. 客户服务表现的衡量　　B. 客户服务是动态的
   C. 客户服务的哲学　　D. 以上都不对

二、多选题

1. 供应链的战略内涵包括(　　)。
   A. 确定利益共享机制　　B. 达成长期共识
   C. 高标准的信任和合作关系　　D. 低廉的成本
2. 现代物流企业应具备的基本条件是(　　)。
   A. 规模化　　B. 网络化　　C. 信息化　　D. 专业化
3. 关于供应链物流的说法，正确的有(　　)。
   A. 物流过程与其他流通活动的相关信息不属于物流信息
   B. 信息共享是供应链动作的基础

C. 供应链管理的实质是风险的共担

D. 物流信息系统对复杂供应链的管理非常重要

4. 关于供应链一体化的说法，正确的有(　　)。

A. 信息集成涉及供应链成员之间信息和知识的共享

B. 价值可以通过供应链一体化生产

C. 资源共享使得供应链成员受益，从而实现协同的利益

D. 通过公司自己的信息集成和协调可以确保实现供应链一体化

E. 组织关系连接从贯穿供应链中使用适当的绩效衡量开始

5. 用(　　)指标来衡量客户服务的表现。

A. 订单及时率　　B. 订单完整率

C. 账单准确率　　D. 订单完成的准确率

三、思考题

1. 简述物流客户服务的重要性。
2. 以客户为中心的物流战略开发可以采取哪些措施？
3. 简述第三方物流的利益来源。
4. 简述供应链的特征。
5. 现代物流企业应具备哪些基本条件？

参 考 文 献

[1] 曹彩杰. 物流基础[M]. 大连：大连理工大学出版社，2007.
[2] 郝渊晓. 现代物流采购管理[M]. 广州：中山大学出版社，2003.
[3] 马士华. 供应链管理[M]. 北京：高等教育出版社，2003.
[4] 马士华. 供应链管理[M]. 北京：机械工业出版社，2004.
[5] 牛鱼龙. 现代物流经典案例[M]. 深圳：海天出版社，2003.
[6] 沈小静. 生产企业供应管理[M]. 北京：中国物资出版社，2002.
[7] 宋建阳. 企业物流管理[M]. 北京：电子工业出版社，2006.
[8] 杨穗萍. 现代物流基础[M]. 北京：高等教育出版社，2005.
[9] 杨志霞. 物流师基础知识[M]. 呼和浩特：内蒙古人民出版社，2005.
[10] 杨志霞. 物流员工作要求[M]. 呼和浩特：内蒙古人民出版社，2005.
[11] 杨志霞. 助理物流师工作要求[M]. 呼和浩特：内蒙古人民出版社，2005.
[12] 叶怀珍. 现代物流学[M]. 北京：高等教育出版社，2003.
[13] 曾剑. 物流管理基础[M]. 北京：机械工业出版社，2005.
[14] 周润. 助理物流师[M]. 北京：机械工业出版社，2007.